新能源汽车专利解析

国家知识产权局专利局专利审查协作北京中心◎组织编写

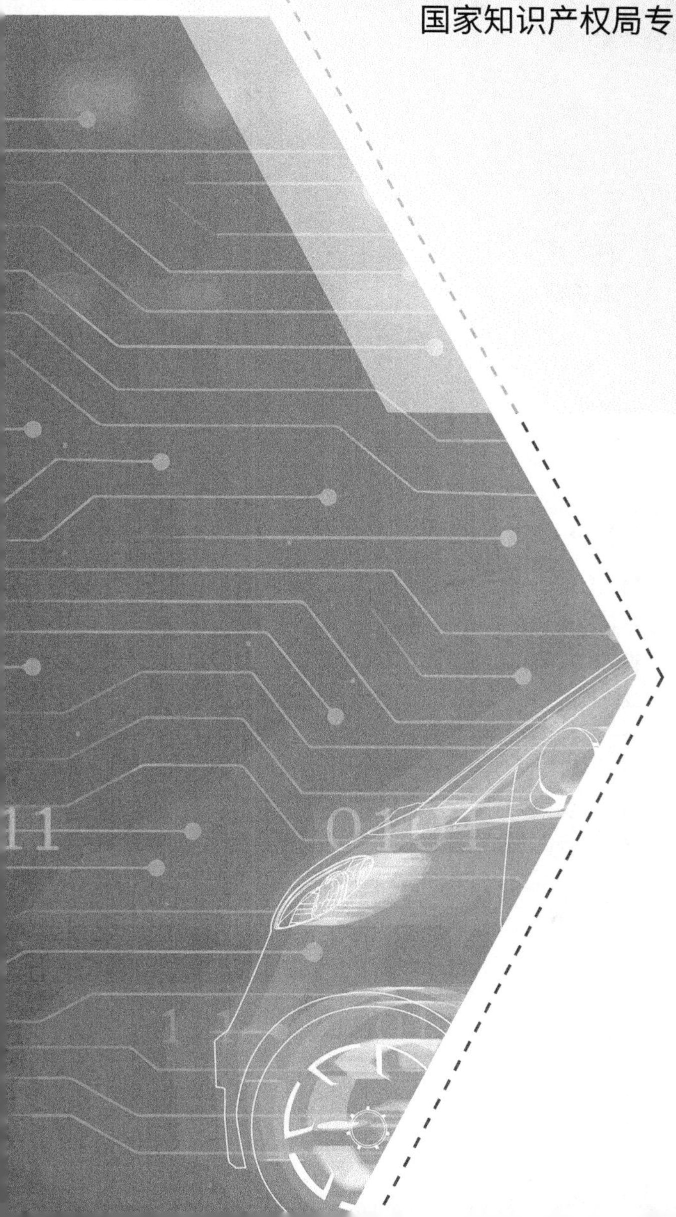

知识产权出版社
全国百佳图书出版单位
—北京—

图书在版编目（CIP）数据

新能源汽车专利解析/国家知识产权局专利局专利审查协作北京中心组织编写. —北京：知识产权出版社，2023.9

ISBN 978 -7 -5130 -8920 -3

Ⅰ.①新… Ⅱ.①国… Ⅲ.①新能源—汽车—专利法—研究—中国 Ⅳ.①D923.424

中国国家版本馆 CIP 数据核字（2023）第 184321 号

内容提要

本书作者针对新能源汽车领域的外观设计、实用新型和发明三种类型专利申请审查中可能涉及的问题，选取典型案例，分别从“法律解读”“领域特点”“常见问题”“案例解析”四个方面，以审查员的视角进行分析，以期为相关从业者了解该领域技术创新状况、把握专利申请审查中的典型问题及其解决思路提供参考和借鉴。

责任编辑：王祝兰　　**责任校对**：谷　洋

封面设计：杨杨工作室·张　冀　　**责任印制**：孙婷婷

新能源汽车专利解析

国家知识产权局专利局专利审查协作北京中心　组织编写

出版发行：	知识产权出版社有限责任公司	**网　　址**：	http：//www.ipph.cn
社　　址：	北京市海淀区气象路 50 号院	**邮　　编**：	100081
责编电话：	010 -82000860 转 8555	**责编邮箱**：	wzl_ipph@163.com
发行电话：	010 -82000860 转 8101/8102	**发行传真**：	010 -82000893/82005070/82000270
印　　刷：	北京九州迅驰传媒文化有限公司	**经　　销**：	新华书店、各大网上书店及相关专业书店
开　　本：	787mm×1092mm　1/16	**印　　张**：	19.5
版　　次：	2023 年 9 月第 1 版	**印　　次**：	2023 年 9 月第 1 次印刷
字　　数：	350 千字	**定　　价**：	108.00 元

ISBN 978 -7 -5130 -8920 -3

—— 编　写　组 ——

高　磊　雒晓明　李基沛

金善科　魏　嵬　林　甡

—— 编写分工 ——

林　甡　主要执笔第 1 章，第 3 章第 3.5.4.4 节，第 4 章第 4.1.4.15～4.1.4.20 节、第 4.2 节

高　磊　主要执笔第 2 章第 2.1～2.4 节、第 2.5.1～2.5.2 节、第 2.5.3.1～2.5.3.3 节

魏　鬼　主要执笔第 2 章第 2.5.3.4～2.5.3.10 节、第 2.6～2.8 节

李基沛　主要执笔第 3 章第 3.1～3.4 节、第 3.5.1～3.5.3 节、第 3.5.4.1～3.5.4.3 节

雒晓明　主要执笔第 4 章第 4.1.1～4.1.3 节、第 4.1.4.1～4.1.4.14 节

金善科　主要执笔第 4 章第 4.3～4.5 节

目　录

第1章　产业概况

1.1　汽车的未来是新能源

1885 年，德国汽车工程师卡尔·奔驰申请了第一项汽车专利，这一年被视为内燃机汽车发展元年。2023 年，欧洲议会在斯特拉斯堡以 340 票赞成、279 票反对和 21 票弃权，通过了欧盟委员会和欧洲理事会达成的《2035 年欧洲新售燃油轿车和小货车零排放协议》。时光见证了内燃机汽车的花开花落，也将见证新能源汽车的云卷云舒。

当时光走入 21 世纪，人类开始更加主动地探索能源、环境与人类发展的共同繁荣，世界多个国家和地区在这 20 多年间，密集推出了碳排放目标和新能源政策，鼓励有利于减排的新能源技术创新与合作。通过了解这些目标与政策，我们几乎能够窥视出人类为新能源发展所作出的努力。这些努力也正向我们指明一个事实，那就是汽车的未来属于新能源，谁引领新能源汽车的发展，谁将引领汽车发展的未来。

1.1.1　碳排放目标

2015 年 12 月 12 日，在巴黎举行的联合国气候变化大会上，《联合国气候变化框架公约》195 个缔约方一致同意并通过《巴黎协定》。《巴黎协定》主要目标是将 21 世纪全球平均气温上升幅度控制在 2℃以内，并将全球气温上升控制在前工业化时期水平之上 1.5℃以内。《巴黎协定》是针对发达国家和发展中国家在内的全球应对气候变化总体机制的制度性安排和新的“气候秩序”。以国家自主贡献（Nationally Determined Contribution，NDC）机制实现长期的温度控制目标作为《巴黎协定》的基础减排机制，国家自主贡献的减排模式为应对气候变化合作和实质性减排承诺达成奠定了重要基础。而自主贡献机制则是一种典型的自下而上的减排模式，各国自行依据其对责任和能力等的考量，提出其力所能及的减排目标。

中国全国人大常委会于2016年9月3日批准中国加入《巴黎协定》，中国成为第23个完成批准协定的缔约方。2020年9月22日，习近平在第七十五届联合国大会一般性辩论上的讲话中提出："应对气候变化《巴黎协定》代表了全球绿色低碳转型的大方向，是保护地球家园需要采取的最低限度行动，各国必须迈出决定性步伐。中国将提高国家自主贡献力度，采取更加有力的政策和措施，二氧化碳排放力争于2030年前达到峰值，努力争取2060年前实现碳中和。"随后的半年时间内，习近平先后六次在讲话中明确中国的"碳达峰目标和碳中和愿景"。

2020年11月12日，习近平在第三届巴黎和平论坛上的讲话中提出："绿色经济是人类发展的潮流，也是促进复苏的关键。中欧都坚持绿色发展理念，致力于落实应对气候变化《巴黎协定》。不久前，我提出中国将提高国家自主贡献力度，力争2030年前二氧化碳排放达到峰值，2060年前实现碳中和，中方将为此制定实施规划。我们愿同欧方、法方以明年分别举办生物多样性、气候变化、自然保护国际会议为契机，深化相关合作。"

2020年11月17日，习近平在金砖国家领导人第十二次会晤上的讲话中提出："我们要坚持绿色低碳，促进人与自然和谐共生。全球变暖不会因疫情停下脚步，应对气候变化一刻也不能松懈。我们要落实好应对气候变化《巴黎协定》，恪守共同但有区别的责任原则，为发展中国家特别是小岛屿国家提供更多帮助。中国愿承担与自身发展水平相称的国际责任，继续为应对气候变化付出艰苦努力。我不久前在联合国宣布，中国将提高国家自主贡献力度，采取更有力的政策和举措，二氧化碳排放力争于2030年前达到峰值，努力争取2060年前实现碳中和。我们将说到做到！"

2020年11月22日，习近平在二十国集团领导人利雅得峰会"守护地球"主题边会上的致辞中提出："二十国集团要继续发挥引领作用，在《联合国气候变化框架公约》指导下，推动应对气候变化《巴黎协定》全面有效实施。不久前，我宣布中国将提高国家自主贡献力度，力争二氧化碳排放2030年前达到峰值，2060年前实现碳中和。中国言出必行，将坚定不移加以落实。"

2020年12月12日，习近平在气候雄心峰会上的讲话中提出："中国为达成应对气候变化《巴黎协定》作出重要贡献，也是落实《巴黎协定》的积极践行者。今年9月，我宣布中国将提高国家自主贡献力度，采取更加有力的政策和措施，力争 2030 年前二氧化碳排放达到峰值，努力争取 2060 年前实现碳中和。在此，我愿进一步宣布：到 2030 年，中国单位国内生产总值二氧化碳排放将比 2005 年下降 65% 以上，非化石能源占一次能源消费比重将达到 25% 左右，森林蓄积量将比 2005 年增加 60 亿立方米，风电、太阳能发电总装机容量将达到 12 亿千瓦以上。中国历来重信守诺，将以新发展理念为引领，在推动高质量发展中促进经济社会发展全面绿色转型，脚踏实地落实上述目标，为全球应对气候变化作出更大贡献。”

2021 年 1 月 25 日，习近平在世界经济论坛“达沃斯议程”对话会上的特别致辞中提出：“中国将继续促进可持续发展。中国将全面落实联合国 2030 年可持续发展议程。中国将加强生态文明建设，加快调整优化产业结构、能源结构，倡导绿色低碳的生产生活方式。我已经宣布，中国力争于 2030 年前二氧化碳排放达到峰值、2060 年前实现碳中和。实现这个目标，中国需要付出极其艰巨的努力。我们认为，只要是对全人类有益的事情，中国就应该义不容辞地做，并且做好。中国正在制定行动方案并已开始采取具体措施，确保实现既定目标。中国这么做，是在用实际行动践行多边主义，为保护我们的共同家园、实现人类可持续发展作出贡献。”

这是来自一个谋民族复兴担时代大任的发展中国家的声音，也是来自一个负责任大国的承诺。放眼全球，韩国、美国、欧洲和日本作为全球主要经济体，都先后加入了《巴黎协定》，其中美国在 2020 年宣布退出《巴黎协定》，但是在 2021 年又宣布重新加入。这些经济体在碳排放方面也都设定了目标并推出了措施，然而有些目标可能未必能够按照计划完成。

韩国在加入《巴黎协定》前就曾在碳排放上推出过多项措施。2008 年，韩国政府将低碳、绿色作为国家新的发展方向。2010 年，颁布《低碳绿色增长基本法》，规定 2020 年韩国温室气体排放相对“趋势照常场景”降低 30% 的目标，其中第 46 条提出要引入“总量控制与交易”的碳排放交易体系，利用市场机制实现国家温室气体减排目标。2012 年，颁布了《低碳绿色增长基本法》的下位法《温室气体排放配额分配及交易法实施法令》。2013 年，颁布了《碳汇管理和改进法》。2015 年，启动碳排放交易体系。虽然此后韩国在 2020 年向《联合国气候变化框架公约》秘书处提交的 2030 年国家自主贡献目标为争取到 2030 年将温室气体排放量较 2017 年减少 24.4%，并且国务会议上最终确定了 2030 年国家温室气体减排目标——到 2030 年温室气体排放量较 2018 年缩减 40%；然而根据联合国开发计划署公布的数据，直到2021年2月，韩国仍是全球第四大煤炭进口国和第三大海外煤电投资国。随后的2022年，韩国为了完善实现碳中和的工作，发布了《应对气候危机碳中和绿色发展基本法》。然而直到2022年底韩国尚未完成上述减排目标。2023年，直属韩国总统的碳中和绿色增长委员会和国务会议分别审议通过了韩国首个碳中和绿色增长基本计划。该计划涉及韩国政府应对全球气候危机的对策、推动可持续增长的相关举措。韩国政府希望能够借此举措继续推进韩国的碳排放工作。

让我们将目光投向美国。美国曾于1998年签署了《联合国气候变化框架公约京都议定书》（以下简称《京都议定书》），但在2001年以“减少温室气体排放将会影响美国经济发展”和“发展中国家也应该承担减排和限排温室气体的义务”为借口，宣布拒绝批准《京都议定书》，并且至今未同意签署《京都议定书》。《京都议定书》是1997年12月在日本京都由《联合国气候变化框架公约》第三次缔约方大会通过的，其目标是将大气中的温室气体含量稳定在一个适当的水平，进而防止剧烈的气候改变对人类造成伤害。美国作为一个人口仅占全球人口的3%～4%的国家，1965～2020年累计碳排放高达全球总碳排放的21.6%。美国在重回《巴黎协定》时宣布了美国碳中和主体框架“3550”计划，即以2035年和2050年为重要时间节点，承诺到2035年通过向可再生能源过渡实现无碳发电，实现电力行业碳中和，到2050年实现全面碳中和。

再将目光望向欧洲。欧洲也早在2007年就由欧洲理事会提出了《2020年气候和能源一揽子计划》，确定欧盟2020年气候和能源发展目标，即著名的“20－20－20”一揽子目标：将欧盟温室气体排放量在1990年基础上降低20%，将可再生能源在终端能源消费中的比重增至20%，将能源效率提高20%。随后在2008年欧洲议会正式批准这项《2020年气候和能源一揽子计划》，使该计划成为一整套具有法律约束力的可持续能源发展目标。从目标完成情况来看，与韩国不同，欧盟在2020年可再生能源占终端能源消费比重为22.1%，已达成2020年可再生能源占比20%的目标。该目标是通过欧洲在目标设定后的15年间不断努力取得的。将时间拉回到加入《巴黎协定》前，欧洲即先后推出多项减排计划和减排目标。

2011年，欧盟公布了《2050年能源路线图》和《2050年迈向具有竞争力的低碳经济路线图》，提出欧盟2050年实现在1990年基础上减少温室气体排放量

80%～95% 的长远目标。

2014 年，欧洲理事会通过《2030 年气候与能源政策框架》，初步确定欧盟 2030 年气候和能源发展目标，即将温室气体排放量在 1990 年基础上降低 40%，将可再生能源在终端能源消费中的比重增至 27%，将能源效率提高 27%。

欧盟在 2016 年加入《巴黎协定》后，继续推出减排计划和目标。

2018 年，欧盟制定了到 2030 年减少 50%～55% 的温室气体排放的目标，同时鼓励开发新能源汽车技术和建设充电站等基础设施。

2019 年，欧盟委员会正式发布《欧洲绿色协议》（简称“绿色新政”），阐明欧洲迈向气候中性循环经济体的行动路线，提出提高欧盟 2030 年和 2050 年气候目标，即 2030 年温室气体排放量在 1990 年基础上减少 50%～55%，2050 年实现净零排放的碳中和目标。

2020 年，欧洲议会投票通过，到 2030 年温室气体排放在 1990 年基础上减少 60%。欧洲开始实施的新车二氧化碳排放标准，要求新车的平均排放量不得超过 95g/km。

2021 年，欧盟通过的《欧洲气候法案》，以法律形式确立欧盟 2030 年减排目标和 2050 年碳中和目标，并进一步勾勒出了欧盟在气候问题上的行动路线图和政策框架。

2022 年，欧洲开始实施的新车二氧化碳排放标准升级版，要求新车的平均排放量不得超过 81g/km。

从欧盟成员国的情况来看，德国联邦议院通过气候保护法，确定德国中长期温室气体减排目标，包括到 2030 年时应实现温室气体排放总量较 1990 年至少减少 55%，到 2050 年时应实现温室气体净零排放。丹麦议会通过首个气候法案，制定丹麦到 2030 年实现温室气体减排 70% 的目标。芬兰政府承诺最早在 2035 年实现碳中和。瑞典承诺 2045 年将温室气体排放缩减为零。挪威政府设定到 2030 年实现碳中和目标。冰岛提出到 2050 年完全摆脱对化石能源的依赖。从完成情况看，瑞典、芬兰、冰岛、挪威等北欧国家均提前超额完成了目标。然而 2022 年的欧洲地缘政治变化引发了欧洲能源危机，让欧洲未来碳排放目标能否实现变得更加扑朔迷离。

让我们将目光再拉回亚洲。日本作为亚洲第二大经济体，其在 2020 年发布了“2050 碳中和”宣言，首次提出将在 2050 年完全实现碳中和，并于 2021 年将“2050 碳中和”写入《全球变暖对策推进法》，同年日本还宣布新的 2030 年温室气体减排目标，即较2013年削减46%，并努力向削减50%的更高目标去挑战。与欧洲在碳排放计划和目标中对乘用车的排放进行了限制，同时对新能源汽车进行了鼓励类似，日本曾在2018年提出到2050年日本车在全球市场争取实现温室气体减排80%，其中乘用车减排90%左右，xEV减排100%（2010年为基期），力争实现“Well – to – Wheel Zero Emission”。

从欧洲和日本的碳排放目标和计划可以看出乘用车的减排趋势，而乘用车的减排手段则直接指向了新能源。

1.1.2 新能源政策

增加新能源使用和乘用车减排作为实现碳排放目标的重要抓手，一直是各国各地区重点发展的对象。欧盟在2001年就出台了“发展可再生能源指令”，提出到2010年将可再生能源在欧盟内部总能耗中的份额从1998年的6%提高到12%的目标。特别是针对生物能源，欧盟提出了2010年提升到8.5%，比1998年增加2.5倍，将生物燃料中汽车燃料使用率提高到5.75%的目标。为了推动生物燃料等可再生燃料在交通运输领域的应用，欧盟于2003年又颁发了“生物燃料促进指令”。按照这个指令，2005年底欧盟境内生物燃油的使用应达到燃油市场的2%，2010年底达到5.75%，并且在2004年底之前，加盟成员国必须在各自国内法案中导入该指令并进行实施。日本更是在2000年就提出“日本氢能和燃料电池汽车示范计划”，开展燃料电池汽车和加氢站的基础技术工作和示范。

事实上，在进入21世纪后的20多年间，世界主要发达经济体一直致力于通过政策推动新能源汽车相关技术的发展。

欧盟在2008年通过了关于发展新能源汽车的立法建议案和一项有关鼓励清洁节能汽车发展的立法议案，要求公共部门、公营企业及从事公共客运服务的企业之后采购车辆时必须符合清洁节能指标。2010年，欧盟委员会提出了一项鼓励发展清洁能源汽车和节能汽车的战略，旨在推动欧盟清洁节能交通系统的建立，减少汽车排放污染，提高欧盟汽车业在绿色节能领域的技术水平。同年欧盟委员会还专门公布了一份名为《清洁能源和节能汽车欧洲战略》的文件，为欧盟新能源汽车产业的发展勾勒出了政策框架。2011年，欧盟通过《欧洲电动车行动计划》，旨在提高新能源汽车的销售和使用率，推动相关技术的研究和开发。2014年，欧盟通过《欧洲电动车基础设施指令》，要求成员国建设充电和加氢设施，以便于新能源汽车的使用。2016年，欧盟通过“欧洲清洁能源包”，旨在加强欧洲的清洁能源产业，推动新能源汽车的销售和使用。2019 年，欧盟委员会公布应对气候变化的《欧洲绿色协议》，首次提出希望推动其汽车产业加速完成从燃油车到纯电动车的转型。到了 2021 年，欧洲开始实施的新车电动化比例标准，要求新车销售中电动汽车的比例达到 15%。

让我们再回到亚洲看看亚洲汽车制造出口大国日本的新能源汽车推动政策。日本内阁在 2008 年也发布了《创建低碳社会的行动计划》，提出力争到 2020 年，下一代汽车在新车销量中的占比达 50%。2010 年，日本经济产业省发布《新一代汽车战略 2010》，支持新一代汽车推广普及，提出到 2020 年混合动力汽车新车销售占总销售的比重为 20%～30%，纯电动汽车和插电式混合动力汽车占比为 15%～20%，燃料电池汽车占比为 1%，到 2030 年混合动力汽车新车销售占总销售的比重为 30%～40%，纯电动汽车和插电式混合动力汽车占比为 20%～30%，燃料电池汽车占比为 3%。2013 年，日本政府推出的《日本再兴战略》把发展氢能源提升为国策，在随后的一年密集地推出了多项氢能相关的政策。

2014 年，日本经济产业省发布《汽车产业战略 2014》，明确提出将加速建设“氢能社会”作为战略方向，并在发布的“第四次能源基本计划”中提出到 2030 年新车销售的目标是 50%～70% 为新能源汽车，2015 年在四大都市圈设置 100 个左右加氢燃料的服务站，并支持移动式或者小型加氢燃料站的设立。同年，日本经济产业省对外公布了《氢能/燃料电池战略发展路线图》，其中详细描述了氢能源研发推广的三大阶段以及每个阶段的战略目标：2025 年前，快速扩大氢能的使用范围；2020 年中期至 2030 年底，全面引入氢发电和建立大规模氢能供应系统；从 2040 年开始，确立零排放的供氢系统。

随后的 2015 年，日本内阁会议通过《日本再兴战略（2015）》，提出建立通过可再生能源制造氢燃料的供应系统，推进在大巴上装配燃料电池，推进燃料电池大巴的研发和普及，有计划地推进通过可再生能源生产氢燃料的站点建设。

2016 年，内阁会议通过《日本再兴战略（2016）》，提出到 2020 年燃料电池汽车的保有量要达到 4 万辆，设立 160 家商业用氢燃料站，设立 100 家加注可再生能源制造氢燃料的小型站点。同年，日本经济产业省发布《氢能/燃料电池战略发展路线图（修订版）》，提出到 2030 年燃料电池车保有量达到 80 万辆，到 2025 年加注氢燃料的站点数达到 320 座的目标。

2017 年，日本政府制定了《氢能基本战略》，确立了到 2030 年普及氢能源的行动计划和具体数量目标。该战略提出了实现“氢能社会”的“3E + S”原则——首先保证能源稳定供给（Energy Security），在安全（Safety）的前提下，通过提高经济效率（Economic Efficiency）实现低成本能源供给，最大限度地追求环境适宜性（Environment Suitability）。“氢能基本战略”也成为日本“第五次能源基本计划”的一部分。

2018年，日本发布《东京宣言》，提出要协调各国的氢能发展举措及标准制定，共享有关氢能安全性及供应链的信息，推动国际共同研发。

2019年，日本经济产业省发布了新版《氢能/燃料电池战略发展路线图》，详细描述了日本氢能技术使用“三步走”的战略以及相应的阶段性目标，同时着眼于三大技术领域——燃料电池技术领域、氢供应链领域和电解技术领域，确定了包括车载用燃料电池、定置型燃料电池、大规模制氢、水制氢等10个项目作为优先领域。

2021年，日本发布“第六次能源基本计划”，提出建立国际氢能供应链，推动氢能在制造业中的应用和生产方式转型，提升社会对氢能的需求。

亚洲另一个汽车制造出口大国韩国在2008年开始实施“低碳绿色增长战略”。2010年，韩国又实施“百万绿色家庭”项目，推广家用燃料电池系统，计划在2020年前安装10万套1kW的燃料电池系统，安装补贴在2010～2011年之前达到80%。2012年，韩国政府实施“绿色氢城市示范”项目，计划建设包括氢气的生产和管理、燃料电池的生产等在内的绿色氢城市。2013年，韩国提出燃料电池汽车推广计划，该计划旨在推广燃料电池汽车。2015年，韩国发布《未来环境友好车型规划》，明确新能源汽车普及目标和配套措施，提出到2020年新能源汽车销量占比达20%，保有量超过100万辆。2018年，韩国贸易、工业和能源部宣布，韩国政府和国内相关企业决定未来将加快氢燃料电池汽车生态系统的发展，增加加氢站的数量，以帮助氢燃料电池汽车早日实现普及。2019年，韩国提出了“活用氢能源经济路线图”，旨在发展氢能源相关新兴产业，确保技术优势，同时推动环保事业发展，从而进一步推动以清洁能源取代化石燃料发电，力求在2030年时，韩国氢燃料电池和氢燃料电池汽车的世界市场占有率均达到世界第一的水平。韩国产业通商资源部发布“氢燃料电池车发展路线图”，提出到2022年和2040年氢燃料电池汽车的保有量分别达到8万辆和620万辆，加氢站的建设数量分别达到310个和1200个。

此外，韩国在通过政策推动新能源汽车发展的过程中，还抓住了另一个发力点，那就是动力电池。动力电池是新能源汽车的心脏，是新能源汽车产业链条上附加值最高的环节。2018 年，韩国电池产业协会制定了动力电池路线图，设定 2018 年、2020 年、2023 年和 2035 年四个阶段的包括电池单体正极材料、电池单体负极材料、电解液及隔膜等相关技术目标，引导动力电池产业的发展目标。2019 年，韩国产业通商资源部成立动力电池基金，支持培育下一代动力电池发展。

在了解了前面各主要发达经济体对汽车发展的政策支持后，我们不难发现，无论是欧洲、日本还是韩国都为汽车的生产端指明了汽车的未来，同时在消费端也积极拉动着汽车工业前行，通过大量的政策指引着本国或本地区的汽车工业走向新能源，让自己能够在汽车工业的未来依然能够处于领先的地位。然而，就在汽车工业发展的车轮不断向前行进时，有一个汽车工业基础薄弱的国家正在快速崛起。

1.2　新能源汽车的未来在中国

新中国成立伊始，汽车工业几乎一片空白，在经历了 1950 ～ 1965 年的起步阶段、1965 ～ 1980 年的成长阶段、1981 ～ 1999 年的合作阶段后，在 21 世纪迎来了快速发展阶段。在快速发展阶段，中国政府研判汽车工业的未来发展趋势，在政策上对新能源汽车进行了高效而准确的长期布局。

2006 年，“十一五”期间，中国政府正式发布国家“863 计划”支持新能源汽车领域的技术研究。

2007 年，国家发展和改革委员会出台《新能源汽车生产准入管理规则》，多款新能源汽车被批准量产。

2009 年 2 月，财政部、科学技术部、国家发展和改革委员会、工业和信息化部在北京联合召开节能与新能源汽车示范推广试点工作会议，对节能和新能源汽车示范推广工作进行部署。

2009 年 8 月，工业和信息化部装备工业司发布《我国新能源汽车发展取得新进展》一文，表示我国已基本形成混合动力、纯电动和燃料电池三类新能源汽车动力系统技术平台和产学研合作研发体系。

2010 年 6 月，国务院批准《关于扩大节能与新能源汽车示范推广的请示》（财建〔2010〕41 号），批准财政部、科学技术部、工业和信息化部、国家发展和改革委员会开展私人购买新能源汽车补贴试点工作。

2012 年 6 月，国务院印发《节能与新能源汽车产业发展规划（2012—2020 年）》，提出要以纯电驱动为汽车工业转型的主要战略取向，当前重点推进纯电动汽车和插电式混合动力汽车产业化，推广普及非插电式混合动力汽车、节能内燃机汽车，提升我国汽车产业整体技术水平。

该规划还提出，成立由工业和信息化部牵头，国家发展和改革委员会、科学技术部、财政部等部门参加的节能与新能源汽车产业发展部际协调机制，加强组织领导和统筹协调，综合采取多种措施，形成工作合力，加快推进节能与新能源汽车产业发展。

2012 年 9 月，《新能源汽车产业技术创新财政奖励资金管理暂行办法》出台，旨在贯彻落实《节能与新能源汽车产业发展规划（2012—2020 年）》，进一步提高新能源汽车产业技术创新能力，加快产业化进程。

2014 年，国家机关事务管理局、财政部、科学技术部、工业和信息化部、国家发展和改革委员会印发《政府机关及公共机构购买新能源汽车实施方案》。

2015 年，工业和信息化部发布《汽车动力蓄电池行业规范条件》，动力电池准入规则拉开序幕。这一年，宁德时代电池的出货量首次超过了韩国的三星和 LG 两家国际巨头。

2016 年 2 月，国务院常务会议确定进一步支持新能源汽车产业的措施，以结构优化推动绿色发展。会议指出，加快实现电池革命性突破、加快充电基础设施建设。

2016 年 8 月，工业和信息化部公开征求对《新能源汽车生产企业及产品准入管理规定（修订征求意见稿）》的意见，以规范新能源汽车生产活动，落实发展新能源汽车的国家战略，保障公民生命、财产安全和公共安全，促进新能源汽车产业持续健康发展。

2017 年，新能源汽车产业圈开始狂欢，宁德时代作为产业链的重要一环已经冲在了前面，整车厂也迫不及待地狂奔。2018 年，特斯拉宣布在上海建厂，中外整车厂开始集体狂欢。当新能源汽车走过 2019 年时，中国纯电电动汽车出口量超 20 万辆。到了 2021 年，中国纯电动汽车激增近 50 万辆。[1] 同年，中国企业纯电电动车领域的份额扩大凸显，全球市场份额达到 19.6%，较 2020 年增长 2.2%，已经基本接近美国企业的 20.7%；美国占比同比减少 0.3%；而德国企业占比 9.6%，同比减少 0.9%。电池方面，中国份额达到 46.3%，远超第二名

[1] 数据来源：中国海关总署。

韩国的24.8%和第三名日本的12%，中国份额同比增长12.2%；韩国和日本分别减少4.1%和4.9%。锂离子电池的隔膜方面，中国份额达到38.9%，高于第二名日本的19%和第三名韩国的9.9%，同比增长6.1%；日本和韩国分别减少3.6%和0.5%。[1]

当时间走进2022年，在整车方面，中国电动车产销分别完成705.8万辆和688.7万辆，连续8年位居全球第一，同比分别增长96.9%和93.4%，市场占有率达到25.6%，高于2021年12.1个百分点。[2] 其中，中国的比亚迪（BYD）以187万辆位居全球电动汽车销量第一，遥遥领先第二名的特斯拉（TESLA），特斯拉以131.4万辆位居全球第二（参见图1-2-1）。[3]

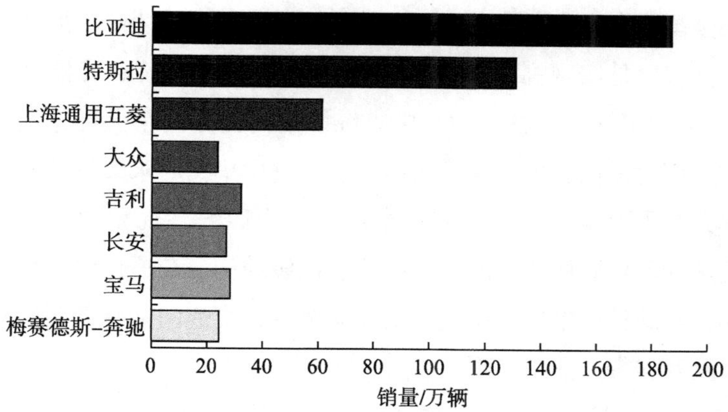

图1-2-1　2022年电动汽车全球销量

在电池方面，从全球看，宁德时代（CATL）全球市场占有率达到37.0%，领先于并列第二名的比亚迪（BYD）和LG新能源（LGES）的13.6%。名列第三到第五名的分别是松下（PANASONIC）、SK新能源（SK on）、三星SDI（SDI），其全球市场占有率分别为7.3%、5.4%、4.7%（参见图1-2-2）。[4] 从中国看，国内电池企业装车量占比最高的仍然是宁德时代，占比50.6%，超过一半；第二名比亚迪占比26.09%，第三名中创新航占比5.82%，第四名国轩高科占比3.72%，第五名欣旺达占比2.42%。[5]

---

[1] 数据来源：日经中文网。

[2] 数据来源：中国汽车工业协会2023年1月12日发布数据。

[3] 图片来源：SNE Research。

[4] 数据来源：SNE Research。

[5] 数据来源：中国汽车电池产业创新联盟。

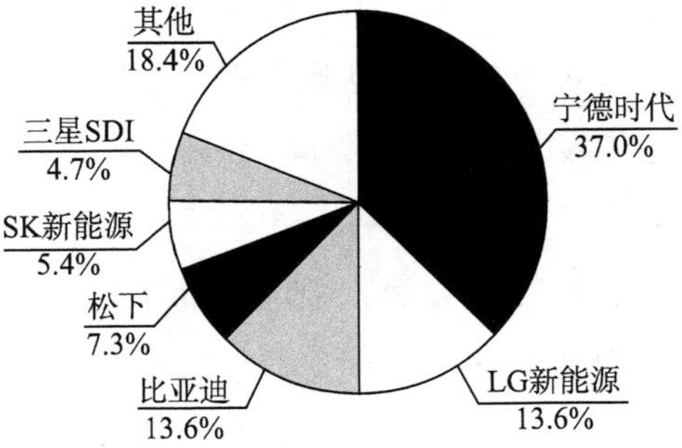

图 1-2-2　2022 年电池全球销量占比

2022 年是中国新能源汽车爆发式增长的一年，也正是在这一年，中国共产党第二十次全国代表大会在北京召开。党的二十大报告指出，“推动经济社会发展绿色化、低碳化是实现高质量发展的关键环节”，“积极稳妥推进碳达峰碳中和”。这是以习近平同志为核心的党中央统筹国内国际两个大局作出的重大决策部署，对于全面建设社会主义现代化国家、促进中华民族永续发展和构建人类命运共同体都具有重要意义。新能源汽车作为“十四五”规划中战略性新兴产业之一，无疑是绿色发展所要求的产业结构、能源结构、交通运输结构等调整优化的重要一环，双碳目标中要控制的化石能源消耗、交通的清洁低碳转型，都需要新能源汽车及其连带产业来实现。

2023 年 4 月 13 日，国务院新闻办公室召开新闻发布会，公布 2023 年第一季度我国出口“新三样”——电动载人汽车、锂电池、太阳能电池，合计出口 2646. 9 亿元，同比增长 66. 9%。中国汽车工业协会也公布了 2023 年第一季度我国新能源汽车产销量，分别已达 165 万辆和 158. 6 万辆，同比分别增长 27. 7% 和 26. 2%；市场占有率达 26. 1%，相较于 2022 年提高了 0. 6 个百分点。2023 年第一季度汽车出口 107 万辆，同比增长 58. 1%。日本汽车工业协会的数据显示，日本 2023 年第一季度汽车出口 95. 4 万辆，同比增长 5. 6%。上述数据表明，中国第一季度汽车出口量超过 2022 年全球汽车出口量第一的日本。商务部的数据显示，2023 年第一季度，我国新能源汽车出口额 95. 5 亿美元，占汽车出口比重提升至 44. 7%，拉动整体出口增长 0. 6 个百分点。2023 年 4 月 18 日至 27 日，在国家会展中心（上海）举办了第二十届上海国际汽车工业展览会，上海市国际贸易促进委员会副会长在 4 月 19 日的第七届国际汽车关键技术论坛上表示，2023 上海车展展出整车 1500 余辆，其中新能源车占比超过 1/2，全球首发车及众多概念车发布数量均创新高。中国制造的智能汽车解决方案，凝聚态电池的发布、钠离子电池的量产上车都标志着中国新能源汽车是 2023 上海车展的绝对主角。

经过几十载中国汽车人的奋斗，中国新能源汽车的发展取得了世界瞩目的成就。在党和国家的政策引领下，在全国汽车人坚持不懈的努力下，中国制造正在向世界发出一个声音，那就是中国正在引领新能源汽车的发展，中国将引领汽车发展的未来。

既没有百年的技术积累，也没有强大的工业基础作铺垫，中国智慧和中国制造在短时间内通过新能源汽车实现汽车工业的弯道超车，无论是新能源汽车整车还是电池的销售量都占据了全球第一的位置。这个成果与中国人的智慧不无关系，与中国政府能够立足本国，放眼全球，准确地把住了汽车发展的脉络也不无关系。在国家整体政策的导向下，中国新能源汽车创新者虽然起步晚、底子薄，但是靠着“撸起袖子加油干”的实干精神，不断累积着中国创新。

专利是保护创新的手段，专利是固化智慧的载体，通过专利保护好新能源汽车技术创新是新能源汽车专利的使命。中国专利其实和中国新能源汽车有着相似的命运，都是起步晚但步子大，都是几十年对百年，无论是新能源汽车还是中国专利，能够迅速发展到世界第一，是因为我们能够勇于直面差距，精准定位问题，快速解决问题。下面我们将以案例为载体对与新能源汽车有关的外观设计、实用新型和发明专利的典型问题进行解析，希望能够携手新能源汽车技术和知识产权从业者一起守护好中国新能源汽车的创新。

第 2 章　外观设计专利解析

2.1　新能源汽车外观设计专利特点

2.1.1　新能源汽车外观设计专利申请情况

新能源汽车相关外观设计专利按照主题进行分类，可分为整车造型、动力系统及产品（电池包、电池模组、电机、减速器以及上述组件支撑结构等）、充电系统及产品（充电桩、充电枪、电源插座、连接器等）、车机系统及产品（方向盘、中控台、显示屏以及相应的图形用户界面等）、车辆外观部件（轮毂、轮胎、保险杠、引擎盖、叶子板、玻璃等）五大类。统计截至 2021 年新能源汽车相关外观设计中国专利申请数量，数据情况如图 2－1－1 所示。

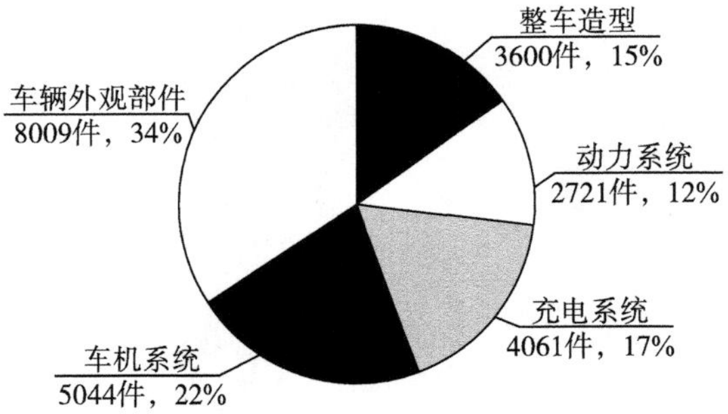

图 2－1－1　新能源汽车外观设计中国专利申请分类统计

2.1.2　整车造型外观设计

汽车整车造型外观设计首先是实现运输用途、降低风阻、承载外观件、动力舱和乘员舱物理防护等功能性目标，同样重要地，车辆外型还被赋予表达文化内涵的作用，因此整车造型外观设计对车辆设计来说非常重要，往往对一款车型的市场反馈起决定性作用，甚至会决定一款车型或者车企的命运。车企对整车造型外观设计的重视反映在外观设计专利申请量的持续增长上。尤其是 2015 年以来，新能源汽车整车造型外观设计专利申请量和公开量（参见图 2－1－2）迎来井喷式增长，这与新能源汽车的市场走向比较吻合。

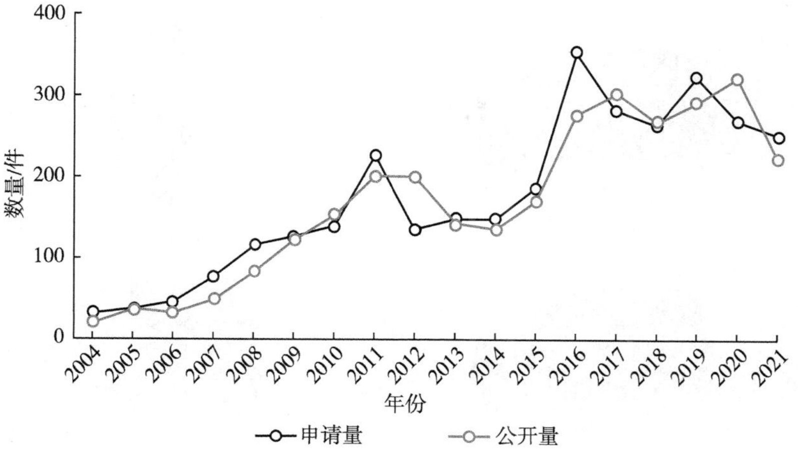

图 2－1－2　整车造型外观设计中国专利申请量和公开量趋势

图 2－1－3 ～图 2－1－6 是部分整车造型外观设计示例❶。

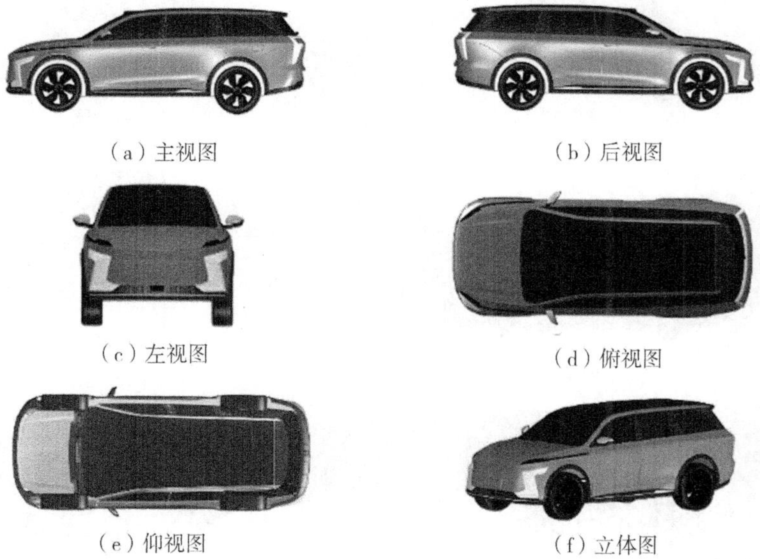

图 2－1－3　整车造型外观设计（1）

❶ 本书中外观设计专利/专利申请视图仅用于示意，未按原视图比例关系呈现。

（a）主视图

（b）后视图

（c）左视图

（d）俯视图

（e）立体图1

（f）立体图2

图2－1－4　整车造型外观设计（2）

（a）主视图

（b）后视图

（c）左视图

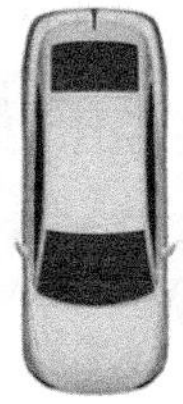

（d）俯视图

（e）立体图1

（f）立体图2

图2－1－5　整车造型外观设计（3）

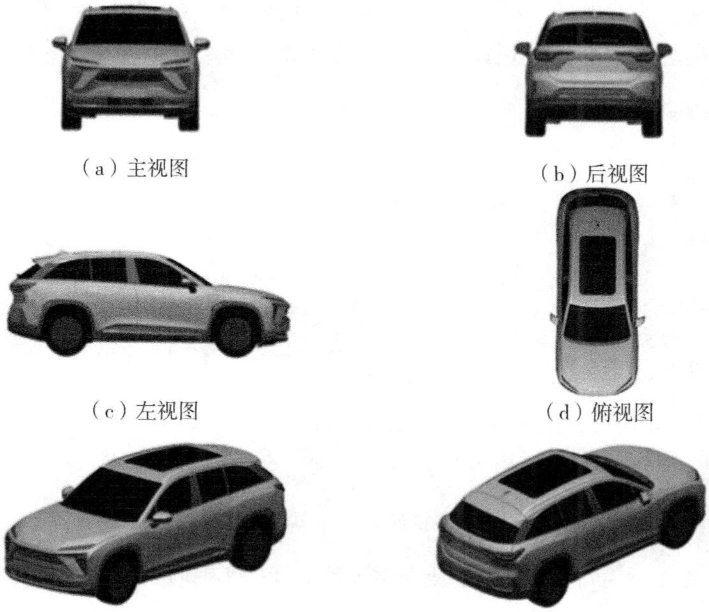

（a）主视图 （b）后视图 （c）左视图 （d）俯视图 （e）立体图1 （f）立体图2

图2－1－6 整车造型外观设计（4）

整车造型外观设计专利在申请和审查中遇到的主要法律问题点包括：①申请专利的外观设计方案已经在国内外网页、期刊、宣传册或者展会等公开，不符合《专利法》第二十三条第一款的规定；②外观设计方案相对于现有设计不具有明显区别，不符合《专利法》第二十三条第二款的规定。难点在于特殊证据公开时间、公开方式和证据真实性的事实认定，以及申请方案与现有设计是否具有明显区别的认定。

2.1.3 动力系统外观设计

新能源汽车动力系统包括电池包、电池模组、电机、减速器以及上述组件支撑结构等。动力系统和产品在车辆装配完后均处于本领域的普通消费者不可见状态，并且其外观设计主要由其功能决定，装饰功能比较弱，比如电池包或者单一电池模组的三维形状和表面图案往往由其储放能、结构强度和散热指标等技术指标决定，电机壳体三维尺寸和表面结构件往往由其功率扭矩指标、散热指标和润滑方式等技术指标决定。正因如此，这些系统和产品的外观设计呈现出产品外观和产品技术相对应的关系，外观设计的相同或者相似往往意味着技术方案的相同或者相似，申请人可以在一定程度上实现通过保护外观设计来保护技术方案的效果。因此，申请人对于这些日常“不可见”的系统或者产品的外观设计专利保护表现出很高的积极性，这体现在逐年增高的外观设计专利申请量和公开量（参见图2-1-7）上。

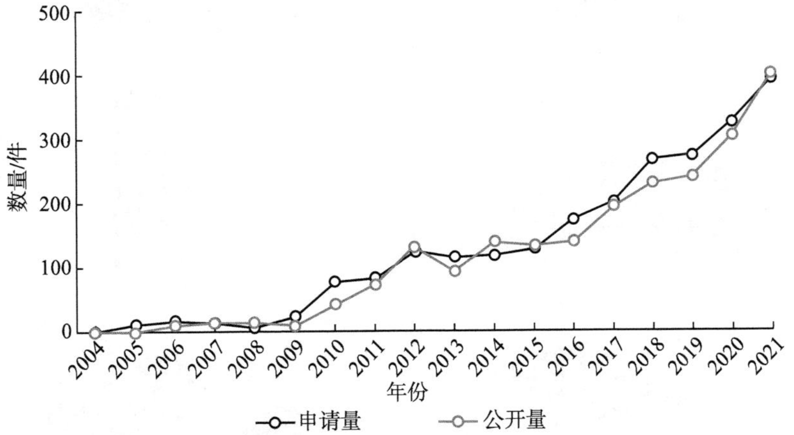

图2-1-7　动力系统产品外观设计中国专利申请量和公开量趋势

图2-1-8～图2-1-10是部分驱动电机或电池模组外观设计示例。

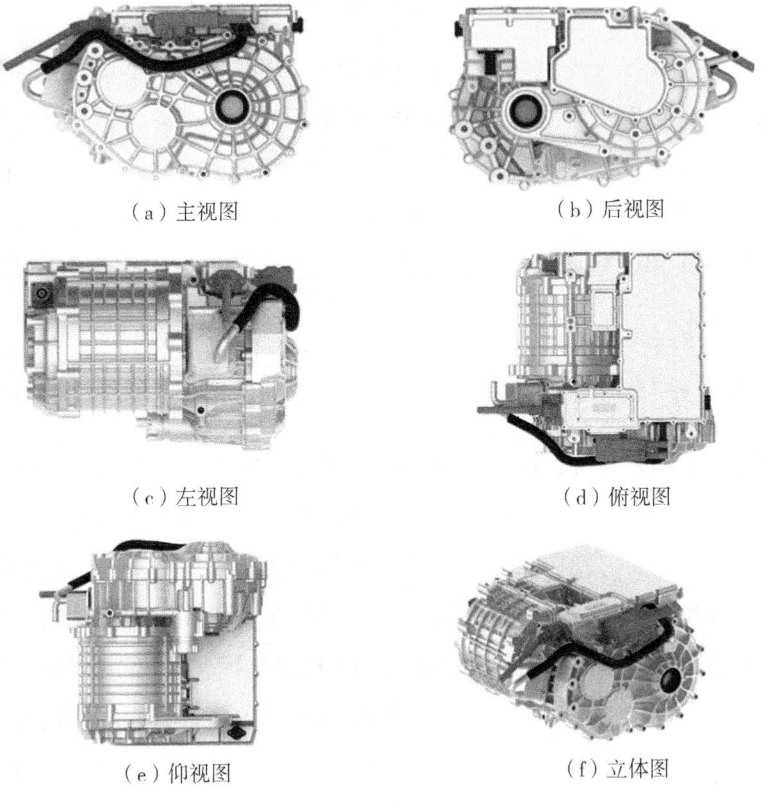
（a）主视图
（b）后视图
（c）左视图
（d）俯视图
（e）仰视图
（f）立体图

图2-1-8　驱动电机外观设计（1）

（a）主视图

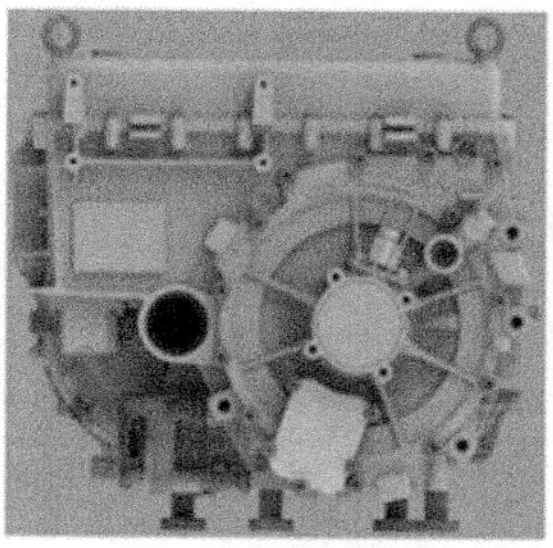

（b）后视图

（c）左视图

（d）俯视图

（e）仰视图

（f）立体图

图 2－1－9　驱动电机外观设计（2）

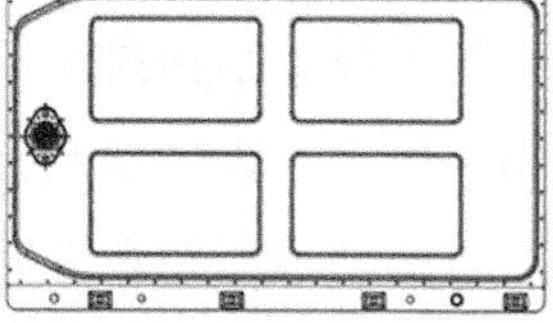

（a）主视图

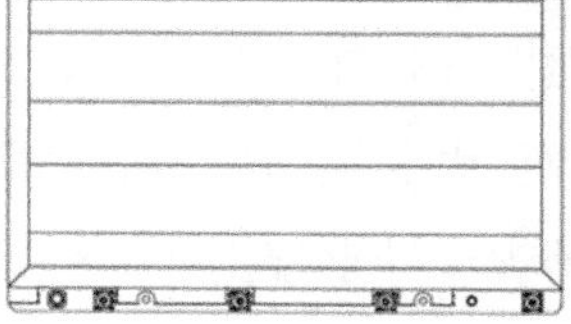

（b）后视图

图 2－1－10　电池模块外观设计

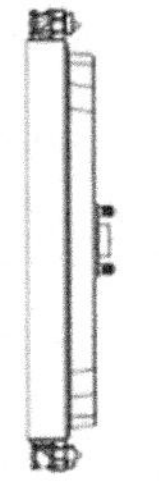

（c）左视图

（d）俯视图

（e）仰视图

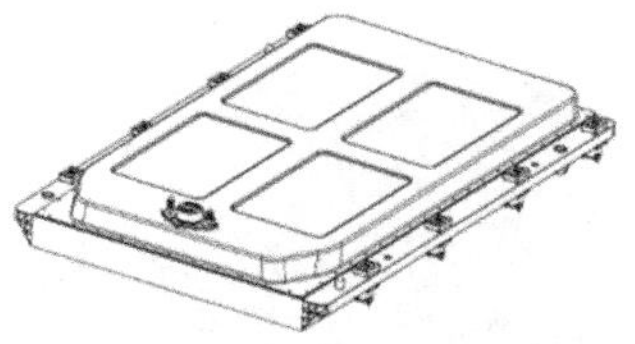

（f）立体图

图 2－1－10　电池模块外观设计（续）

动力系统外观设计专利在申请和审查中遇到的主要法律问题点包括：①动力系统往往具有复杂的表面结构件，需要特别注意外观设计专利申请各视图是否进行了清楚表达；②外观设计方案相对于现有设计不具有明显区别，不符合《专利法》第二十三条第二款的规定。难点在于判断外观设计方案相对于现有设计是否具有明显区别。

2.1.4　充电系统外观设计

新能源汽车充电系统包括两类产品：属于车身的充电插座、连接器、控制板等，以及车身以外的充电桩、充电枪、充电柜甚至充电站等。其中车身安装的充电插座、连接器、控制板等在车辆装配完后均处于本领域的普通消费者不可见状态，其外观设计主要由其功能决定，装饰功能比较弱，比如车身充电插座的三维形状和表面图案往往由其充电电流、密封、防水结构等技术指标决定，控制板形状和图案往往由其控制板功能元器件布局等技术指标决定。正因如此，这些系统和产品的外观设计呈现出产品外观和产品技术相对应的关系，外观设计的相同或者相似往往意味着技术方案的相同或者相似。车身以外的充电桩、充电枪、充电柜甚至充电站等的外观设计呈现出多样性，产品形状、图案或者颜色与形状、图案的结合装饰功能较强，现有申请表现出申请量大、设计方案多样的特点（参见图 2－1－11～图 2－1－14）。

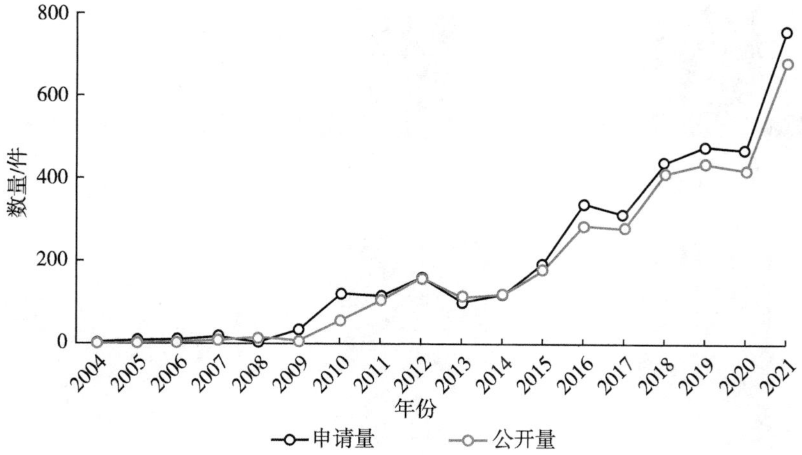

图 2－1－11　充电系统产品外观设计中国专利申请量和公开量趋势

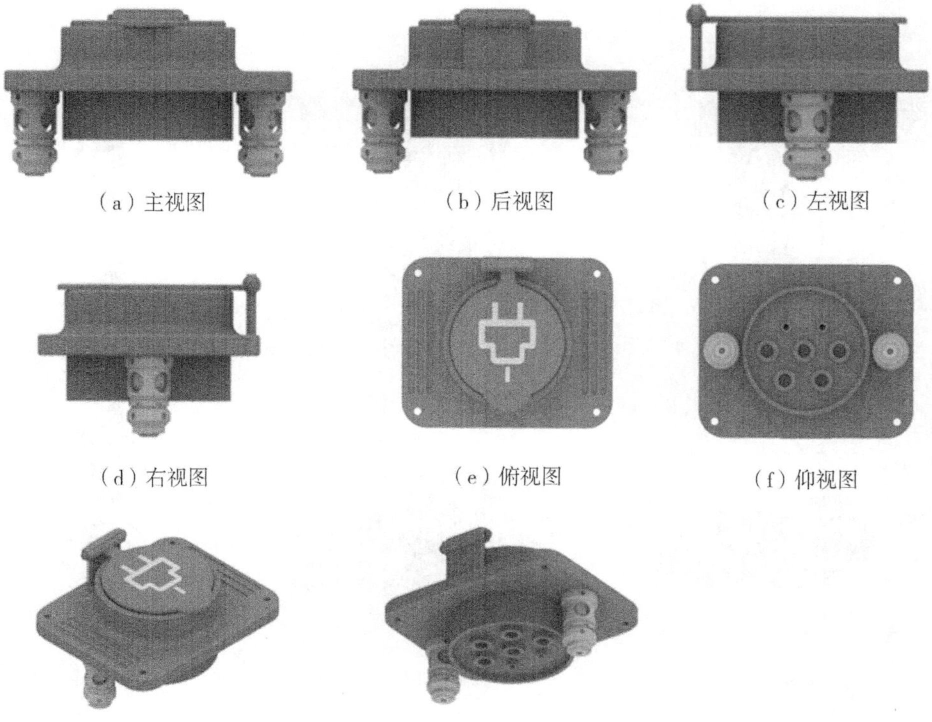

（a）主视图　（b）后视图　（c）左视图

（d）右视图　（e）俯视图　（f）仰视图

（g）立体图1　（h）立体图2

图 2－1－12　车身充电插座外观设计

（a）主视图

（b）后视图

（c）左视图

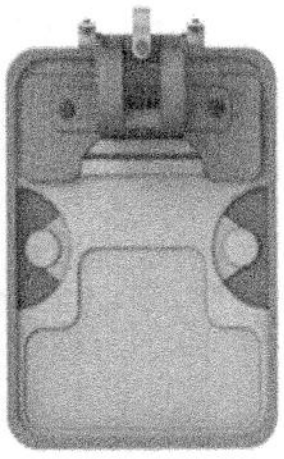
（d）俯视图

（e）仰视图

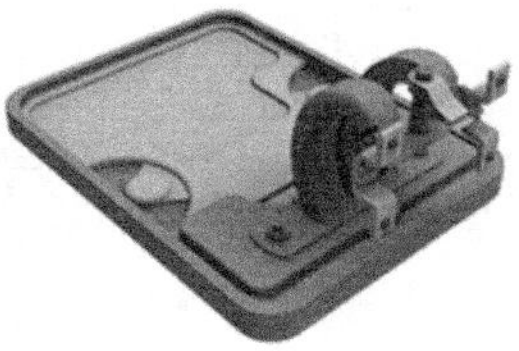
（f）立体图

图 2 –1 –13　车身充电盖板外观设计

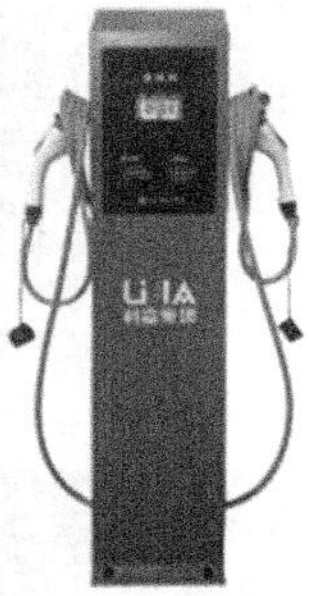
（a）主视图

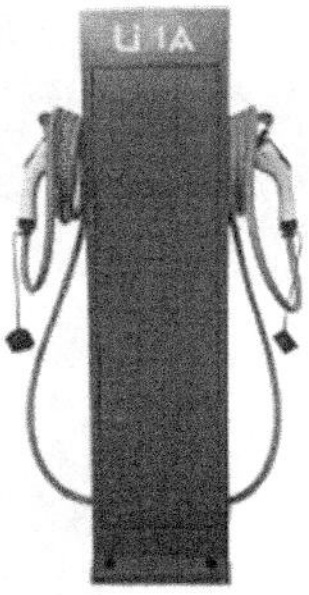
（b）后视图

（c）左视图

（d）俯视图

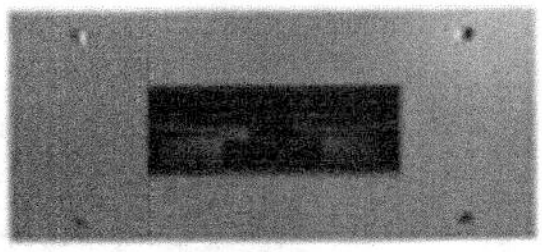
（e）仰视图

（f）立体图

图 2 –1 –14　充电桩外观设计

充电系统外观设计专利在申请和审查中的主要法律问题点包括：①车身充电产品具有复杂的三维结构，需要特别注意外观设计专利申请各视图是否进行了清楚表达；②车身以外充电产品的外观设计方案要注意相对于现有设计需具有明显区别。难点在于判断外观设计方案相对于现有设计是否具有明显区别。

2.1.5　车机系统外观设计

新能源汽车车机系统主要包括方向盘、中控台、显示屏以及相应的图形用户界面等。该类产品多以包含屏幕或者包含图形用户界面为特点，并且产品包括车辆装配完后处于本领域的普通消费者可见状态的一部分和不可见状态的一部分，可见部分装饰功能和交互功能比较强。产品外观设计或侧重于硬件外观设计，或侧重于图形用户界面的设计，或者兼而有之。尤其是图形用户界面的设计方案，导航功能、娱乐功能、车辆控制功能以及辅助驾驶功能交互界面成为其主要内容，为新能源汽车图形用户界面的设计提供了持续增长的发展空间。图 2－1－15 ～图 2－1－18 示出了车机系统产品外观设计中国专利申请量和公开量趋势及部分外观设计示例。

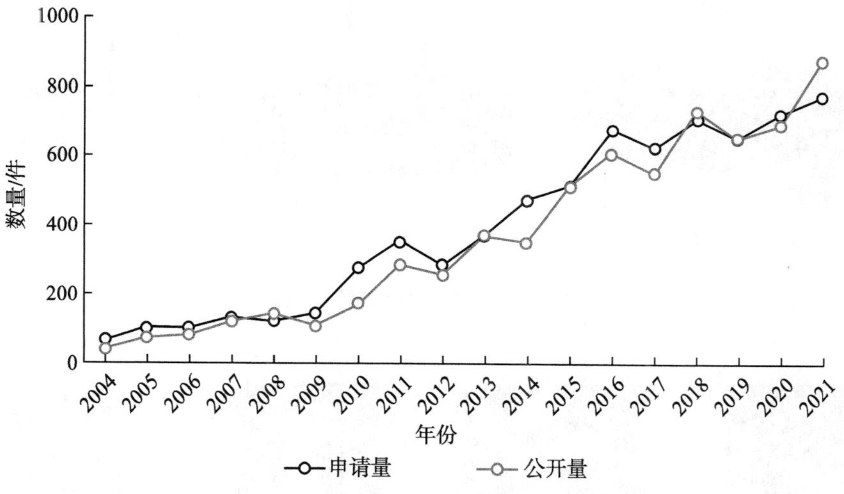

图 2－1－15　车机系统产品外观设计中国专利申请量和公开量趋势

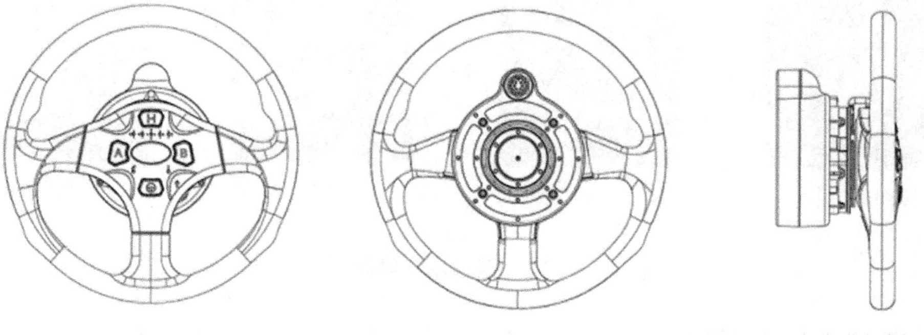

（a）主视图　　（b）后视图　　（c）左视图

图 2－1－16　方向盘外观设计

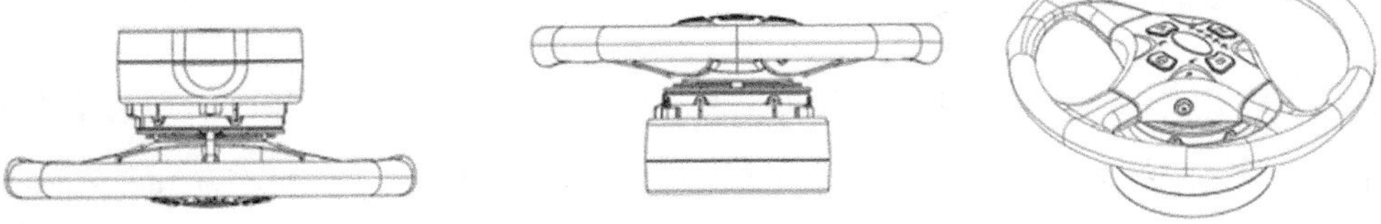

（d）俯视图　（e）仰视图　（f）立体图

图2－1－16　方向盘外观设计（续）

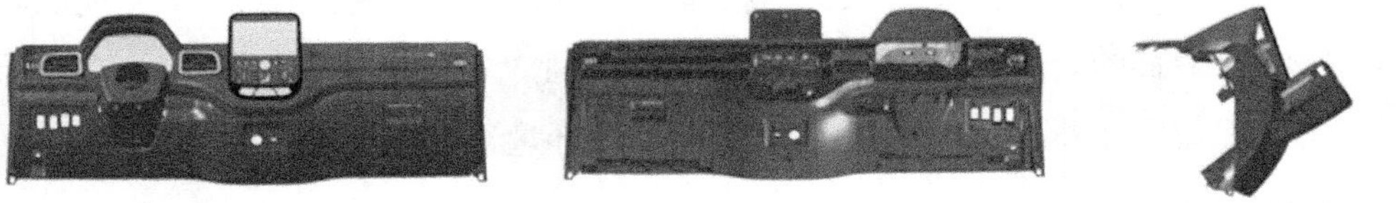

（a）主视图　（b）后视图　（c）左视图

（d）俯视图　（e）仰视图　（f）立体图

图2－1－17　中控台外观设计

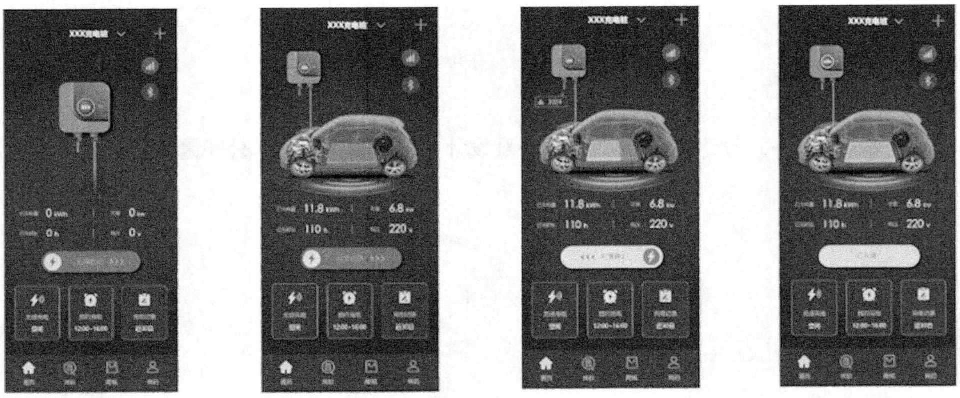

（a）主视图　（b）变化状态图1　（c）变化状态图2　（d）变化状态图3

图2－1－18　图形用户界面外观设计

车机系统外观设计专利在申请和审查中的主要法律问题点包括：①即使装配车辆后不可见的表面也要注意进行清楚表达；②涉及图形用户界面的外观设计要

注意在简要说明中对各个界面与用户的交互过程进行充分说明；③注意导航、娱乐等图形用户界面与手机等移动终端图形用户界面的区别，防止申请不符合《专利法》第二十三条第二款的规定。

2.1.6　外观部件外观设计

新能源汽车外观部件包括轮毂、轮胎、保险杠、引擎盖、叶子板、玻璃等，大部分新能源汽车外观部件相比传统汽车具有鲜明特点，比如，新能源汽车大多采用封闭式或半封闭式轮毂，而燃油汽车多采用辐条式轮毂，因为采用封闭式或者半封闭式轮毂有助于新能源汽车减小风阻，提高续航能力，而辐条式轮毂有利于燃油汽车刹车系统散热。新能源汽车由于采用了动能回收系统，因此其散热需求往往妥协于续航需求。基于类似的原因，新能源汽车的轮胎、保险杠、引擎盖等外观部件多采用减小风阻、增加续航能力的流线型外形，这也同时影响了引擎盖、叶子板、保险杠、车辆玻璃覆盖件等的外观设计。因为没有燃油机散热系统，新能源汽车保险杠多采用无通风孔一体造型。由此可知，新能源汽车在外观部件的外观设计方面相比于传统汽车具有新的设计意义，相关产品外观设计申请量因此保持着持续稳定增长（参见图 2-1-19）。

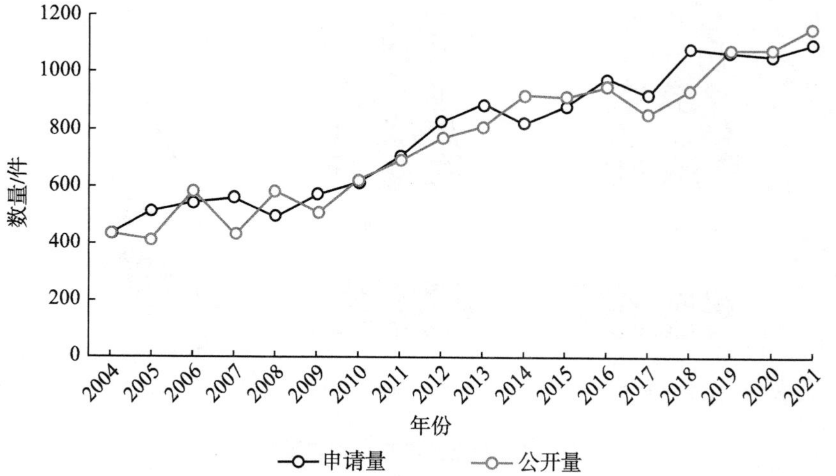

图 2-1-19　外观部件外观设计中国专利申请量和公开量趋势

图 2-1-20～图 2-1-22 是部分新能源汽车外观部件外观设计示例。

（a）主视图　（b）仰视图　（c）立体图

图 2-1-20　新能源汽车轮毂外观设计

（a）主视图　（b）右视图　（c）俯视图　（d）立体图

图 2-1-21　新能源汽车保险杠和引擎盖外观设计

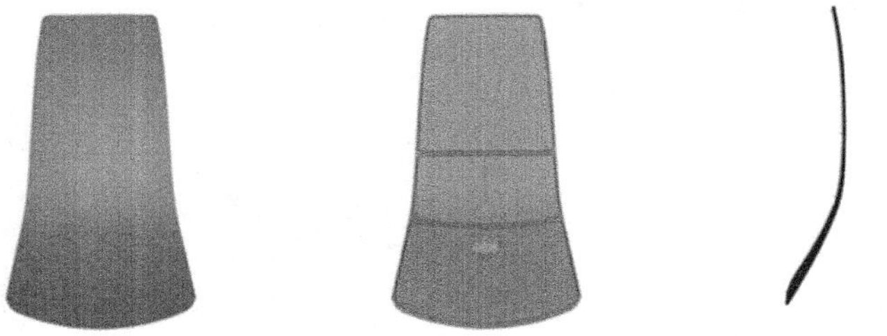

（a）主视图　（b）后视图　（c）左视图

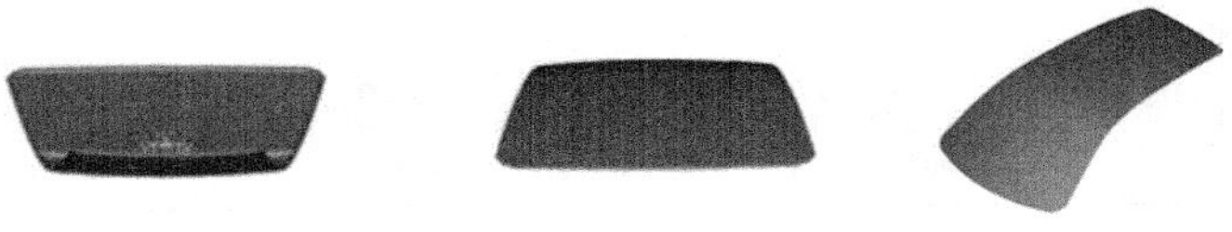

（d）俯视图　（e）仰视图　（f）立体图

图 2-1-22　新能源汽车车顶玻璃外观设计

新能源汽车外观部件的外观设计专利在申请和审查中的主要法律问题点包括：①长条形或者薄片状产品的清楚表达；②车辆外观部件往往直接决定着用户对车辆品牌或者质量的主观判断，一些新兴品牌在该类产品的外观设计上往往会借鉴市场主流品牌的设计风格，存在不符合《专利法》第二十三条第一款规定的潜在风险。

2.2　外观设计专利保护客体

2.2.1　法律解读

《专利法》第二条第四款规定："外观设计，是指对产品的整体或者局部的形状、图案或者其结合以及色彩与形状、图案的结合所作出的富有美感并适于工业应用的新设计。"

《专利审查指南 2010》第一部分第三章第 7.1 节中规定："外观设计是产品的外观设计，其载体应当是产品。不能重复生产的手工艺品、农产品、畜产品、自然物不能作为外观设计的载体。"第 7.3 节中规定："富有美感，是指在判断是否属于外观设计专利权的保护客体时，关注的是产品的外观给人的视觉感受，而不是产品的功能特性或者技术效果。"

《专利法》第二条第四款是对可获得专利保护的外观设计的一般性定义，而不是判断外观设计是否相同或实质相同的具体审查标准。因此，在审查中，对于要求保护的外观设计是否满足新设计的一般性要求，审查员通常仅需根据申请文件的内容及一般消费者的常识进行判断。

《专利审查指南 2010》第一部分第三章第 7.4 节规定了根据《专利法》第二条第四款的规定不授予外观设计专利权的具体情形，其中包括："对于由多个不同特定形状或者图案的构件组成的产品，如果构件本身不能单独出售且不能单独使用，则该构件不属于外观设计专利保护的客体。例如，一组由不同形状的插接块组成的拼图玩具，只有将所有插接块共同作为一项外观设计申请时，才属于外观设计专利保护的客体。"

2.2.2　常见问题

该主题的审查实践中，常见问题包括：构成外观设计的设计要素或要素的结合是否符合要求。可以构成外观设计的组合有：产品的形状，产品的图案，产品的形状和图案，产品的形状和色彩，产品的图案和色彩，产品的形状、图案和色彩。申请主题属于不授予外观设计专利权的情形主要包括：①对于由多个不同特定形状或者图案的构件组成的产品，如果构件本身不能单独出售且不能单独使用，则该构件不属于外观设计专利保护的客体；②不能作用于视觉或者肉眼难以确定，需要借助特定的工具才能分辨其形状、图案、色彩的物品；③纯属美术、书法、摄影范畴的作品；④仅以在其产品所属领域内司空见惯的几何形状和图案构成的外观设计；⑤游戏界面以及与人机交互无关的显示装置所显示的图案，例如，电子屏幕壁纸、开关机画面。

2.2.3 案例解析

多构件组合体外观设计的保护客体和视图表达——案例 2-2-1

（1）案例要点

专利审查实践中，审查员根据《专利法》第二条第四款的规定对保护客体进行审查时，着重从“产品”“适于工业应用”“形状、图案或者其结合以及色彩与形状、图案的结合”“富有美感”“新设计”五个方面进行综合判断。《专利法》于2020年10月17日由第十三届全国人民代表大会常务委员会第二十二次会议《关于修改〈中华人民共和国专利法〉的决定》进行第四次修正，第二条第四款的保护客体增加了产品局部的外观设计，但是《专利法》中产品的概念并没有发生变化，其应当是可以独立销售或者使用的完整产品，外观设计专利申请所涉及的一些特殊产品，比如工业生产中的“过程产品”“中间产品”“组装产品”是否属于《专利法》第二条第四款中的产品是存在争议的。

《专利法》第二十七条第二款规定：“申请人提交的有关图片或者照片应当清楚地显示要求专利保护的产品的外观设计。”关于清楚表达，该案例涉及两个问题点：一是外观设计专利申请的视图内容应当与申请名称保持一致；二是在审查实践中，对于由多个构件组成的组件产品，可以根据各个构件之间的组装关系进行分类，包括各构件之间的组装关系唯一固定、各构件之间的组装关系不唯一和各构件之间无组装关系三类。对于各构件之间的组装关系唯一固定的组件产品，为了满足清楚表达的要求，申请人必须提交各构件组合状态的视图以清楚地显示请求保护的产品的外观设计，而可以不提交各构件的单独视图。对于各构件之间的组装关系不唯一的组件产品和无确定组装关系的组件产品，一般应当提交各构件的单独视图，并且每一个构件均应符合清楚表达的视图要求。

（2）案例简介

涉案外观设计产品的名称为“汽车无刷发电机后端盖”，从涉案外观设计的主视图、左视图、仰视图（参见图 2-2-1）可以看出，视图中的产品既包括汽车无刷发电机后端盖，又包含安装于其上的调节器等电器元件，可能是发电机后端盖单体产品的后级工厂或组装厂的后级中间产品。

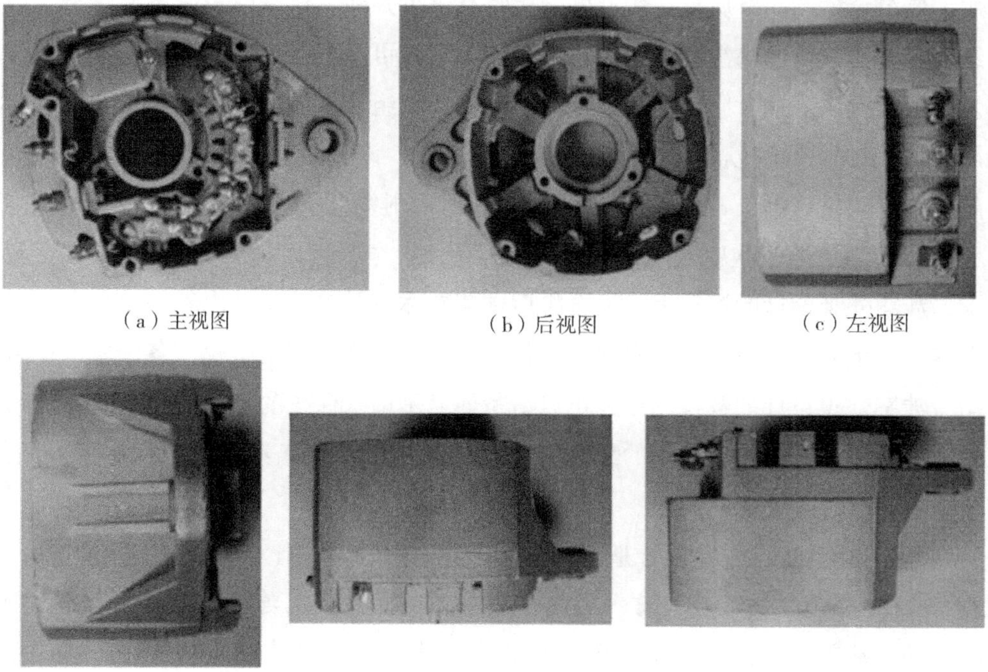

（a）主视图　（b）后视图　（c）左视图

（d）右视图　（e）俯视图　（f）仰视图

图 2－2－1　案例 2－2－1 涉案外观设计各视图

(3) 焦点问题

观点一：涉案外观设计的载体不属于《专利法》第二条第四款中规定的产品。

从主视图、左视图和仰视图可以看出，涉案外观设计的产品类似铸件的汽车无刷发电机后端盖单体内腔中安装了一些电器元件，属于工业生产中的“过程产品”或者“中间产品”，不是可以独立销售或者使用的完整产品，因此，涉案外观设计的载体不属于《专利法》第二条第四款中规定的产品。

观点二：涉案外观设计的载体属于《专利法》第二条第四款中规定的产品，并且属于组装关系唯一的组件产品，符合清楚表达的规定。

首先，对于申请名称中的“汽车无刷发电机后端盖”应作广义理解。“后端盖”本体以及附加于“后端盖”本体之上的处于附属地位的电器元件形成的组合体仍然可以用“后端盖”来称呼，即申请的名称和视图表达是一致的。其次，对于外观设计的载体是否属于能够独立销售或者使用的完整产品，应当作广义理解。“过程产品”或者“中间产品”的身份并不自然意味着不能独立销售或者使用，要结合该产品所属行业领域的分工特点进行判断。汽车电机制造属于分工较细的工业领域，如果涉案外观设计专利的申请人可以证明该后端盖组合体是所涉及工业流程环节或者制造商的最终产品，并以该组合体的形式进行独立销售和使用，那么对于该工业流程环节或者制造商来说，该“过程产品”或者“中间产品”就是最终产品，即涉案外观设计的汽车无刷发电机后端盖组合体属于《专利法》第二条第四款中规定的产品。进一步地，按照对组件产品的视图提交要求，涉案外观设计的汽车无刷发电机后端盖单体以及安装于其内腔的电器元件具有唯一的组装关系，可以仅提交各构件组合状态的视图而不必提交各个构件的视图，涉案外观设计的各视图已经可以清楚地显示请求保护的产品的外观设计。

观点三：涉案外观设计的载体属于《专利法》第二条第四款中规定的产品，但是不符合清楚表达的规定。

如果申请的名称有更合适的表述，比如“汽车无刷发电机后端盖组件”，“汽车无刷发电机后端盖”这一名称不应作扩展理解，应当理解为仅仅指的是视图中的后端盖本体，基于此理解，涉案外观设计的载体属于《专利法》第二条第四款中规定的产品。但是由于主视图、左视图和仰视图中后端盖本体的多处细部被遮蔽，处于不可见状态，影响了后端盖本体外观设计的清楚表达。

（4）案例评析

考虑涉案外观设计视图中呈现的汽车无刷发电机后端盖以及安装于其上的电器元件组合体是否属于《专利法》第二条第四款中规定的产品时，有几个方面的因素需要注意：一是对申请的主题“汽车无刷发电机后端盖”如何理解；二是对工业生产中的“过程产品”“中间产品”“组装产品”如何考虑；三是能否根据其包含多个组合件的特点，认定其为具有唯一组装关系的组件产品进行保护。该案例涉及《专利法》第二条第四款保护客体的判断和《专利法》第二十七条第二款清楚表达的判断。关于保护客体，该案例主要涉及多构件组合体是否是不可独立销售和使用的“过程产品”“中间产品”的判断。如果组合体属于产品使用工序中临时存在的过程产品和中间产品，那么该组合体将不属于《专利法》第二条第四款的保护客体。而如果结合产品所属工业领域的工艺特点和生产分工情况，该多构件组合体可以在制造分工中被独立销售和使用，那么，该组合体不应被认为是过程产品和中间产品，而是符合《专利法》第二条第四款规定的产品。关于清楚表达，该案例主要涉及组件产品的视图应当如何提交，关键点在于组件产品的各个构件之间的组装关系情况。如果各个构件之间的组装关系唯一且固定，那么申请人必须提交各构件组合状态的视图以清楚地显示请求保护的产品的外观设计，而不可以提交各构件的单独视图。

2.3　视图的清楚表达

2.3.1　法律解读

《专利法》第二十七条第二款规定："申请人提交的有关图片或者照片应当清楚地显示要求专利保护的产品的外观设计。"

《专利审查指南 2010》第一部分第三章第 4.2 节中规定了对外观设计图片或者照片的具体要求："就立体产品的外观设计而言，产品设计要点涉及六个面的，应当提交六面正投影视图；产品设计要点仅涉及一个或几个面的，应当至少提交所涉及面的正投影视图和立体图，并应当在简要说明中写明省略视图的原因。……必要时，申请人还应当提交该外观设计产品的展开图、剖视图、剖面图、放大图以及变化状态图。此外，申请人可以提交参考图，参考图通常用于表明使用外观设计的产品的用途、使用方法或者使用场所等。"第 4.2.1 节中规定："六面正投影视图的视图名称，是指主视图、后视图、左视图、右视图、俯视图和仰视图。其中主视图所对应的面应当是使用时通常朝向消费者的面或者最大程度反映产品的整体设计的面。"

2.3.2　常见问题

外观设计图片或者照片在清楚地显示外观设计时，存在的问题主要分两类。一类是六面正投影视图之间不符合投影关系，包括位置关系和比例关系。采用图片进行表达的，图片绘制应当参照我国技术制图和机械制图国家标准中有关正投影关系、线条宽度以及剖切标记的规定绘制；采用照片进行表达的，照片的拍摄通常应当遵循正投影规则，背景应当单一，避免因对焦等原因导致产品的外观设计无法清楚地显示。另一类是视图省略引起的清楚表达问题。《专利审查指南 2010》中规定了可以省略视图的情况有相对视图相同或对称时可以省略一个视图，大型或位置固定的设备和底面不常见的物品可以省略仰视图，除此之外的视图能否省略要结合具体案情进行分析。

2.3.3 案例解析

缺少视图与清楚表达——案例2－3－1

（1）案例要点

如何平衡视图形式全面性的要求和视图清楚表达的实质要求，是外观设计专利申请和审查实践中经常要面对的问题。外观设计专利申请时缺少视图，特别是缺少产品使用中不常见表面的视图表达时，主要包括两种情况：一种情况是产品使用中外表面为常见面但是有一个或者几个表面是不常见面，另一种情况是产品使用中外表面为不常见面而内表面为常见面。这两种情况不但涉及申请文件或者专利文件的清楚表达问题，还涉及专利侵权的判定标准问题和申请相对于现有设计是否具有明显区别的判定问题。下文结合该案例讨论第一种特殊情况下的清楚表达问题，即应当如何提交视图。

（2）案例简介

涉案外观设计产品的名称为“新能源汽车室内灯”，从申请文件的主视图、后视图、左视图和右视图（参见图2－3－1）可知，该室内灯为整体呈扁平的片状体，其安装到车辆顶棚后俯视图所示表面为该室内灯日常使用的常见面。申请文件的简要说明中说明“仰视图所在表面在该室内灯安装到车辆顶棚以后嵌入顶棚内部，为不常见面，因此省略仰视图”。

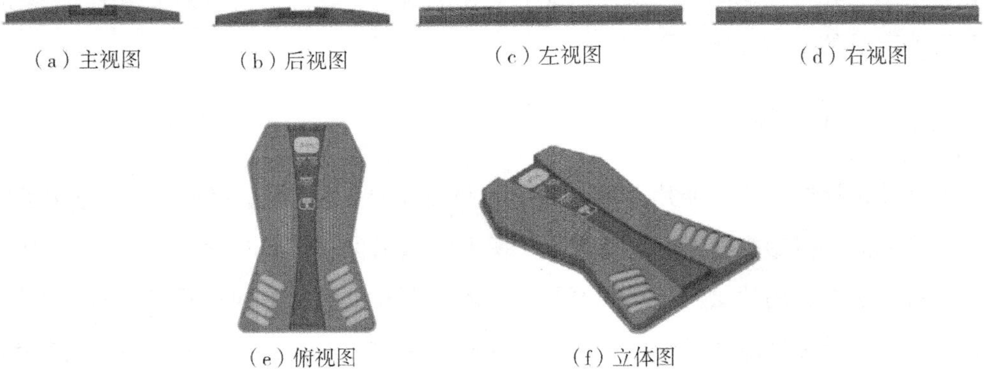

（a）主视图　（b）后视图　（c）左视图　（d）右视图

（e）俯视图　（f）立体图

图2－3－1　案例2－3－1涉案外观设计各视图

（3）焦点问题

观点一：缺少仰视图导致涉案外观设计无法清楚表达。

即使外观设计产品作为一个部件在最终被组装到其他产品上使用后存在部分

遮挡，外观设计专利申请文件也应当对该外观设计的每个视图进行全面清楚的表达，因为外观设计产品的使用应作广义理解，包括多个环节，比如销售等，最终装配使用仅仅是其多种使用状态的其中一种，不能仅以整车装配后产品的可见情况来作判断，比如车辆动力系统、充电系统的大部分零部件在整车装配使用后其全部外观面均被车辆蒙皮或者结构件遮挡，不能因此认为这些产品全部外观面均为日常不常见而给予申请文件提交豁免。

观点二：缺少主要视图导致专利申请文件信息不完整，应当完整提交。

专利申请文件在科技创新知识产权保护全链条中发挥多种作用，其中一个重要作用是科技信息供给功能。部分在专利申请确权环节看似不重要的信息，可能在其他环节具有相对重要的作用，尤其是如果不同保护环节对使用中不常见表面的作用判断标准不一致时，信息不完整可能带来不可预料的风险。基于此，申请人在提交外观设计申请文件时应当提供全面完整的信息。

观点三：省略使用中不常见面视图，符合清楚表达的规定。

外观设计保护的是产品的整体或者局部的形状、图案或者其结合以及色彩与形状、图案的结合所作出的富有美感并适于工业应用的新设计，重点在于影响人们视觉观感、审美需求的外观设计要素。产品在装配使用后不常见面对于产品的装饰作用没有影响，因此这些视图的缺少并不影响产品外观设计的清楚表达。

（4）案例评析

该案例中涉及的问题是缺少视图的情况是否符合《专利法》第二十七条第二款的规定。对于产品使用中不常见面的表达，考虑的出发点主要有三个：一是使用中不常见面的视图表达在外观设计申请文件提交时是否应当具有“豁免权”；二是何为“使用中不常见”；三是对专利申请文件信息供给功能方面的考量。

该案例对产品使用中不常见面的视图提交标准进行讨论，涉及何为产品使用状态以及专利申请文件技术信息供给功能的思考。虽然从不同的角度考虑能够得出不同的结论，但是对于申请人来说，能在专利申请环节尽量完整地提供产品的外观设计信息，将争议点消除在专利申请环节可能是更好的选择。

2.4　属于现有设计

2.4.1　法律解读

《专利法》第二十三条第一款规定：“授予专利权的外观设计，应当不属于现有设计；也没有任何单位或者个人就同样的外观设计在申请日以前向国务院专利行政部门提出过申请，并记载在申请日以后公告的专利文件中。”

《专利审查指南2010》第四部分第五章第5.1.1节中规定：“外观设计相同，是指涉案专利与对比设计是相同种类产品的外观设计，并且涉案专利的全部外观设计要素与对比设计的相应设计要素相同，其中外观设计要素是指形状、图案以及色彩。”第5.1.2节中规定：“外观设计实质相同的判断仅限于相同或者相近种类的产品外观设计。……如果一般消费者经过对涉案专利与对比设计的整体观察可以看出，二者的区别仅属于下列情形，则涉案专利与对比设计实质相同：（1）其区别在于施以一般注意力不能察觉到的局部的细微差异，例如……；（2）其区别在于使用时不容易看到或者看不到的部位，但有证据表明在不容易看到部位的特定设计对于一般消费者能够产生引人瞩目的视觉效果的情况除外；（3）其区别在于将某一设计要素整体置换为该类产品的惯常设计的相应设计要素，例如……；（4）其区别在于将对比设计作为设计单元按照该种类产品的常规排列方式作重复排列或者将其排列的数量作增减变化，例如……；（5）其区别在于互为镜像对称。”

2.4.2 常见问题

《专利法》第二十三条第一款的审查实践中，难点集中在涉案外观设计与对比设计相比存在区别时。根据这些区别的不同情况分为以下几种情形：一是二者的区别来源于对比设计文件没有完全直接公开涉案外观设计的全部设计特征，这时应当如何理解和判断未直接公开的设计特征；二是二者的区别是否属于本领域的惯常设计；三是这些区别是否属于消费者使用中不易察觉的细微区别；四是设计空间大小和产品所在领域的设计特点如何赋予区别特征在影响消费者视觉印象方面不同的重要程度。

2.4.3 案例解析

2.4.3.1 惯常设计——案例2-4-1

（1）案例要点

现有设计中一般消费者所熟知的、只要提到产品名称就能想到的相应设计，称为惯常设计。如果涉案汽车外观设计与对比设计相比，二者整体形状基本相同，车体前面、侧面和后面局部结构的形状和布局均基本相同，形成了基本一致的视觉效果，二者的区别点或者属于惯常设计，或者属于施以一般注意力不能察觉到的局部细微差异，或者在于互为镜像对称。那么涉案外观设计与对比设计构成实质相同的外观设计。

（2）案例简介

涉案外观设计产品为一种新能源电动车，由主视图、后视图、左视图、俯视图、立体图 1 和立体图 2 表示。简要说明记载“右视图与左视图对称，省略右视图，仰视图不常见，故省略”。如图 2－4－1 所示，涉案外观设计的车头前面上部为前车窗，前车窗的两个雨刷器旋转轴位于主视图右侧，车头两侧各有一个倒车镜，中间为发动机罩，左右各有一个近似矩形的前车灯，中间有一贯穿车灯和车鼻前部的装饰条，装饰条中间有椭圆形车标，车头下部为近似梯形前格栅，格栅左右有对称的倒 L 形车灯和圆形小灯。车侧面依次为前翼子板、前车门、后车门和后翼子板，下部为前后车轮。侧面上部前后有两个车窗，车后窗后部有一近似三角形小窗，侧面可见车鼻短且与地面近似垂直。车尾平直，上方有一遮雨沿。车尾部上方为车后窗，车后窗雨刷器的旋转轴位于后视图左侧，下部为车尾门，其上有一个椭圆形车标和矩形凹陷，右下方有标识，尾门两侧各有一个贯穿车尾中上部的条状后车灯。尾门下部为后保险杠，保险杠两侧有对称的 L 形小灯。车顶平坦，后部中间有一个天线。

（a）主视图　（b）后视图　（c）左视图　（d）俯视图　（e）立体图1　（f）立体图2

图 2－4－1　案例 2－4－1 涉案外观设计各视图

对比设计公开了一种“乘用汽车”的外观设计，与涉案申请所示产品用途相同，二者属于相同种类的产品。对比设计公开了相应的六幅视图，如图2－4－2所示，前面上部为前车窗，两侧各有一个倒车镜，中间为发动机罩，左右各有一个近似矩形前车灯，中间有一贯穿车灯和车鼻前部的装饰条，装饰条中间有椭圆形车标位，车头下部为近似梯形前格栅，可见格栅内部条形结构，格栅左右有对称的倒L形车灯和圆形小灯，前车窗两雨刷器的旋转轴位于主视图左侧。车侧面依次为前翼子板、前车门、后车门和后翼子板，下部为前后车轮。侧面上部前后有两个车窗，后车窗后部有一近似三角形小窗，侧面可见车鼻短且与地面近似垂直。车尾平直，上方有一遮雨沿。车尾部上方为车后窗，车后窗雨刷器的旋转轴位于后视图右侧，下部为车尾门，其上有一个椭圆形车标位和矩形凹陷，尾门两侧各有一个贯穿车尾中上部的条状后车灯。尾门下部为后保险杠，保险杠两侧有对称的L形小灯。车顶平坦，后部中间有一个天线。

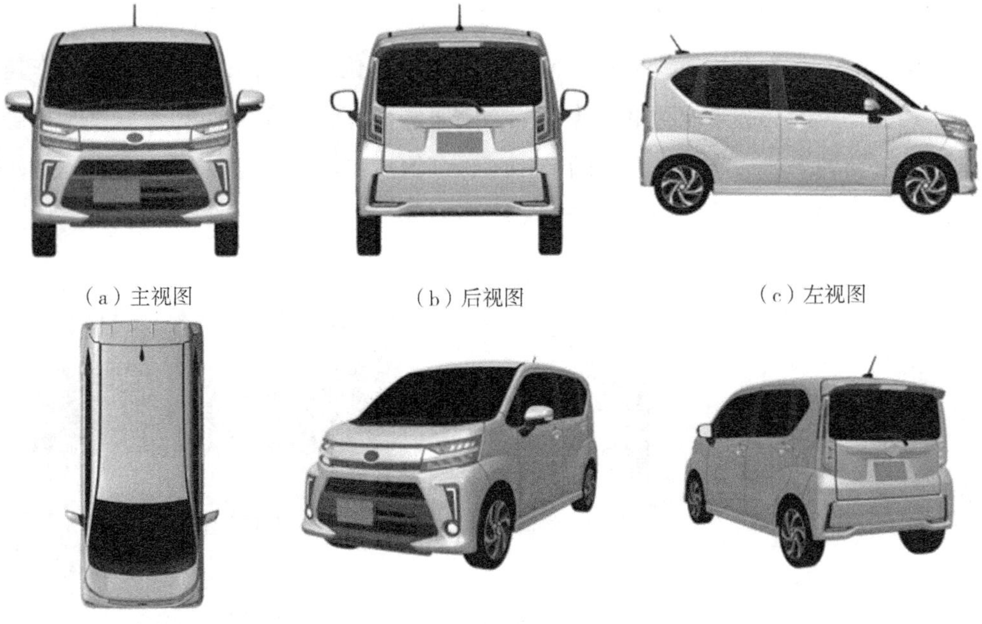

（a）主视图　（b）后视图　（c）左视图

（d）俯视图　（e）立体图1　（f）立体图2

图2－4－2　案例2－4－1对比设计各视图

（3）焦点问题

观点一：涉案外观设计与对比设计构成实质相同的外观设计。

涉案外观设计与对比设计二者车身整体形状，以及各部分的相对位置、形状关系、主要布局线条排列均相同，即便存在细节上的不同，但其所占产品整体比例较小，属于不易察觉的差异。因此，二者属于实质相同的外观设计。

观点二：涉案外观设计与对比设计不构成实质相同的外观设计。

涉案外观设计与对比设计相比，在座椅、方向盘、前后椭圆形车标和车尾标记、雨刷器等部位存在明显的差异，这些差异对于一般消费者而言是显而易见的，足以将涉案外观设计与对比设计的整体视觉效果区分开来。因此，涉案外观设计与对比设计不构成实质相同的外观设计。

（4）案例评析

将涉案外观设计与对比设计的相比，二者主要相同点在于：车体整体形状基本相同；车前部车灯形状、前格栅形状、车鼻等主要部位形状基本相同；车身侧面前后翼子板、前后车门、车窗形状基本相同；车后部车窗、后车灯、后保险杠形状基本相同；车顶都比较平坦，后部中间都有一个天线。对于一般消费者而言，二者形成了基本一致的视觉效果。

涉案外观设计与对比设计的区别点主要如下。①涉案外观设计为透明车窗，透过车窗可见车内设有座椅和方向盘等部件；而对比设计车窗不透明，看不到内部结构。②涉案外观设计车体前后设有椭圆形车标，车体尾部还有“C05”字样；而对比设计中车体前后的椭圆形车标位置为空白，车尾无相关字样。③涉案外观设计与对比设计车头和车尾雨刮器的设置方向相反。

对于区别点①，涉案外观设计虽然车窗为透明，示出了车内的方向盘和座椅，但是方向盘和座椅都属于汽车内部的惯常设计，也未产生引人瞩目的视觉效果。对于区别点②，该区别点位于产品局部，并且所占产品整体比例较小，对该类产品的一般消费者而言，上述区别点属于施以一般注意力不能察觉到的局部细微差异。对于区别点③，该区别点仅在于互为镜像对称。因此，涉案外观设计与对比设计相比属于实质相同的外观设计。

2.4.3.2　使用中易被遮挡的部位——案例 2－4－2

（1）案例要点

基于一般消费者的常识，车辆前下护栅安装于车辆保险杠下部，而车辆车牌安装位置一般与保险杠或前下护栅有重叠。在此情况下，虽然涉案外观设计的护栅与对比设计在产品正面中部具有区别，但这些区别在使用时均被遮挡，导致一般消费者观察不到，即使有稍许裸露，也属于施以一般注意力不能察觉到的局部细微差异，那么涉案外观设计与对比设计相比属于实质相同的外观设计。

（2）案例简介

涉案外观设计涉及的产品是车辆前下护栅，由六面正投影视图和两幅立体图表示。如图 2－4－3 所示，涉案外观设计的护栅为倒梯形扁长格栅结构，边框为扁长倒梯形，底角圆滑过渡，边框四周均布有数个安装孔，护栅正面中部向前凸出，两侧对称略微向后弯折，护栅中部镂空，由两横三竖格栅将中部划分为数个网格，中部竖杆位于正中央，左右两侧有两个对称的短粗竖杆，从顶部延伸至第二横杆处，在与第二横杆相交处有两个向前突出的中空圆柱。

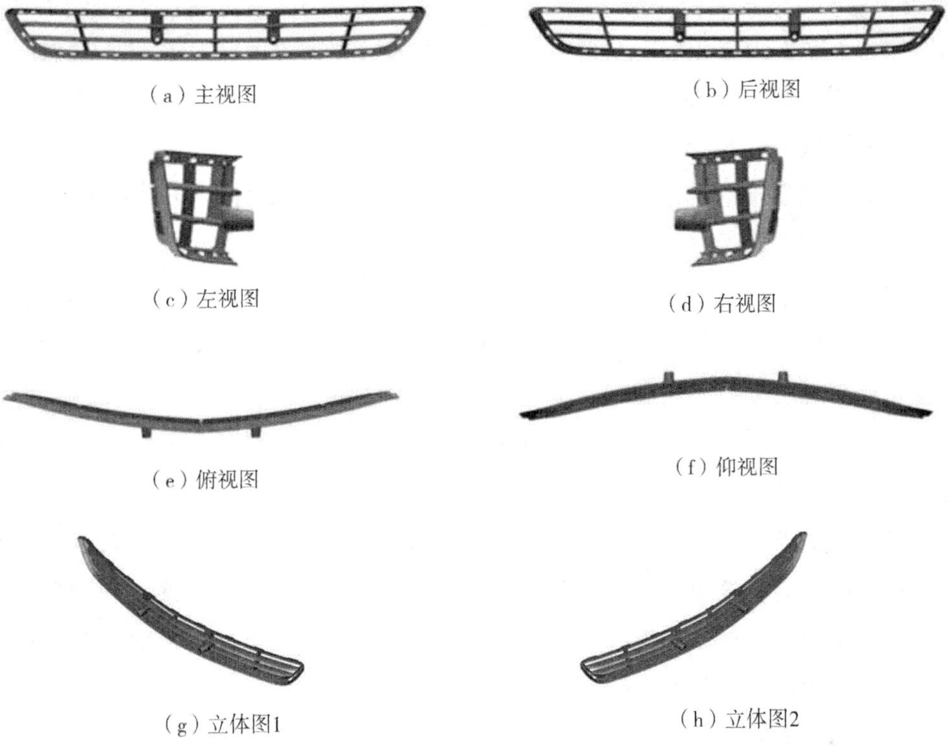

（a）主视图　（b）后视图

（c）左视图　（d）右视图

（e）俯视图　（f）仰视图

（g）立体图1　（h）立体图2

图 2－4－3　案例 2－4－2 涉案外观设计各视图

对比设计公开的是一种车辆下进气网栅的外观设计，与涉案外观设计所示产品用途相同，二者属于相同种类的产品。对比设计由六面正投影视图和两幅立体图表示。如图 2－4－4 所示，对比设计为倒梯形扁长格栅结构，边框为扁长倒梯形，底角圆滑过渡，边框四周均布有数个安装孔，护栅整体呈中部凸出的弧形，护栅中部镂空，由两横四竖格栅将中部划分为数个网格。

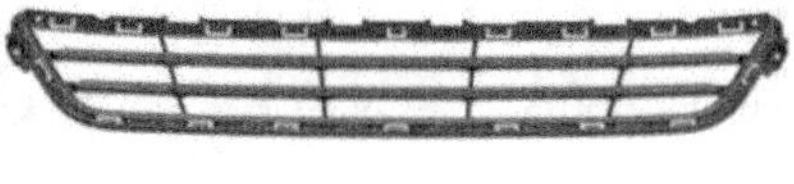

（a）主视图

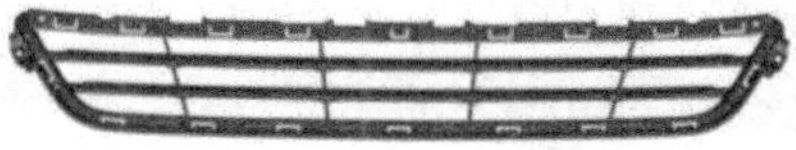

（b）后视图

（c）左视图

（d）右视图

（e）俯视图

（f）仰视图

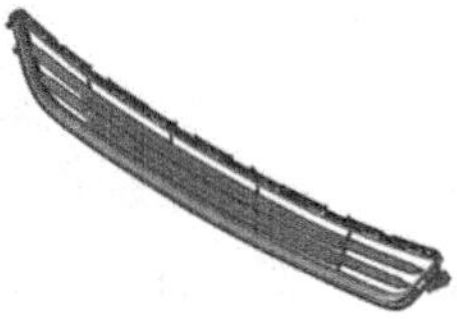

（g）立体图1

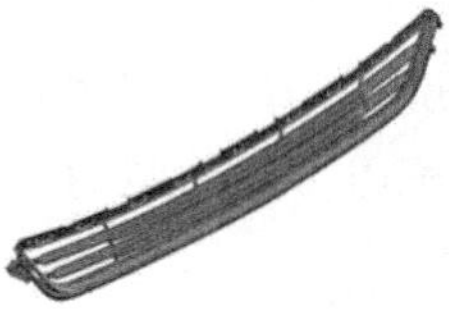

（h）立体图2

图2－4－4 案例2－4－2对比设计各视图

（3）焦点问题

观点一：涉案外观设计与对比设计构成实质相同的外观设计。

涉案外观设计与对比设计相比，虽然涉案外观设计在护栅中部设置有两个短粗竖杆和突出的空心圆柱，但这些设置是为了安装车辆牌照，因而护栅产品在使用时，两个竖杆和圆柱会被牌照遮挡而无法看到。涉案外观设计与对比设计的其他区别也属于局部细微差异，对一般消费者而言上述区别都属于不易察觉的差异。因此，涉案外观设计与对比设计属于实质相同的外观设计。

观点二：涉案外观设计与对比设计不构成实质相同的外观设计。

涉案外观设计与对比设计相比在护栅中部存在明显的差异，且不能确定两个竖杆和空心圆柱是车辆牌照的安装架，该差异足以将涉案外观设计与对比设计的整体视觉效果区分开来。因此，涉案外观设计与对比设计不构成实质相同的外观设计。

（4）案例评析

对比涉案外观设计与对比设计，二者的相同点主要在于：边框和镂空格栅均为扁长的倒梯形，边框的底角圆滑过渡，且四周均布有数个安装孔，由格栅将边框内部划分为数个镂空网格，且格栅均为两根横杆。可以看出，涉案外观设计与对比设计均由梯形的边框和镂空格栅构成，各部分的形状、相对位置、比例关系均非常接近，对一般消费者而言，二者的整体视觉印象基本相同。

涉案外观设计与对比设计的区别点主要如下。①二者在边框四周均布的安装孔形态不同，且对比设计在左右两侧设置两个突出的安装卡槽。②从俯仰视图中可以看出，二者整体的平滑度和弧度有差别。③涉案外观设计设有从边框顶部延伸至第二横杆处的两个对称的短粗竖杆，其底部有向前突出的空心圆柱；而对比设计中无此设计。④涉案外观设计的格栅有三根竖杆，中间的竖杆垂直位于正中央，两边的竖杆倾斜对称设置；对比设计的格栅有四根竖杆，均为倾斜对称设置。

对于区别点①和②，车辆前下护栅在使用时，位于边框上的安装孔和卡槽均安装于车体内部，一般消费者观察不到，而护栅在俯仰方向上弧度的差别也属于一般消费者施以一般注意力不能察觉到的局部细微差异。对于区别点③和④，基于一般消费者的常识，车辆前下护栅安装于车辆保险杠下部，而车牌安装位置一般与保险杠或前下护栅有重叠，从涉案外观设计的左视图可以看出，空心圆柱体突出高度较高，基本与护栅的边框边缘平齐，在视觉效果上非常突兀，显然是为了配合安装车牌而设置，其两个通孔应为螺钉安装孔。在这种情况下，由于车辆车牌设置在车辆前下护栅前方，涉案外观设计中两个短粗竖杆、突出的空心圆柱体和中部竖杆的设计特征，在使用时均将被车牌所遮挡，即使有稍许裸露，也属于一般消费者施以一般注意力不能察觉到的局部细微差异。因此，涉案外观设计与对比设计相比属于实质相同的外观设计。

2.4.3.3 局部细微差异以及未直接公开的设计特征——案例 2-4-3

（1）案例要点

由多个构件组成的外观设计产品，其设计特征可以分为两个方面，一方面是产品整体造型、三维结构、主要构件及其组装位置关系和相对大小关系，另一方面是细节设计和局部细微结构。在判断涉案外观设计与对比设计是否实质相同时，要分别考虑以上两类设计特征对整体视觉效果的影响情况。如果涉案外观设计与对比设计二者之间的相同设计特征对产品视觉效果有主要影响，在这些特征已经使得二者呈现出基本相同的视觉印象的情况下，个别细节特征的差别不会对涉案外观设计与对比设计的视觉效果产生实质性影响，那么可以认为涉案外观设计与对比设计相比实质相同。

(2) 案例简介

涉案外观设计产品为一种新能源电动车智能配电盒，各附图如图2-4-5所示，包括主壳体、位于主壳体左侧的左副壳体和位于主壳体右侧的右副壳体；左副壳体近似为长方形，上下两端设置有圆形安装孔，两个安装孔之间纵向设置三个带弧角的矩形插座；主壳体近似为正方形，在主壳体的左侧安装一排半纵向排列的小继电器，挨着小继电器右侧安装两排半纵向排列的小保险片，主壳体的右侧上方安装一个大功率继电器，大功率继电器的正下方纵向排列八个中电流保险片，大功率继电器的左侧下方设置有一个大电流保险片；右侧下方设置有DC/DC大电流保险片，主壳体上下两侧壁分别设置两个插接头和接插构件；右副壳体近似为梯形，上部设置带弧角的矩形CAN接口，下部设置手动电源总开关。

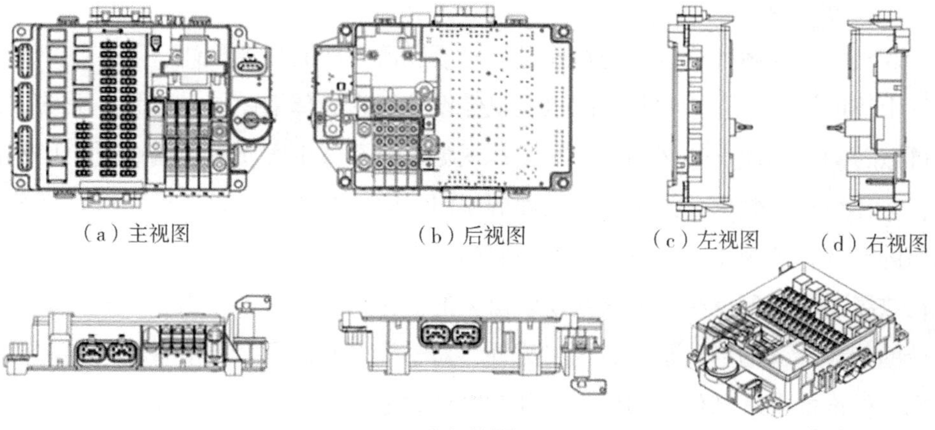

(a) 主视图　(b) 后视图　(c) 左视图　(d) 右视图

(e) 俯视图　(f) 仰视图　(g) 立体图

图2-4-5　案例2-4-3涉案外观设计各视图

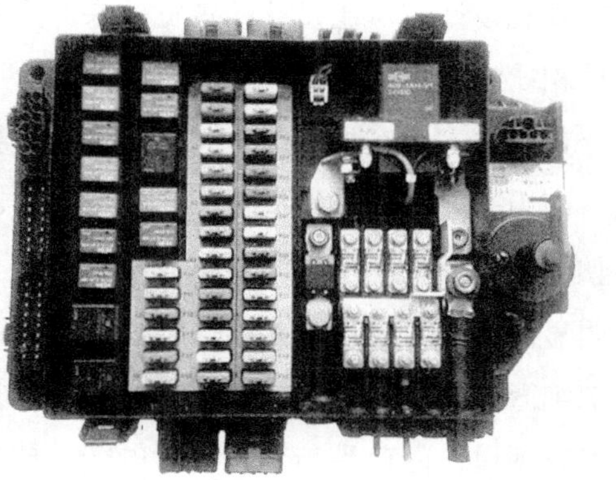

图2-4-6　案例2-4-3对比设计视图

对比设计公开了一幅视图，如图2-4-6所示，包括主壳体、位于主壳体左侧的左副壳体和位于主壳体右侧的右副壳体；左副壳体近似为长方形，上下两端设置有圆形安装孔，两个安装孔之间纵向设置三个带弧角的矩形插座；主壳体近似为正方形，在主壳体的左侧安装一排半纵向排列的小继电器，挨着小继电器右侧安装两排半纵向排列的小保险片，主壳体的右侧上方安装一个大功率继电器，大功率继电器的正下方纵向排列八个中电流保险片，大功率继电器的左侧下方设置有一个大电流保险片；右侧下方设置有 DC/DC 大电流保险片，主壳体上下两侧壁分别设置两个插接头和接插构件；右副壳体近似为梯形，上部设置带弧角的矩形 CAN 接口，下部设置手动电源总开关。

涉案外观设计与对比设计相比，二者的主要相同点在于：均包括主壳体、位于主壳体左侧的左副壳体和位于主壳体右侧的右副壳体，三个壳体的形状和其上设置的部件的形状以及排布方式相同。二者的主要区别点在于：①主壳体上下两侧壁的右侧接插构件的形状略有不同；②右副壳体上的手动电源总开关的指向不同，涉案外观设计的手动电源总开关为横向，对比设计的手动电源总开关为竖向；③涉案外观设计为六面视图，而对比设计仅公开了产品正面的视图。

（3）焦点问题

观点一：涉案外观设计与对比设计构成实质相同的外观设计。

上述区别点①和②相对于配电盒整体设计仅为局部细微差异，且开关的方向应可以转动，因此上述区别对产品整体视觉效果不产生实质性影响。对于区别点③，对比设计虽然仅公开了产品正面的视图，但该视图也反映了产品的一部分其他面的设计，从视图可以看出该产品侧面具有一定的厚度，某些部件的侧面特征也在该视图中有所反映。从这些反映出来的部件的设计可以看出，其和涉案外观设计的相应部件的形状是一致的。另外，对于配电盒而言，其上采用的零部件应当也是标准的电气部件，即使涉案外观设计的零部件的某些部位在对比设计中没有完全公开，其形状也应该是一致的。因此，涉案外观设计与对比设计的上述区别，在二者之间的相同点已经令二者形成基本相同的视觉印象的情况下，不会对涉案外观设计与对比设计的视觉效果产生实质性影响，因此涉案外观设计与对比设计相比实质相同。

观点二：涉案外观设计与对比设计不构成实质相同的外观设计。

因为开关方向是根据使用状态可以转动，所以上述区别点②的视觉效果对产品整体视觉效果不产生实质性影响。但是上述区别点①和③能够使得涉案外观设计明显区别于对比设计。因为，虽然上述区别点①相对于配电盒的整体设计属于局部细微设计特征，但其对配电盒整体的视觉效果产生了实质性影响，尤其是将涉案外观设计的产品与对比设计的产品放到一块时，普通消费者可以明显发现二者的区别。并且对比设计仅公开了产品正面的视图，仅公开了产品的一部分视图的设计方案，尤其是对比设计的后视图完全没有公开，对其设计方案仅能进行猜测，这种不确定性导致涉案外观设计与对比设计的视觉效果有实质性不同。

（4）案例评析

从涉案专利申请附图可以看出，该外观设计产品主要构件包括：主壳体、位于主壳体左侧的左副壳体和位于主壳体右侧的右副壳体。该外观设计产品主要三维形状为：主壳体为近似正方形，其左侧安装一排半纵向排列大方形继电器阵列，其右侧安装两排半纵向排列小长方形保险片阵列，主壳体的右侧上方安装一个正方形继电器，下方纵向排列八个长方形带上下两个圆形凸起的保险片；左副壳体近似为长方形，上下两端设置有圆形安装孔；右副壳体近似为梯形，上部设置带弧角的矩形 CAN 接口，下部设置手动电源总开关。这些主要构件和主要三维形状构成了该配电盒的主要设计内容，对其视觉效果具有决定性作用。其与对比设计者的区别点①②③属于局部细节设计，对视觉效果影响较小。在此基础上，在判断二者设计是否实质相同时，还应当考虑配电盒所在的技术领域特点，结合技术领域判断上述主要设计特征和细节设计特征的设计空间大小，设计空间的大小可能直接决定了区别点①和②对二者是否实质相同的判断结论。另外，判断上述区别点③是否能够合理猜测得到也要结合技术领域，同时考虑所涉及产品的外观设计特征是装饰性为主导设计的还是由功能性构件决定的，这些因素都影响到对未直接公开视图设计特征的间接确定。

2.4.3.4　局部细微差异与设计空间——案例 2－4－4

（1）案例要点

对于车辆整车的外观设计而言，其车身造型、车架结构、车身比例、轴距大小、轮毂位置和造型等决定着车辆的整体视觉印象。但是从车型分类的角度看，上述设计特征主要是由车型定位决定的。一旦车型定位确定，这方面的设计空间就不大了，主要决定消费者对于车辆视觉印象的设计特征可能就转移到车门、车窗、车灯等局部的设计特征。这些设计特征的区别成为消费者施以一般注意力就能察觉到的，因此这些区别就可能导致不同产品的外观设计之间的实质区别。

（2）案例简介

涉案申请涉及一种电动三轮车的外观设计，其由主视图、后视图、左视图、右视图、俯视图和立体图表示，简要说明中声明仰视图为不常见面，省略仰视图。如图 2－4－7 所示，侧面视图（主视图）中车辆包括占据主要视图空间的车身和车身前后的车轮，车身顶面和前风挡一起构成曲率较小的平滑圆弧状，车头的车灯部分向前凸起。侧面视图中车辆尾部线条平直，车身两侧由不规则六边形的装饰条包围车门，车门上部有近似矩形的车窗，车窗分为基本相等的左右两部分，在车门中所占比例较小。左视图中前风挡玻璃为上边略窄下边略宽的近似梯形，前风挡玻璃下方为一体的螳螂头造型的大灯，风挡玻璃两侧为斜向伸出的后视镜，车头下方由前悬挂与前轮相连。右视图可见车身后部较为平直，上部有一呈圆角扁长方形的后风挡玻璃，下方通过车架连接两个后轮，后保险杠高度大约占车身后部整体高度的三分之一。

（a）主视图

（b）后视图

（c）左视图

（d）右视图

（e）俯视图

（f）立体图

图 2－4－7　案例 2－4－4 涉案外观设计各视图

对比设计 1 涉及一种三轮电动车的外观设计，其由六面正投影视图表示。如图 2－4－8 所示，主视图、后视图中车辆包括占据主要视图空间的车身和车身前后的车轮，车身顶面和前风挡一起构成曲率较小的平滑圆弧状，侧面车身呈类似三角形的不规则多边形，车身两侧有呈椭圆形的车门，车门上部有近似梯形的车窗，车窗分为基本相等的两部分，在车门中所占比例较小，车门前方有一近似扇形的车窗。车顶前部有矩形天窗，与前风挡玻璃之间平滑过渡，前风挡玻璃呈下窄上宽的梯形，前风挡玻璃下方为对称置于中线左右两侧的椭圆形大灯，风挡玻璃两侧为斜向伸出的后视镜。车头下方车身由前悬挂与前轮相连。车身后部分为上下两部分，上部为车身形成的大外凸圆弧形，下部为轮眉形成的小外凸圆弧形，后车身上部有一梯形形状的后风挡玻璃，风挡玻璃下方有左右对称设置的卵形车灯，车身后部通过车架连接两个后轮。车辆后保险杠高度约占后车身高度的六分之一。

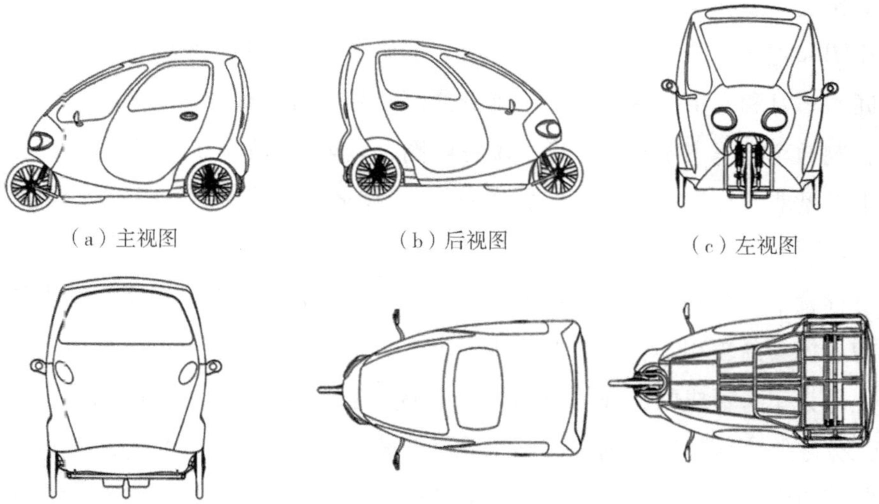

（a）主视图　（b）后视图　（c）左视图

（d）右视图　（e）俯视图　（f）仰视图

图 2－4－8　案例 2－4－4 对比设计 1 各视图

涉案外观设计与对比设计 1 相比，二者的主要相同点包括：车辆均包括上部车身、下部车架和底部车轮三部分，并且三者之间的相对位置关系基本相同；三个车轮的安装位置基本一样，均为前一后二；车顶线条均与前风挡线条一体呈平滑弧形。二者的主要区别点如下。①车头设计不同。涉案外观设计车头部较车尾部变窄，车头处的前风挡玻璃为上边略窄下边略宽的梯形形状，其下有螳螂头造型的一体化大灯；而对比设计 1 的车头部与车尾部基本同宽，前风挡玻璃为下窄上宽的倒梯形，其下方的两个椭圆形大灯以中线为轴对称设置。②两侧车门设计不同。涉案外观设计的车门由不规则六边形装饰条包边，车窗近似矩形且所占比例较小；而对比设计 1 的车门为倾斜椭圆形，其上的车窗为不规则四边形，大小约为车门的一半，且车门前方还有近似扇形的车窗。③车顶不同。涉案外观设计的车顶后半部平直，前半部与前风挡过度为圆弧形，车顶没有天窗；而对比设计 1 的车顶较为圆润，弧线从车尾部开始与前风挡玻璃平滑过渡，且具有矩形天窗。④车身后部不同。涉案外观设计较为平直，后挡风玻璃为圆角矩形，后车灯为长条形；而对比设计 1 的车身后部较为圆滑，分为上下两部分，上部为车身形成的大外凸圆弧形，下部为轮眉形成的小外凸圆弧形，后挡风玻璃为梯形，其下方的后车灯为卵形。⑤后保险杠高度不同。涉案外观设计车辆后保险杠高度约占后车身高度的三分之一；而对比设计 1 的后保险杠高度约占后车身高度的六分之一。此外二者在轮毂造型、车门把手、后视镜等处还有一些其他细微区别。

对比设计 2 涉及一种三轮电动车的外观设计，其由图 2－4－9 所示的四面正投影视图和立体视图表示。如该图所示，主视图和立体图中车辆包括占据主要视图空间的车身和车身前后的车轮，车身顶面和前风挡一起构成曲率较小的平滑圆弧状，侧面车身呈不规则多边形，车身两侧有呈椭圆形的车门，车门上部有依照车门上造型曲线设置的车窗，车窗分为前后两部分，车门后方有一近似矩形的后车窗。车顶与前风挡玻璃之间平滑过渡，前风挡玻璃呈圆角矩形，前风挡玻璃下方为对称置于中线左右两侧的哨子形大灯，风挡玻璃两侧无后视镜。车头下方车身由前悬挂与前轮相连，前挡泥板体积较大并明显前突。车身后部分为上下两部分，上部为车身形成的大外凸圆弧形，下部为轮眉形成的小外凸圆弧形，后车身上部三分之一高度处有呈圆角矩形的后风挡玻璃，后保险杠上设有左右对称的箭头形状五边形车灯，车身后部通过车架连接两个后轮。车辆后保险杠高度约占后车身高度的四分之一。

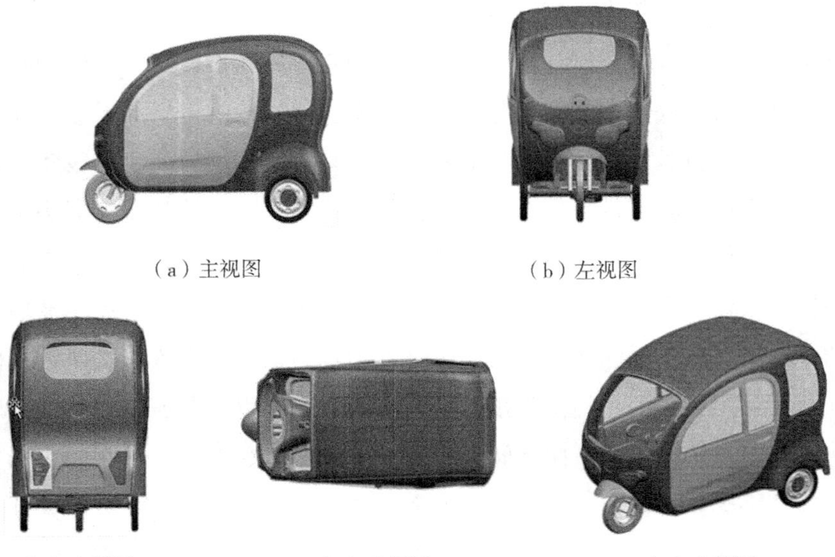

（a）主视图　（b）左视图

（c）右视图　（d）俯视图　（e）立体图

图 2－4－9　案例 2－4－4 对比设计 2 各视图

涉案外观设计与对比设计 2 相比，二者的主要相同点包括：产品的组成部分及各部分的相对位置关系基本相同，均包括车身、车架和车轮，车轮均为三个且大小相同。二者的主要区别点如下。①车头设计不同。涉案外观设计车头处的前风挡玻璃为下边略宽的梯形形状，其下有螳螂头造型的一体化大灯，风挡玻璃两侧均设置有后视镜，前挡泥板位置和大小使其比较隐形；而对比设计 2 的前风挡玻璃为圆角矩形，其下方的两个哨子造型的大灯以中线为轴对称设置，风挡玻璃两侧无后视镜，前挡泥板位置和大小使其明显前突。②两侧车门设计不同。涉案外观设计的车门由不规则六边形装饰条包边，车窗近似矩形且所占比例较小；而对比设计 2 的车门为类似椭圆形，其上的车窗大小约为车门的一半，分为前后两部分，且车门后方还有四边形的车窗。③车身后部不同。涉案外观设计较为平直，后车灯为长条形；而对比设计 2 的车身后部较为圆滑，分为上下两部分，上部为车身形成的大外凸圆弧形，下部为轮眉形成的小外凸圆弧形，后挡风玻璃为梯形，其下方的后车灯为卵形。④后保险杠高度不同。涉案外观设计车辆后保险杠高度约占后车身高度的三分之一，而对比设计 2 的后保险杠高度约占后车身高度的四分之一。此外二者在轮毂造型、车门把手等处还有一些其他细微区别。

（3）焦点问题

观点一：涉案外观设计与对比设计 1 或对比设计 2 相比，不构成实质相同的外观设计。

对于三轮车类产品而言，车身、车架和车轮的组成以及相互位置关系是惯常设计，且底部车架为使用时消费者不容易关注的部位，对整体视觉效果的影响较小；而车身造型、车门的形状以及车窗、前后车灯的形状和相互位置关系属于消费者使用中容易关注的部位。涉案外观设计与对比设计 1、对比设计 2 相比虽然都包括车身、底部车架和三个车轮，且三者之间的位置关系基本相同，但是由前文对比可知，二者在车头的前部、车门、车顶、车尾部、保险杠等诸多部位设计显著不同，而且车的前、后、侧、顶各个面的轮廓形状及其装饰件的设计均不同。上述区别均不属于一般消费者施以一般注意力不能察觉到的局部细微差异。这些区别导致涉案外观设计与对比设计 1、对比设计 2 相比，车辆立体形状不同，对消费者呈现出了完全不同的视觉印象，因此，涉案外观设计与对比设计 1、对比设计 2 之间的区别使得它们的设计方案之间形成了明显的区别。综上，涉案外观设计与对比设计 1、对比设计 2 相比，不属于实质相同的外观设计。

观点二：涉案外观设计与对比设计 1 或对比设计 2 相比，构成实质相同的外观设计。

三轮车的车身、车架和车轮构成了车辆外观设计的主要内容，在车辆外观设计中占比较大，因此，三者的组成和位置应当是影响消费者视觉感受的主要因素，是车辆外观设计的实质性内容；而车身局部造型、车门的形状以及车窗、前后车灯的形状和相互位置关系均属于局部细节，并且这些细节设计空间较大，其变化不容易引起消费者的关注。涉案外观设计与对比设计 1、对比设计 2 相比都包括车身、底部车架和三个车轮，且三者之间的位置关系基本相同，在车头的前部、车门、车顶、车尾部、保险杠等的不同设计不会使它们对消费者呈现完全不同的视觉印象。因此，涉案外观设计与对比设计 1、对比设计 2 相比属于实质相同的外观设计。

（4）案例评析

该案例涉及车辆的两类设计特征之间的关系。车身造型、车架结构、车身比例、轴距大小等这些设计特征决定着车辆外观设计的总基调，是其他设计元素的基本载体。这些特征是否决定着车辆给消费者的整体视觉印象，要从本领域的设计空间来判断：当上述特征的设计空间较小时，这些元素可能成为本领域的惯常设计；当设计空间较大时，这些元素就可能成为车辆整体视觉印象的决定性因素。一般情况下，车门、车窗、车灯、保险杠等局部设计特征，是否能够成为消费者施以一般注意力就能察觉到的设计元素，跟第一步的判断结果是相联系的：当车辆整体造型成为影响消费者视觉印象的主要因素时，局部细节将不再吸引消费者的关注；但当车辆整体造型属于惯常设计时，这些局部细节差异就可能导致不同产品的外观设计之间的实质区别，甚至相比于现有设计具有明显区别。

2.4.3.5 差异容易引起一般消费者关注——案例 2 – 4 – 5

（1）案例要点

涉案外观设计与对比设计相比，二者的差异容易引起一般消费者关注，不属于一般消费者施以一般注意力不易察觉到的局部细微差异，也不属于《专利审查指南 2010》规定的实质相同的其他情形，则该差异足以对产品的整体视觉效果产生显著影响，涉案外观设计与对比设计不构成实质相同。

（2）案例简介

涉案外观设计产品的名称为“扶手箱”，各视图如图 2 – 4 – 10 所示。

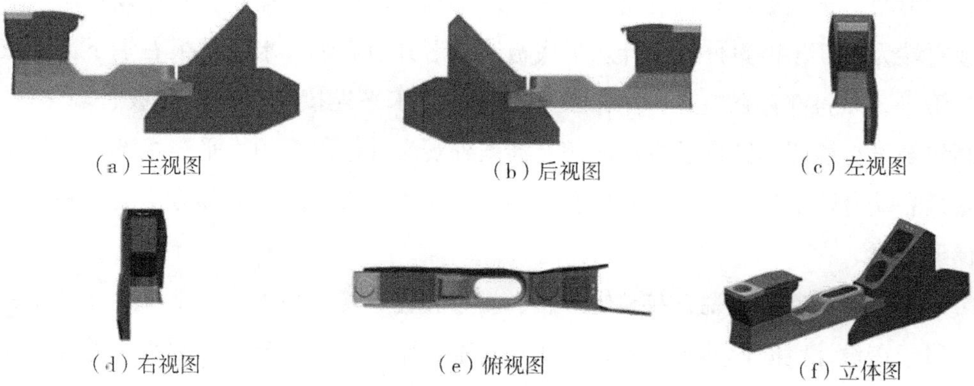

（a）主视图　（b）后视图　（c）左视图　（d）右视图　（e）俯视图　（f）立体图

图 2－4－10　案例 2－4－5 涉案外观设计各视图

对比设计公开了一种扶手箱的外观设计，与涉案外观设计涉及的产品用途相同，属于相同种类的产品。其各视图如图 2－4－11 所示。

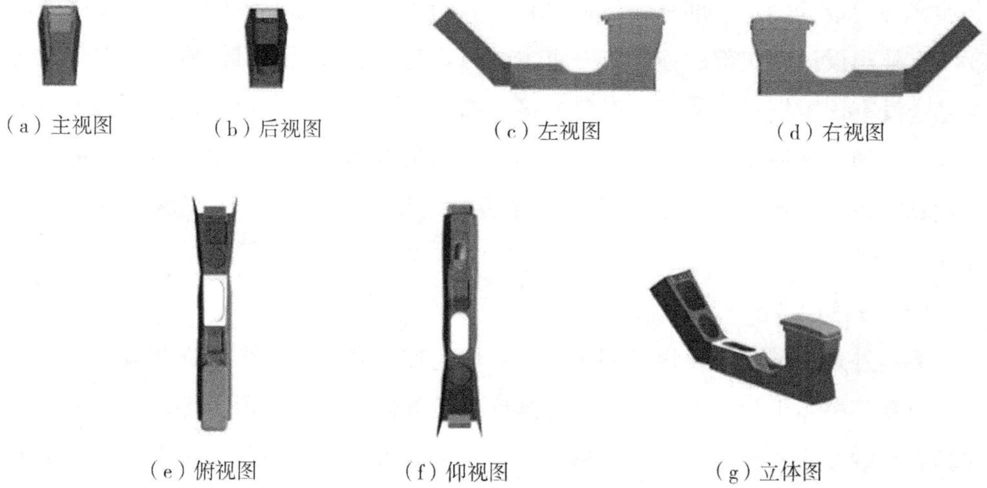

（a）主视图　（b）后视图　（c）左视图　（d）右视图　（e）俯视图　（f）仰视图　（g）立体图

图 2－4－11　案例 2－4－5 对比设计各视图

（3）焦点问题

观点一：涉案外观设计与对比设计构成实质相同的外观设计。

涉案外观设计与对比设计的整体形状和各部件位置基本相同，区别仅在于储藏部顶部水杯孔设置、水平底板端部及倾斜部凹槽形状等。

涉案外观设计与对比设计的区别点主要如下。①对比设计储藏部顶部边缘向外突出，储藏部顶部盖设有一顶部为弧形的长方形盖；涉案外观设计储藏部上部右侧向右突出，顶部后端设有一圆形水杯孔，紧邻水杯孔盖设有一顶部为弧形的长方形盖，长方形盖右端突出于储藏部。②水平底板存在差异：对比设计水平底板右端为平面，涉案外观设计水平底板跑道形开口右端与水平底板右端下部形成台阶。③倾斜部存在差异：对比设计倾斜部的水平连接部与水平底板右端连接，倾斜部设有椭圆形凹槽及方形凹槽；涉案外观设计倾斜部的水平连接部置于水平底板右端台阶上并与跑道形开口右端连接，倾斜部设有圆形下部方形的凹槽及倒梯形凹槽。

对一般消费者来说，在整体形状、排布和构成均相同的情况下，上述区别并不属于在设计空间内的主要设计，相对扶手箱整体而言，属于局部细微差异，对产品的视觉效果影响较小。因此，涉案外观设计与对比设计构成实质相同。

观点二：涉案外观设计与对比设计不构成实质相同的外观设计。

涉案外观设计与对比设计至少存在如下区别点。①涉案外观设计的储藏部的上盖分为两部分，上盖部分还有一圆形水杯孔，且储藏部上部的凸缘部分不同。②涉案外观设计的水平部分与倾斜部的连接处为台阶形状，凹槽形状也不相同。③涉案外观设计倾斜部的下部有一将主、副驾空间隔离开的阻挡板，而对比设计中完全没有该阻挡板。④倾斜部分的接口部分不同。上述多处明显区别对该产品外观设计的整体视觉效果产生显著影响，尤其是阻挡板对于涉案外观设计的整体视觉具有较大的影响。因此，涉案外观设计与对比设计不构成实质相同的外观设计。

（4）案例评析

涉案外观设计与对比设计相比，二者均包括储藏部、水平底板和倾斜部。其中，储藏部整体上为宽度小于长度和高度的长方体，且左侧面下部向内倾斜，顶部具有右端突出于储藏部的长方形盖板；水平底板为内部中空的长方体且底部开口，其左侧位于储藏部下方，左侧部分的四周面由中部向上向内倾斜进而与储藏部底部大小相匹配，中部具有凹槽，右侧顶部设有跑道形开口；倾斜部整体上为上宽下窄的梯状体，其底部设有与跑道形开口右端连接的水平连接部，上部设有圆形水杯孔和方形凹槽，方形凹槽上端设有按键。

二者的主要区别点如下。①涉案外观设计的倾斜部下方设置一将主、副驾空间隔离开的隔离挡板，对比设计无此设计。②涉案外观设计的储藏部盖板分为两个区域，左侧表面为平面，其中部设置有一圆形水杯孔，右侧表面为弧面；而对比设计的储藏部盖板上表面为弧面，未设置水杯孔。③涉案外观设计的储藏部上部右侧向右突出，而对比设计的储藏部顶部具有一凸缘。④涉案外观设计的跑道形开口右侧与水平底板右端下部形成台阶，水平连接部位于台阶上方，且与跑道形开口右侧之间存在间隙；而对比设计的水平连接部与跑道形开口右侧抵接，二者之间无间隙。⑤涉案外观设计的倾斜部上设置的接口与对比设计不同。

综上，涉案外观设计与对比设计虽然结构组成基本一致，但各组成部分的具体设计并不相同，存在上述五点区别，尤其是倾斜部与水平底板之间的连接关系，倾斜部下方的隔离挡板、储藏部盖板上的圆形水杯孔、水平底板右端台阶的有无，容易引起一般消费者关注，不属于施以一般注意力不能察觉的局部细微差异，也不属于《专利审查指南 2010》规定的构成实质相同的其他情形。因此，涉案外观设计与对比设计不构成实质相同的外观设计。

2.4.3.6　一般注意力不能觉察的局部细微差异——案例 2-4-6

（1）案例要点

如果涉案外观设计与对比设计相比，一部分区别在于特征数量的差别，且在整个面板中所占比例较小，属于一般消费者施以一般注意力不能察觉的局部细微差异，另一部分区别是使用时不易看到的部位，那么涉案外观设计与对比设计构成实质相同的外观设计。

（2）案例简介

涉案外观设计涉及的产品是车载显示终端，由六面正投影视图和立体图表示（如图 2-4-12 所示），产品包括前部面板和后部盒体两部分。前部面板整体为倒梯形，上部为矩形显示屏，显示屏下有六个等间距排列的矩形按键，按键下设置有条形、圆形等镂空区域，前部面板四周分布有若干安装孔。后部盒体位于显示屏的后部，为长方体形。盒体两侧和后部面板上有若干形状不一的安装孔或洞。

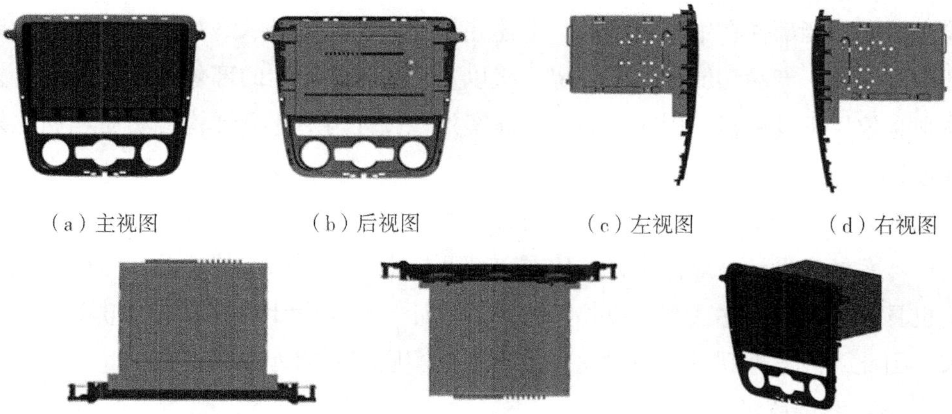

（a）主视图　（b）后视图　（c）左视图　（d）右视图

（e）俯视图　（f）仰视图　（g）立体图

图 2-4-12　案例 2-4-6 涉案外观设计各视图

对比设计也公开了一种车载显示终端的外观设计，与涉案外观设计所示产品用途相同，属于相同种类的产品。对比设计公开了七幅视图（如图 2－4－13 所示），产品包括前部面板和后部盒体两部分。前部面板整体为倒梯形，上部为矩形显示屏，显示屏下有五个等间距排列的矩形按键，按键下设置有条形、圆形等镂空区域，前部面板四周分布有若干安装孔。后部盒体位于显示屏的后部，为长方体形。盒体两侧和后部面板上有若干形状不一的安装孔或洞。

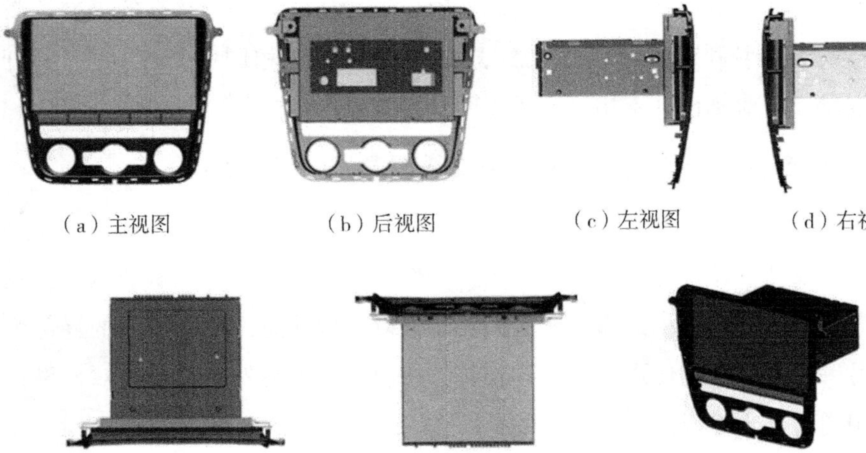

（a）主视图　（b）后视图　（c）左视图　（d）右视图

（e）俯视图　（f）仰视图　（g）立体图

图 2－4－13　案例 2－4－6 对比设计各视图

（3）焦点问题

观点一：涉案外观设计与对比设计构成实质相同的外观设计。

涉案外观设计与对比设计属于相同种类产品的外观设计，均由前部面板、屏幕和后部功能部件构成。二者的区别仅在于底部按键不同、周边安装孔设计不同、后部功能部件在细节上不同，上述差异相对于车载显示终端整体而言仅为局部细节设计、产品功能限定的特定形状以及使用时看不到的部位，对外观设计整体视觉效果不具有显著影响。因此，涉案外观设计与对比设计构成实质相同的外观设计。

观点二：涉案外观设计与对比设计不构成实质相同的外观设计。

涉案外观设计与对比设计相比在前部面板中部存在明显的差异，另外在盒体上也具有区别，上述区别足以将涉案外观设计与对比设计的整体视觉效果区分开来。因此，涉案外观设计与对比设计不构成实质相同的外观设计。

（4）案例评析

涉案外观设计与对比设计相比，二者的主要相同点在于：产品整体形状相同，均由前部面板和后部盒体组成，前部面板上各功能件的布局相同。二者的主要区别点在于：①显示屏下按键的数量和间隔略有差别；②后部盒体的厚度不同，盒体各面板上的安装孔设置不同。

车载显示终端是用在特定车型上的特定装备，由于其需要安装在车辆的预留空间里，因此，在使用时通常仅可见其前部面板，也就是说，前部面板是一般消费者容易关注到的部位。涉案外观设计与对比设计的上述区别点①，按键的数量仅相差一个，间隔差较小，且该部分在整个面板中所占比例较小，属于一般消费者施以一般注意力不能察觉的局部细微差异；而区别点②在使用时被隐藏在车体的空腔内，属于使用时不容易看到的部位。因此，涉案外观设计与对比设计构成实质相同的外观设计。

2.5　与现有设计具有明显区别

2.5.1　法律解读

《专利法》第二十三条第二款规定："授予专利权的外观设计与现有设计或者现有设计特征的组合相比，应当具有明显区别。"

根据《专利审查指南 2010》第四部分第五章第 6 节的规定，涉案专利与现有设计或者现有设计特征的组合相比不具有明显区别是指如下几种情形：①涉案专利与相同或者相近种类产品现有设计相比不具有明显区别；②涉案专利是由现有设计转用得到的，二者的设计特征相同或者仅有细微差别，且该具体的转用手法在相同或者相近种类产品的现有设计中存在启示；③涉案专利是由现有设计或者现有设计特征组合得到的，所述现有设计与涉案专利的相应设计部分相同或者仅有细微差别，且该具体的组合手法在相同或者相近种类产品的现有设计中存在启示。

在确定涉案专利与相同或者相近种类产品现有设计相比是否具有明显区别时，一般还应当综合考虑如下因素：①对涉案专利与现有设计进行整体观察时，应当更关注使用时容易看到的部位，使用时容易看到部位的设计变化相对于不容易看到或者看不到部位的设计变化，通常对整体视觉效果更具有显著影响；②当产品上某些设计被证明是该类产品的惯常设计时，其余设计的变化通常对整体视觉效果更具有显著的影响；③由产品的功能唯一限定的特定形状对整体视觉效果通常不具有显著的影响；④若区别点仅在于局部细微变化，则其对整体视觉效果不足以产生显著影响，二者不具有明显区别；⑤对于包括图形用户界面的产品外观设计，如果涉案专利其余部分的设计为惯常设计，其图形用户界面对整体视觉效果更具有显著的影响。

现有设计及其特征的组合包括拼合和替换，是指将两项或者两项以上设计或者设计特征拼合成一项外观设计，或者将一项外观设计中的设计特征用其他设计特征替换。以下几种类型的组合属于明显存在组合手法的启示的情形，由此得到的外观设计属于与现有设计或者现有设计特征的组合相比没有明显区别的外观设计。①将相同或者相近种类产品的多项现有设计原样或者作细微变化后进行直接拼合得到的外观设计。例如，将多个零部件产品的设计直接拼合为一体形成的外观设计。②将产品外观设计的设计特征用另一项相同或者相近种类产品的设计特征原样或者作细微变化后替得到的外观设计。③将产品现有的形状设计与现有的图案、色彩或者其结合通过直接拼合得到该产品的外观设计；或者将现有设计中的图案、色彩或者其结合替换成其他现有设计的图案、色彩或者其结合得到的外观设计。

2.5.2 常见问题

《专利法》第二十三条第二款在审查实践中的常见问题包括：一是涉案外观设计与相同或者相近种类产品现有设计相比不具有明显区别的判断，主要在于判断区别是否是明显区别时的考虑因素；二是涉案外观设计与现有设计相比二者的设计特征相同或者仅有细微差别时，细微差别的认定；三是涉案外观设计是由现有设计或者现有设计特征组合得到的，如何判断该具体的组合手法在相同或者相近种类产品的现有设计中存在启示；四是对涉案外观设计与现有设计进行整体观察时，哪些设计要素是消费者使用时更容易关注的；五是在整体观察、综合判断时，产品外观设计的主要设计特征或者特色设计特征与局部细微设计特征的区分与判断。

2.5.3 案例解析

2.5.3.1 整体观察、综合判断——案例 2-5-1

(1) 案例要点

汽车的整体轮廓、三维立体形状是汽车整体视觉效果的基础，此外车身的正面是汽车主要辨识性部位，一般消费者非常关注，其设计变化也会对整体视觉效果产生较为显著的影响，并且该部位具有较大的设计空间。

整体观察、综合判断是判断汽车外观设计的判断原则。如果涉案外观设计与对比设计的共同设计特征位于一般消费者主要关注的部位，已经造成了二者不具有明显区别的视觉效果，而其区别设计特征均属于对汽车部分部件的具体造型所作出的局部修改性设计，相对于整体以及汽车正面设计所占比例较小，且并未使整车的外形轮廓和三维立体形状发生明显变化，也未采用明显区别于现有设计的独特造型，对整体视觉效果并未产生显著影响，则涉案外观设计与对比设计不具有明显区别。

（2）案例简介

涉案外观设计涉及一种电动汽车，主视图、后视图、右视图及立体图如图 2 –5 –1 所示。综合各视图观察，涉案外观设计产品为两厢式车型，从车身正面看，自上而下依次为前车窗、机盖、前大灯及上格栅区域、前车牌安装部、下格栅区域，汽车前脸整体呈现类似人脸部拟人化设计；前车窗两侧各有一个后视镜，其中前车窗为梯形；机盖类似五边形，前端向前突出且中间部位有向内的凹口；前大灯为倒圆角的长条形，两个前大灯与中间的两段上格栅相连形成类似“V”形，其中间的标志区域下部平直、上部为圆弧，两段上格栅中间各有一条细长的装饰带；前车牌安装部和下格栅位于一个上大下小的梯形凹陷区域内，前车牌安装部设置在下格栅的上方且与其相连，下格栅整体为上大下小的梯形，各

（a）主视图　（b）后视图

（c）右视图　（d）立体图

图 2 –5 –1　案例 2 –5 –1 涉案外观设计各视图

栅条呈水平条状。从车身侧面看，上下共有两条基本相互平行的腰线，上部腰线贯穿前后两个车门把手、尾灯一线，下部腰线位于下格栅下部、后保险杠一线；前后两个“一”字形车门把手分别位于两个椭圆形凹陷区内；后车门窗框的外侧轮廓线为直线；车尾上部的导流板尾部略微上翘呈鸭尾状；尾灯在上腰线以上为三角形、以下为梯形；车尾在上腰线以下可见背门下部呈凹陷状。从车身后部看，后车窗呈圆角矩形；尾灯近似菱形；背门下部有上小下大的类似梯形凹陷部；背门的门槛下部有一条水平棱线，其高度与下部腰线的尾端匹配；后裙板底部呈圆弧状向上凹陷。

对比设计也涉及一种汽车，其各视图如图2－5－2所示。对比设计也为两厢式车型，从车身正面看，自上而下依次为前车窗、机盖、前大灯及上格栅区域、下格栅区域，汽车前脸整体呈现类似人脸部拟人化设计；前车窗两侧各有一个后视镜，其中前车窗为梯形；机盖类似五边形，前端向前突出且中间部位有向内的凹口；狭长的前大灯类似柳叶形状，两个前大灯与中间修长的上格栅相连，形成类似鸟类飞翔的形状，其中间的标志区域呈六边形；下格栅位于一个类似上大下小的梯形凹陷区域内，下格栅整体为上大下小的梯形，其内部中部设置前车牌安装部，各栅条彼此嵌套且均为上大下小的梯形。从车身侧面看，上部有一条腰线位于前后两个车门把手下方、尾灯一线，下部在两个车门下方形成一个长条状凹陷带；前后两个车门把手呈枝条状；后车门窗框的外侧轮廓线两端均为弧线，整

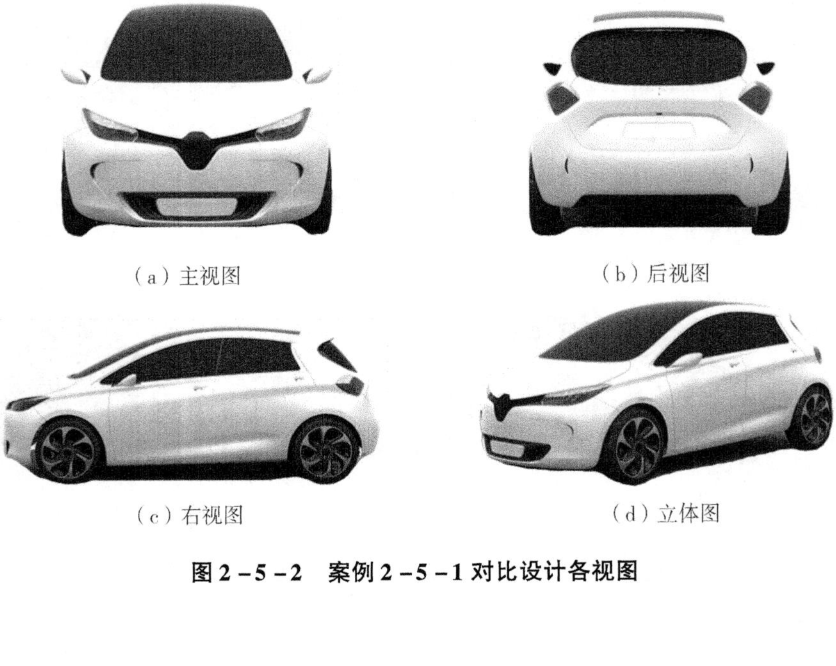

（a）主视图　（b）后视图　（c）右视图　（d）立体图

图2－5－2　案例2－5－1对比设计各视图

体类似“S”形；车尾上部的导流板下压呈三角形，且与后车窗形成圆弧过渡；尾灯轮廓类似菱形；车尾下部轮廓线为外凸的圆弧。从车身后部看，后车窗整体类似长的跑道形状；尾灯近似菱形；背门下部有上小下大的类似梯形凹陷部，其中间设置有后车牌安装部；后裙板两侧分别有一段呈类似“(”和“)”形状的圆弧，后裙板底部呈上小下大的梯形向上凹陷。

（3）焦点问题

观点一：涉案外观设计与对比设计不具有明显区别。

涉案外观设计与对比设计的区别仅在于前部的进气格栅形状、车门把手等一些细微部位存在微小的变化。相对于汽车的整体外观设计来说，涉案外观设计与对比设计的区别属于局部细微差异，不足以对整体视觉效果产生显著影响。因此，涉案外观设计与对比设计相比不具有明显区别。

观点二：涉案外观设计与对比设计具有明显区别。

涉案外观设计与对比设计相比，在前大灯、前格栅、保险杠、导流板、侧面车窗、后组合灯这些更容易引起此类汽车消费者关注的部位，存在着较为明显的差异，这些差异对于该产品的一般消费者而言是显而易见的，足以使其将涉案外观设计与对比设计产品的整体视觉效果区分开来。因此，涉案外观设计与对比设计相比具有明显区别。

（4）案例评析

涉案外观设计与对比设计的车身整体轮廓、三维立体形状大致相同，车身特征线以及主要部件的设计特征和相对位置均大体相同，并且均采用了上格栅区域与汽车标志区域和两个前大灯相连形成一个狭长带状区域的设计，而且位于该狭长带状区域下方的保险杠区域的面板均呈现倒梯形。二者区别之处主要在于：①前大灯和尾灯的形状略有不同；②前车牌安装部以及下格栅区域设计不同，涉案外观设计的车牌安装部位于下格栅上方，而对比设计的车牌安装部重叠于下格栅上；③后车门后侧外轮廓线形状不同；④前后车门的门把手设计不相同；⑤涉案外观设计的车窗未延伸至车顶，而对比设计的车窗延伸至车顶外。

在整体观察、综合判断涉案外观设计与对比设计是否具有明显区别的过程中，所占比例较大、能够直接观察到以及与现有设计相区别的设计特征通常对整体视觉效果更容易产生显著影响。涉案外观设计与对比设计均采用了上格栅区域的狭长设计与下格栅区域的倒梯形设计，使得汽车的前端呈现了拟人化的效果，而其间的车牌安装位置、前大灯形状的细微改变、车窗是否延伸到顶部均为局部细微变化。对于汽车产品的外观设计而言，车身的整体轮廓和三维立体形状是为一般消费者视觉关注的主要部位，对整体视觉效果产生显著影响。而与之相比，后侧门的轮廓线、前后门的把手设计等差别属于局部细微差别，对整体视觉效果的影响较小。在涉案外观设计与对比设计的整体轮廓和三维立体形状大致相同，都采用了拟人化的前端设计的情况下，一般消费者观察，难以认为二者具有明显区别。因此，涉案外观设计与对比设计不具有明显区别。

2.5.3.2 采用了对比设计独特的设计特征——案例 2-5-2

（1）案例要点

在涉案外观设计与对比设计的对比过程中，如果对比设计已经公开了涉案外观设计产品正面的整体及各主要部分设计，虽然对比设计产品部分面的具体设计未显示，但上述未显示部分处于使用时不容易看到或看不到的部位，按一般消费者常识性认知所形成的视觉印象，足以认定对比设计已充分公开了涉案外观设计所示整体设计，对比设计部分面未显示不足以对整体视觉效果产生显著影响。因此，涉案外观设计与对比设计相比不具有明显区别。

（2）案例简介

涉案外观设计涉及一种电动四轮车，其外观设计由主视图、后视图、右视图、俯视图和两幅立体图表示。如图 2-5-3 所示，该电动四轮车的主要组成部分包括车头、座舱和车轮。车头部分由前轮、前翼子板和前机盖组成，前翼子板独立于机箱，机箱由前脸和倾斜的上盖组成，前脸的上部两侧各有一个圆形的类似车灯设计，上盖上具有延伸至前脸上部的“V”字形区域；座舱的三维立体形状近似多曲面组合体；座舱的前部面板具有两个位于两侧的大灯，大灯周围具有近似梨形的框线；前风挡玻璃从正面观察近似矩形；车门的形状近似曲线多边形，中部具有翼翅形状的区域，该翼翅形状的区域后部具有车门把手；座舱后部的顶端具有从车顶延伸而至的弧形向后凸出部分，具有近似矩形的后车窗，后面中部具有三个小圆形车灯，下部两侧具有圆形的车灯，再下部具有牌照框。

对比设计由四幅正投影视图和两幅立体图表示。如图 2-5-4 所示，对比设计的主要组成部分包括车头、座舱和车轮。车头部分由前轮、前翼子板和机箱组成，前翼子板独立于机箱，机箱由前脸和倾斜的上盖组成，上盖上具有矩形区域，上盖的两侧端部向斜上方延伸形成“犄角”形状的部分，该“犄角”上各有一个圆形的类似车灯设计；座舱的三维立体形状近似多曲面组合体；座舱的前部面板具有两个位于两侧的大灯，大灯周围具有和中部菱形标志形成一体的框线；前风挡玻璃从正面观察近似矩形；车门的形状近似曲线多边形，中部具有翼翅形状的区域；座舱后部的顶端具有从车顶延伸而至的弧形向后凸出部分，后面中部具有长条形后尾灯，下部的两侧向斜上方延伸形成“犄角”形状的部分，该“犄角”上具有类似车灯设计，再下部具有牌照框。

（a）主视图　（b）后视图　（c）右视图
（d）俯视图　（e）立体图1　（f）立体图2

图 2-5-3　案例 2-5-2 涉案外观设计各视图

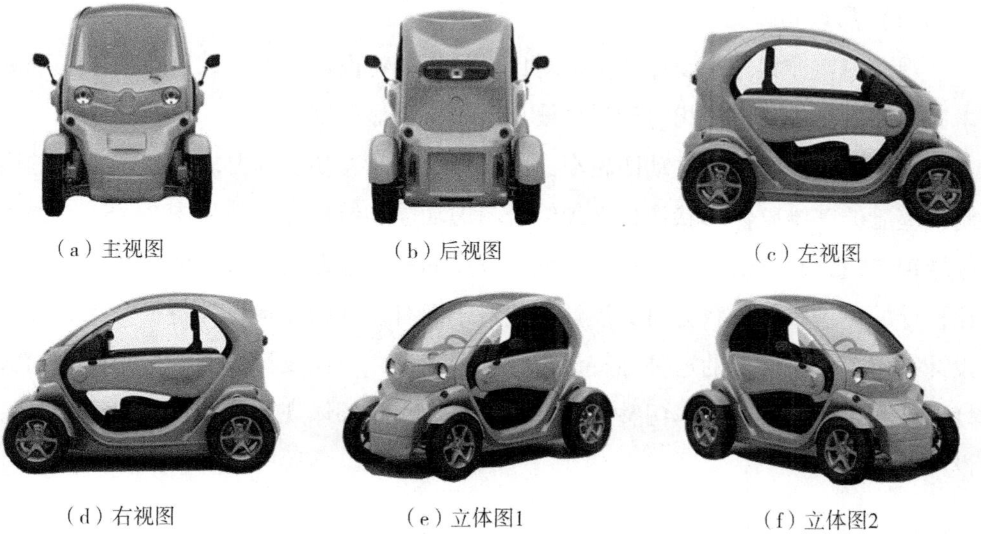
（a）主视图　（b）后视图　（c）左视图
（d）右视图　（e）立体图1　（f）立体图2

图 2-5-4　案例 2-5-2 对比设计各视图

涉案外观设计与对比设计相比，二者的主要相同点如下。①座舱的三维整体形状基本相同：座舱侧部的形状基本相同，从前部观察，涉案外观设计风挡的形状较对比设计的略显方正，但基本形状相同；座舱后部的轮廓相同，顶端都具有弧形的向后凸出部分。②车头部分的整体结构所形成的形状基本相同，都是前翼子板和机箱分体设计。③前大灯的形状及位置设计基本相同，都是圆形，设置在座舱前面板的两侧。④车门部分的设计基本相同：车门的整体形状相同，车门上都有翼翅形的设计。

二者的主要区别点如下。①机箱部分的具体的设计不同。对比设计具有两个“犄角”的设计，车灯设置在“犄角”的顶端；涉案外观设计没有“犄角”，车灯设置在前脸的两侧。对比设计的上盖上具有矩形的区域，而涉案外观设计的上盖上具有延伸至前脸上部的“V”字形区域。②车门的细节设计不同。对比设计的翼翅形部分上没有把手，而且翼翅形设计的下部都是透明的；涉案外观设计的翼翅形设计上具有把手，而且翼翅形设计下部的透明区域也较小。③对比设计的后部没有车窗，而涉案外观设计具有车窗。④对比设计的后尾灯为长条形，而涉案外观设计的为三个并列的圆灯。⑤对比设计的后部具有“犄角”形的设计，后灯设置在“犄角”上；涉案外观设计没有“犄角”，后灯设置在下部的两侧。⑥涉案外观设计后灯之间具有矩形的区域，对比设计无此区域。⑦牌照框的设计有所不同。涉案外观设计的是凸出式；而对比设计的是内凹式的，两侧具有光学部件。

（3）焦点问题

观点一：涉案外观设计采用了对比设计的独特设计特征，区别点属于局部细微区别，涉案外观设计相对于对比设计不具有明显区别。

涉案外观设计涉及电动四轮车，由于安全性能、功能的要求和技术条件的限制，座舱的三维整体形状设计必须综合考虑功能和装饰性。但从图 2－5－5 的本领域现有设计总体情况可以得出，该类车型的三维造型具有较大的设计空间。对比设计的三维整体形状为对比设计的相对于现有设计的独特设计特征。涉案外观设计采用了对比设计的这种独特设计特征。同理，对比设计车头部分设计、前大灯形状和位置的设计、车门整体造型以及翼形设计都体现了对比设计自己的独特设计特征。

（a）现有设计1

（b）现有设计2

（c）现有设计3

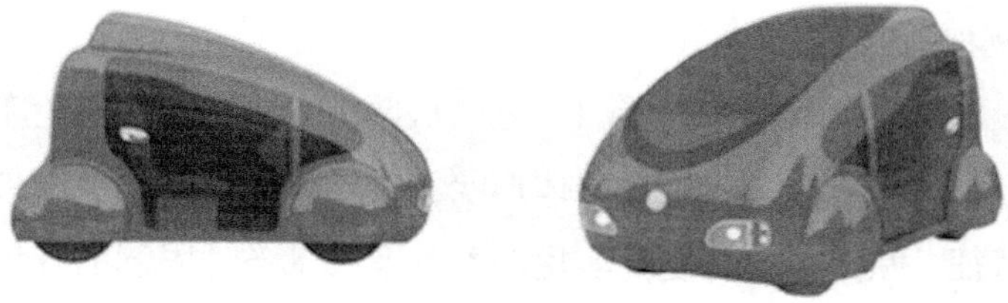

（d）现有设计4

（e）现有设计5

图2-5-5　案例2-5-2现有设计各视图

对于区别点①④⑤，将对比设计的前“犄角”改为上盖上具有延伸至前脸上部的“V”字形区域为表面的装饰性设计，取消后“犄角”，以及将对比设计的长条形后尾灯改为长条排列的三个圆灯，都是简单的常规设计手法。对于区别点②和③，参见现有设计情况可知，车门设计门把手、车门下部采用不透明的设计、车尾设置后车窗，已为一般消费者广为了解，属于常见设计特征。区别点⑥的矩形区域只是向使用者表示是一块可以掀开的面板，对后部的立体形状没有产生实质影响。区别点⑦的牌照框的设计的不同，仅属于局部细微差异。

整体上看，涉案外观设计采用了对比设计相比于现有设计独具特色的设计特征，给消费者的印象与对比设计相像，二者的区别仅是现有设计中的常规设计手段或者局部细微差异，经整体观察，涉案外观设计相对于对比设计无明显区别。

观点二：涉案外观设计与对比设计具有较多区别，取得了明显不同于对比设计的视觉效果，相对于对比设计具有明显区别。

虽然涉案外观设计在车体三维形状、车头部分设计、前大灯形状和位置的设计、车门整体造型以及翼形设计方面与对比设计相同，但是涉案外观设计与对比设计在叶子板造型、前后保险杠、尾灯、后车窗、车门把手等处都不相同，这些区别一起使涉案外观设计相对于对比设计体现出不一样的视觉效果，因此，涉案外观设计与对比设计之间具有明显区别。

（4）案例评析

根据一般消费者的审美认知能力，可以从两个方面对电动四轮车的外观设计设计特征进行评价：一是车身三维整体形状；二是车身外部的装配件和装饰设计方面的设计特征。从外观设计受到实用功能以及技术条件限制的程度来说，第一方面的设计受到限制的程度大于第二方面的设计受到的限制。车身三维整体形状决定于车身结构设计，车身结构设计必须满足各个方面的性能要求，必须考虑到行驶安全、视野宽阔、乘坐舒适、操纵方便等要求。因此在评价涉案外观设计时，第一方面的设计特征应当占主导地位。涉案外观设计和对比设计的车头和侧面的设计基本相同，虽然二者后部的形状上有所区别，但是二者在整车的三维整体形状上是基本相同的。二者的区别点都涉及车身外部的装配件和装饰设计。涉案外观设计和对比设计的区别点有的在现有设计中已经有所体现，有的仅属于局部的差异。综合分析涉案外观设计和对比设计的相同点和区别点不难看出，一般消费者会认为：虽然涉案外观设计在对比设计的基础上作出了改变，但由于涉案外观设计采用了对比设计所具有的较为独特的设计，特别是车头的分体式设计、座舱整体形状和车门的设计，因此涉案外观设计在整体上与对比设计的独特视觉效果基本相同，没有形成明显的区别。

2.5.3.3　使用时一般消费者不容易看到的设计特征——案例 2-5-3

（1）案例要点

在涉案外观设计与对比设计的对比过程中，如果对比设计已经公开了涉案外观设计产品正面的整体及各主要部分设计，虽然对比设计产品部分面的具体设计未显示，但上述未显示部分处于使用时不容易看到或看不到的部位，按一般消费者常识性认知所形成的视觉印象，足以认定对比设计已充分公开了涉案外观设计所示整体设计，对比设计部分面未显示不足以对整体视觉效果产生显著影响。因此，涉案外观设计与对比设计相比不具有明显区别。

（2）案例简介

涉案外观设计涉及一种车轮，产品用于机动车辆中，设计要点为外观设计产品的形状，最能表明设计要点的图片为立体图 1。涉案外观设计的主视图、后视图、左视图、俯视图及两个立体图如图 2-5-6 所示，省略右视图、仰视图。从主视图观察，车轮的轮毂从安装座向轮辋辐射有十条轮辐，十条轮辐在轮辋内环绕安装座分布，每条轮辐与轮缘连接的一端较粗、与安装座连接的一端较细；轮辐较粗的一端向逆时针方向凸出，设计为黑色，在顺时针方向上，轮辐一侧形成有黑色部分，单根轮辐形成黑白黑相间的色彩效果；黑色部分是一个与轮辐延伸方向接近的内沉凸条，并且内沉凸条从靠近中心孔的一端向靠近轮缘的一端变粗，内沉凸条与轮辐之间形成条状凹槽，安装座有中心孔，中心孔的周围有五个螺栓孔，安装座在有螺栓孔的位置内凹。从后视图观察，轮辐呈银灰色，其形状与主视图所示的形状相对应，且每条轮辐上形成有近似 V 形的凹槽设计，位于中心孔周围的五个螺栓孔之间分布有近似梯形的设计。从左视图和俯视图观察，轮毂外周呈银灰色，轮廓近似圆柱状，中部直径略有变化，两端径向外延形成轮缘。

对比设计涉及汽车之家官网发布的新闻报道中公开的两幅照片，其中显示了一款汽车及其车轮的外观设计。报道内容主要涉及对某品牌推出的新一代汽车的车型及性能的介绍。根据网页内容记载，该报道的发表时间在涉案外观设计的申请日之前。如图 2-5-7 所示，车轮的轮毂从安装座向轮辋辐射有十条轮辐，十条轮辐在轮辋内环绕安装座分布，每条轮辐与轮缘连接的一端较粗、与安装座连接的一端较细；轮辐较粗的一端向逆时针方向凸出，设计为黑色，在顺时针方向上，轮辐一侧形成有黑色部分，单根轮辐形成黑白黑相间的色彩效果；黑色部分是一个与轮辐延伸方向接近的内沉凸条，并且内沉凸条从靠近中心孔的一端向靠近轮缘的一端变粗，内沉凸条与轮辐之间形成条状凹槽，安装座有中心孔，中心孔的周围有五个螺栓孔，安装座在有螺栓孔的位置内凹。

（a）主视图　（b）后视图

（c）左视图　（d）俯视图

（e）立体图1　（f）立体图2

图2－5－6　案例2－5－3涉案外观设计各视图

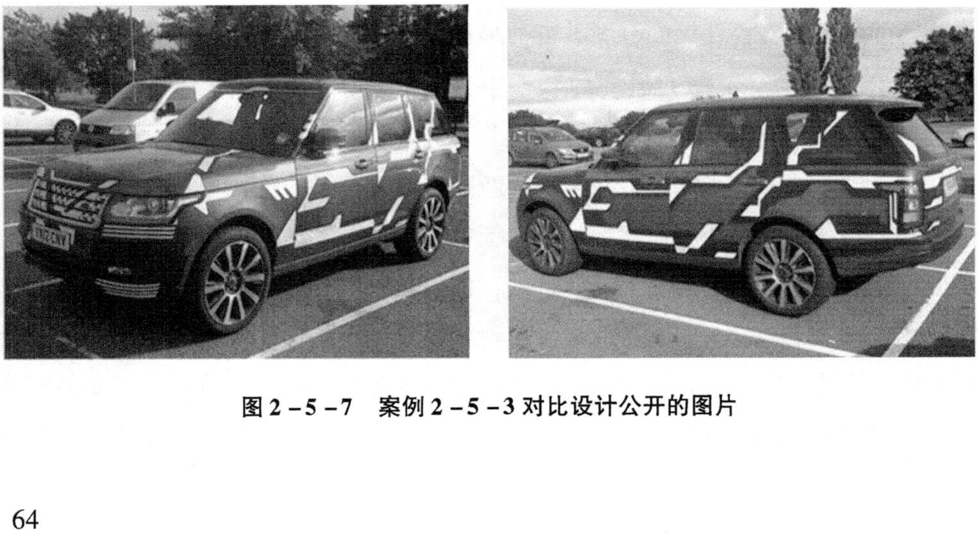

图2－5－7　案例2－5－3对比设计公开的图片

（3）焦点问题

观点一：涉案外观设计与对比设计不具有明显区别。

即使由于拍摄角度所限，对比设计未能清楚展现安装座部分的某些设计细节以及轮辐的色彩效果，涉案外观设计与对比设计也不具有明显区别。

观点二：涉案外观设计与对比设计具有明显区别。

涉案外观设计具有多个视图，对比设计仅为网页中新闻报道的两幅照片，其中未显示出涉案外观设计多个视图所包含的多个具体设计，二者具有明显区别。

（4）案例评析

涉案外观设计涉及的产品是车轮，对比设计的照片中也显示了一款汽车车轮的外观设计，二者所示产品用途相同，属于相同种类的产品。二者相比较主要相同点在于：轮毂整体结构基本相同，各组成部分的形状、比例以及色彩基本相同，轮辐的形状和色彩也基本相同。二者的主要区别点在于：由于对比设计的轮毂与轮胎组装并安装在汽车上，未显示轮毂内侧面以及轮毂外周的具体设计。

对于汽车轮毂而言，由于其功能的限制，圆形的轮辋和安装座属于该类产品的惯常设计，而轮辐在满足受力平衡的要求后，可以具有较多的设计形式，具有相对较大的设计空间。涉案外观设计与对比设计轮毂整体结构基本相同，各组成部分的形状、比例以及色彩基本相同，轮辐的形状和色彩也基本相同，二者产品整体表现出十分接近的视觉效果和设计特点。对于上述区别点，虽然对比设计的轮毂因与轮胎组装后安装在汽车上，而未显示轮毂内侧面以及轮毂外周的具体设计，但是上述未显示的部分均处于使用时不容易看到或看不到的部位，对比设计已经基本公开了涉案外观设计产品正面的整体及各主要部分设计，而轮毂内侧面的具体设计仅是与其外侧面相适应的设计，轮毂外周的设计亦是该类产品的常规设计。因此，对比设计的轮毂虽然存在部分面未显示，但按一般消费者常识性认知对其所形成的视觉印象，通过对比设计附图中已公开的前述基本相同的设计，足以认定对比设计已充分公开了涉案外观设计所示整体设计，对比设计部分未显示不足以对整体视觉效果产生显著影响。综上，涉案外观设计与对比设计相比不具有明显区别。

2.5.3.4　消费者容易见到的显著部位——案例2-5-4

（1）案例要点

如果涉案外观设计与对比设计的区别处于容易见到的显著部位，同时没有证据表明上述区别属于应弱化考虑的惯常设计等情况，则应认定上述区别对二者的整体视觉效果具有显著的影响，涉案外观设计与现有设计具有明显区别。

（2）案例简介

涉案外观设计涉及一种汽车车身。其主视图、后视图、左视图、俯视图及两个立体图如图2－5－8所示；右视图和左视图对称，省略右视图；仰视图无设计要点，省略仰视图。整体来看，该汽车车身为两厢车，车头前部自下而上包括前保险杠、两个呈橄榄球形的前大灯、处于两个前大灯之间的扁斗状的板块、呈小半圆形的机盖，以及近似梯形的弧形面前挡风玻璃窗。前保险杠中部有一内呈网格状的斗形孔，两侧为柳叶形灯饰区，装饰灯靠近灯饰区外侧。扁斗状板块中间有一个小的倒梯形板块，其上部与前盖中间的倒梯形扁板块衔接；车两侧面分别为双开门，上部玻璃窗连为一体；车尾顶部尾翼板下为梯形曲面玻璃后窗，两侧布置有由三个圆形灯自上而下排列组成的组合灯，后保险杠下部有一细长条带，条带两侧分别有一细长形饰区。

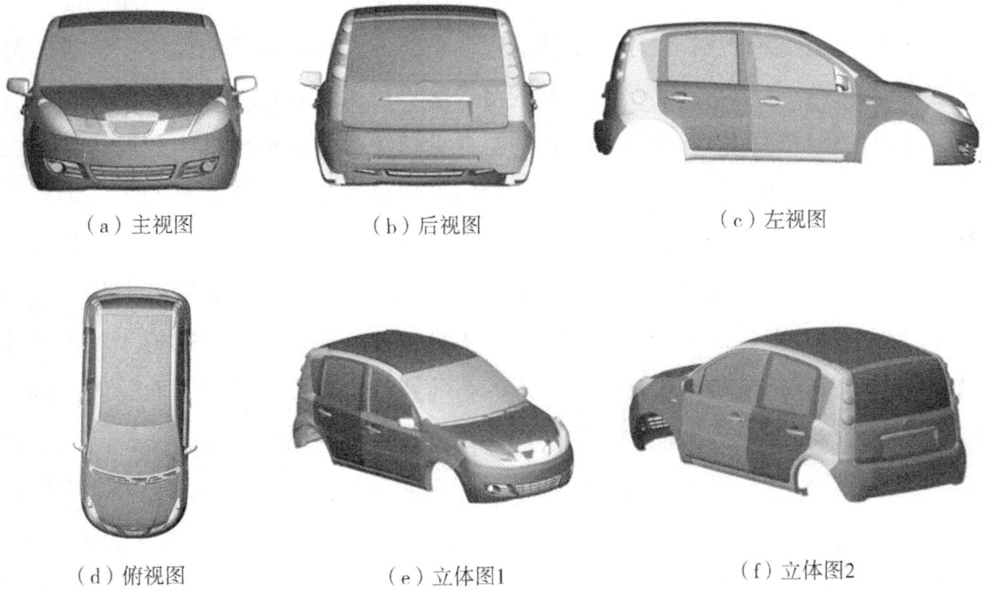

（a）主视图　（b）后视图　（c）左视图

（d）俯视图　（e）立体图1　（f）立体图2

图2－5－8　案列2－5－4涉案外观设计各视图

对比设计涉及一种机动车，其六面正投影视图如图2－5－9所示。整体来看，该机动车车身也为两厢车，车头前部自下而上包括前保险杠、两个基本呈方形的前大灯、处于两个前大灯之间的网状栅格、机盖，以及近似梯形的弧形面前挡风玻璃窗。前保险杠下部中间有一内设横竖相间网格的长方形孔，两侧为近似矩形的灯饰区，装饰灯靠近灯饰区内侧，前保险杠上部中间有一细长形狭缝，狭缝左右两侧各有一近似长方形的条状物；车两侧面分别为双开门，上部玻璃窗连为一体，侧面设有一贯穿整个车身侧面的长条形腰线条；车尾顶部尾翼板下为梯形曲面玻璃后窗，两侧各有一竖向设置的上部略呈弧形的长条，后保险杠下部有一两端上翘的细长条带。

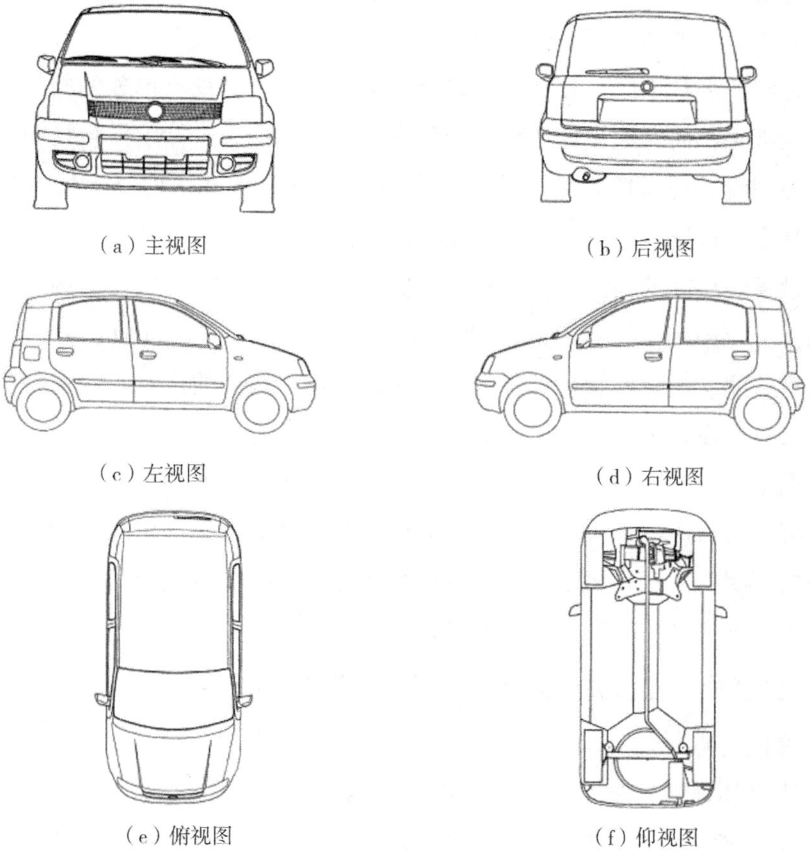

（a）主视图　（b）后视图

（c）左视图　（d）右视图

（e）俯视图　（f）仰视图

图2－5－9　案例2－5－4对比设计各视图

（3）焦点问题

观点一：涉案外观设计与对比设计不具有明显区别。

涉案外观设计与对比设计在设计风格上完全相同、在整体外观上相近似，从一般消费者看来，涉案外观设计和对比设计相近似，易使消费者产生混淆误认，因而二者不具有明显区别。

观点二：涉案外观设计与对比设计具有明显区别。

涉案外观设计与对比设计相比，在车灯、格栅、保险杠等部分存在较为明显的差异。对于汽车产品，这些差异对一般消费者而言是显而易见的，并对涉案外观设计的整体视觉效果产生显著的影响。因此，涉案外观设计与对比设计具有明显区别。

（4）案例评析

涉案外观设计与对比设计相比较，二者最主要的区别如下。①前大灯形状不同。涉案外观设计的前大灯呈橄榄球形，而对比设计的前大灯基本呈方形。②两个前大灯之间的形状不同。涉案外观设计两个前大灯之间没有单独的栅格，只有一扁斗状的板块；而对比设计的相应的部位有一网状栅格。③前保险杠的形状不同。涉案外观设计前保险杠中部有一内呈网格状的斗形孔，两侧为柳叶形灯饰区，装饰灯靠近灯饰区外侧；而对比设计的前保险杠分为上下两个部分，下部中间有一内设横竖相间网格的长方形孔，两侧为近似矩形的灯饰区，装饰灯靠近灯饰区内侧，上部中间有一细长形狭缝，狭缝左右两侧各有一近似长方形的条状物。④尾灯不同。涉案外观设计尾部可见布置在后窗两侧的由三个圆形灯组成的组合灯，而对比设计中未显示尾灯。

对于汽车车身来说，车灯、栅格、保险杠都处于容易看到的显著部位，这些部位上的区别会对涉案外观设计与对比设计的整体视觉效果产生显著的影响。如果没有证据证明所述区别属于汽车车身应被弱化考虑的惯常设计的情况，通常认定涉案外观设计与对比设计具有明显区别。

2.5.3.5 区别处于容易关注的产品正面——案例 2-5-5

（1）案例要点

虽然涉案外观设计与对比设计具有一定的相同点，但二者之间的区别更为突出，且这些区别处于一般消费者视觉容易关注的产品正面中部，对产品的整体视觉效果产生了显著影响，通常认为涉案外观设计与对比设计具有明显区别。

（2）案例简介

涉案外观设计涉及一种车辆前保险杠罩，用于机动车辆。其主视图、左视图、右视图、俯视图、仰视图及两幅立体图如图 2-5-10 所示；后视图无设计要点，故省略后视图。最能表明设计要点的图片为立体图 1。由图 2-5-10 可见，涉案外观设计为壳体式造型，其正面两侧呈弧形后缩，顶部略向后仰，两端侧面和顶面过渡处形成明显锐角；正面居中类似倒梯形结构，从上至下设置有宽度逐渐变大的三条横向梁结构，其中，第一梁和第二梁中部有椭圆形结构相连，第三梁上设有多个小通孔；下底板在梯形结构下方设有四个并排的细长条矩形通孔；倒梯形结构两侧各设有一个三角形镂空结构；每个三角形结构外侧各设有一个椭圆形镂空结构。

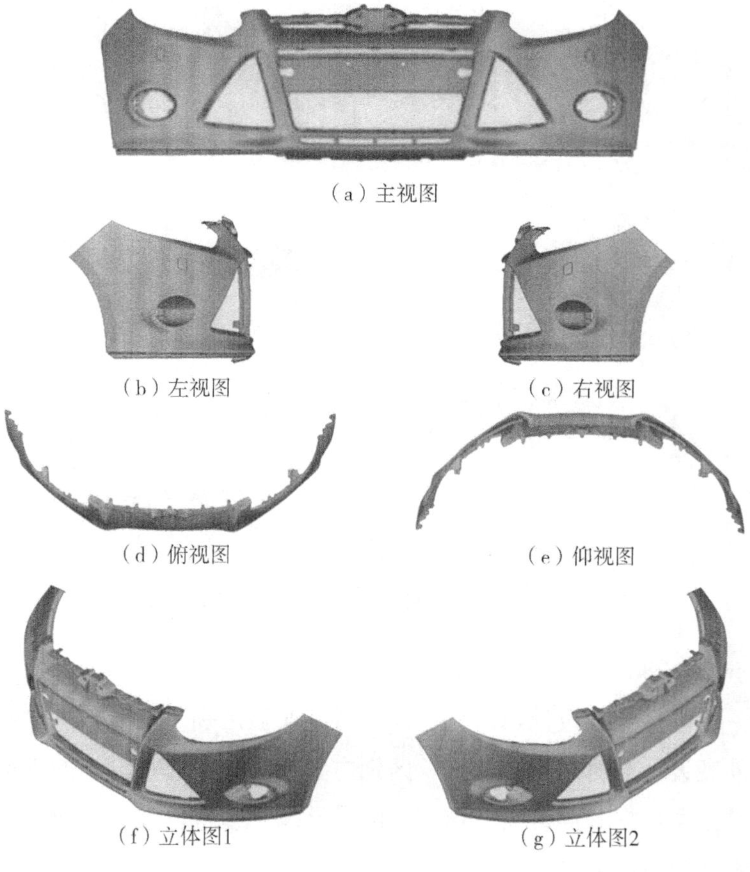

（a）主视图
（b）左视图　（c）右视图
（d）俯视图　（e）仰视图
（f）立体图1　（g）立体图2

图 2-5-10　案例 2-5-5 涉案外观设计各视图

对比设计为一种汽车前保险杠的外观设计，与涉案外观设计用途相同，属于相同种类的产品。该对比设计各视图如图 2-5-11 所示。对比设计也为壳体式造型，其正面两侧呈弧形后缩，顶部略向后仰，两端侧面和顶面呈小圆弧过渡；正面居中类似倒梯形结构，从上至下设置有宽度逐渐变大的两条横向梁结构，其中，第一梁中部有镂空椭圆形结构，第二梁下部有略微凹陷的长方形凹槽；下底板在两端侧面和底部过渡处形成明显锐角；倒梯形结构两侧下方各设有一个梯形镂空结构。

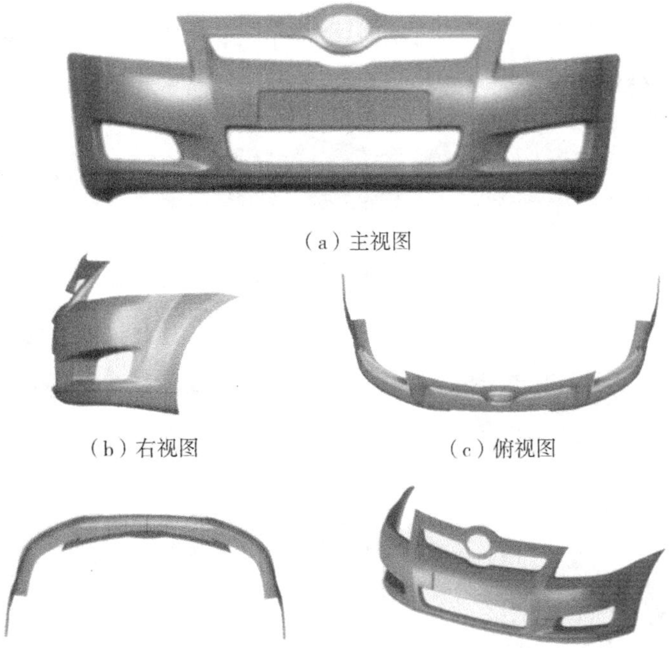

（a）主视图

（b）右视图　（c）俯视图

（d）仰视图　（e）立体图

图 2－5－11　案例 2－5－5 对比设计各视图

（3）焦点问题

观点一：涉案外观设计与对比设计不具有明显区别。

涉案外观设计与对比设计相比，区别主要在于涉案外观设计的正面梯形结构两侧设有类三角形框。但该类三角形框的设计属于惯常设计，一般消费者经整体观察，二者并没有明显区别。

观点二：涉案外观设计与对比设计具有明显区别。

涉案外观设计与对比设计相比存在多处区别：正面居中倒梯形结构、倒梯形结构两侧设置、两侧断面和顶面过渡处、下底板设计等。可见涉案外观设计与对比设计具有明显区别。

（4）案例评析

涉案外观设计与对比设计二者相同点主要在于：均为壳体式造型，正面两侧呈弧形后缩，顶部略向后仰，正面居中类似倒梯形结构。

涉案外观设计与对比设计二者区别点主要如下。①正面居中倒梯形结构的大小和具体设计不同。涉案外观设计倒梯形结构相对对比设计略小，而且二者设置的横向梁数量、宽度、位置、形状以及侧面设计均不同。②倒梯形结构两侧设置明显不同。涉案外观设计两侧各设有一个三角形和略小的椭圆形结构，对比设计两侧下方各设有一个梯形镂空结构。③两侧断面和顶面过渡处设计不同。涉案外观设计形成明显锐角，对比设计呈小圆弧过渡。④下底板设计不同。涉案外观设计在梯形结构下方设有四个并排的细长条矩形通孔；对比设计相同位置无特殊设计，在两端侧面和底部过渡处形成明显锐角。

车辆前保险杠罩一般安装于车辆前端底部，通常都是壳体式造型，主要是对车辆起保护作用，故产品中部通常会有防撞的加强结构，而为了满足行车的指示或警示作用，产品两侧通常会预留车灯位置。在此前提下，其外形有很大的设计空间，各部分的具体形状可以有多种设计形式，特别是中部的加强结构和两侧的前灯设计，并且它们位于朝向一般消费者的面，属于一般消费者视觉容易关注的部分，对整体视觉效果的影响较大。虽然涉案外观设计与对比设计的正面两侧均呈弧形后缩，顶部略向后仰，正面居中类似倒梯形结构，形状上存在一定相似之处，但二者的区别点①②④主要涉及装饰板正面的横梁结构，下底板，以及前灯灯孔的具体结构、形状，差异明显，这些区别点位于一般消费者视觉最容易关注的产品正面中部位置，占比较大，属于该类产品正面的主要设计特征，再加上区别点③所形成的整体形状的不同，足以对产品的整体视觉效果产生显著影响。根据一般消费者的认知能力，无证据证明的情况下不能认定该区别属于该类产品的惯常设计。综上所述，涉案外观设计与对比设计具有明显区别。

2.5.3.6　改进型设计的创新高度——案例 2-5-6

（1）案例要点

如果涉案外观设计沿用了对比设计的整车风格，且沿用了对比设计的多个设计细节，包括对比设计的个性特征，而涉案外观设计自身的个性特征相对于二者相同点而言，在整体视觉效果中所占权重较小，即便涉案外观设计具备个性特征，相对于其所要求保护的整车产品而言，该个性特征的创新高度不足以与对比设计明显区分，则涉案外观设计与对比设计不具有明显区别。

（2）案例简介

涉案外观设计产品为一种 SUV 汽车，由主视图、后视图、右视图、俯视图及立体图表示。仰视图无设计要点，故省略；未要求保护色彩。对比设计涉及汽车类产品的外观设计，二者用途相同，属于种类相同的产品。涉案外观设计与对比设计各对应视图如图 2-5-12 所示。

（a）涉案外观设计主视图

（b）对比设计主视图

（c）涉案外观设计后视图

（d）对比设计后视图

（e）涉案外观设计右视图

（f）对比设计右视图

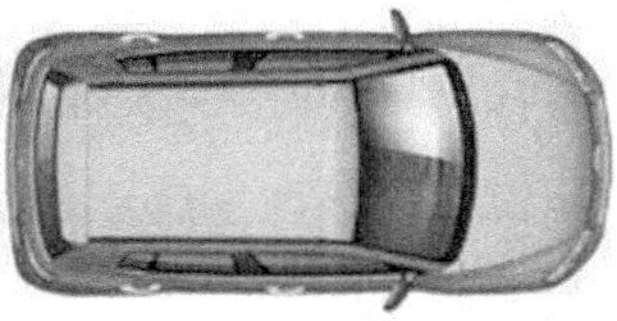

（g）涉案外观设计俯视图

（h）对比设计俯视图

（i）涉案外观设计立体图

（j）对比设计立体图

图 2-5-12　案例 2-5-6 涉案外观设计与对比设计各视图对比

（3）焦点问题

观点一：涉案外观设计与对比设计不具有明显区别。

现有 SUV 类汽车产品的外观设计千变万化，车身整体形状上存在诸多迥异风格。涉案外观设计与对比设计的区别主要在于产品的整体形状。对于一般消费者而言，SUV 汽车的整体外形，特别是车身侧面轮廓造型因其能体现车的设计风格而最具视觉影响力。而涉案外观设计与对比设计整体形状相同，侧面轮廓构型相同，车头和车尾的整体设计风格相似，二者的区别仅在于局部差异，如进气格栅的网状设计、保险杠下方的护板等，这些差异并未改变产品的整体设计风格和形象，对整体视觉效果不足以产生显著的影响。因此，涉案外观设计相对于对比设计不具有明显区别。

观点二：涉案外观设计与对比设计具有明显区别。

涉案外观设计与对比设计相比，在汽车正面、后面、侧面、顶面均有诸多明显不同的设计，例如二者的进气格栅、前照灯组、后灯组、侧面车窗、后侧门把手、轮毂的设计不同，在前保险杠护板、后保险杠护板、排气孔、顶部天窗的有无、尾灯数量等方面存在差异。这些不同的设计导致两款车在整体上产生了明显不同的视觉效果，足以使二者区分开。涉案外观设计在汽车的前脸、后脸、顶棚等主要部位采用了自行独创的设计，对产品的整体视觉效果具有显著影响。因此，涉案外观设计与对比设计具有明显区别。

（4）案例评析

涉案外观设计与对比设计比较，二者主要的相同点如下。①整体形状：三维立体造型基本相同，车身外饰件的布局、相互位置关系基本相同。②车身前部：引擎盖、前车窗的形状基本相同，均具有两条突出的肋条设计；后视镜的设计基本相同。③车身侧面：前、后翼子板均为带棱角的外抛式设计；侧窗的外轮廓相同，均在尾部有上挑式设计；轮毂均为梅花式五辐轮毂。④车身后部：尾门轮廓线条、后车窗形状、后保险杠基本相同。二者主要的区别点如下。①车身前部：前保险杠不同，进气格栅不同，前照灯组不同。此外，二者的内饰座椅和保险杠护板的尺寸不同，牌照安装位的设计略有不同。②车身侧面：靠近 C 柱的侧窗区域的设计不同，腰线不同，轮毂的间隔部分的设计不同。③车身后部：车灯数量不同；后灯组形状不同；涉案外观设计后保险杠无护板，而对比设计有护板；涉案外观设计的牌照安装处呈梯形，而对比设计呈带切角的梯形。④车身顶部：涉案外观设计有两条竖向的行李架，对比设计比涉案外观设计多两条横向的行李架。

相对于对比设计，涉案外观设计的设计变化主要可以分成两类。

一类是将独立设计特征简单替换为惯常设计。包括针对对比设计的内饰座椅、保险杠护板、牌照安装位、引擎盖散热孔、腰线、后车门把手、轮毂间隔部分、车灯数量、后灯组的形状、顶部行李架的设计，涉案外观设计是以惯常设计特征对其进行替换。鉴于以惯常设计特征代替原有设计特征的设计手法在创新高度的判断中通常是弱化考虑的部分，而涉案外观设计对对比设计所作的上述替换仅针对单独的设计特征，这些设计特征的变化在视觉效果上并未产生呼应关系，不影响整车设计风格。因此，这种替换并非涉案外观设计的创新部分，其所带来的设计变化仍为惯常设计，对整体视觉效果不具有显著影响。

另一类是汽车前脸的设计变化。包括前保险杠、进气格栅和前照灯组的设计变化。相较于对比设计，涉案外观设计以平直的保险杠设计替换原有的带圆弧角凸起的前保险杠设计，以锐角替代前照灯组中靠近格栅和保险杠的圆弧角，以呈倒梯形且带放射状网格的进气格栅替代原有的横条格栅设计。根据现有设计状况可知，前保险杆和前照灯组的设计变化属于惯常设计特征的替换，而涉案外观设计的进气格栅是其个性设计特征，所述特征的组合影响了汽车前脸的视觉效果。

虽然可授予专利权的外观设计并不局限于原创型设计，也包括改进型设计，但要求改进型设计达到一定的创新高度，以构成新的发明创造。从比对情况来看，对比设计主要以直线条勾勒细节，呈现的是极具硬朗感的汽车设计；涉案外观设计沿用了对比设计的诸多设计细节，包括对比设计的三维立体造型、外饰件布局，对比设计的外拱式翼子板、侧窗轮廓等个性特征，从而形成了与对比设计类似的整车设计风格。尽管涉案外观设计的进气格栅是其个性设计特征，但一般消费者对于涉案外观设计的视觉关注点不会仅局限于其进气格栅的设计，而会同时关注到涉案外观设计所沿用的对比设计的外饰件布局、外拱式翼子板设计、侧窗设计等诸多个性特征。在涉案外观设计沿用了对比设计的诸多设计细节尤其是对比设计的个性特征的情况下，综合考虑二者的相同点和区别点，涉案外观设计对于汽车前脸所作的设计变化虽存在创新，但相对于整车设计而言所占比例较小，相较于二者相同点尤其是涉案外观设计沿用的对比设计的个性特征而言，其在整体视觉效果中的权重较轻。因此，二者的区别点对整体视觉效果不具有显著影响，不能令涉案外观设计明显区别于对比设计。

2.5.3.7　与对比设计的组合相比不具有明显区别——案例 2－5－7

（1）案例要点

如果涉案外观设计与对比设计的相同设计特征位于一般消费者主要关注的部位，已经造成了二者不具有明显区别的视觉效果，而格栅、车门、车身图案、车顶凹痕等区别设计特征均属于对汽车部分部件的具体造型所作出的局部修改性设计，未使整车的外形轮廓和三维立体形状发生明显变化，也未采用明显区别于对比设计的独特造型，对整体视觉效果并未产生显著影响，则涉案外观设计与对比设计的设计特征组合相比不具有明显区别。

（2）案例简介

涉案外观设计产品为一种商务房车，由主视图、后视图、左视图、右视图、俯视图和立体图表示，如图 2－5－13 所示。车身正面主要设计特征为：①引擎盖表面中部具有与前部格栅等宽的竖直条状结构；②格栅上端与引擎盖前端凹陷处匹配，整体为矩形，格栅两侧各有两个较小竖直矩形进气孔，格栅中部的大矩形框内具有两条水平横杠，横杠中部有两个较小的竖条；③前大灯组位于格栅两侧；④前保险杠位于格栅及前大灯下部；⑤左右后视镜位于前挡风玻璃两侧。

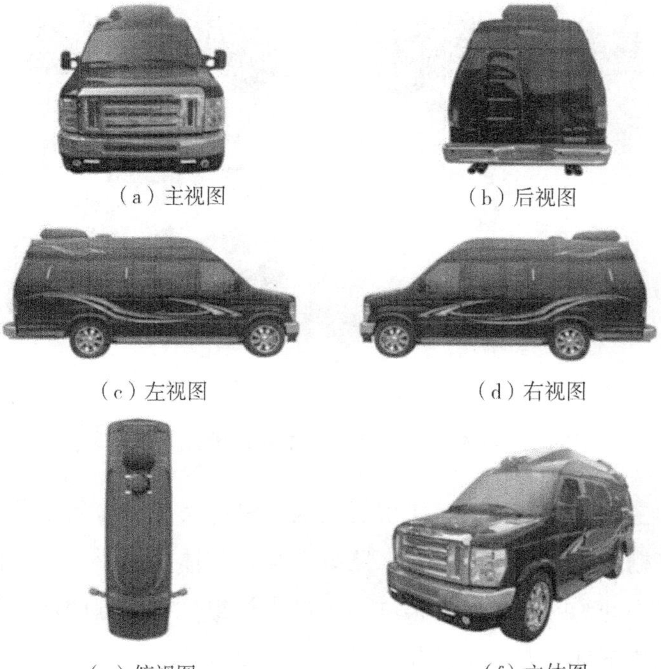

（a）主视图　（b）后视图

（c）左视图　（d）右视图

（e）俯视图　（f）立体图

图 2－5－13　案例 2－5－7 涉案外观设计各视图

车身左侧面主要设计特征为：①从上至下有三条基本平行的线条设计；②车窗共五扇；③驾驶室车门和后座车门；④车门下方有脚踏板；⑤车身从前至后有似波浪形条纹图案；⑥轮毂内有八根辐条。车身右侧面设计特征与左侧面对称。

车身背面主要设计特征为：①左右两扇对称设置的门；②左侧车门上靠近中部悬挂有爬梯；③后大灯组位于下部两侧转角处；④后保险杠位于车门下部；⑤车尾下部左右两侧各有两个排气管。

车身顶部主要设计特征为：车顶前部及中部的中央凸起，两个近似平行四边形的车窗，三条平行凸条及备用胎架，近似长方形的空调装置架。

对比设计 1 也是一款汽车的外观设计，与涉案外观设计产品用途相同，属于相同种类的产品，各视图如图 2－5－14 所示。

（a）主视图　（b）后视图
（c）左视图　（d）右视图
（e）俯视图　（f）立体图

图 2－5－14　案例 2－5－7 对比设计 1 各视图

车身正面主要设计特征为：①引擎盖表面中部具有与前部格栅等宽的竖直条状结构；②格栅上端与引擎盖前端凹陷处匹配，整体为矩形，上下两端各有两条较细的横杠，中间为一条较宽的横杠；③前大灯组位于格栅两侧；④前保险杠位于格栅及前大灯下部；⑤后视镜位于前挡风玻璃两侧。

车身左侧面主要设计特征为：①从上至下有三条基本平行的线条设计；②车窗共五扇；③驾驶室车门和后座车门；④车门下方有脚踏板；⑤车身从前至后有波浪形条纹图案；⑥引擎盖后侧有小长方形进气栅栏；⑦轮毂内有五根辐条。

车身右侧面主要设计特征为：①车窗共四扇；②车门仅驾驶室部位有一扇；③其他部位形状及图案与车身左侧面对称。

车身背面主要设计特征为：①两扇对称设置的门；②左侧车门上靠近中部悬挂有爬梯；③后大灯组位于下部两侧转角处；④后保险杠位于车门下部；⑤车尾右下部有两个排气管。

车身顶部主要设计特征为：车顶前部及中后部的中央凸起，近似平行四边形的车窗，三角形凹痕，近似长方形装饰架。

对比设计2是一款汽车格栅的外观设计，将对比设计2的格栅替换到对比设计1，属于明显存在启示的情形。对比设计2的各个视图如图2-5-15所示。从主视图可以看出，格栅整体形状近似长方形，长方形上端两个角为倒角，格栅中间有三条横杠，横杠之间均匀分布五条竖杠，横框两侧为不规则的长方形进气孔。涉案外观设计与对比设计2相比，二者格栅上端两侧角的形状不同，横杠的数量和分布及进气孔形状不同。

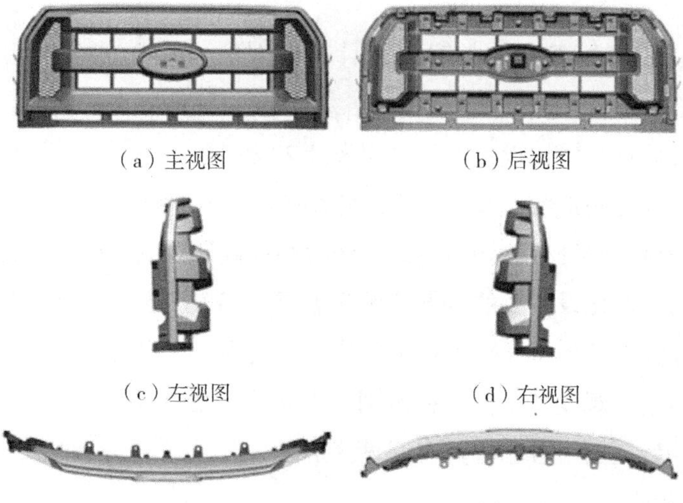

（a）主视图　（b）后视图

（c）左视图　（d）右视图

（e）俯视图　（f）仰视图

图2-5-15　案例2-5-7对比设计2各视图

（3）焦点问题

观点一：涉案外观设计与对比设计1和对比设计2的组合相比不具有明显区别。

涉案外观设计与对比设计1整体形状及轮廓极其相似；车身正面整体形状为上小下大略带弧形的梯形设计；车头正脸为近似于扁平矩形的设计；车顶部当中凸起，呈上小下大梯形的流线型顶帽；车头散热格栅窗为长方形，中间为水平横杠，构成条状镂空；两侧的车灯略低于格栅窗，由上下两个矩形车灯叠合在一起形成竖立的长方形；车身两侧的后视镜支架为两根伸出的横杆；下部的保险杠中间内凹；车身两侧车窗和车门形状一致；车后部为两扇对开门设计，左侧门上带有爬梯；后大灯位于下部两侧转角处；后保险杠位于车门下部，呈中部内凹的条状结构。二者的区别点是对比设计1车头的散热格栅窗只有水平横杠，两侧未带有竖直的风口。该区别不足以对汽车整体的视觉效果产生影响。涉案外观设计的格栅形状和对比设计 2 的外观设计相近似，对比设计 2 的散热格栅窗为矩形，中间为横杆，两侧为竖直的通风口。对比设计 1 与对比设计 2 设计特征的组合，证明涉案外观设计车头设计不具有明显区别。此外，涉案外观设计与对比设计 1 车顶的区别是一般消费者不易观察到的地方，是不影响整体视觉效果的细微区别。涉案外观设计与对比设计 1 的车身的区别，仅是将对比设计 1 的右面设计替换为左面。因此，涉案外观设计与对比设计 1、对比设计 2 设计特征的组合相比没有明显区别。

观点二：涉案外观设计与对比设计 1 和对比设计 2 的组合相比具有明显区别。

涉案外观设计与对比设计 1 和对比设计 2 具有多处不同。涉案外观设计与对比设计 1 的进气格栅形状、车身侧面的花纹图案、车顶部的形状和花纹、轮毂的花纹、尾部两侧排气管数量均不不同；涉案外观设计右侧为两扇对外门，对比设计 1 右侧无门。对比设计 2 的进气格栅为等距的三个横条，与涉案外观设计也不相同，差异较大，即使将对比设计 1 的格栅替换为对比设计 2 的格栅，组合后的格栅仍然与涉案外观设计格栅存在区别。因此，涉案外观设计与对比设计 1、对比设计 2 设计特征的组合相比具有明显区别。

（4）案例评析

对于车身正面，涉案外观设计与对比设计 1 在车顶凸起的造型和位置基本相同，车身前部的前窗形状，大小，引擎盖的形状，格栅框的轮廓、大小，前大灯的排列及形状基本相同，前脸下方格栅下部保险杠部位的设计均呈前凸的条状结构，保险杠中间位置有镂空设计且位置基本相同。涉案外观设计与对比设计 1 的主要区别集中在前脸中部的格栅设计：涉案外观设计的格栅两侧各有两个较小竖直矩形，中部较大矩形内具有两条水平横杠，横杠中部有两个竖条。对比设计 2 中格栅上角为斜角，中间为三条横杠，两侧进出气口为不规则的长方形。虽然涉案外观设计与对比设计 2 格栅形状有不同，但格栅外轮廓的大小及长度比例基本一致，未使整车的外形轮廓和三维立体形状发生明显变化、也未采用明显区别于现有设计的独特造型，对整体视觉效果不具有显著影响。

从车身左侧面来看，涉案外观设计与对比设计 1 车窗和车门形状基本相同，车身两侧均为波浪形线条状的图案设计，只是线条的弯曲程度不同，涉案外观设计的线条从车身前端至后部呈波浪形的弯曲度更大，而对比设计 1 线条较为平直。相对于涉案外观设计与对比设计1车窗之间的位置相互比例关系以及车门的设置基本相同来说，其线条弯曲的差别属于局部细微区别。对比设计1引擎盖后侧各有小长方形进气栅栏，涉案外观设计则无。涉案外观设计是在现有设计的基础上减少了该设计特征，对整体视觉效果不具有显著影响。汽车轮毂为汽车上容易更换的零配件，轮毂内部轮辐数量的区别，对于汽车整体而言属于局部细微差别。对于涉案外观设计车身两侧开门的设置，一般情况下，汽车车身左右开门也是汽车类产品常见设计，虽然多数房车为一侧开门，但在另一侧增加一扇车门，且与另一侧车门为对称设计，属于惯常采用的设计手法，未对整车视觉效果产生显著影响。

从车身背面来看，涉案外观设计与对比设计1车门、车窗、爬梯、后保险杠以及车后尾灯的设计基本相同。车底部安装四根排气管或两根排气管是由汽车排量大小而定，对汽车整体的外观设计形状没有影响。

从车身顶面来看，涉案外观设计与对比设计1中央凸起设计相同，顶面的凹痕形状及后部的装饰架设计及车顶两侧车窗组成不同。对于车顶上的差异，由于车整体较高，一般消费者在正常使用时较难观察到车顶表面的凹痕形状及车窗数量，该差异属于局部细微区别。后部的装饰架高矮的不同，未对整体视觉效果产生显著影响。

涉案外观设计采用了与对比设计1基本相同的车身整体轮廓、三维立体形状，同时，在一般消费者非常关注的汽车正面设计上，均采用了顶部的类似“朋克头”设计并一直贯穿于车身正面、车身侧面以及车身背面，车身整体线条轮廓长宽比例关系也基本相同。上述设计对于汽车的整体视觉效果具有显著影响，形成了标识性的设计特征，而二者的车身的车窗、车身背面的车门和车窗在设计、大小比例、位置布局方面基本相同，从其车顶部、车身侧面、车身背面均给予一般消费者基本相同的整体视觉印象。可见涉案外观设计与对比设计1的相同设计特征位于一般消费者主要关注的部位，已经造成了二者不具有明显区别的视觉效果，而其区别设计特征并未对整体视觉效果产生显著影响。因此，涉案外观设计与对比设计1和对比设计2设计特征的组合相比不具有明显区别。

2.5.3.8　与对比设计的组合相比不具有明显区别——案例2-5-8

（1）案例要点

根据一般消费者对汽车类产品的常识性了解，如果多个设计特征均为汽车产品的常规配件，且上述配件在汽车装饰或维修中进行拼装或更换均为该领域的常见方式，那么将多个对比设计中的上述配件进行常规替换或拼合，并按对比设计在相应位置添加用于装饰的设计特征，均属于具有组合启示的情形，并且组合后能得出具体明确的外观设计。进而，如果涉案外观设计与上述多个对比设计组合的区别点不足以对产品整体视觉效果产生显著影响，则涉案外观设计与上述多个对比设计的组合相比不具有明显区别。

（2）案例简介

涉案外观设计为一种电动汽车，包含主视图、后视图、左视图、右视图及两幅立体图。俯视图和仰视图使用时不容易看到或看不到，故省略。其未要求保护色彩。如图 2－5－16 所示，涉案外观设计为双开门两厢小型汽车，车头前端面基本呈垂直状，两侧各设有一大一小的圆形车灯，下方设有两侧带竖杠的凸出于前端面的横向保险杠，保险杠上方为较大的弧形状格栅区域，保险杠下方为长方形车牌安装区域；车头引擎盖表面中间设有凸筋，车头两侧后视镜呈半球状，前车窗上设有雨刷器、车顶前端中间设有天线；车身轮廓从侧面观察整体近似梯形；车尾端面呈斜面，后车窗呈倒圆角的长方形，车窗下方设有近似倒圆角的长方形盖体，盖体内设有长方形车牌安装区域，盖体两侧设有竖向跑道形车灯，下方设有凸起的横向保险杠。

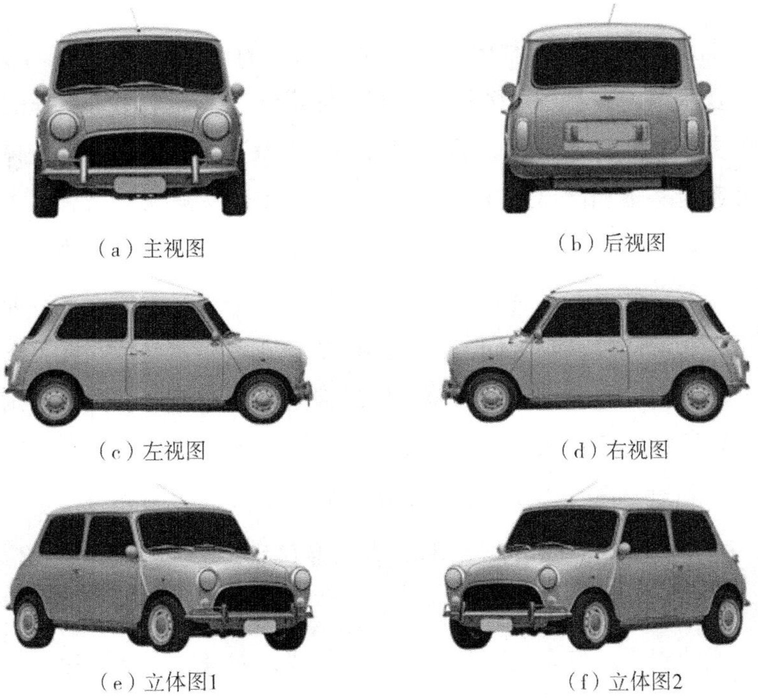

（a）主视图　（b）后视图

（c）左视图　（d）右视图

（e）立体图1　（f）立体图2

图 2－5－16　案例 2－5－8 涉案外观设计各视图

对比设计 1 ～对比设计 4 涉及多个网络上公开的图片或照片，且公开时间均早于涉案外观设计的申请日。如图 2 –5 –17 所示。

（a）对比设计1

（b）对比设计2

（c）对比设计3

（d）对比设计4

图 2 –5 –17　案例 2 –5 –8 对比设计 1 ～对比设计 4 的各视图

资料来源：图（a）及图（b）引自搜狐网公众号平台搜狐号的用户“佰咖汽车”发布的文章《图解：传奇经典 Mini 车型发展演变史历经十代 59 年风雨“情怀”》，发布时间为 2018 年 11 月 27 日；图（c）及图（d）引自太平洋汽车网发布的文章《经典国民车系列（三）MINI 品牌的变迁》，发布时间为 2011 年 9 月 6 日。

（3）焦点问题

观点一：涉案外观设计与多个对比设计的组合相比不具有明显区别。

涉案外观设计与对比设计 1 相比基本相同，区别主要在于后保险杠两侧竖杆、发动机盖中部凸筋、两个后视镜、雨刷器及车顶天线的设置，而将对比设计 1 中的后保险杠用对比设计 2 的后保险杠替换，并增加对比设计 3 中的机盖凸筋、对比设计 4 中的雨刷器和天线，再结合两个后视镜的常规设计，即可获得与涉案外观设计没有明显区别的设计。

观点二：涉案外观设计与多个对比设计的组合相比具有明显区别。

涉案外观设计与对比设计 1 相比存在多处不同，足以使涉案外观设计与对比设计 1 相比产生了独特视觉效果，具有明显区别。即使涉案外观设计与对比设计 1 ～对比设计 4 的组合相比亦具有明显区别。

（4）案例评析

涉案外观设计产品为电动汽车，对比设计 1 ～对比设计 4 公开的产品也均为汽车，与涉案外观设计产品属于相同的产品种类。其中，对比设计 2 的后保险杠、对比设计 4 的雨刷器和天线的功能独立且均具有独立视觉效果，属于可以用于组合的现有设计特征；对比设计 3 的机盖凸筋为汽车引擎盖上的装饰设计特征，凸筋设计的边界明确，视觉效果相对独立，亦可作为用于组合的现有设计特征。虽然用于组合的设计特征数量较多，但根据一般消费者对汽车类产品的常识性了解，保险杠、雨刷器和天线均为汽车产品的常规配件，将上述配件在汽车装饰或维修中进行拼装或更换均为该领域的常见方式。在将对比设计 1、对比设计 2 和对比设计 4 的上述配件进行常规替换或拼合的基础上，有启示按对比设计 3 所示，在引擎盖表面相应位置设置装饰凸筋，而且上述组合能得出具体明确的外观设计。

涉案外观设计与对比设计 1 ～对比设计 4 的组合相比，二者的汽车整体造型、具体形状均很接近，主要区别点如下。①后视镜的设计差异。涉案外观设计的车头两侧均设有半球形后视镜，而对比设计 1 仅在车头一侧设有后视镜，且未公开后视镜侧面的形状。在车头两侧均设置后视镜属于汽车领域的惯常设计，虽然对比设计 1 未公开其后视镜侧面形状，但在二者后视镜的正面轮廓均为相同的圆形设计的情况下，后视镜侧面形状差异仅属于局部细微的设计差异。②涉案外观设计车头下方设有长方形车牌安装区域，而对比设计 1 的车头下方未设有车牌安装区域，车头上方中间设有标志。对比设计 1 未公开汽车的右侧面。通常情况下车头上方中间设置标志、下方设置车牌安装区域基本属于汽车设计中必不可少的一部分，根据一般消费者的常识性了解，上述设计差异并不会对汽车设计本身的整体视觉效果产生影响。此外，根据一般消费者的通常认知，汽车左右侧面一般均为对称设计，对比设计 1 中虽然未公开其右侧面的设计内容，但不影响一般消费者获知其公开的汽车造型。因此，涉案外观设计与上述对比设计组合的区别点不足以对产品整体视觉效果产生显著影响，二者相比不具有明显区别。

2.5.3.9　不能加以组合的设计特征——案例 2－5－9

（1）案例要点

从设计特征组合的启示来看，用于组合的现有设计特征应是对比设计中所公开的具有相对独立视觉效果的组成部分，应该是以一般消费者眼光可直接从对比设计中可自然区分出来的部分。如果现有设计中用于组合的部分相对于该类产品并非物理可分离，也不具有自然区分的独立视觉效果，则该部分不能作为设计特征加以组合。

（2）案例简介

涉案外观设计涉及的产品是汽车车轮，包括主视图和立体图，简要说明写明省略其他视图。如图 2－5－18 所示，该车轮产品由轮毂外圆、轮辐条、内侧固定座三部分组成。轮辐条位于轮毂外圆与内侧固定座之间，同时与轮毂外圆及内侧固定座连接；轮毂外圆为具有一定厚度的圆形形状；轮辐条两两一组，共有五组，每组的两条轮辐条形成类“V”夹角，且底部有一直线形连接边与两条轮辐条构成三边造型；各轮辐条自中心端向轮圈端均匀、逐渐变窄；内侧固定座上设置有相间分布的五个大孔及五个小孔，五个大孔位置分别靠近每组轮辐条底部；在内侧固定座的中心设置有一大孔；从立体图看，轮辐条的前端面为平面。

（a）主视图

（b）立体图

图 2－5－18　案例 2－5－9 涉案外观设计各视图

对比设计 1 和对比设计 2 也公开了汽车车轮的外观设计，所示产品与涉案外观设计产品用途相同，属于相同种类的产品。

对比设计1包括主视图、后视图、左视图和立体图1～3。如图2－5－19所示，该车轮产品由轮毂外圆、轮辐条、内侧固定座三部分组成。轮辐条位于轮毂外圆与内侧固定座之间，同时与轮毂外圆及内侧固定座连接；轮毂外圆为具有一定厚度的圆形形状；轮辐条两两一组，共有五组，每组的两条轮辐条形成类“V”造型；各轮辐条自中心端向轮圈端先变窄，后变宽；内侧固定座上设置有相间分布的五个大孔及五个小孔，五个大孔位置分别夹在两组轮辐条之间；在内侧固定座的中心设置有一大孔；从立体图看，轮辐条的前端面呈向内弯曲的弧形。

（a）主视图　（b）后视图　（c）左视图

（d）立体图1　（e）立体图2　（f）立体图3

图2－5－19　案例2－5－9对比设计1各视图

对比设计2包括主视图和立体图。如图2－5－20所示，该车轮产品由轮毂外圆、轮辐条、内侧固定座三部分组成。轮辐条位于轮毂外圆与内侧固定座之间，同时与轮毂外圆及内侧固定座连接；轮毂外圆为具有一定厚度的圆形形状；该车轮轮辐条两两一组，共有五组，每组两条轮辐条具有凸凹造型，凹陷底端为类“V”造型，凹陷顶端相互平行，且以不规则的形状汇聚到中心端；各轮辐条自中心端向轮圈端逐渐变窄；内侧固定座内五个大孔位置分别靠近每组轮辐条底部；从立体图看，轮辐条的前端面为平面。

（a）主视图

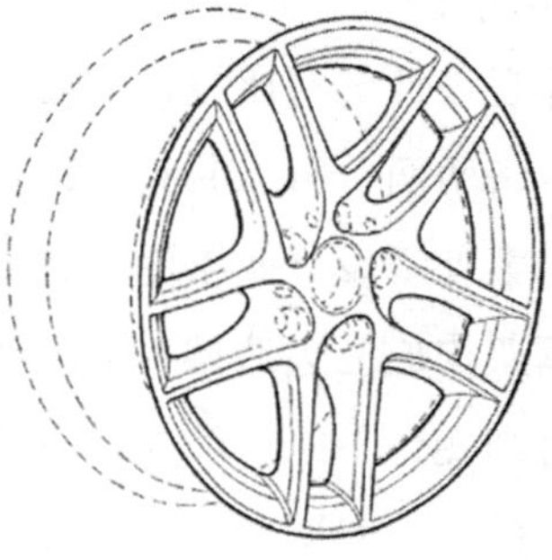

（b）立体图

图 2-5-20 案例 2-5-9 对比设计 2 各视图

（3）焦点问题

观点一：涉案外观设计与对比设计 1 和对比设计 2 的组合相比不具有明显区别。

涉案外观设计与对比设计 1 相比，虽然在轮辐条的造型、粗细特征，以及内侧固定座五个大孔与每组轮辐条的相对位置方面存在区别，但这些区别均被对比设计 2 公开，即对比设计 2 公开了轮辐条带短斜边的类“V”造型，以及均匀、逐渐变窄的轮辐条。此外，涉案外观设计、对比设计 1 和对比设计 2 的轮辐前端面都具有向内微凹的弧度，涉案外观设计和对比设计 1、对比设计 2 的轮辐条均为一体构成。因此，涉案外观设计相对于对比设计 1 和对比设计 2 的组合没有明显区别。

观点二：涉案外观设计与对比设计 1 和对比设计 2 的组合相比具有明显区别。

涉案外观设计相对于对比设计 1 存在如下显著区别。①涉案外观设计轮辐分为五组，每组两条轮辐构成独特的三边造型；而对比设计 1 造型仅为常见的条状轮辐。②涉案外观设计轮辐的前端面为平面，而对比设计 1 轮辐的前端面呈向内弯曲的弧形。③涉案外观设计各条轮辐自中心端向轮圈端均匀、逐渐变窄，而对比设计 1 渐宽。

涉案外观设计相对于对比设计 2 存在如下显著区别。①每组轮辐是由两条相互平行的轮辐构成，其中心端没有独立造型的直线形连接边，而是各组轮辐一并汇聚到中心形成不规则的形状。②轮辐前端面呈向内弯曲的弧形。③轮辐宽度基本一致，仅在靠近中心端处变宽。

因此，涉案外观设计与对比设计 1 和对比设计 2 的组合相比具有明显区别。

（4）案例评析

涉案外观设计与对比设计 1 相比，其相同点在于：二者组成部分的构成基本相同，轮辐条两两一组，共有五组。二者的区别点主要如下。①每组轮辐条的造型不同。涉案外观设计两条轮辐条形成类“V”夹角，且底部有一直线形连接边与两条轮辐条构成三边造型；而对比设计 1 两条轮辐条形成类“V”造型。②各轮辐条的粗细变化不同。涉案外观设计各轮辐条自中心端向轮圈端均匀、逐渐变窄；而对比设计 1 先变窄，后变宽。③五个大孔和每组轮辐条的相对位置不同。涉案外观设计内侧固定座内五个大孔的位置分别靠近每组轮辐条底部，而对比设计 1 内侧固定座内五个大孔位置夹在两组轮辐条之间。④轮辐条前端面设计不同。涉案外观设计轮辐条的前端面为平面，而对比设计 1 轮辐条的前端面呈向内弯曲的弧形。

从设计特征组合的启示来看，用于组合的现有设计特征应是对比设计中所公开的具有相对独立视觉效果的组成部分，应该是以一般消费者眼光可直接从对比设计中能够自然区分出来的部分。涉案外观设计的轮辐条部分为一体构成，而对比设计 1 公开的部分轮辐条特征和对比设计 2 公开的部分轮辐条特征并不属于一般消费者可直接从对比设计 1 和对比设计 2 中自然区分出来的设计，并且也没有其他证据表明存在可将几部分设计特征组合的启示。此外，对比设计 2 也并未公开与涉案外观设计相同的轮辐条造型。因此，即使对比设计 1 与对比设计 2 相组合也无法得到涉案外观设计，涉案外观设计与对比设计的组合相比具有明显区别。

2.5.3.10 局部设计的变化及整体视觉效果的影响——案例 2－5－10

（1）案例要点

对于汽车类产品而言，可以作出变化的设计特征较为广泛，汽车整体的外观设计是所有具体设计特征综合的体现。在对该类产品的外观设计进行对比判断时，应基于整体并结合各部位设计作整体观察、综合判断。所谓“整体”，包括产品可视部分的全部设计特征、设计要素，而非其中某特定部分。而全部设计特征通常又可分为该类产品的共同设计特征以及进行设计变化的区别设计特征。所谓“综合”，是指对能够影响产品外观设计整体视觉效果的所有因素的综合，需要考虑到该类产品的一般消费者、设计空间、设计要点等内容。整体观察时，基于一般消费者对于少见的、独特的形状或者图案的感知能力更强的特点，产品所具有的相对独特的区别设计特征相比该类产品的共同设计特征来说，通常会对整体视觉效果更具显著影响。

一般消费者作为判断主体，其熟知相关领域产品的常见设计，这些常见设计变化通常不能够构成一般消费者所关注的设计要点。一般消费者在考虑哪些部位属于该类产品的设计要点时，通常会确定为可能存在较大设计变化的部位。考虑哪些部位的改变属于较大设计改变，必须结合该类产品的设计现状。一般情况下，汽车的设计变化具有一定的延续性，通常可分为改进型设计和创新型设计。改进型设计即所谓的汽车换代小改，通常仅是改变车的某些局部形状，例如汽车前脸（包括前车灯、保险杠、格栅、引擎盖）、车窗、车门、车后部的设计等。创新型设计即所谓的车型大改，会对整个车的立体造型和车身整体线条进行改动。据此并结合一般消费者对汽车类产品的了解，车辆的设计要点通常主要包括：整车的立体造型和车身的整体线条，以及汽车某些局部的形状，如汽车前脸、车窗、车门、车后部等。相对于汽车的局部改进而言，整个车的立体造型和车身整体线条所占的设计比重较大，且整体造型或车身线条的改变对整车的设计风格会产生直接影响，其对车辆的整体视觉效果的影响更大，也更具有决定性。同时，在汽车各局部设计中，汽车前脸又因处于使用时最容易关注的部位，一般消费者对其关注度较高，其设计变化对汽车的整体视觉效果也会产生较大的影响。

（2）案例简介

涉案外观设计为一种“汽车”的外观设计，包括设计1（两门版）和设计2（四门版），分别由主视图、后视图、左视图、右视图、俯视图、立体图表示，如图2－5－21和图2－5－22所示。

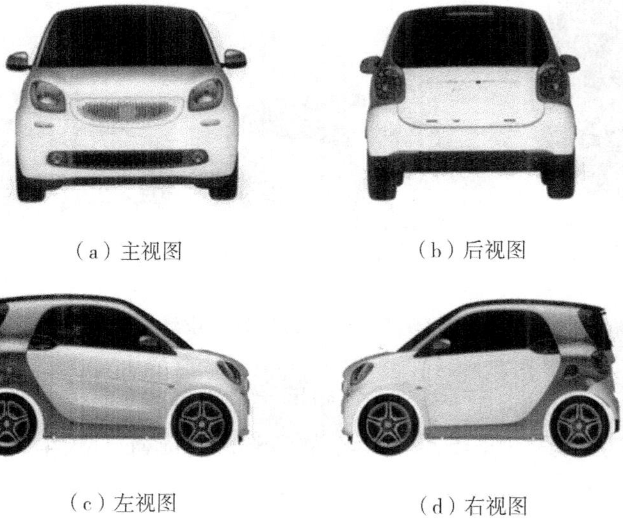

（a）主视图　（b）后视图

（c）左视图　（d）右视图

图2－5－21　案例2－5－9涉案外观设计的设计1各视图

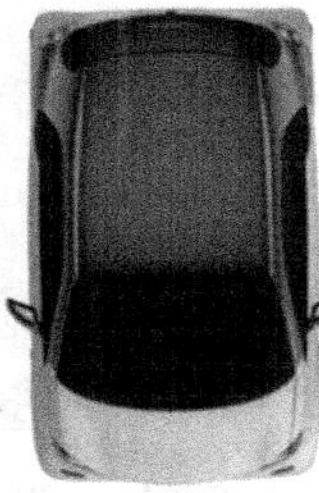

（e）俯视图

（f）立体图1

（g）立体图2

图 2-5-21　案例 2-5-9 涉案外观设计的设计 1 各视图（续）

（a）主视图

（b）后视图

（c）左视图

（d）右视图

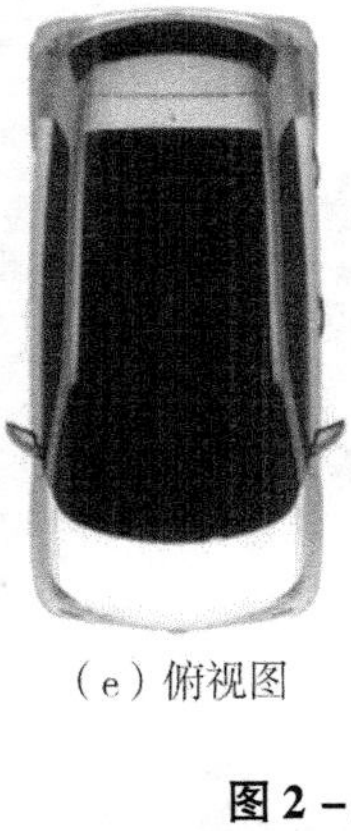

（e）俯视图

（f）立体图1

（g）立体图2

图 2-5-22　案例 2-5-9 涉案外观设计的设计 2 各视图

对比设计 1 涉及腾讯汽车网上发布的一篇报道文章，发布时间在涉案外观设计的申请日之前，其中公开了一款名为“Smart Fortwo”汽车的前后两个方向的图片，如图 2-5-23 所示。

图2-5-23 案例2-5-9对比设计1的图片

资料来源：引自腾讯汽车网《(海外车讯) 全新Smart将推四门版/小型SUV》，发布时间为2012年12月27日。

对比设计2涉及汽车之家网上发布的一篇报道文章，发布时间在涉案外观设计的申请日之前，其中公开了一款名为“Smart Forfour”汽车的一侧方向的图片，如图2-5-24所示。

图2-5-24 案例2-5-9对比设计2的图片

资料来源：引自汽车之家网《法兰克福亮相smart推Forvision概念车》，发布时间为2011年9月2日。

(3) 焦点问题

观点一：涉案外观设计的设计1与对比设计1相比、设计2与对比设计1和对比设计2的组合相比，均不具有明显区别。

涉案外观设计的设计1与对比设计1相比，二者车体整体形状、边框设计、各主要部位的相对位置基本相同，同时汽车正面、汽车后部及汽车侧面主要部件的相对位置关系和比例基本相同。二者区别点主要如下。①涉案外观设计的设计1侧面玻璃为整体，无立柱分割；而对比设计1的侧面玻璃窗后有立柱分割。②涉案外观设计的设计1后窗无雨刮器，对比设计1后窗有雨刮器。③二者轮毂不同。涉案外观设计的设计1采用单股五幅轮毂，而对比设计1采用双股四幅轮毂。

将外观设计的设计特征用另一项相同种类产品的设计特征原样或者细微变化后替换，属于存在组合启示的情况，因而可将对比设计 2 侧面车窗部位及侧面其他设计特征替换对比设计 1 的对应部位设计特征。涉案外观设计的设计 2 与对比设计 1 和对比设计 2 替换组合后得到的外观设计相比，区别点主要在于：①车牌安装位置不同；②涉案外观设计的设计 2 后部玻璃为整体，无立柱分割；③涉案外观设计的设计 2 车后窗无雨刮器；④二者轮毂不同，涉案外观设计的设计 2 采用单股五幅轮毂，而后者采用双股四幅轮毂；⑤车门把手形状、位置不同；⑥车头前部中央格栅网格面积不同，涉案外观设计的设计 2 面积较小。

上述区别点或者属于细微差异，或者属于惯常设计，对整体视觉效果不会产生显著影响。因而，涉案外观设计的设计 1 与对比设计 1 相比、设计 2 与对比设计 1 和对比设计 2 的组合相比，均不具有明显区别。

观点二：涉案外观设计的设计 1 与对比设计 1 相比、设计 2 与对比设计 1 和对比设计 2 的组合相比，均具有明显区别。

对比设计 1 仅是车辆前方和后方两个立体图，无法确定车辆的长宽高比例以及侧面的整体比例，因此不足以和涉案外观设计的设计 1 进行对比。即使二者可以相比，也在车身高度比例、车身前保险杠和车身后保险杠的延伸程度、车头灯的大小以及轮毂造型上存在区别。这些区别使得二者视觉效果区别明显。

汽车设计中将两门车换为四门车，不管是技术和空间上均会产生较大差异，其他设计要素均需要作相应改变，故认为对比设计 1 和对比设计 2 不存在组合启示。即使二者可以组合，涉案外观设计的设计 2 与对比设计 1、对比设计 2 的组合相比，在车身高度比例、车身前保险杠和车身后保险杠的延伸程度、车头灯的大小、轮毂造型及车门把手的形状位置方面存在区别。这些区别点使得二者视觉效果区别明显。

因而，涉案外观设计的设计 1 与对比设计 1 相比、设计 2 与对比设计 1 和对比设计 2 的组合相比，均具有明显区别。

（4）案例评析

汽车类产品通常左右对称，虽然对比设计 1 所示图片仅公开了汽车左前和左后方拍摄的立体图，但其前部、后部及两个侧面均已视为公开，仅顶部未完全公开，底部未公开。另外，对于一般消费者而言，通过对比设计 1 中的两个立体图，基于基本的立体透视关系可以对该汽车的长宽高比例有整体的了解，其并不影响二者视觉效果的整体观察、综合判断。

涉案外观设计的设计 1 与对比设计 1 相比，二者主要相同点分为以下几个方面。

1）整体形状设计：①二者三维立体造型和各部分比例基本相同，均是两门微型车样式，整个车前引擎盖较短，主体部位为驾驶舱，行李仓较小，且车后部向下倾斜角度较大。②车身整体线条起伏变化基本相同，车前部略突出，车轮拱板外凸，引擎盖两侧凸起，中部稍向前倾斜向下，车前柱向上弯曲后延伸至车顶，再延伸至车尾后柱，向下的斜度突然变大。③车的前柱、车顶、车后柱、车后翼子板、车后轮拱板，车身侧面底部防擦板处形成了连成一体的“C”形外框。

2）车身前部设计：①前挡风玻璃的设计相同，挡风玻璃微向外凸起。②引擎盖的形状基本相同，引擎盖均是接近梯型，前部略低略窄，后部略高略宽。③中央格栅均为圆滑的倒梯形形状，且中间的网状结构及车标的位置也相同。④前大灯的形状相同，都位于中央格栅两侧斜上方，并在靠近车体侧面处渐宽；前大灯下方各有一水平布置的扁矩形小灯。⑤前保险杠的整体形状及其中间的长条形格栅设计相同，格栅两端均有圆形构造。⑥后视镜的设计基本相同。

3）车身侧面设计：①汽车侧面的整体外轮廓基本相同，车体尾部的高度略低于前部。②侧面都有“C”字形边框。③车窗的整体形状均接近梯形。④车门的形状和把手的形状及位置相同，车门中下部的棱线及凹陷结构设置相同。⑤油箱口的位置和形状相同，均位于车左侧面尾部、近后轮上方设置有“D”字形加油口。

4）车身后部设计：①车后整体轮廓大体呈圆润的梯形，车顶宽度都小于车底。②后挡风玻璃及外框的形状相同，后挡风玻璃的顶部中央均设有细长条形高位刹车灯。③后备厢均采用掀背式，且形状相同。④尾灯形状及位置相同，均为“回”字型，略向车体两侧凸出。⑤车后保险杠形状均相同，均是中部凹陷。

涉案外观设计的设计 1 与对比设计 1 相比，二者主要区别点如下。①在车身前部，两侧的行车示宽灯的大小不同，涉案外观设计的设计 1 的相应部位较小。②在车身侧面，轮毂造型不同，涉案外观设计的设计 1 采用单股五幅轮毂，而对比设计 1 采用双股四幅轮毂。③在车身侧面，涉案外观设计的设计 1 侧面玻璃为整体，无中柱分割，而对比设计 1 的侧面玻璃窗后部设有中柱。④在车身后部，后轮上部的后挡泥板的延伸倾斜度不同，涉案外观设计的设计 1 后挡泥板向后延伸较长，斜度相对较缓。⑤在车顶部位，涉案外观设计的设计 1 的车顶部自驾驶舱顶部向后呈逐渐向下弧形，而对比设计 1 车顶部向下弧度较为平缓。

对于该案例而言，涉案外观设计的设计 1 车身的整体造型和车身表面整体线条设计变化具有显著的视觉效果，特别是由车前柱、车顶、车后柱、车后翼子板、车后轮拱板、车身侧面底部防擦板处形成了连成一体的“C”形外框，其相对于其他车型而言，属于突出的设计变化，形成了相对独特的形状，因此该“C”形外框已经构成其较为独特的设计特征。经过上述对比可以看到，虽然涉案外观设计的设计 1 与对比设计 1 在车灯和轮毂形状、玻璃上中柱的有无、挡泥板的倾斜角度、车顶的弧度上存在区别，但二者在车身的整体造型和车身表面整体线条设计等显著视觉效果的设计要点上趋于一致，特别是在“C”形外框这一独特的设计特征上完全相同。同时在车身前脸设计上，二者采用了相同形状的前挡风玻璃、引擎盖、前大灯、前保险杠以及格栅，使得二者的车身前脸设计也趋于一致。通过上述分析可以得知，这些特征对于整体视觉效果影响较大。再加上二者在车身侧面、车身后部存在的诸多相同点，使得涉案外观设计的设计 1 与对比设计 1 之间形成相近的整体视觉效果。对于二者的差别，区别点①中示宽灯的位置基本相同，且都接近长方形，二者大小的区别属于局部细微差异；区别点②中轮毂的造型不同，但汽车设计中更换轮毂造型属于常见的设计手法，相对于其他部位，其对汽车整体造型的影响较小，同时涉案外观设计采用的汽车轮毂也并未产生独特的视觉效果，因此轮毂的改变并未对汽车的整体视觉效果产生显著影响；区别点③和④均是针对某些车窗中柱、车后部挡泥板的弧度等局部细节的设计改动，这些变化也是在车窗外框或车挡泥板的外形基本相同的情况下所作出的局部细微差异，同时所占设计比例相对整车而言较小，对整体视觉效果的影响亦较小；对于区别点⑤，虽然二者在汽车顶部的后部存在弧度变化，但汽车顶部的前部和中部外轮廓几乎完全相同，后部弧度的变化也仅是曲率大小的变化，该设计变化并未改变汽车侧面的整体轮廓形态，也不足以对整体视觉效果产生显著影响。综上，二者不具有明显区别。

基于一般消费者的常识性了解，在汽车现有设计中存在同一系列车型既有两门车也有四门车的情况，同时，车门车窗的区域相对而言属于视觉上可以自然区分的独立设计特征，将对比设计 1 的两门变换为对比设计 2 的四门，也仅是对侧面相关区域进行替换，前部和后部仍沿用对比设计 1 的设计，而对于其他在车身长度方向的变化虽然从汽车构造等技术角度需要作出相应具体设计，但从外观设计角度而言其为两门车到四门车通常的适应性的变化。因此，对比设计 1、对比设计 2 的组合存在组合启示。基于与前文类似的理由，涉案外观设计的设计 2 与对比设计 1 和对比设计 2 的组合的整体视觉效果不存在显著差异，二者不具有明显区别。

2.6　与他人合法权利相冲突

2.6.1　法律解读

《专利法》第二十三条第三款规定："授予专利权的外观设计不得与他人在申请日以前已经取得的合法权利相冲突。"

《专利审查指南 2010》第四部分第五章第 7 节中规定："一项外观设计专利权被认定与他人在申请日（有优先权的，指优先权日）之前已经取得的合法权利相冲突的，应当宣告该项外观设计专利权无效。他人，是指专利权人以外的民事主体，包括自然人、法人或者其他组织。合法权利，是指依照中华人民共和国法律享有并且在涉案专利申请日仍然有效的权利或者权益，包括商标权、著作权、企业名称权（包括商号权）、肖像权以及知名商品特有包装或者装潢使用权等。在申请日以前已经取得（以下简称在先取得）是指在先合法权利的取得日在涉案专利申请日之前。相冲突，是指未经权利人许可，外观设计专利使用了在先合法权利的客体，从而导致专利权的实施将会损害在先权利人的相关合法权利或者权益。"

2.6.2　常见问题

《专利法》第二十三条第三款在审查实践中的常见问题包括：一是在申请日以前已经取得，即在先合法权利的取得日需要在涉案专利申请日之前，需要注意的是不同在先权利类型合法取得日的确定方式是不同的；二是合法权利必须是在涉案专利申请日仍然有效的权利或者权益；三是在先权利与涉案专利中含有的相关设计的相同或者相似的认定，适用什么样的相同、相似的判断标准。

2.6.3　案例解析

2.6.3.1　设计与在先商标权相同——案例 2-6-1

（1）案例要点

根据《专利审查指南 2010》的相关规定："在先商标权是指在涉案专利申请日

之前，他人在中华人民共和国法域内依法受到保护的商标权。未经商标所有人许可，在涉案专利中使用了与在先商标相同或者相似的设计，专利的实施将会误导相关公众或者导致相关公众产生混淆，损害商标所有人的相关合法权利或者权益的，应当判定涉案专利权与在先商标权相冲突。在先商标与涉案专利中含有的相关设计的相同或者相似的认定，原则上适用商标相同、相似的判断标准。对于在中国境内为相关公众广为知晓的注册商标，在判定权利冲突时可以适当放宽产品种类。”

（2）案例简介

涉案专利涉及一种汽车金属音响盖板零部件，属于汽车音响设备。专利权人为深圳某车品科技公司。其主视图及立体图如图 2－6－1 所示，从主视图可以看出其正中心有圆形图案，圆形内部有一斜向花体字“f”文字图案。

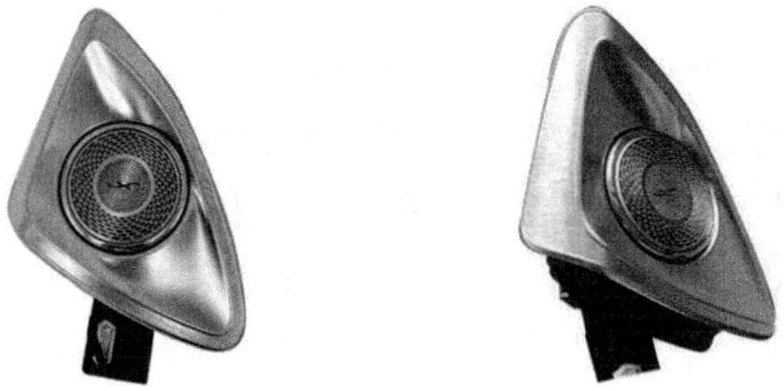

（a）主视图　　（b）立体图

图 2－6－1　案例 2－6－1 涉案专利各视图

在先商标权的所有人为广州某电子有限公司，商标的核定使用类别为汽车音响设备，与涉案专利涉及的商品属于同一商品。在先商标图形如图 2－6－2 所示，其主体呈圆形，圆圈内有一斜向花体字“f”文字图案。

图 2－6－2　案例 2－6－1 在先商标的图形

（3）焦点问题

观点一：涉案专利与在先商标权相冲突。

涉案专利主视图中部的醒目位置设有“f”字样，该“f”字样与在先注册商标“f”相比，二者文字构成、读音完全相同，很容易使消费者混淆误认，损害了在先商标所有人的合法权益。

观点二：涉案专利与在先商标权不相冲突。

涉案专利中的“f”字样与在先商标的文字图案具有差异，不会导致其与在先商标的混淆。

（4）案例评析

涉案专利与在先商标相比，二者主体均凸显为圆形，其中心“f”文字图案的布局相同，内部文字内容、字体形状、读音以及倾斜角度均相同；虽然在先商标的文字图案“f”两端略尖，但是在整体布局和字体形状非常相似的情况下，基本上已经形成了相似的视觉印象，且涉案专利的图案位于醒目的产品中心位置，在整个产品外表面没有其他图案的情况下，容易使相关公众认为其具有标示产品品牌的作用，将使用涉案专利的商品认为是在先商标所有人的商品，或者将涉案专利商品的生产者联想为与在先商标所有人之间存在某种特定联系，因而涉案专利中所使用的这种图案装饰存在与在先商标混淆的可能。

综上，在未经商标所有人授权许可的情况下，涉案专利使用了与在先商标图形相似的图案作为其构图的组成部分，其实施将会导致相关公众产生混淆，损害商标所有人的相关合法权利或者权益，涉案专利与他人在先取得注册商标的商标权相冲突，从而导致涉案专利无效。

2.6.3.2　设计与在先商标权相似——案例 2-6-2

（1）案例要点

产品外观设计和图形商标都含有形状、图案、色彩多重构成要素，商标在实际使用中一般是作为产品或者其包装的外观设计的一部分，当产品外观设计中使用了与在先商标相同或者相近似的图案时，易使相关公众对相应商品的来源产生混淆，也就是同一产品的外观设计与商标相冲突。

在判断外观设计与商标的冲突是否成立时，一方面要考虑外观设计的图案元素与商标图案是否存在区别以及区别的程度，即二者是否相同或者相似，另一方面要综合考虑产品领域、图案实际使用状态、相关公众的一般注意力情况以及商标知名度和影响力等多种因素，判断外观设计专利权的实施是否会使相关公众对相应商品或者服务的来源产生混淆。

（2）案例简介

涉案专利的外观设计产品是一种电动汽车，各视图如图 2－6－3 所示。涉案专利的车轮中心处设有图案“⌀”，货箱的后侧中部设有图案“⌀”。相关证据涉及先注册图形商标“‹|›”（参见图 2－6－4）以及在先商标在汽车上使用的图片（参见图 2－6－5），该商标核准的商品项目包括机车、汽车、汽车轮胎、运载工具用刹车盘等。

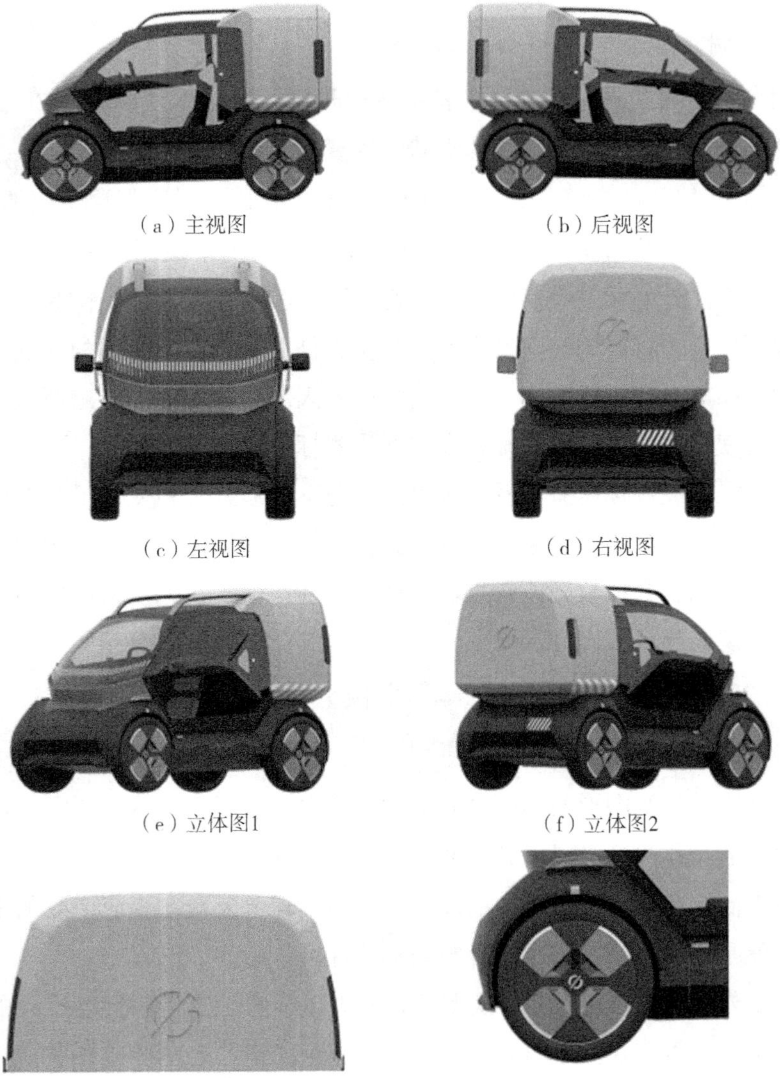

（a）主视图　（b）后视图　（c）左视图　（d）右视图　（e）立体图1　（f）立体图2　（g）局部放大图1　（h）局部放大图2

图 2－6－3　案例 2－6－2 涉案外观设计各视图

图 2-6-4　案例 2-6-2 在先商标的图形

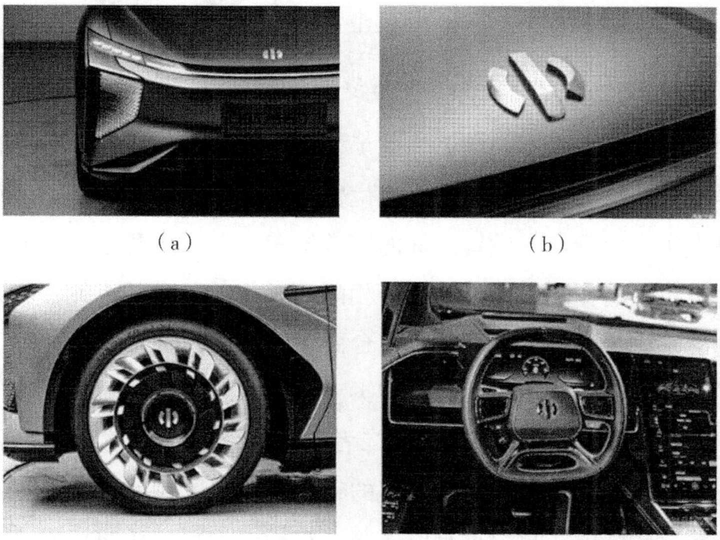

（a）　（b）

（c）　（d）

图 2-6-5　案例 2-6-2 在先商标在汽车上使用的图片

（3）焦点问题

观点一：涉案专利的实施不会误导相关公众或者致使相关公众产生混淆。

涉案专利和在先商标均涉及汽车领域。对于相关公众来说汽车是日常生活中的大件商品，在购买或者使用过程中会施以较强的注意力和较高的识别能力，图 2-6-6 中商标的共存可以证明这一点，因此涉案专利的实施不会误导相关公众或者致使相关公众产生混淆。

图 2－6－6　案例 2－6－2 现有商标图形共存情况示例

观点二：涉案专利的实施会误导相关公众或者致使相关公众产生混淆。

涉案专利的轮毂中央的“⌀”图案位置与在先商标的实际使用位置一样，货厢后侧也是汽车类商品经常设置商标的惯常位置，因此涉案专利中的上述图案客观上起到商标标识的作用。而商标是否相同或者相近，应以相关公众施以一般的注意力为标准来进行判断，并且需要综合商标的图案、实际使用状态、广泛使用带来的知名度和影响力等诸多因素。涉案专利的上述图案“⌀”与在先商标图案“(|)”在施以一般注意力时非常相似，二者存在的细微区别对于相关公众而言施以一般注意力难以觉察，尤其上述图案的特殊使用位置使其视觉角度不固定，相关公众即使施以较强的注意力也难以区分，在相同类别商品的相同位置或者该类商品惯常设置商标的位置使用与在先商标近似的图案，容易使相关公众对商品来源产生混淆。

（4）案例评析

商标作为识别商品或服务来源的标识，其注册的实质性条件是具有显著性，以至于可以达到区分不同商品或服务来源的功能。在判断外观设计专利与在先商标是否相冲突时，要紧紧抓住商标的标识功能是否被剥夺。涉案专利在汽车轮毂中央设置相关图案，其设置位置和在先商标的实际使用位置一样，在汽车货厢的后侧面设置图案是汽车设置商标的惯常位置，因此涉案专利中的上述图案客观上起到了商标标识的作用。涉案专利的上述图案和在先商标图案整体造型基本一致，均给相关公众以一条线段居中分开一个括号的整体视觉印象。虽然二者在弧线弧度和长度、图案倾斜角度等方面存在细微区别，但考虑到所涉及的产品类型以及图案实际使用位置，二者在实际使用时对相关公众来说是难以区分的。因此，涉案专利的上述图案与在先商标构成近似。涉案专利权人未经请求人允许在相同类别商品的相同位置或者该类商品设置商标的惯常位置上使用与在先商标近似的图案，易使相关公众对相应商品或者服务的来源产生混淆，因此，涉案专利与上述在先商标相冲突。

2.7　现有设计的证据认定

2.7.1　法律解读

根据《专利法》第二十三条第四款的规定，现有设计是指申请日（有优先权的，指优先权日）以前在国内外为公众所知的设计。

《专利审查指南 2010》第四部分第五章第 2 节规定："现有设计包括申请日以前在国内外出版物上公开发表过、公开使用过或者以其他方式为公众所知的设计。"

根据《专利审查指南 2010》第二部分第三章第 2.1.2 节的规定，现有设计的公开方式包括出版物公开、使用公开和以其他方式公开三种。①出版物公开。专利法意义上的出版物是指记载有设计内容的独立存在的传播载体，并且应当表明或者有其他证据证明其公开发表或出版的时间。符合上述含义的出版物可以是专利文献、科技杂志、科技书籍、学术论文、专业文献、教科书、技术手册、正式公布的会议记录或者技术报告、报纸、产品样本、产品目录、广告宣传册，也可以是存在于互联网或其他在线数据库中的资料等。②使用公开。由于使用而导致设计内容的公开，或者导致设计内容处于公众可以得知的状态，这种公开方式称为使用公开。使用公开的方式包括能够使公众得知其设计内容的制造、使用、销售、进口、交换、馈赠、演示、展出等方式。只要通过上述方式使有关设计内容处于公众想得知就能够得知的状态，就构成使用公开，而不取决于是否有公众得知。③以其他方式公开。为公众所知的其他方式，主要是指电视、电影等能够使公众得知设计内容的方式。

2.7.2　常见问题

审查实践中，证据认定方面常见问题包括：互联网证据真实性、可信性的判断；互联网证据公开日期的认定；社交平台证据是否属于公开以及公开日期的认定；使用公开一般涉及申请人本人或者利益相关方的使用公开，这时要判断产品使用中是否存在保密义务、保密责任；另外随着淘宝、京东、拼多多等网购平台产生了庞大的产品信息和用户评价信息，其中的证据事实和公开信息认定也成为证据认定中重要的一部分内容。

2.7.3 案例解析

2.7.3.1 网络新闻报告类证据——案例2-7-1

（1）案例要点

对于新闻报道类信息的网络证据，如果其搜索过程无瑕疵，相应网址和图片信息真实存在，内容连续完整，相关搜索引擎和网站属于知名公司和网站，并与当事人无利害关系，在没有证据予以反驳或者指出足以影响其真实性缺陷的情况下，应当确认网页内容的真实性，且网页上的发布时间即为公众可以获知相关信息的时间，并可以作为专利法意义上的公开时间。对于车展类新闻报道，也可通过车展实际举行的时间以及其他媒体的报道内容进行相互印证，确认网络证据的真实性和公开时间。

（2）案例简介

涉案外观设计涉及一种汽车，由主视图、后视图、左视图、右视图、俯视图、立体图表示（参见图2-7-1）。从前面看，发动机罩呈贝壳形状，下方为车前灯和进气格栅，之下有前保险杠、位于左右两侧的长方形盲孔、两个倒U形的辅助进气口、倒U形的装饰板。从后面看，上方区域包括后车窗、车身，后车窗顶部的扰流板上装有刹车灯，中间区域包括后车灯、行李厢盖、后保险杠，下方区域包括位于两侧包围排气筒的装饰板、排气筒中间的护板。从侧面看，车顶线为前高后低的倾斜线条，腰线后高前低，侧面下部的裙线稍微呈后高前低的倾斜直线条，腰线和裙线之间的车门稍微内凹，车门下端有护板。车轮轮毂为由中心向外辐射的五个U形边构成的花瓣形。从顶面看，车顶有全景天窗，车顶后部居中有个凸起，发动机罩左右两侧车鼻线外各有一个接近菱形的孔。

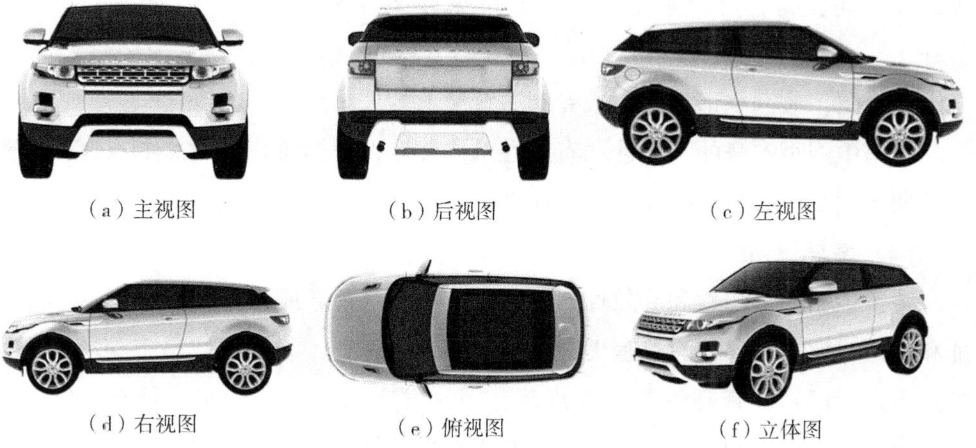

（a）主视图　（b）后视图　（c）左视图　（d）右视图　（e）俯视图　（f）立体图

图 2－7－1　案例 2－7－1 涉案外观设计各视图

网络证据涉及搜狐网关于某公司的某车型参加车展的图片及图文报道，发布时间在涉案专利申请日之前，其中公开了汽车的前面、后面、侧面、顶面、立体方向的图，如图 2－7－2 所示。

（a）前面图　（b）后面图　（c）侧面图　（d）顶面图　（e）立体图

图 2－7－2　案例 2－7－1 网络证据图片

（3）焦点问题

观点一：该网络证据构成专利法意义上的公开。

证据公开的网站属于知名网站，信息来源可靠，公开的内容和日期能够追溯查询并访问获得，可以确定真实性，可见涉案专利已经在申请日前的车展上公开。

观点二：该网络证据不构成专利法意义上的公开。

证据中网页本身的真实性和有效性难以确定，证据照片或图片上没有标注时间日期，网页内容也有被改动的可能性，故不构成专利法意义上的公开。

（4）案例评析

关于证据的真实性和有效性，该证据内容为相关新闻报道类信息，其相应网址和图片真实存在，搜索过程无瑕疵，内容连续完整，涉及网站属于国内大型的门户网站，网站的管理机制较为规范，网站发布的新闻类的文章具有一定时效性，同当事人也无利害关系。因而，在无相反证据足以推翻的情况下，通常对上述内容的真实性予以确认。并且，新闻报道平台属于开放性的公众平台，能够确认其上发布信息的即时公开性，发布即处于公众想得知即可得知的状态，具有高度盖然性，因而网页上的发布时间即为公众可以获知相关信息的时间，可作为专利法意义上的公开时间。此外，在车展期间以及前后，其他网络媒体和纸质媒体也对其进行了报道，相关报道的文字和图片也可以进一步印证网络证据公开的事实。

2.7.3.2 微信群聊天内容公开的证据——案例 2-7-2

（1）案例要点

微信群作为腾讯公司推出的“微信”社交软件的一项重要功能，提供了多人聊天交流的平台，已经广泛为社会公众所使用。在微信群中公开内容是否构成专利法意义上的公开，应具体问题具体分析，不能一概而论，需要根据微信群建立目的、群成员组成及加入方式、群聊主题内容等方面综合判断，基于高度盖然性标准对相关群聊内容的公开性作出认定。在通常情况下，微信群是基于特定的群成员关系而建立，群聊内容限于相应群成员知晓，并不处于公众想得知即可得知的状态，因此通常不构成专利法意义上的公开。但对于某些特定形式和用途的微信群，通过广告宣传方式使任何人有机会成为群成员，将微信群作为产品营销活动的平台，其中发布信息的目的是希望让更多人了解技术和产品，该信息也可能构成专利法意义上的公开。

（2）案例简介

涉案外观设计涉及一种车载智能终端，其主视图、后视图、左视图、右视图、俯视图、仰视图及立体图如图 2-7-3 所示。

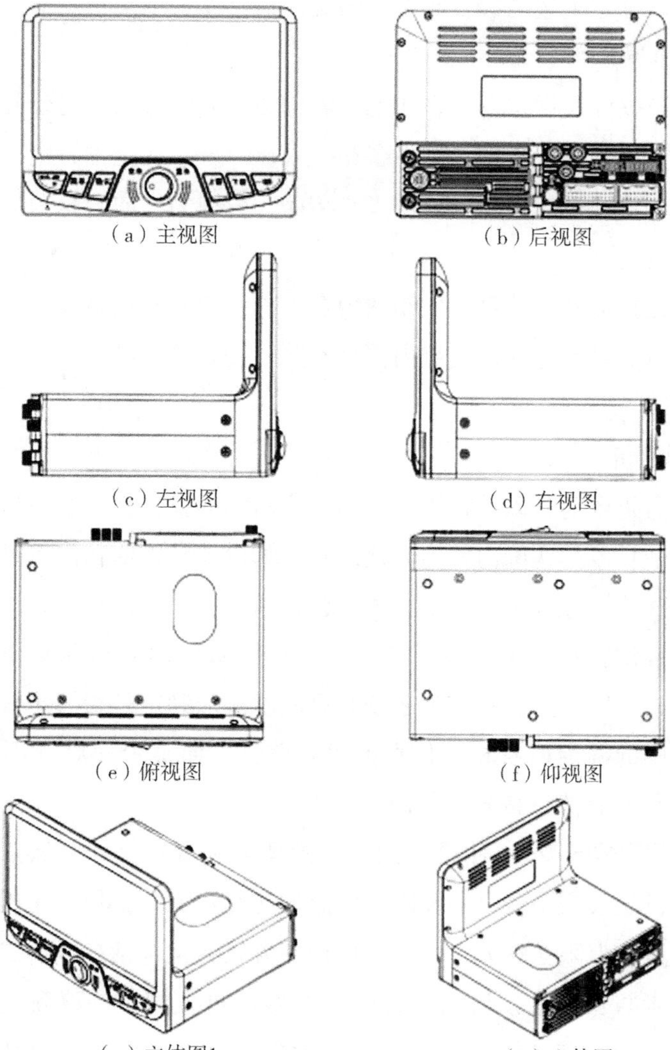

（a）主视图　（b）后视图　（c）左视图　（d）右视图　（e）俯视图　（f）仰视图　（g）立体图1　（h）立体图2

图2－7－3　案例2－7－2涉案外观设计各视图

与涉案外观设计相关的证据涉及某城市道路运输管理局发布的《车载智能终端配置指引及检测指南等有关事项的通知》，其附件《车载智能终端配置指引》中公开了一种嵌入式车载智能终端的外观设计，该外观设计与涉案外观设计实质相同，但上述通知正式印发的时间在涉案专利申请日之后。此外，上述城市道路运输管理局就嵌入式车载智能终端设计曾定向征集意见，建立了“终端设备联调”微信群与各方车载智能终端设备生产的企业进行沟通，并由工作人员在微信群内发布上述通知，其中显示了与涉案专利实质相同的外观设计，且通过微信群的聊天记录可以确定上述内容发布的时间是在涉案专利申请日之前。

（3）焦点问题

观点一：证据涉及微信群中发布的内容构成专利法意义上的公开。

微信群成员多为车载智能终端设备相关人员，分布在全国各地，在微信群内发布的文件也可能通过转发等方式进一步传播，应视为已向公众公开，因而构成专利法意义上的公开。

观点二：证据涉及微信群中发布的内容不能构成专利法意义上的公开。

微信群针对的是特定人群，群内消息不属于公开的内容，不构成专利法意义上的公开。

（4）案例评析

现有设计是指申请日以前在国内外为公众所知的设计，其至少应满足如下要件：第一，申请日以前在国内外为公众所知，如申请日以前在国内外出版物上公开发表过、公开使用过或者以其他方式为公众所知；第二，具有足以为一般消费者明确识别的设计特征。现有设计应当是在申请日以前公众能够得知的设计内容，应当在申请日以前处于能够为公众获得的状态。判定是否属于现有设计的关键在于公众范围的确定以及相关信息的可获取性，即是否针对“不特定的人”、是否存在“想得知就能够得知的状态”。

微信是腾讯公司于2011年推出的一个为智能终端提供即时通信服务的免费应用程序，提供了公众平台、朋友圈、消息推送等功能。微信群是提供多人聊天交流的平台，群组上限500人。加入微信群的方式通常包括扫描群二维码，通过好友邀请，或者与身边朋友输入同样的四个数字进入同一个群聊。群主可设置“群聊邀请确认”，启用邀请入群需群主或群管理员确认才能入群功能，且扫描二维码进群同时停用。微信群内的聊天仅限于群成员可见，不对社会公众公开。基于微信群的上述属性和运行管理机制，通常情况下，微信群是基于“特定的人”之间的关系而建立，其群聊内容限于相应特定群成员知晓，并不处于公众“想得知即可得知的状态”，因此通常不构成专利法意义上的公开。另外，随着微信群使用范围和用途的不断扩展，越来越多的人把微信群当作进行产品营销活动的重要平台，也出现了某些特定形式的微信群，如以推广销售产品为目的的产品推销群，推销者不设置添加好友的验证条件，不会针对任何人设置限制，其通过广告宣传方式使任何“不特定的人”都有机会可以自主成为群成员，在群聊中发布的产品信息有可能处于公众“想得知即可得知的状态”，该信息可以认为构成专利法意义上的公开。

对于涉案证据所涉及的“终端设备联调”微信群，其创建的主要目的是对车载终端设备的技术、外观以及调试征求意见，具有特定的征求意见范围，该微信群总人数仅几十人，数量不大，群成员并非任意社会公众想加入即可加入，通常应认为是有所选择的“特定人”，不同于微商通过微信群进行商品宣传和销售，其不具有对普通公众广而告之的性质和主观意图。即使群成员的实际居住地分布于不同地点，也不影响微信群内发布的消息仅对特定群成员可见的事实。另外，信息“能够得知”与“可能得知”是两个不同的概念，“能够得知”是一种实际已经存在的状态，而不能是一种“可能”会发生的状态，因而不能依据转发的情况判断是否构成现有设计。因此，该“终端设备联调”微信群内发布的信息并不处于公众“想得知即可得知的状态”，不构成专利法意义上的公开。

2.7.3.3　网购平台评价公开的证据——案例 2－7－3

（1）案例要点

网购平台是指基于互联网，为了促成买卖双方交易而建立的购物平台。通常情况下，买家在网购平台上购买了卖家售出的商品之后，可以对已购商品进行评价，并可以选择在评价同时添加图片或视频，评价上传后系统会自动生成评价时间并对所有人公开，以便为其他买家在购买该商品时提供参考信息。因此，网购平台的评价中的内容在其评价日即处于公众想得知即可得知的状态，构成专利法意义上的公开。

（2）案例简介

涉案外观设计的产品为多辐式轮毂，由主视图、后视图、左视图、俯视图与立体图表示（参见图 2－7－4）。从主视图结合立体图观察，轮毂从安装座向轮辋辐射有 20 条轮辐，20 条轮辐在轮辋内环绕安装座均匀分布，在轮辋上与每条轮辐对应的位置处均有一圆圈设计，轮辐和安装座半径的长度比例约为 1∶1，安装座相对轮辐整体向内凹进，安装座中心的凸出部分有“MAT”标识，围绕该中心凸出部分设有 6 个螺栓孔。从后视图观察，轮毂形状与主视图所示的形状相对应。从左视图及俯视图观察，轮毂外周轮廓近似圆柱状，中部直径略有变化，两端径向外延形成轮缘。

（a）主视图

（b）后视图

（c）左视图

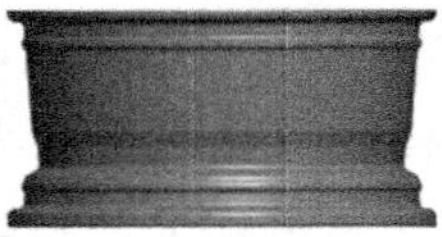

（d）俯视图

（e）立体图

图 2－7－4　案例 2－7－3 涉案专利各视图

证据涉及在淘宝网站上某汽车用品专卖店的商品评价，其附有一幅轮毂商品图片，该评价的发布日期在涉案专利申请日之前。

图 2－7－5　案例 2－7－3 证据所涉商品图片

（3）焦点问题

观点一：证据涉及的评价中商品图片构成专利法意义上的公开。

淘宝网属于知名网站，信誉较高，买家的商品评价上传后无法修改，评价信息真实有效，涉案专利的产品在申请日之前已公开销售使用。

观点二：证据涉及的评价中商品图片不构成专利法意义上的公开。

网购平台的商品评价有被改动的可能性，证据涉及的评价中商品图片真实性和有效性难以确定。

（4）案例评析

淘宝网是淘宝和天猫卖家的操作平台，是亚太地区较大的网络零售商圈，由阿里巴巴集团在2003年5月创立，该网站和平台信誉度较高，管理机制也较为规范。买家在购买由卖家出售的商品后可以对其进行评价，评价一旦上传，系统会自动生成评价时间且该时间通常无法修改。在有多条评论且无其他反证可以证明上述评价信息被修改过的情况下，上述评价的真实性可以确认。由于淘宝网的买家评价信息是对所有人公开，因此可以认定上述评价中的图片在其评价日即处于公众想得知即可得知的状态，构成专利法意义上的公开。对于该案例而言，证据涉及的评价发布日期早于涉案专利申请日，因此，该评价信息中包含的图片所示产品的外观设计构成了涉案专利的对比设计。

2.7.3.4　短视频公开的证据认定——案例2-7-4

（1）案例要点

短视频即短片视频，一般是指在新媒体上传播的时长较短的视频，属于一种新兴的互联网内容传播方式。用户可以通过软件制作短视频作品并发布在平台，发布时间由系统自动生成。通常情况下，在作品发布之后，发布者不能对视频内容本身进行编辑，仅可删除作品或修改标题。此外，发布者发布作品时可以选择权限设置，例如“所有人可见”“朋友可见”“仅自己可见”等，发布后可随时修改权限设置，作品发布时间并不改变。可见，虽然短视频作品的发布时间通常可以确认，但判断其内容是否属于专利法意义上的公开，还需要根据发布者、作品内容、发布意图、评论、历史作品等多方面综合考虑盖然性。

（2）案例简介

涉案外观设计涉及的产品是汽车行李架，各视图如图2-7-6所示。

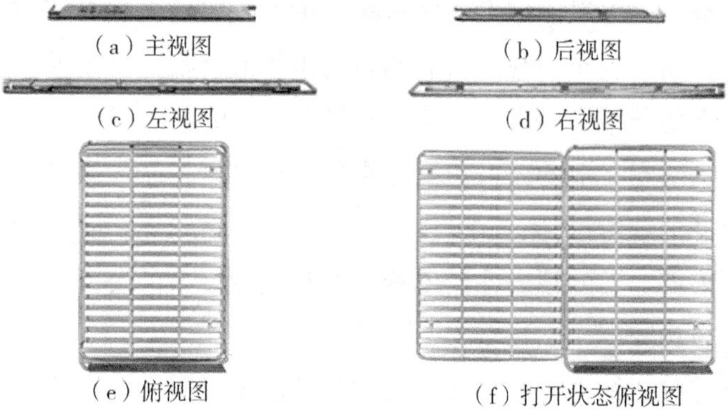

（a）主视图　（b）后视图
（c）左视图　（d）右视图
（e）俯视图　（f）打开状态俯视图

图2-7-6　案例2-7-4涉案外观设计各视图

（g）立体图

（h）打开状态立体图

图 2－7－6　案例 2－7－4 涉案外观设计各视图（续）

证据涉及抖音用户“某汽车用品”在其主页上发布的视频作品，发布时间在涉案专利申请日之前。如图 2－7－7 所示，视频作品中也公开了一种双层行李架的外观设计，与涉案外观设计产品用途相同，属于相同种类的产品。

图 2－7－7　案例 2－7－4 证据中公开的视频截图

（3）焦点问题

观点一：证据涉及的视频作品构成专利法意义上的公开。

在抖音平台上，用户上传作品时系统会自动生成上传时间，用户只可删除，不能进行其他修改，可以确定发布的短视频中所拍摄的内容在相应时间即客观存在。证据中抖音用户发布的视频带有明显的销售或者推广的意愿，而为使视频可以实现更大范围的传播，通常会选择“对所有人可见”的模式，可以认为视频内容构成了专利法意义上的公开。证据视频上传日期早于涉案专利申请日，构成了涉案外观设计的现有设计。

观点二：证据涉及的视频作品不构成专利法意义上的公开，涉案外观设计与证据不属于实质相同。

抖音用户可以选择设置和更改视频作品的浏览权限，因而难以确定其视频内容自发布之日起即处于社会公众想得知即可得知的状态，视频作品不能构成专利法意义上的公开。

（4）案例评析

抖音是一款由字节跳动公司孵化的创意短视频软件，于2016年9月上线，是我国知名的短视频社交平台。抖音用户可以通过该软件制作短视频作品并发布，发布时由系统自动生成发布时间，且作品一经发布，发布者不能对其视频内容本身进行编辑，仅可删除作品或在作品发布30天内修改标题，修改标题后发布时间不变。此外，作品发布时有“公开所有人可见”“互关朋友可见”“仅自己可见”等权限设置，发布后发布者可随时更改权限设置且不留痕迹，作品发布时间亦不变。因此，可以根据视频下方显示的时间确定其发布时间早于涉案专利申请日。该案例中，发布者的企业认证为某汽车用品有限公司，主要作品均为车辆改装相关，历史发布作品1000余件，粉丝、关注、获赞数量均较大。证据涉及的视频作品，在发布时间之后涉案专利申请日之前已有若干评论，内容多为询价、讨论、求合作。综合考虑发布者为企业用户，主营业务为车辆改装，历史发布作品也均为车辆改装相关，可知该抖音号主要用于营销推广改装服务。结合该案例相关作品内容亦为安装展示，且在该作品发布日至涉案专利申请日之前仅一个月时间内已有若干询价、讨论、求合作的评论，发布者在发布该作品时选择“公开所有人可见”的盖然性较高，即该作品的发布时间可以作为视频内容的公开时间，该时间早于涉案专利申请日，因此作品中所示双层行李架构成涉案外观设计的对比设计。

2.7.3.5 保密状态和公开状态的认定——案例2-7-5

（1）案例要点

在判定现有设计证据涉及的产品是否处于保密状态的过程中，如果对比设计在先公开和相似设计的信息已经确定，那么该类问题的焦点在于证据链有效性的判断。作为对比设计的产品是多方合作研发，相关方签署了产品开发合同，其中涉及各方在产品研发、测试等内部行为过程中的保密义务。产品内部测试是否构成产品外观设计的公开，涉及多个证据组合使用时，要满足证据链中每一个证据的有效性。如果没有证据足以证明相关产品在涉案专利申请日前一直处于保密状态，关于其未构成使用公开的观点可能不能得到支持。

（2）案例简介

涉案新能源车直驱电机外观设计由六面正投影视图和四幅立体图表示。如图2-7-8所示，直驱电机整体接近圆柱体，包括圆柱状壳体、设置在壳体一端的三相接线盒，壳体外表面上设有格栅状加强筋，壳体两侧装有前后端盖，前端盖中间伸出转子轴，端盖上设置有放射状加强筋和安装孔。

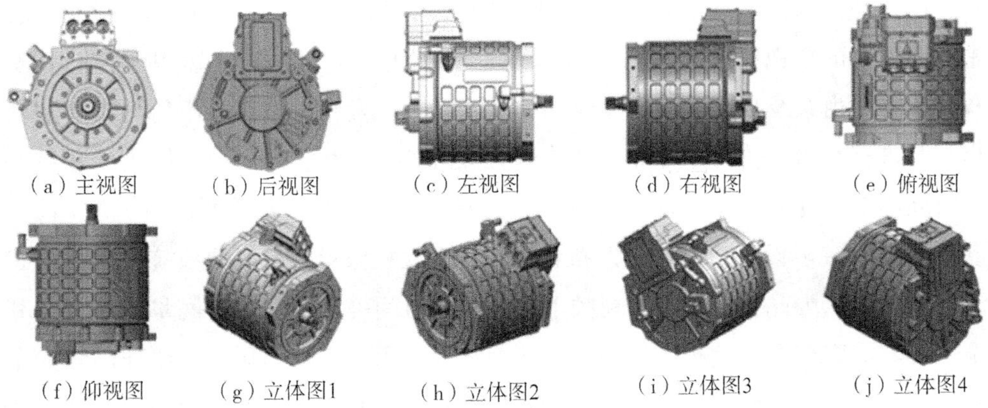

图2-7-8　案例2-7-5涉案外观设计各视图

对比设计是TM5028型号驱动电机的外观设计，与涉案外观设计产品用途相同，属于相同种类的产品。该外观设计由八幅照片表示。如图2-7-9所示，该直驱电机整体接近圆柱体，包括圆柱状壳体、设置在壳体一端的三相接线盒，壳体上设有格栅状加强筋，壳体两侧装有前后端盖，前端盖中间伸出转子轴，端盖上设置有放射状加强筋和安装孔。

图2-7-9　案例2-7-5对比设计各视图

与对比设计相关的证据还包括驱动电机所在车辆信息以及该电机的其他信息：车辆购置发票、机动车登记证书、车辆外观信息、车架号码、车辆铭牌、机动车行驶证、驱动电机外观相关照片、维修结算单、维修发票等。上述证据与该对比设计照片形成证据链，用于证明该 TM5028 型号驱动电机所在车辆于涉案专利申请日之前取得机动车登记证，并已经在中国公开销售，已经为公众所知。

此外，该案例还涉及两个反证证据。反证证据一是相关驱动电机总成开发合同原件，其中涉及的零件编码与对比设计中电机铭牌编码一致，合同中载明相关方对开发过程中的产品具有保密义务。反证证据二是新产品开发技术协议的复印件，其中记载了双方责任节点，只有各节点内容全部完成，才能最终批准量产，在这之前的全部属于测试件。上述反证证据用于证明涉案证据载明的汽车仅为测试样车，相关方具有保密义务，非公开销售的车辆，其上所涉及零部件均处于保密状态。

（3）焦点问题

观点一：现有证据能够证明对比设计在涉案专利申请日之前构成专利法意义上的公开。

对比设计的 TM5028 型号驱动电机所在车辆于涉案专利申请日之前取得机动车登记证，可以证明装配了该型号驱动电机的汽车至少于申请日前进行了销售，并经国家公安机关注册登记，可以认定 TM5028 型号电机已于上述日期公开。至于反证证据一，虽然电机铭牌上记载的电机零部件编码相同，但没有证据证明该编码在电机铭牌和开发合同两个不同载体上的含义一致性，也没有证据证明开发完成后该编码不能用于其他零部件开发的编码。反证证据二的新产品开发技术协议仅提供了复印件，无法证明其真实有效性。因此，用于证明该对比设计处于保密状态、未形成专利法意义上公开的反证证据不能形成完整证据链。应当认为对比设计于涉案专利申请日之前公开。

观点二：现有证据能够证明对比设计在涉案专利申请日之前处于保密状态，不属于专利法意义上的公开。

虽然对比设计的 TM5028 型号驱动电机所在车辆于涉案专利申请日之前取得机动车登记证，但是这属于研发阶段的测试环节，不属于专利法意义上的公开。因为开发合同原件中涉及的零件编码与 TM5028 型号驱动电机铭牌上的零部件编码一致，基于本领域的惯常知识，在产品研发生产过程中产品编码是与零部件一一对应的，一个产品编码用于多个零部件的情况极其罕见，因此可以合理推导出TM5028型号驱动电机就是产品开发合同中的零部件。反证证据二中记载了双方保密责任节点从前到后涉及多项内容，只有全部完成才能最终批准量产，在这之前的全部属于测试件。因此，通过以上证据链条可以确认对比设计的TM5028型号驱动电机的注册登记属于内部测试，不属于公开销售，没有构成专利法意义上的公开。

（4）案例评析

判断对比设计是处于保密状态还是处于专利法意义上的公开状态，首先要逐个确定证据链上各个证据的真实性和有效性，在此基础上再验证各个证据之间的衔接和层层递进，直至得出证据链是否有效的结论。该案例中，关于证据的真实性和有效性，争议点主要在于反证证据二涉及的新产品开发技术协议，因为其是复印件，因此其真实有效性是存疑的；另外一点是证据链的衔接，TM5028型号驱动电机与技术开发合同中的开发对象靠一个产品编码实现衔接，这时证据链有效性就取决于能否通过推理或者证据证明这种信息衔接的唯一性和确定性。如果不能很好地证明这种信息衔接的唯一性和确定性，那么用于证明对比设计未处于专利法意义上的公开状态的证据链将是不完整的，就只能认为对比设计在涉案专利申请日之前已经被公开。

2.8 违反法律、社会公德或者妨害公共利益

2.8.1 法律解读

《专利法》第五条第一款规定："对违反法律、社会公德或者妨害公共利益的发明创造，不授予专利权。"

《专利审查指南2010》第一部分第三章第6.1.1节规定："违反法律，是指外观设计专利申请的内容违反了由全国人民代表大会或者全国人民代表大会常务委员会依照立法程序制定和颁布的法律。例如，带有人民币图案的床单的外观设计，因违反《中国人民银行法》，不能被授予专利权。"第6.1.2节规定："社会公德，是指公众普遍认为是正当的、并被接受的伦理道德观念和行为准则。它的内涵基于一定的文化背景，随着时间的推移和社会的进步不断地发生变化，而且因地域不同而各异。中国专利法中所称的社会公德限于中国境内。例如，带有暴

力凶杀或者淫秽内容的图片或者照片的外观设计不能被授予专利权。”第 6.1.3 节规定：“妨害公共利益，是指外观设计的实施或使用会给公众或社会造成危害，或者会使国家和社会的正常秩序受到影响。专利申请中外观设计的文字或者图案涉及国家重大政治事件、经济事件、文化事件，或者涉及宗教信仰，以致妨害公共利益或者伤害人民感情或民族感情的、或者宣扬封建迷信的、或者造成不良政治影响的，该专利申请不能被授予专利权。以著名建筑物（如天安门）以及领袖肖像等为内容的外观设计不能被授予专利权。以中国国旗、国徽作为图案内容的外观设计，不能被授予专利权。”

2.8.2　常见问题

新能源车外观设计与日常用品不同，设计相对比较严谨，涉及暴力凶杀或者淫秽内容等违反社会公德的情况比较罕见。而专用车辆的外观设计，可能会涉及使用了对其使用有专门要求的专用图案、标识、文字等，导致违反相关法律，所以对专用车辆的设计要关注类似问题。

2.8.3　案例解析

外观设计的图案使用专用标志——案例 2-8-1

（1）案例要点

外观设计专利权的保护范围以表示在图片或照片中的该产品的外观设计为准，简要说明用于解释图片或照片所表示的该产品的外观设计。“警察 POLICE”、警灯属于专用标志，任何人见到该标识都会将其与特定国家机关或工作人员如公安机关或人民警察相联系。如果专利权人并不属于有权使用警察专用标志的国家机关，也没有证据表明得到相应机关的批准或许可，将专用标志纳入专利保护的范围，将影响社会正常秩序，妨害公共利益。

（2）案例简介

涉案专利涉及一种电动巡逻车，专利权人为某观光车有限公司。其主视图、后视图、左视图、右视图、俯视图及立体图如图 2-8-1 所示；仰视图非常见面，无设计要点，故省略仰视图。

（3）焦点问题

观点一：涉案专利在车身设置“警察 POLICE”字样和警灯属于违反法律规定的情形。

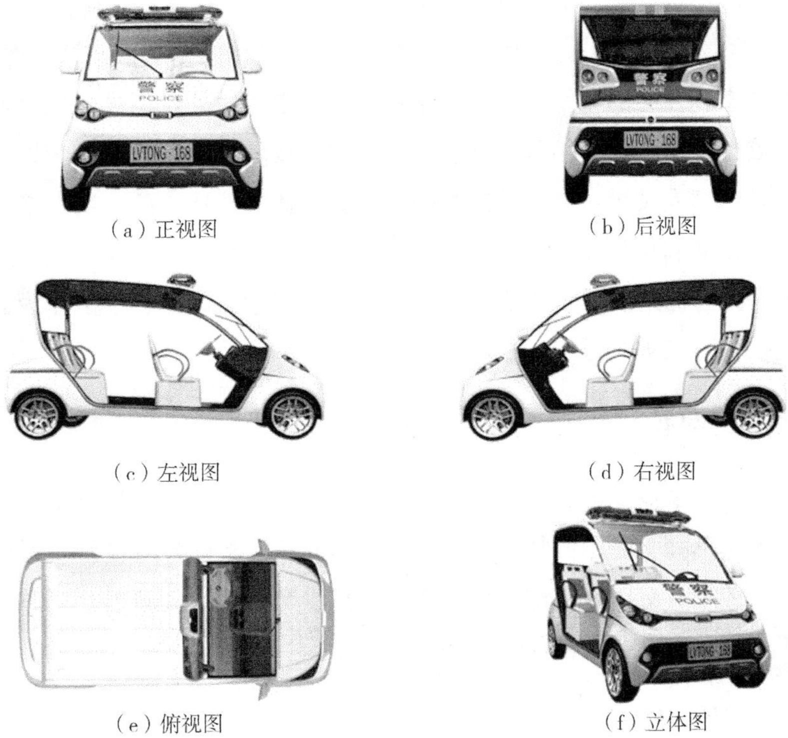

图 2-8-1　案例 2-8-1 涉案外观设计各视图

涉案专利的后视图的车身中间位置有“警察 POLICE”图案，这是人民警察的专用警用标志；车身顶部设计有警灯，这是人民警察的专用警械。涉案专利将属于人民警察专用的标志、警械作为产品外观设计的要素，违反了《人民警察法》第 36 条中“其他个人和组织不得持有和使用”的相关规定。涉案专利的专利权与人民警察的专用权之间冲突，会影响社会的正常秩序，属于违反法律的情形。

观点二：涉案专利在车身设置“警察 POLICE”字样和警灯不属于违反法律规定的情形。

涉案专利的电动巡逻车是为了方便巡逻代步，便于使用者的工作，并不是特定的警车，其目的并没有与国家法律相违背；其中的“警察 POLICE”只是单纯的中英文文字，而非警用专门设计，字样面积很小，仅用于标记车身留有消费者张贴标识或文字的位置，对整体外观影响很小；“警灯”只具有警示及装饰作用，并不构成警械的必要条件。对于车来讲，车的形状、结构是考虑的重点，“警察 POLICE”及“警灯”不过是车身上的局部图案，且不是设计要点，不属于违反法律的情形。

（4）案例评析

外观设计专利权的保护范围以表示在图片或照片中的该产品的外观设计为准，简要说明用于解释图片或照片所表示的该产品的外观设计。涉案专利的六幅视图清楚完整地显示了整车的形状和图案，"警察 POLICE" 和警灯是其不可分割的一部分，与整车一起构成该外观设计的保护范围。而简要说明中也记载了"本外观设计产品是一种警用巡逻车"，上述记载与各视图相互印证，可以确定涉案外观设计专利权的保护范围。因而，"警察 POLICE" 字样和警灯也是涉案专利的设计要素，属于设计要点和保护对象。

《警车管理规定》是根据《人民警察法》制定的部门规章，其中规定了警车应当采用全国统一的外观制式，警车外观制式采用白底，由专用的图形、车徽、编号、汉字"警察"和部门的汉字简称以及英文"POLICE"等要素构成。由上述规定可知，汉字"警察"和英文"POLICE"均是警车上的警察专用标志性文字要素。此外，警灯是警用标志灯具的简称。上述文字和灯具属于国家权力机关（如公安机关、人民检察院等）执行任务时标明身份的标志，且要依据上述规定进行安装和使用。因此汉字"警察"和英文"POLICE"、警灯属于《人民警察法》规定的人民警察的警用标志。而且，涉案专利车身后部的"警察 POLICE"字样的大小比例以及警灯的设置位置和外形与上述规定中一致，可以确定涉案专利中的上述内容构成《人民警察法》相关规定的适用对象。

根据《专利法》第五条第一款的规定，对违反法律、社会公德或者妨害公共利益的发明创造，不授予专利权。"警察 POLICE"、警灯属于警察专用标志，代表了公安部门等具有的公权力，任何人见到该标识都会将其与特定国家机关或工作人员如公安机关或人民警察相联系，只有这些国家机关具有使用专用标志的权利。如果允许其他任何个人或组织使用上述专用标志，必将影响社会正常秩序，妨害公共利益。专利权属于一种私有权利，如果专利权人并不属于有权使用警察专用标志的国家机关，也没有证据表明得到上述机关的批准或许可，将警用标志纳入专利保护的范围，构成《人民警察法》规定的"其他个人和组织不得持有和使用"的情形。

第3章 实用新型专利解析

我国实用新型专利制度自1985年以来在激发创新热情、促进技术转化、保护创新成果方面起到了重要作用。创新主体在申请专利的过程中会综合考虑技术方案的创造性、市场投放的时效性、审查周期、专利稳定性以及专利申请的成本等各方面因素，来选择发明或者实用新型进行申请。

近些年，新能源汽车技术成为全球迅速发展的技术，市场也处于更新较快的阶段，因而创新主体选择实用新型专利申请也占有一定比例，根据2023年2月18日检索获得的数据，2004～2022年新能源汽车实用新型专利的占比达到31.66%。

因此，本章对新能源汽车技术的主要技术点会涉及的主要法条进行解读，分析新能源汽车技术领域中的实用新型专利在申请、无效、维权时需要注意的常见问题，以及典型案例解析。

3.1 权利要求保护的客体

3.1.1 法律解读

《专利法》第二条第三款规定："实用新型，是指对产品的形状、构造或者其结合所提出的适于实用的新的技术方案。"

《专利审查指南2010》第五部分第十章第3.2.1节中规定："实用新型是否属于专利法第二条第三款规定的客体，其评价标准适用本指南第一部分第二章第6节的规定。"

《专利审查指南2010》第一部分第二章第6.1节中规定："根据专利法第二条第三款的规定，实用新型专利只保护产品。所述产品应当是经过产业方法制造的，有确定形状、构造且占据一定空间的实体。一切方法以及未经人工制造的自然存在的物品不属于实用新型专利保护的客体。上述方法包括产品的制造方法、使用方法、通讯方法、处理方法、计算机程序以及将产品用于特定用途等。”

该节还规定，实用新型专利仅保护针对产品形状、构造提出的改进技术方案。应当注意的是：权利要求中可以使用已知方法的名称限定产品的形状、构造，但不得包含方法的步骤、工艺条件等；如果权利要求中既包含形状、构造特征，又包含对方法本身提出的改进，则不属于实用新型专利保护的客体。

3.1.2　领域特点

新能源汽车技术包括控制系统、电池相关、动力总成、制动系统等，涉及领域较多，其中涉及材料、方法类尤其是计算机程序会偏多，在对实用新型专利保护的客体进行判断时尤其需要注意。

3.1.3　常见问题

在对实用新型专利保护的客体进行判断时应注意，方法和材料的描述是允许的，但是该方法和材料必须是在该申请的申请日前已知的，即为现有技术。

在实用新型专利涉及通信领域、计算机领域等相关领域时，其相关技术方案通常包含硬件和软件的改进。硬件的改进通常是属于实用新型专利保护的客体的，然而软件的改进属于对方法本身的改进，不属于实用新型专利保护的客体。

专利中的软件特征通常体现为程序步骤流程、数据处理算法和通信交互等计算机程序。在判断权利要求中是否涉及对于计算机程序本身提出的改进时，一般情况下，应以说明书中申请人声称的背景技术作为基础进行判断。但是，当背景技术中的表述过于笼统、不清晰，或者明显违背了本领域技术人员的普遍认知的情况下，则应当从技术方案整体出发，按照本领域普通技术人员的常识性的认知、公知的技术水平来确定改进的基础，进而判断相对于对比基础的改进是否涉及计算机程序本身。

如果申请文件中明确记载了计算机程序的具体步骤、流程、算法等，并且有证据证明该计算机程序为已知程序，那么这样的限定是允许的；如果一项实用新型专利申请的独立权利要求撰写为包含硬件结构、未包含软件的改进，然而其为了解决其要解决的技术问题必须包含对软件的改进，那么该权利要求目前的撰写方式使得其属于实用新型专利的保护客体，但该独立权利要求是缺少必要技术特征或者得不到说明书的支持的。

在判断一项权利要求是否属于实用新型专利保护的客体时，还应判断其是否属于技术方案，应着重把握其是否利用了自然规律，以及是否解决了技术问题。应注意以下方面：图案、色彩与产品的形状、构造相结合解决技术问题的，属于实用新型专利保护的客体；产品表面的文字、符号、图表或者其结合的新方案，不属于实用新型专利保护的客体；建筑小区、厂区、校园、道路等的布局或者规划，没有解决技术问题的，不属于实用新型专利保护的客体；仅以美感为目的对产品形状的改进，不属于实用新型专利保护的客体；仅以美感为目的对产品构造的改进，属于实用新型专利保护的客体。

3.1.4 案例解析

3.1.4.1 已知方法的描述对保护客体的影响——案例3-1-1

（1）案例要点

如果实用新型专利的产品权利要求既包含多个部件的形状和/或构造特征，也包含与申请日之前的已知算法相关的特征，在所述已知算法组合使用的目的是帮助权利要求中的某一部件实现其功能的情况下，权利要求保护的技术方案整体上并不属于对方法本身提出的改进，属于实用新型专利保护的客体。

（2）案例简介

涉案实用新型涉及汽车轮胎气压监测领域，尤其涉及一种基于汽车总线的轮胎气压监测装置（参见图3-1-1）。汽车轮胎中气压的状态对于汽车行驶的舒适程度和行驶安全非常重要。该装置实现了对汽车轮胎气压的实时检测，保证了计算的精度，可在较短距离、较短时间内快速检测到轮胎的气压变化，保证了汽车的行驶安全。

涉案实用新型专利的权利要求1如下：

1. 一种基于汽车总线的轮胎气压监测装置，其特征在于，包括：监控运算模块（1）、提示模块（2）、连接模块（3）、原车诊断插头（4）、CAN-BUS总线（16）、汽车ECU系统（13）、电源模块（15）；所述汽车ECU系统（13）通过CAN-BUS总线（16）电连接所述原车诊断插头（4），所述原车诊断插头（4）通过连接模块（3）与监控运算模块（1）电连接，所述监控运算模块（1）与所述提示模块（2）电连接；所述汽车ECU系统（13）产生的数据信号通过CAN-BUS总线（16）传送到所述监控运算模块

（1），通过所述监控运算模块（1）的处理并生成轮胎气压状态，所述提示模块（2）根据产生的轮胎气压状态进行提示；所述电源模块（15）设置在监控运算模块（1）上，并对所述汽车轮胎气压检测装置中各部分供电；所述监控运算模块（1）对汽车ECU系统（13）产生的数据进行计算、信号周期检测和存储，采用自相关运算法运算去除错误数据，与系统标准数据进行互相关运算并输出一组新的数据，针对所述新的数据进行带限PID运算，再次与标准数据进行比较后，判断当前轮胎的气压状态，并通过提示模块（2）提示。

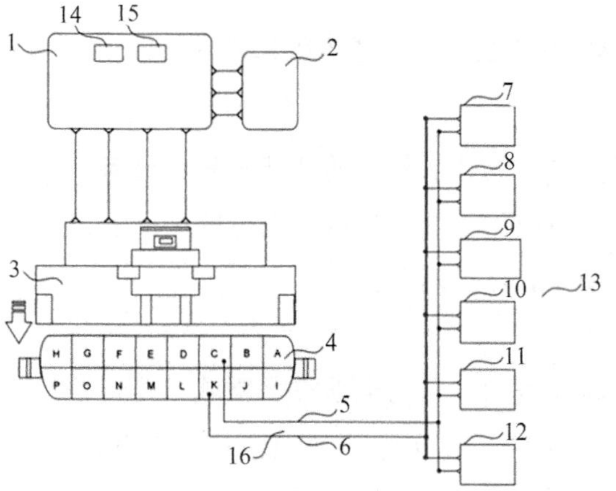

图3-1-1 案例3-1-1基于汽车总线的轮胎气压监测装置的结构

（3）焦点问题

观点一：权利要求1不属于实用新型专利保护的客体。

权利要求1中限定的特征“监控运算模块对汽车ECU系统（13）产生的数据进行计算、信号周期检测和存储，采用自相关运算法运算去除错误数据，与系统标准数据进行互相关运算并输出一组新的数据，针对所述新的数据进行带限PID运算，再次与标准数据进行比较后，判断当前轮胎的气压状态，并通过提示模块提示”涉及软件算法的改进，实质是计算机软件程序这种方法特征的应用。权利要求1既包含形状、构造特征，还包含对方法本身提出的改进，因而不属于《专利法》第二条第三款所规定的实用新型专利保护的客体。

观点二：权利要求1属于实用新型专利保护的客体。

虽然权利要求1中涉及自相关运算法、互相关运算法、带限PID运算，但这些算法都属于现有方法，不属于对方法本身的改进。

（4）案例评析

权利要求 1 要求保护一种轮胎气压监测装置，其包括产品的形状和构造特征，例如监控运算模块、提示模块、连接模块、原车诊断插头、CAN－BUS 总线、汽车 ECU 系统、电源模块，上述对监控运算模块关于算法的限定是用于描述监控运算模块在整个轮胎气压监测装置中所能实现的功能。而本领域技术人员知晓，自相关运算法、互相关运算法、带限 PID 运算及这些算法的组合使用均属于现有算法。权利要求 1 利用现有算法对汽车 ECU 系统产生的数据进行处理的目的是辅助监控运算模块实现其功能，其不属于对方法本身提出的改进，权利要求 1 符合《专利法》第二条第三款的规定。

3.1.4.2 已知材料的描述对保护客体的影响——案例 3－1－2

（1）案例要点

如果权利要求中包含的涉及材料的特征不是对材料本身提出的改进，而是将现有技术中的已知材料应用于具有形状、构造的产品上，则该权利要求保护的技术方案属于实用新型专利保护的客体。

（2）案例简介

涉案实用新型涉及电动汽车的电池技术领域，尤其涉及一种二次电池（参见图 3－1－2 和图 3－1－3）。二次电池一般包括电芯和用于容纳电芯的金属壳体和电池顶盖，电芯的顶部设置有正极极耳、负极极耳和极柱。装配时，先将正极极耳和负极极耳与极柱焊接，然后将电芯置于壳体内，安装电池顶盖，为防止电芯与极柱之间接触，使用极耳垫板使得电芯与极柱之间有一定的安全距离。现有技术中电池内与极耳连接的部件使用焊接的方式进行连接，由此产生的焊印容易在装配或者裸电芯晃动时对裸电芯或极耳造成一定的损坏，进而影响电池性能。该实用新型解决了上述问题。

涉案实用新型专利的权利要求 1 如下：

1. 一种二次电池，其特征在于，包括：顶盖片（11）、防爆阀（12）、第一极柱、第二极柱、极耳垫板（13）、裸电芯（14）、第一极耳（17）以及第二极耳（18）；所述第一极柱以及所述第二极柱均设置在所述顶盖片上；

所述极耳垫板为长条形板状结构，所述极耳垫板位于所述顶盖片与所述裸电芯之间；

所述第一极耳包括连接部（171）、折叠部（172）以及焊接部（173），所述连接部位于所述极耳垫板的上侧，所述焊接部位于所述极耳垫板的下侧，所述连接部与所述裸电芯连接，所述焊接部与所述第一极柱连接，所述折叠部绕过所述极耳垫板连接所述连接部以及所述焊接部；

所述第二极柱通过所述第二极耳与所述裸电芯连接；所述极耳垫板的上表面涂覆黏性材料；

所述防爆阀设置在所述顶盖片上，并且所述极耳垫板上设置有与防爆阀位置相对应的筛网；所述筛网由金属材料或耐高温材料制成。

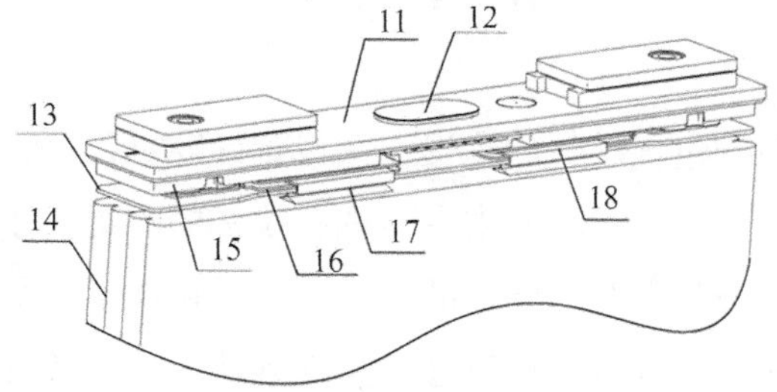

图3－1－2　案例3－1－2二次电池的整体结构示意

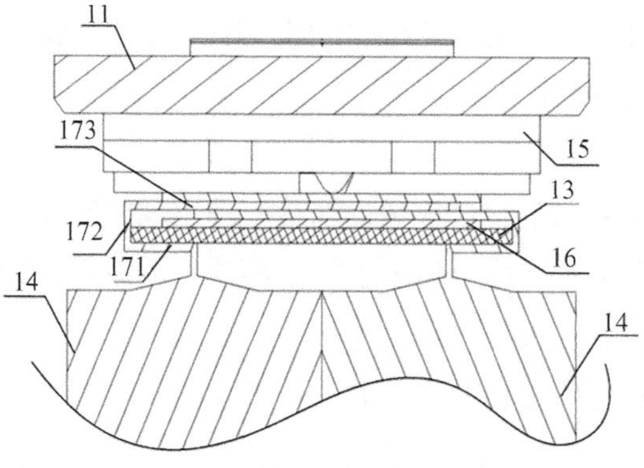

图3－1－3　案例3－1－2二次电池的剖视

（3）焦点问题

观点一：权利要求1不属于实用新型专利保护的客体。

权利要求1限定了“极耳垫板的上表面涂覆黏性材料”“筛网由金属材料或耐高温材料制成”，即对极耳垫板的上表面涂覆的材料和筛网使用的材料特性进行限定保护。因此，权利要求1不属于实用新型专利保护的客体。

观点二：权利要求1属于实用新型专利保护的客体。

虽然权利要求1中涉及部分部件的材料，但是这些材料都是已知材料，权利要求1不是对材料本身提出的改进。因此，权利要求1属于实用新型专利保护的客体。

（4）案例评析

本领域技术人员知晓黏性材料、金属材料、耐高温材料均是现有技术中的已知材料。因而，权利要求1所包含的涉及材料的特征不是对材料本身提出的改进，而是将现有技术中的已知材料应用于具有形状、构造的产品上。因此，该权利要求属于实用新型专利保护的客体。

3.1.4.3 计算机程序的描述对保护客体的影响——案例3-1-3

（1）案例要点

如果权利要求中既包含硬件的改进，又包含计算机程序，则应从本领域技术人员的角度分析判断：如果权利要求中对现有技术的改进在于硬件部分，同时所涉及的计算机程序属于为了配合硬件的改进，本领域技术人员利用现有的计算机程序开发平台和熟知的编程方法可以容易实现其功能的简单程序，或者属于已知计算机程序及其常规的、适应性的应用，则该权利要求不涉及对计算机程序本身提出的改进，属于实用新型专利保护的客体；如果权利要求中既包含对硬件部分的改进，又包含对计算机程序本身的改进，则该权利要求包含对方法本身的改进，不属于实用新型专利保护的客体。

（2）案例简介

涉案实用新型属于汽车安全领域，涉及一种车载实时预警装置。现有技术中车载疲劳状态检测方法受环境影响大、效果不佳。涉案专利提供一种受环境影响小、准确性高的车载实时预警装置。

涉案实用新型专利的权利要求1如下：

1. 一种车载实时预警装置，其特征在于，包括：发出红外光对环境进行照射的红外光源，将红外光照射下图像进行采集的图像采集单元，将采集到的图像进行数字图像处理的图像处理单元，根据图像处理单元处理结果进行报警的报警处理单元；

所述图像处理单元包括：从图像中检测出人眼的人眼定位单元，所述从图像中检测出人眼的人眼定位单元包括：

根据第一人眼检测单元和第二人眼检测单元的检测结果判断上一帧图像中是否存在人眼区域的人眼判断单元；

根据人眼判断单元判断出上一帧图像中不存在人眼的结果，利用人脸分类器在待测图像中查找人脸图像区域，并确定人脸区域位置及大小的人脸检测单元；

根据人脸区域位置及大小在待测图像中提取出人脸区域作为第一待测人眼区域的人脸图像提取单元；

利用人眼分类器在第一待测人眼区域进行人眼检测，并确定人眼区域位置及大小的第一人眼检测单元；

根据人眼判断单元判断出上一帧图像中存在人眼的结果及根据上一帧图像得到的人眼区域位置和大小，扩大所述人眼区域范围在当前帧待测图像上确定第二待测人眼区域的人眼图像提取单元；

利用人眼分类器在第二待测人眼区域进行人眼检测，并确定人眼区域位置及大小的第二人眼检测单元。

（3）焦点问题

观点一：权利要求1不属于实用新型专利保护的客体。

权利要求1的车载实时预警装置，通过红外光源对环境进行照射，由图像采集单元来采集照射下的图像，并由图像处理单元进行数字图像处理后，由报警处理单元根据处理结果进行报警。整个装置需要通过计算机程序的改进才能实现，在没有证据表明上述计算机程序是已知的情况下，权利要求1包含对方法本身提出的改进，不属于实用新型专利保护的客体。

观点二：权利要求1属于实用新型专利保护的客体。

权利要求1的车载实时预警装置，包含对产品结构、构造的改进，例如红外光源、图像采集单元、图像处理单元、报警处理单元，因而权利要求1属于实用新型专利保护的客体。

（4）案例评析

权利要求1的主题是一种车载实时预警装置，其包括红外光源、图像采集单元、图像处理单元、报警处理单元，同时权利要求1还限定了图像处理单元包括人眼定位单元，人眼定位单元进一步包括人眼判断单元、人脸检测单元、人脸图像提取单元、第一人眼检测单元、第二人眼检测单元等功能单元。根据该案例说明书中的相关记载，图像采集单元包括摄像机、滤光片、自拍镜等功能部件，报警处理单元能发出声光信号，图像处理单元处理图像采集单元所采集的图像，并将处理结果发送给报警处理单元。可见，权利要求1保护的是一种车载的、能够对驾驶员疲劳状态进行监测并实时预警的装置，具有确定形状、构造且占据一定空间的实体。同时，对于本领域技术人员来说，权利要求1对现有技术的改进在于这些硬件部分，对于其可能涉及的相关程序属于为了配合硬件的改进利用现有的计算机程序开发平台和熟知的编程方法可以容易实现其功能的简单程序。因此，权利要求1不涉及对计算机程序本身提出的改进，属于实用新型专利保护的客体。

3.1.4.4 计算机程序的描述对保护客体的影响——案例3-1-4

（1）案例要点

如果权利要求中并不包括对于硬件的改进，实质上仅涉及计算机程序本身的改进，那么，即使权利要求撰写为产品权利要求，例如，权利要求中涉及的模块均为以计算机程序流程为依据的程序模块，该权利要求实质上保护的仍是一种方法，不属于实用新型专利保护的客体。

（2）案例简介

涉案实用新型属于智能汽车控制领域。现有智能汽车为了保障行驶安全，需要设置监控系统，确保能够识别周边人群，但当汽车周围的人处于运动状态时，摄像头拍摄的影像不清楚。涉案设备通过将拍摄到的图像进行转换和分割，来判定拍摄的图像中是否有人脸；当判定为人脸时，通过对图像数据进行检测和修补，解决了拍摄动图时图片不清晰的问题。

涉案实用新型专利的权利要求1如下：

> 1. 一种监控图像处理设备，其特征在于，所述图像处理设备中安装有图像分割器、特征参数提取装置、特征参数判定装置、人脸识别装置、缺陷像素检测单元、边缘检测单元、图像锐化装置、图像恢复装置、帧缓存处理器、存储模块和数字信号处理器。

（3）焦点问题

观点一：权利要求1不属于实用新型专利保护的客体。

权利要求1中的各个模块均是由相应的计算机程序来实现的，权利要求1包含对方法本身提出的改进，不属于实用新型专利保护的客体。

观点二：权利要求1属于实用新型专利保护的客体。

权利要求1中的各个模块可以以硬件的方式实现，其属于对产品结构、构造的改进，因而权利要求1属于实用新型专利保护的客体。

（4）案例评析

权利要求1的主题名称为一种产品，其包含的部件为图像分割器、特征参数提取装置、特征参数判定装置、人脸识别装置、缺陷像素检测单元等。该案例说明书中对于该些模块的描述以计算机程序流程的方式记载。同时，本领域技术人员根据本领域的公知常识可以判断，所述图像分割器、特征参数提取装置、特征参数判定装置、人脸识别装置、缺陷像素检测单元等模块在图像处理领域中均是由相应的计算机程序来实现的。从而，由这样一组程序模块限定的产品权利要求应当理解为主要通过说明书记载的计算机程序实现的程序模块构架，而不应当理解为主要通过硬件方式实现的实体装置。因此，权利要求1实质上仅涉及对计算机程序本身提出的改进，不属于实用新型专利保护的客体。

3.1.4.5　产品工作过程对保护客体的影响——案例3－1－5

（1）案例要点

一项实用新型专利的权利要求，其主题名称为一种产品（参见图3－1－4），具体内容既包含对产品构造的描述，又包含对产品工作过程的描述。如果能够确定该工作过程是对产品构造的进一步限定，则该权利要求属于实用新型专利保护的客体。

（2）案例简介

涉案实用新型涉及一种用于作业机械的起重臂的升降系统。现有的起重臂升降系统由于起重臂的重量往往很大，因此在提升起重臂时需要作业机械的动力系统提供很大的力并耗费很多的能量，并且起重臂提升的速度较慢；而在起重臂下降时，其重力势能又常常被损失掉，得不到有效利用。涉案专利提供一种结构简单、操作简便、节省能量、可有效地回收和利用起重臂下降时的重力势能快速提升起重臂的起重臂升降系统。

涉案实用新型专利的权利要求1如下：

1. 一种用于作业机械的起重臂（1）的升降系统，包括：

用于在起重臂（1）下降时储存起重臂的重力势能和在起重臂（1）上升时利用所储存的能量举升起重臂的蓄能装置，该蓄能装置包括蓄能油缸（4）和蓄能器（7），蓄能油缸（4）具有由蓄能活塞（13）分开的蓄能油缸上腔（4a）和蓄能油缸下腔（4b），以及与起重臂（1）操作连接的蓄能活塞杆（2），蓄能器（7）内的上部空间充有有压气体（20），其下部空间充有有压液压油（19）且与蓄能油缸下腔（4b）流体连通；

用于控制起重臂升降的控制油缸（12），控制油缸（12）具有由控制活塞（22）分开的控制油缸上腔（12a）和控制油缸下腔（12b），以及与起重臂（1）操作连接的控制活塞杆（23）；

用于通过分配器（10）有选择地向控制油缸上腔（12a）或控制油缸下腔（12b）供给有压液压油的液压泵（9），当液压泵（9）通过分配器（10）向控制油缸上腔（12a）供给有压液压油时，控制活塞杆（23）带动起重臂（1）下降，起重臂（1）的重量推压蓄能油缸（4）的蓄能活塞杆（2），将蓄能油缸下腔（4b）的液压油推入蓄能器（7）下部空间中，由此压缩蓄能器（7）上部空间内的气体以回收起重臂（1）的重力势能；当液压泵（9）通过分配器（10）向控制油缸下腔（12b）供给有压液压油时，控制活塞杆（23）带动起重臂（1）上升，使蓄能活塞杆（2）被提升，从而蓄能器（7）上部空间内的压缩气体将蓄能器（7）下部空间内的液压油推入蓄能油缸下腔（4b），由此释放所回收的能量而推动蓄能活塞杆（2）向上升起起重臂（1）。

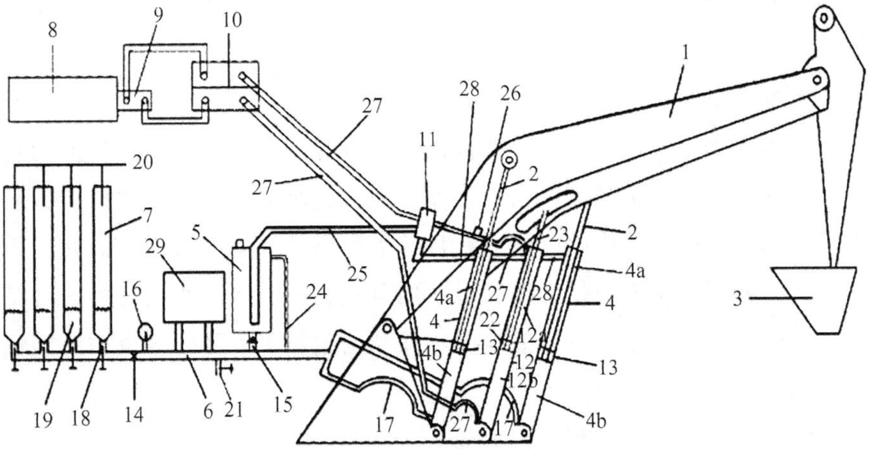

图3－1－4　案例3－1－5用于作业机械的起重臂的升降系统

（3）焦点问题

观点一：权利要求1不属于实用新型专利保护的客体。

权利要求1中的技术特征“当液压泵（9）通过分配器（10）向控制油缸上腔（12a）供给有压液压油时，控制活塞杆（23）带动起重臂（1）下降，起重臂（1）的重量推压蓄能油缸（4）的蓄能活塞杆（2），将蓄能油缸下腔（4b）的液压油推入蓄能器（7）下部空间中，由此压缩蓄能器（7）上部空间内的气体以回收起重臂（1）的重力势能；当液压泵（9）通过分配器（10）向控制油缸下腔（12b）供给有压液压油时，控制活塞杆（23）带动起重臂（1）上升，使蓄能活塞杆（2）被提升，从而蓄能器（7）上部空间内的压缩气体将蓄能器（7）下部空间内的液压油推入蓄能油缸下腔（4b），由此释放所回收的能量而推动蓄能活塞杆（2）向上升起起重臂（1）”属于对起重臂的升降系统的工作过程即使用方法的描述。因而，权利要求1既包括对起重臂的升降系统构造的限定，同时还包括对方法本身提出的改进，不属于实用新型专利保护的客体。

观点二：权利要求1属于实用新型专利保护的客体。

权利要求1在对起重臂的升降系统的工作过程描述之前已经限定了起重臂升降系统的构造，包括构成升降系统的各个组成部分（蓄能装置、起重臂、控制油缸和液压泵）的结构及其连接关系。在该起重臂升降系统中，蓄能油缸/蓄能活塞杆与起重臂之间的相互关系，除了在前面的特征中限定的物理上的连接关系，还包括在起重臂上升和下降时的相互作用关系，这种相互作用关系也是对产品构造的限定。权利要求1中对起重臂的升降系统的工作过程描述并不是对方法本身的改进，而是基于前面的特征中限定的各组成部分在物理上的连接关系，并结合在起重臂上升和下降时各组成部分的不同工作状态对各组成部分之间在工作时的不同相互关系所作的限定，也属于对产品构造的限定。因此，权利要求1属于实用新型专利保护的客体。

（4）案例评析

权利要求1的主题名称为“一种用于作业机械的起重臂的升降系统”，其中的技术特征“用于在起重臂（1）下降时储存起重臂的重力势能和在起重臂（1）上升时利用所储存的能量举升起重臂的蓄能装置，该蓄能装置包括蓄能油缸（4）和蓄能器（7），蓄能油缸（4）具有由蓄能活塞（13）分开的蓄能油缸上腔（4a）和蓄能油缸下腔（4b），以及与起重臂（1）操作连接的蓄能活塞杆（2），蓄能器（7）内的上部空间充有有压气体（20），其下部空间充有有压液压油（19）且与蓄能油缸下腔（4b）流体连通；用于控制起重臂升降的控制油缸（12），控制油缸（12）具有由控制活塞（22）分开的控制油缸上腔（12a）和控制油缸下腔（12b），以及与起重臂（1）操作连接的控制活塞杆（23）；用于通过分配器（10）有选择地向控制油缸上腔（12a）或控制油缸下腔（12b）供给有压液压油的液压泵（9）”对所保护的起重臂升降系统的构造和连接关系进行了限定。该案例的发明目的在于“提供一种结构简单、操作简便、节省能量、可有效地回收和利用起重臂下降时的重力势能快速提升起重臂的起重臂升降系统”。权利要求1中的技术特征“用于在起重臂（1）下降时储存起重臂的重力势能和在起重臂（1）上升时利用所储存的能量举升起重臂的蓄能装置”，采用功能性的表述方式体现了该案例的发明目的，其后通过对蓄能装置的结构和连接关系进行说明，限定了实现上述发明目的的起重臂升降系统构造。权利要求 1 中的其余技术特征“当液压泵（9）通过分配器（10）向控制油缸上腔（12a）供给有压液压油时，控制活塞杆（23）带动起重臂（1）下降，起重臂（1）的重量推压蓄能油缸（4）的蓄能活塞杆（2），将蓄能油缸下腔（4b）的液压油推入蓄能器（7）下部空间中，由此压缩蓄能器（7）上部空间内的气体以回收起重臂（1）的重力势能；当液压泵（9）通过分配器（10）向控制油缸下腔（12b）供给有压液压油时，控制活塞杆（23）带动起重臂（1）上升，使蓄能活塞杆（2）被提升，从而蓄能器（7）上部空间内的压缩气体将蓄能器（7）下部空间内的液压油推入蓄能油缸下腔（4b），由此释放所回收的能量而推动蓄能活塞杆（2）向上升起起重臂（1）”进一步说明了实现该案例发明目的的起重臂升降系统的动态工作方式。尽管上述技术特征涉及对工作过程的描述，然而该工作过程也是对权利要求 1 所保护的起重臂升降系统的构造的进一步限定。权利要求 1 从整体上看仍然是一项限定产品构造的产品权利要求，并不因其包含对工作过程的描述而使其要求保护的主题发生变化。因此，权利要求 1 属于对产品的形状、构造或者其结合所提出的技术方案，属于实用新型专利保护的客体。

3.1.4.6 保护客体所指的技术方案——案例 3－1－6

（1）案例要点

产品的形状以及表面的图案、色彩或者其结合的新方案，没有解决技术问题的，不属于实用新型专利保护的客体。

（2）案例简介

涉案实用新型涉及一种动物卡通型新能源汽车车身结构。涉案专利声称要解决的问题是使新能源汽车具有个性化、时尚、美观且具有中国新能源汽车特色。

涉案实用新型专利的权利要求 1 如下：

> 1. 一种卡通型新能源汽车车身结构，其特征在于车头部设有动物头颅形状的车头，车尾部设有动物尾巴形状的车尾，在车头上的动物眼睛处设置车灯，后视镜设置在动物耳朵上。

（3）焦点问题

观点一：权利要求 1 不属于实用新型专利保护的客体。

权利要求 1 保护的车身结构仅涉及外观改进，不属于实用新型专利保护的客体。

观点二：权利要求 1 属于实用新型专利保护的客体。

权利要求 1 保护的车身结构是一种产品，其解决的技术问题是使新能源汽车具有中国新能源汽车特色，因而权利要求 1 属于实用新型专利保护的客体。

（4）案例评析

该案例所要解决的问题是使新能源汽车具有个性化、时尚、美观且具有中国新能源汽车特色。权利要求 1 限定的技术方案实质在于对已有新能源汽车的外观进行改进，使其更加具有个性化、时尚美观且具有中国新能源汽车特色，没有解决技术问题。因此，该权利要求不属于实用新型专利保护的客体。

3.2 权利要求保护范围的确认

3.2.1 法律解读

《专利法》第六十四条第一款规定："发明或者实用新型专利权的保护范围以其权利要求的内容为准，说明书及附图可以用于解释权利要求的内容。"

《专利法实施细则》第十九条规定："权利要求书应当记载发明或者实用新型的技术特征。权利要求书有几项权利要求的，应当用阿拉伯数字顺序编号。权利要求书中使用的科技术语应当与说明书中使用的科技术语一致……。权利要求中的技术特征可以引用说明书附图中相应的标记，该标记应当放在相应的技术特征后并置于括号内，便于理解权利要求。附图标记不得解释为对权利要求的限制。"第二十条规定："权利要求书应当有独立权利要求，也可以有从属权利要求。独立权利要求应当从整体上反映发明或者实用新型的技术方案，记载解决技术问题的必要技术特征。从属权利要求应当用附加的技术特征，对引用的权利要求作进一步限定。"

《最高人民法院关于审理专利授权确权行政案件适用法律若干问题的规定（一）》（2020）第二条规定："人民法院应当以所属技术领域的技术人员在阅读权利要求书、说明书及附图后所理解的通常含义，界定权利要求的用语。权利要求的用语在说明书及附图中有明确定义或者说明的，按照其界定。依照前款规定不能界定的，可以结合所属技术领域的技术人员通常采用的技术词典、技术手册、工具书、教科书、国家或者行业技术标准等界定。”第四条规定：“权利要求书、说明书及附图中的语法、文字、数字、标点、图形、符号等有明显错误或者歧义，但所属技术领域的技术人员通过阅读权利要求书、说明书及附图可以得出唯一理解的，人民法院应当根据该唯一理解作出认定。”

《最高人民法院关于审理侵犯专利权纠纷案件应用法律若干问题的解释》（2009）第二条规定：“人民法院应当根据权利要求的记载，结合本领域普通技术人员阅读说明书及附图后对权利要求的理解，确定专利法第五十九条第一款[1]规定的权利要求的内容。”第三条规定：“人民法院对于权利要求，可以运用说明书及附图、权利要求书中的相关权利要求、专利审查档案进行解释。说明书对权利要求用语有特别界定的，从其特别界定。以上述方法仍不能明确权利要求含义的，可以结合工具书、教科书等公知文献以及本领域普通技术人员的通常理解进行解释。”

《最高人民法院关于审理侵犯专利权纠纷案件应用法律若干问题的解释（二）》（2020）第四条规定：“权利要求书、说明书及附图中的语法、文字、标点、图形、符号等存有歧义，但本领域普通技术人员通过阅读权利要求书、说明书及附图可以得出唯一理解的，人民法院应当根据该唯一理解予以认定。”第五条规定：“在人民法院确定专利权的保护范围时，独立权利要求的前序部分、特征部分以及从属权利要求的引用部分、限定部分记载的技术特征均有限定作用。”第六条规定：“人民法院可以运用与涉案专利存在分案申请关系的其他专利及其专利审查档案、生效的专利授权确权裁判文书解释涉案专利的权利要求。专利审查档案，包括专利审查、复审、无效程序中专利申请人或者专利权人提交的书面材料，国务院专利行政部门制作的审查意见通知书、会晤记录、口头审理记录、生效的专利复审请求审查决定书和专利权无效宣告请求审查决定书等。”

北京市高级人民法院《专利侵权判定指南（2017）》中规定了确定保护范围的解释原则为专利权有效原则、公平原则、折衷原则、符合发明目的原则，并对解释方法给出了具体的规定，例如解释权利要求应当从所属技术领域普通技术人员的角度进行；在解释权利要求、确定权利要求书中记载权利要求的保护范围时，可以推定独立权利要求与其从属权利要求所限定的保护范围互不相同；实用新型专利权利要求中包含非形状、非构造技术特征的，该技术特征对确定专利权

---

[1] 现行《专利法》第六十四条第一款。

的保护范围具有限定作用；实用新型专利权利要求未限定应用领域、用途的，应用领域、用途一般对专利权的保护范围不起限定作用；只有所属技术领域普通技术人员在阅读权利要求及说明书后，能够从附图中直接地、毫无疑义地确定的技术内容才能用于解释权利要求中技术特征的含义；对于专利权人在专利文件中的自定义词，应当依据说明书中的特定含义进行解释；说明书对技术术语的解释与该技术术语的通用含义不同的，以说明书的解释为准；等等。

3.2.2　领域特点

权利要求保护范围的确认是判断新颖性、创造性、权利要求是否清楚、权利要求是否得到说明书支持等各个条款的基础。由于新能源汽车技术的快速发展，市场激烈的竞争，创新主体的实用新型专利具有稳定的权利要求才是对申请人有利的。了解权利要求的保护范围如何确认，对创新主体如何撰写权利要求、在审查阶段如何获得稳定的权利要求以及当实用新型专利已经被授权后在无效宣告、侵权认定等环节的各个条款的判断，都起到极其关键的作用。

3.2.3　常见问题

发明或者实用新型专利权的保护范围以其权利要求的内容为准，说明书及附图可以用于解释权利要求的内容。这是确定发明和实用新型专利权保护范围的原则。

不同程序例如专利授权程序、专利确权程序、专利侵权程序中，由于专利所处阶段不同，所起到的法律作用不同，因而在遵循上述原则的前提下，确定权利要求保护范围的解释有所差异。

2015 年，最高人民法院在最高人民法院（2014）行提字第 17 号行政判决中，首次引入了“最大合理解释原则”。最高人民法院在裁判书中写道：“通常情况下，在专利授权确权程序中，对权利要求的解释采取最大合理解释原则，即基于权利要求的文字记载，结合对说明书的理解，对权利要求作出最广义的合理解释。”之后最高人民法院将“最大合理解释原则”进一步解释为：“如果说明书未对权利要求用语的含义作出特别界定，原则上应采取本领域普通技术人员在阅读权利要求书、说明书和附图之后对该术语所能理解的通常含义，尽量避免利用说明书或审查档案对该术语作不适当的限制”。

实用新型专利在授权阶段，适宜采用“最大合理解释原则”来确认权利要求保护范围，在此基础上进一步判断权利要求是否符合《专利法》的各个条款。这有利于专利权人在案件授权前作好澄清性限定，从而获得稳定的权利要求，以免在确权程序、侵权纠纷处理程序中产生争议。

实用新型专利申请经过初步审查后被授予专利权，由于实用新型专利不经过实质性审查，因此没有对其创造性进行过判断。当在确权程序、侵权纠纷处理程序中引入现有技术之后，权利要求的字面含义可能涵盖了说明书公开的和该现有技术公开的两种完全不同的情形，这时如何确认权利要求的保护范围至关重要。为了避免这种情况的发生，应提高申请人的撰写水平以及对现有技术的了解和站位本领域技术人员的能力。

3.2.4 案例解析

3.2.4.1 权利要求的保护范围以权利要求内容为准——案例 3-2-1

（1）案例要点

发明或者实用新型专利权的保护范围以其权利要求的内容为准，未限定在权利要求中的技术要素及其带来的效果，不能构成该权利要求与现有技术的区别。

（2）案例简介

涉案实用新型涉及一种全地形车混合动力结构。现有技术中全地形车使用环境特殊，在一些恶劣路面或脱困环境中，对发动机中低转速区域扭矩要求较高，因此在这种车辆上传统燃油动力发动机很难兼顾各工况动力性能和燃油经济性。涉案专利提供一种全地形车混合动力结构，以获得各工况较优异的车辆性能，降低油耗以及污染物排放。

该实用新型专利的权利要求 1 如下：

> 1. 一种全地形车混合动力结构，包括发动机，其特征在于，还包括集成启动/发电一体化电机以及动力电池，所述集成启动/发电一体化电机连接于所述发动机的曲轴的一端，所述集成启动/发电一体化电机的转速范围与所述发动机的曲轴转速相匹配，所述集成启动/发电一体化电机与所述动力电池以及整车动力控制单元电连接，所述动力电池与所述整车动力控制单元电连接。

说明书中记载该案例的混合动力结构是由发动机和集成启动/发电一体化电机共同提供耦合动力，其中该集成启动发电一体化电机具有启动、发电、提供驱动力三种功能，由附图可知该混合动力结构只包括发动机和一台集成启动/发电一体化电机。

（3）焦点问题

关于权利要求 1 中“还包括集成启动/发电一体化电机”的认定有不同观点。

观点一：权利要求 1 以开放式的方式限定了“集成启动/发电一体化电机”，即权利要求 1 的保护范围可以是，具有多台电机，只要其中一个电机为集成启动/发电一体化电机即可。

观点二：权利要求 1 中使用“还包括”是指除了集成启动/发电一体化电机以外还具有其他部件，该混合动力结构是由发动机和集成启动发电一体化电机共同提供耦合动力，只包括发动机和一台集成启动/发电一体化电机，说明书中也记载了该台集成启动发电一体化电机具有启动、发电、提供驱动力三种功能，因而权利要求 1 所保护的混合动力结构是由发动机和一台且仅一台集成启动/发电一体化电机共同提供耦合动力。

（4）案例评析

权利要求 1 并未对该混合动力结构组成部分的具体功能或工作过程进行限定，权利要求 1 限定的是“包括”集成启动/发电一体化电机，本领域技术人员基于权利要求 1 的限定不能唯一地得出混合动力结构是由发动机和一台且仅一台集成启动/发电一体化电机共同提供耦合动力。《专利法》第六十四条第一款规定：“发明或者实用新型专利权的保护范围以其权利要求的内容为准，说明书及附图可以用于解释权利要求的内容。”该案例权利要求 1 的保护范围应以其权利要求的内容为准，因而未限定在权利要求 1 中的技术要素及其效果不能构成该权利要求与现有技术的区别。

3.2.4.2　说明书及附图对权利要求的解释——案例 3－2－2

（1）案例要点

对于权利要求的含义，如果本领域技术人员基于其所具备的本领域常规技术知识，根据说明书及附图的记载仅能得出唯一或确定的理解，则应当将权利要求理解为该唯一或确定的保护范围。

（2）案例简介

涉案实用新型涉及一种零污染可更换电瓶式公交车。说明书中记载，这样的公交车可使尾气排放为零，为社区大气污染的排放总量控制作出了一定的贡献；公交车用电作能源又无需电网，可不受运营线路和停电等因素的影响；且电瓶组的充电可在夜间用电低峰时进行，这样既可充分利用电能又不影响电网。

涉案实用新型专利的权利要求 1 如下：

1. 一种零污染可更换电瓶式公交车，包括公交车和电瓶，其特征在于，在公交车上装有可更换的电瓶组，可更换的电瓶组的电极与设在公交车上与发动机相连的电极相碰接。

（3）焦点问题

关于权利要求 1 中“发动机”的认定有不同观点。

观点一：权利要求 1 中限定的发动机，在汽车技术领域中，通常所指的燃烧燃料的发动机，即权利要求 1 所限定的公交车上设有发动机。

观点二：根据说明书的记载可知，权利要求 1 中的“发动机”是“电动机”。

（4）案例评析

根据说明书的记载可知，该案例公交车所直接使用的车辆动力能源是电能，本领域技术人员在阅读该案例说明书后，依据其本身所具备的本领域常规技术知识，可以推定其中所述的“发动机”应当就是“电动机”。

3.2.4.3 技术术语在本领域不具有通常的含义——案例 3－2－3

（1）案例要点

对权利要求的理解与认定应当站位本领域技术人员，对于权利要求中使用的、在所属技术领域内未被赋予普通、惯用含义的用词，应当以权利要求的技术方案为基础，结合说明书中对该技术方案所对应的技术问题和技术效果的描述，客观确定该用词涵盖的技术含义。

（2）案例简介

涉案实用新型涉及电动汽车领域，具体为一种将电动汽车的电池锁止在电动汽车上的锁止装置（参见图 3－2－1 和图 3－2－2）。由于电池的体重较大，现有技术中多采用多个锁定点同时锁定的结构，但这种锁定结构在快速和自动方面不能满足要求。涉案专利提供一种能够满足这些要求的锁止装置。

涉案实用新型专利的权利要求 1 如下：

1. 锁止装置，其特征在于，包括：

锁基座（20），用于提供待锁定点，包括锁体（25），在所述锁体的一面设置有凹向锁体内部的锁槽（21），所述锁体内还设有锁舌槽（22）和活动安装在所述锁舌槽内的锁舌（24），所述锁舌槽（22）与所述锁槽（21）

连通；

锁连杆（10），通过锁舌（24）与所述锁基座（20）活动连接，包括杆件（11），所述杆件在外力作用下带动锁舌移动，所述杆件朝向所述锁基座的一侧还固定安装有解锁块（12），所述解锁块为由所述杆件（11）向外形成的弧形凸起，所述解锁块的顶部为凹向杆件（11）方向的内弧槽（121）。

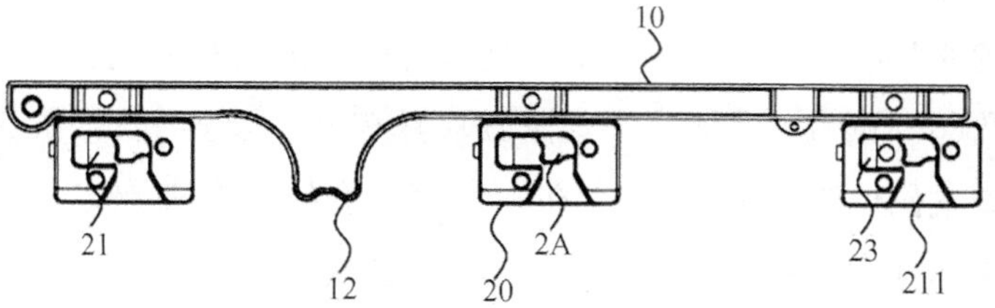

图3-2-1　案例3-2-3锁止装置结构示意

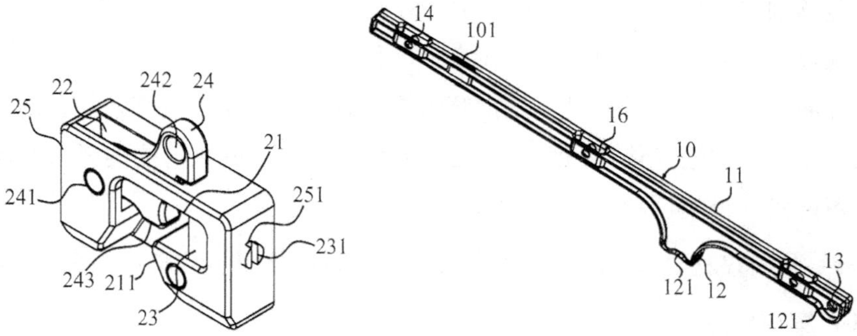

图3-2-2　案例3-2-3锁基座结构和锁连杆结构示意

（3）焦点问题

关于权利要求1中“解锁块为由所述杆件向外形成的弧形凸起”的认定有不同观点。

观点一：根据该案例说明书的记载可知，弧形凸起使解锁装置在解锁时可以横向上沿着弧形结构推动锁连杆移动，以防止在没有完全对准时卡住，从而方便解锁并提高解锁稳定性。因而，权利要求1中的“解锁块为由所述杆件向外形成的弧形凸起”应解释为能够完成该案例解锁方式的弧形结构。

观点二：权利要求中未限定弧形凸起的具体形态，仅限定是弧形凸起，那么任意形态和作用的弧形凸起都应该落入该权利要求的保护范围内，与该案例的解锁方式无关。

（4）案例评析

权利要求1中未限定弧形凸起的具体形态，而弧形凸起的具体形态在本技术领域内未被赋予普通、惯用的含义，那么应当以权利要求的技术方案为基础，结合说明书中对该技术方案所对应的技术问题和技术效果的描述，客观确定该用词涵盖的技术含义。权利要求1限定了解锁块设置在锁连杆上，锁连杆在外力作用下带动锁舌移动，所属领域技术人员基于上述内容能够获知解锁块是位于锁连杆上用于解锁的块状部件。在此基础上，技术特征“所述解锁块为由所述杆件向外形成的弧形凸起”则进一步限定了该解锁块具有弧形形态特征。关于该特征的目的和作用，该案例说明书中记载：“在本实用新型的一个实施方式中，该解锁块12可以为由杆件11向外形成的弧形凸起，解锁块12的顶部为凹向杆件11方向的内弧槽121。采用弧形凸起的结构可以防止锁连杆10在移动过程中被别的部件阻挡。此时弧形凸起也方便与换电移动平台的解锁装置进行接触，使解锁装置在横向上能够顺着弧形凸起推动锁连杆10移动，不会被卡在某个位置。”本领域技术人员通过阅读该案例说明书，能够确定权利要求1中限定的“所述解锁块为由所述杆件向外形成的弧形凸起”是指解锁块具有能够引导换电移动平台的解锁装置在横向上推动锁连杆移动的弧形结构。因而，不能完成该功能的弧形凸起的其他形态不能落入该案例的“弧形凸起”范围内。

3.2.4.4 从属权利要求的限定对独立权利要求保护范围的影响——案例3-2-4

（1）案例要点

从属权利要求所限定的专利权的保护范围要小于独立权利要求或者其所引用的权利要求，从属权利要求的附加技术特征有助于澄清其引用权利要求中技术术语的含义，从而准确确定权利要求的保护范围。

（2）案例简介

涉案实用新型涉及电动汽车的锂离子电池技术领域，具体为一种锂离子电池的防爆装置。现有技术中为了防止电池爆炸，需要将积聚在电池内部的压力进行释放，通常是在电池顶盖上设置安全保护装置，而常见的安全保护装置是在电池顶盖上冲压形成纵向通孔，然后直接焊接防爆片。然而，电池顶盖强度较差，容易变形，不能满足焊接防爆片时对电池顶盖平面度的要求，导致对加工要求高。涉案专利提供一种能够增强电池顶盖的强度且降低加工要求的防爆装置。

涉案实用新型专利申请的权利要求如下：

1. 一种防爆装置，其特征在于，包括顶盖加强机构（4）、用于对电池内部泄压的防爆片（6）和电池顶盖（2），所述顶盖加强机构包括加强环（40），所述电池顶盖上开设有纵向通孔（20），所述加强环固定在所述电池顶盖的外表面上，且环绕所述纵向通孔，所述防爆片覆盖所述纵向通孔，且所述防爆片的周边固定在所述电池顶盖的内表面上；

所述防爆装置还包括保护层（42），所述保护层贴附在所述加强环（40）背离所述电池顶盖的外表面的表面上，且覆盖所述纵向通孔，所述保护层（42）、所述防爆片（6）和所述纵向通孔（20）的孔壁共同围成密闭腔室（44）。

2. 根据权利要求1所述的防爆装置，其特征在于，所述防爆装置还包括连通机构（8），所述连通机构设置在所述加强环上，所述连通机构的一端延伸至所述密闭腔室（44），所述连通机构的另一端延伸至所述加强环（40）的边缘，使得所述密闭腔室与外部相连通。

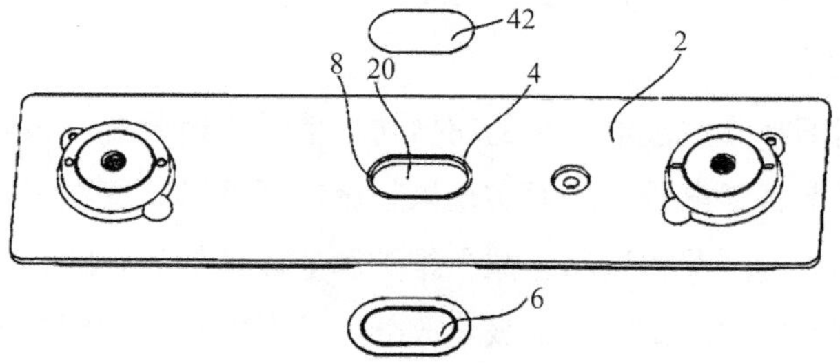

图3-2-3 案例3-2-4防爆装置的分解结构示意

（3）焦点问题

关于权利要求1中“密闭腔室”的认定有不同观点。

观点一：“密闭”是指封闭的事物或空间等，“密闭腔室”则应该解释为封闭的空间，而不应与外部连通。

观点二：本领域技术人员可以理解“密闭腔室”并非绝对的真空绝缘性质的密闭，而是通过连通机构与外部相连通，这样的连通机构在说明书明确记载是为了对电池进行气密性检测，并非要实现绝对真空绝缘。

（4）案例评析

权利要求书包括独立权利要求和从属权利要求，从属权利要求应对其引用的权利要求作进一步的限定，其撰写应当包括引用部分和限定部分。由于权利要求1是独立权利要求，权利要求2是权利要求1的从属权利要求，其在权利要求1

技术方案的基础上进一步限定了附加技术特征，因此权利要求 1 的保护范围应当大于权利要求 2，而权利要求 2 的保护范围应当小于权利要求 1。

权利要求 1 中限定了“密闭腔室”，从属权利要求 2 进一步限定了连通机构使得所述密闭腔室与外部相连通，基于权利要求 1 与权利要求 2 之间的这种逻辑关系，从属权利要求 2 的附加技术特征有助于澄清独立权利要求 1 中“密闭腔室”的含义。因而，本领域技术人员可以理解“密闭腔室”并非绝对的真空绝缘性质的密闭，而是通过连通机构与外部相连通。说明书中的相关记载也说明了这一点。

3.2.4.5 发明目的对权利要求保护范围的影响——案例 3-2-5

（1）案例要点

对于权利要求技术特征的理解，通常不能忽视本领域的通常理解，不应违背申请文件的体系记载，不可偏离本专利的发明目的，而应站位本领域技术人员，综合分析考虑，从而得出客观合理的释义。

（2）案例简介

涉案实用新型涉及用于电动车的超微功耗信号发射装置。该超微功耗信号发射装置能够显著节省耗电量，从而实现该超微功耗信号装置在不更换电池的情况下可长时间工作，达到节省费用、减少维护和节能环保的目的。

涉案实用新型专利的说明书记载：改善遥控器电池的使用寿命，一方面在于提高电池的容量，另一方面则在于降低遥控器的平均功耗。超微功耗信号发射装置，其包括：至少一猝发单元和至少一电源输入端，其中当所述电源输入端输入电源时，所述猝发单元在小于 30 毫秒的时间内完成至少一次无线信号的发射工作，其中在所述无线信号发送完毕后，所述猝发单元进入失电状态，从而降低平均功耗；当该微小电脉冲为该猝发单元供电时，该猝发单元获得电能立即开始工作，并在相当短的时间内，比如 100 毫秒内（比如 30 毫秒以内）快速地把相应的无线信号发送完毕。如果该电脉冲供电的时间较长，该猝发单元在完成无线信号的发射工作之后，立即自动进入失电状态从而降低该超微功耗无线信号发射装置的平均功耗。

涉案实用新型专利的权利要求如下：

1. 一种超微功耗信号发射装置，其特征在于，包括：至少一猝发单元和至少一为所述猝发单元提供电能的电源，其中当所述电源向所述猝发单元供电时，所述猝发单元在小于 30 毫秒的时间内完成至少一次无线信号的发射工作，其中在所述无线信号发送完毕后，所述猝发单元进入失电状态，其中所述猝发单元包括至少一编码模块和至少一无线信号发射模块，所述编码模块产生编码信息，所述无线信号发射模块接收所述编码信息并发射无线信号，其中所述猝发单元在所述无线信号发射完毕后立即自动进入失电状态。

2. 如权利要求1所述的超微功耗信号发射装置，其中所述电源输出至少一电脉冲，其中所述电脉冲持续的时间为0.5—500毫秒。

3. 如权利要求1所述的超微功耗信号发射装置，其中所述无线信号发射模块发射无线信号的速率为1Kbps—2Mbps，发射功率为0.1—50mW，发射一次无线信号的时间为0.2—30毫秒，发射一次所述无线信号所包含的报文长度为1—48个字节，其中包含相同报文的所述无线信号可以重复发射。

（3）焦点问题

关于权利要求1中与30毫秒相关的特征有不同观点。

观点一：权利要求1中特别强调了“……供电……失电……”的清晰的供电过程，确定了30毫秒并非单指信号的持续时间，而是进一步强调了猝发单元通电的工作时间；因为信号的发射时间是可以被压缩和拓展的，对节能没有任何有益的启示；但是对猝发单元工作时间的限定，才是可以起到节能作用的根本。因此，关于权利要求1中与30毫秒相关的特征，是指电路从通电到失电过程的工作时间。

观点二：根据权利要求1的限定和本领域的通常理解，关于“30毫秒”相关特征的含义，应理解为发射信号的时长小于30毫秒，而不会理解为供电时长。

（4）案例评析

关于“30毫秒”相关特征的含义，第一方面，从文义解释的角度，根据权利要求的记载，“猝发单元在小于30毫秒的时间内完成至少一次无线信号的发射工作”，本领域技术人员通常会理解为发射信号的时长小于30毫秒，而不会理解为供电时长。

第二方面，对于权利要求技术特征的理解，通常不能忽视本领域的通常理解，不可偏离本专利的发明目的，而应站位本领域技术人员，综合分析考虑，从而得出客观合理的释义。从说明书入手，整体解读背景技术记载内容、该案例要解决的技术问题、采用的技术手段以及发明内容，可知该案例的核心原理在于通过降低无线信号发射装置的平均功耗，从而达到节能的效果，具体的节能方式是通过在其选定的时间（即30毫秒）内完成至少一次无线信号的发射工作，之后使猝发单元进入失电状态。从目的解释的角度考虑，如果将30毫秒解释为供电时长，当猝发单元在短于30毫秒的时间内发射信号之后，还继续供电，则偏离了该案例降低功耗的发明目的。

第三方面，纵观整个权利要求书，权利要求2进一步限定了“所述电源输出至少一电脉冲，其中所述电脉冲持续的时间为0.5—500毫秒”，权利要求3进一步限定了“所述无线信号发射模块发射一次无线信号的时间为0.2—30毫秒”，可见，权利要求2中才给出了供电时长的技术特征，且该数值范围“0.5—500毫秒”远宽于权利要求1中的30毫秒以内，而权利要求3恰恰进一步限定了比30毫秒更小的数值范围，因此，权利要求1的30毫秒应当理解为权利要求3中的发射模块发射一次无线信号的时间，而不是权利要求2中的所述电脉冲持续的时间。

综上所述，“猝发单元在小于30毫秒的时间内完成至少一次无线信号的发射工作”应理解为发射信号所需要的时间，而非供电时长。

3.3 必要技术特征的判断

3.3.1 法律解读

《专利审查指南2010》第二部分第二章第3.1.2节中规定：“独立权利要求应当从整体上反映发明或者实用新型的技术方案，记载解决技术问题的必要技术特征。必要技术特征是指，发明或者实用新型为解决其技术问题所不可缺少的技术特征，其总和足以构成发明或者实用新型的技术方案，使之区别于背景技术中所述的其他技术方案。判断某一技术特征是否为必要技术特征，应当从所要解决的技术问题出发并考虑说明书描述的整体内容，不应简单地将实施例中的技术特征直接认定为必要技术特征。”

如果独立权利要求缺少解决发明所要解决的技术问题所必需的技术特征，即独立权利要求的技术方案不能解决发明所要解决的技术问题，则该独立权利要求缺少必要技术特征。

3.3.2 领域特点

新能源汽车技术所涉及的技术领域广泛，通常一项专利也涉及多个技术领域，在判断独立权利要求是否缺少必要技术特征时，应结合本领域技术人员阅读申请文件后的整体理解，这对达到本领域技术人员的能力提出了很高的要求。而发明专利和实用新型专利在判断独立权利要求是否缺少必要技术特征时并无不同。

3.3.3　常见问题

必要技术特征仅针对独立权利要求，无论从属权利要求的附加技术特征是否完整。

在判断独立权利要求是否缺少必要技术特征时，“所要解决的技术问题”是一个非常重要的因素。在不同的专利说明书中对“所要解决的技术问题”有各种不同的撰写方式，有些是直接阐明，有些是在背景技术中罗列很多缺点并说明本专利可以克服这些缺点，有些是罗列出本专利能解决的所有技术问题，等等。这需要考虑说明书描述的整体内容包括说明书中有关背景技术及其存在的技术缺陷、取得的有益效果等，来判断直接阐明的“所要解决的技术问题”是否准确，或是通过阅读说明书的整体内容来直接确定“所要解决的技术问题”；当根据说明书的记载能够确定出多个技术问题时，如果各个技术问题彼此相对独立，解决各个技术问题的技术特征彼此也相对独立，独立权利要求中记载了解决其中一个技术问题的必要技术特征即可；如果说明书中明确记载技术方案能够同时解决多个技术问题，则独立权利要求中应当记载能够同时解决各个技术问题的必要技术特征。

应注意，这里所说的“所要解决的技术问题”和根据与最接近的现有技术的区别特征重新确定的实际解决的技术问题不同，后者是相对的、是根据最接近的现有技术的不同而变化的，前者是专利申请人根据说明书中的背景技术的主观认知。

3.3.4　案例解析

3.3.4.1　解决声称的技术问题——案例3-3-1

（1）案例要点

判断权利要求是否缺少必要技术特征关键是要看，与背景技术中所记载的技术方案相比，权利要求是否解决或者部分解决了声称的技术问题。

（2）案例简介

涉案实用新型涉及一种应用在电动汽车、电动叉车、电动观光车等使用蓄电池的电瓶车车辆的电机速度传感器（参见图3－3－1和图3－3－2）。现有的电机速度传感器安装不牢固，在电瓶车工作时，电机速度传感器随电瓶车产生震动，从而与电机之间产生较大位移，导致信号不稳定、测速不准确，甚至影响电瓶车的正常工作。涉案专利提供的电机速度传感器结构简单、合理，连接稳固、工作可靠、信号稳定，从而确保速度传感器测量的准确性。

涉案实用新型专利的权利要求1如下：

1. 一种电机速度传感器，包括传感器外壳（1），其特征在于，所述传感器外壳由套筒（12）和安装座（19）构成，套筒两端分别为封闭端（11）和敞开端（16），敞开端往套筒内轴向设置有腔体（17），安装座设置在套筒敞开端的外侧，安装座设有一主安装孔（14）和一辅助安装孔（18），套筒位于主安装孔和辅助安装孔之间，并且，套筒、主安装孔以及辅助安装孔的中心线均在同一平面上；所述腔体的端面呈十字型，腔体左右两侧之间距离窄、上下两侧之间距离宽，其中，腔体左右两侧分别朝向辅助安装孔和主安装孔，腔体左右平分线（L1）与辅助安装孔和主安装孔之间圆心连接线（L2）形成夹角α，夹角α为80—87度。

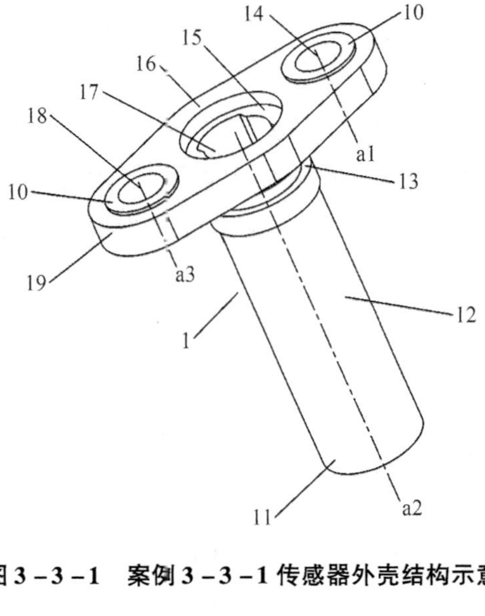

图3－3－1　案例3－3－1传感器外壳结构示意

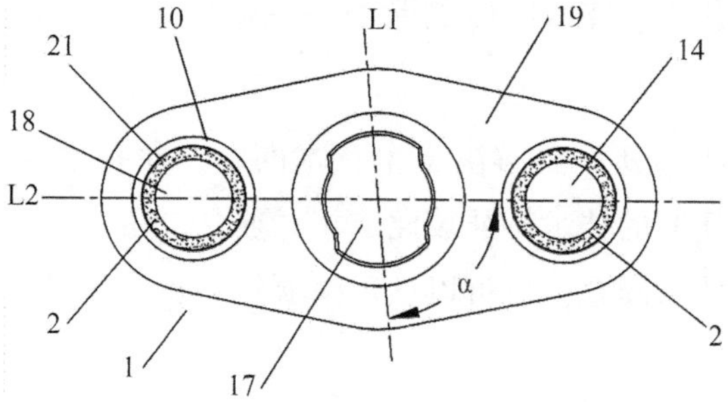

图 3－3－2　案例 3－3－1 传感器外壳俯视

（3）焦点问题

观点一：权利要求 1 中限定了腔体左右平分线与辅助安装孔和主安装孔之间圆心连接线形成夹角的度数，其要解决的技术问题是使得测速元器件的信号更强、更稳定。然而光是设置腔体左右平分线与辅助安装孔和主安装孔之间圆心连接线形成80～87°的夹角，而不配合这种设置对位于腔体内的测速元器件本身的结构及其相对于被测对象的空间布置进行某种特定的设计，则不能实现该效果。因此，权利要求 1 缺乏解决技术问题的必要技术特征。

观点二：权利要求 1 通过其限定的技术特征，解决了说明书中声称的技术问题，不缺乏解决技术问题的必要技术特征。

（4）案例评析

根据该案例说明书背景技术部分的记载，现有技术中存在着电机速度传感器安装不牢固使得传感器与电机之间产生较大位移，而导致的信号不稳定、测速不准确的技术问题。权利要求 1 限定了电机速度传感器外壳的安装座设有主安装孔和辅助安装孔，主安装孔和辅助安装孔通过螺栓与电机外壳连接，形成稳定可靠的连接结构，避免了速度传感器与电机外壳之间相对运动，从而确保速度传感器所测量的信号稳定、准确；同时，用于放置测速元器件的腔体左右两侧之间距离窄、上下两侧之间距离宽，从而形成定位结构，测速元器件只有在摆至一定的角度才能插入腔体内，同时，腔体左右平分线与辅助安装孔和主安装孔之间圆心连接线形成 80°～87°的夹角，能否使得测速元器件的信号更强、更稳定。可见，权利要求 1 限定的技术方案已经足以区别于背景技术中所述的电机速度传感器安装不牢固的技术方案，其解决了信号不稳定、测速不准确的技术问题。因此，权利要求 1 并不缺乏解决技术问题的必要技术特征。

3.3.4.2 声称解决多个技术问题的判断——案例3-3-2

（1）案例要点

如果发明或者实用新型要解决多个技术问题，而各个技术问题彼此相对独立，解决各个技术问题的技术特征彼此也相对独立，在一项独立权利要求中即使只解决了其中一个技术问题，也可以认定该项权利要求记载了解决上述技术问题的必要技术特征。

（2）案例简介

涉案实用新型涉及电动汽车电池包技术领域，具体是一种用于电动汽车电池包的接电器结构。

涉案实用新型说明书的背景技术中记载：现有技术中电动汽车的电池包密封不好，车辆在运行时接电器容易断开。涉案实用新型提供一种可以良好防水、防尘，运行过程中连接可靠、不因车辆运行时的抖动或加速而断开接电器连接的，用于电动汽车电池包的接电器结构。

涉案实用新型说明书的技术效果中记载：该用于电动汽车电池包的接电器结构采用了密封环结构，可以将强电触头和信号控制线触头与外界隔开，具有良好的防水、防尘、防潮的效果。此外，强电阻尼触头和信号控制线接电盒均设置有弹性部件，从而保证车辆即使在运行时抖动、加减速也不会断开接电器的连接，保证了电动汽车整体的使用性能。

涉案实用新型专利的权利要求如下：

> 1. 一种用于电动汽车电池包的接电器结构，其特征在于，包括相连接的接电器插头（1）和接电器座（2），该接电器插头（1）与电池包为一体设置，所述的接电器座（2）与电动轿车固定连接，所述的接电器插头（1）具有强电触头（11）和信号控制线触头（12），所述的接电器座（2）具有强电阻尼触头（21）和信号控制线接电盒（22），所述的接电器插头（1）与所述的接电器座（2）连接时，所述的强电触头（11）推动并紧密抵靠所述的强电阻尼触头（21），所述的信号控制线触头（12）与所述的信号控制线接电盒连接（22）；所述的强电触头（11）和所述的信号控制线触头（12）均设置于所述的接电器插头底板（3）的表面，该接电器插头底板（3）的表面设置有密封环（4），该密封环（4）环绕设置于所述的强电触头（11）和所述的信号控制线触头（12）外，所述的接电器插头（1）与所述的接电器座（2）连接时，所述的强电触头（11）与所述的强电阻尼触头

（21）的连接部分以及所述的信号控制线触头（12）与所述的信号控制线接电盒（22）的连接部分通过该密封环（4）与外界相隔开。

2. 根据权利要求1所述的用于电动汽车电池包的接电器结构，其特征在于，所述的强电阻尼触头（21）与弹性部件连接，所述的强电触头（11）推动所述的强电阻尼触头（21）时通过该弹性部件使所述的强电阻尼触头（21）紧贴该强电触头（11）。

3. 根据权利要求2所述的用于电动汽车电池包的接电器结构，其特征在于，所述的信号控制线接电盒（22）设置有弹性部件，所述的信号控制线触头（12）推动所述的信号控制线接电盒（22）时通过该弹性部件使所述的信号控制线接电盒（22）紧贴所述的信号控制线触头（12）。

（3）焦点问题

观点一：权利要求1中缺少解决技术问题“车辆在运行时接电器容易断开”的必要技术特征。

观点二：权利要求1已经解决了说明书中声称的技术问题“电池包密封不好”，不缺乏解决技术问题的必要技术特征。

（4）案例评析

判断独立权利要求是否缺少必要技术特征，需要考虑说明书描述的整体内容，包括说明书中有关背景技术及其存在的技术缺陷、取得的有益效果等。该案例在说明书背景技术和技术效果中记载了要解决的两个技术问题“电池包密封不好”和“车辆在运行时接电器容易断开”，通过阅读整体申请文件，本领域技术人员可以知晓，解决这两个技术问题的技术特征彼此相对独立，因而，当该案例的权利要求1已经解决了“电池包密封不好”的技术问题时，可以认定该独立权利要求1中记载了解决该技术问题的必要技术特征，并不需要在权利要求1中记载解决所有技术问题的全部技术特征。

3.4 新颖性

3.4.1 法律解读

《专利法》第二十二条第一款规定：“授予专利权的发明和实用新型，应当具备新颖性、创造性和实用性。”第二款规定：“新颖性，是指该发明或者实用新型不属于现有技术；也没有任何单位或者个人就同样的发明或者实用新型在申请日以前向国务院专利行政部门提出过申请，并记载在申请日以后公布的专利申请文件或者公告的专利文件中。”第五款规定：“本法所称现有技术，是指申请日以前在国内外为公众所知的技术。”

根据《专利审查指南2010》第二部分第三章第2节的规定，现有技术包括在申请日（有优先权的，指优先权日）以前在国内外出版物上公开发表、在国内外公开使用或者以其他方式为公众所知的技术。对现有技术的公开方式无地域限制。

《专利审查指南2010》第五部分第十章第3.2节中规定：“实用新型是否具备专利法第二十二条第二款规定的新颖性，其评价标准适用本指南第四部分第六章第3节的规定。”

《专利审查指南2010》第四部分第六章第3节中规定：“在实用新型专利新颖性的审查中，应当考虑其技术方案中的所有技术特征，包括材料特征和方法特征。实用新型专利新颖性审查的有关内容，包括新颖性的概念、新颖性的审查原则、审查基准、优先权的审查以及不丧失新颖性的宽限期等内容适用本指南第二部分第三章的规定。”

根据《专利审查指南2010》第二部分第三章的规定，审查实用新型专利申请的新颖性时，应当根据以下原则进行判断：

被审查的发明或者实用新型专利申请与现有技术或者申请日前由任何单位或者个人向国务院专利行政部门提出申请并在申请日后（含申请日）公布或公告的发明或者实用新型的相关内容相比，如果其技术领域、所解决的技术问题、技术方案和预期效果实质上相同，则认为两者为同样的发明或者实用新型。

判断新颖性时，应当将实用新型专利申请的各项权利要求分别与每一项现有技术或者申请在先公布或公告在后的发明或者实用新型的相关技术内容单独地进行比较，不得将其与几项现有技术或者申请在先公布或公告在后的发明或者实用新型内容的组合，或者与一份对比文件中的多项技术方案的组合进行对比。

3.4.2 领域特点

新能源汽车技术所涉及的学科广泛，很多属于交叉学科，其相关的专利申请所属技术领域经常涉及材料领域、机械领域、电学领域、通信领域等领域中的多个分支。而在实用新型专利的新颖性判断中，例如对对比文件隐含公开的技术内容、惯用手段的直接置换等，均需要站位本领域技术人员，这对达到本领域技术人员的能力提出了很高的要求。

3.4.3　常见问题

在实用新型专利新颖性的判断中，应当考虑其技术方案中的所有技术特征，包括用途特征、材料特征和方法特征。如果该用途特征、材料特征或方法特征隐含/导致了该产品在形状、构造或者其结合上发生改变，则这些特征对权利要求的保护范围具有限定作用，在新颖性的判断中予以考虑；否则这些特征对权利要求的保护范围不具有限定作用，不应予以考虑。

在新颖性判断时还应遵循单独对比原则。当对比文件中出现了引证文件，应注意核实该引证文件的公开日。如果该引证文件的公开日早于该对比文件的公开日，且对比文件中明确记载了某些技术内容是引证了该引证文件，则该引证文件中的相应内容属于该对比文件中隐含的且可直接地、毫无疑义地确定的技术内容，能够构成一个完整的技术方案，能够用于评价权利要求的新颖性。

对比文件是客观存在的技术资料，准确认定对比文件公开的技术内容是判断实用新型专利是否具备新颖性乃至创造性的重要环节。该技术内容不仅包括明确记载在对比文件中的内容，而且包括对于所属技术领域的技术人员来说隐含的且可直接地、毫无疑义地确定的技术内容，即对比文件隐含公开的技术内容。但是，不得随意将对比文件的内容扩大或缩小。另外，对比文件中包括附图的，也可以引用附图。但是，在引用附图时必须注意，只有能够从附图中直接地、毫无疑义地确定的技术特征才属于对比文件公开的内容。

如果要求保护的实用新型与对比文件的区别仅仅是所属技术领域的惯用手段的直接置换，则该实用新型不具备新颖性。例如，对比文件公开了采用螺钉固定的装置，而要求保护的实用新型仅将该装置的螺钉固定方式改换为螺栓固定方式，则该实用新型不具备新颖性。

3.4.4　案例解析

3.4.4.1　同样的发明或实用新型——案例 3-4-1

（1）案例要点

如果实用新型专利申请与对比文件公开的内容相比，其权利要求所限定的技术方案与对比文件公开的技术方案实质上相同，所属技术领域的技术人员根据二者的技术方案可以确定二者能够适用于相同的技术领域，解决相同的技术问题，并具有相同的预期效果，则认为二者为同样的发明或者实用新型。

（2）案例简介

涉案实用新型涉及新能源汽车技术领域，尤其是涉及一种电动汽车（参见图3－4－1）。

涉案实用新型专利的权利要求1如下：

1. 一种电动汽车，其特征在于，包括：车体，所述车体上具有电池箱安装仓；和电池箱（100），所述电池箱可拆卸地安装在所述电池箱安装仓内，所述电池箱上的相对的两个侧壁上分别设有至少一个弹性导向件（3），所述弹性导向件上具有用于将所述电池箱导入所述电池箱安装仓内的导向面，所述电池箱向所述电池箱安装仓装配的过程中，所述弹性导向件被所述电池箱和所述电池箱安装仓夹紧压缩。

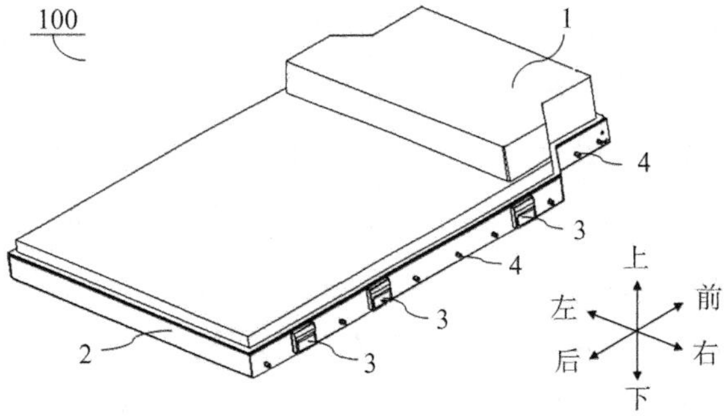

图3－4－1　案例3－4－1电池箱的结构示意

现有技术对比文件1公开了一种电池装置的安装结构，适用于电动汽车和混合动力汽车等车辆的电池装置，将电池装置1安装于车辆60的底盘65下侧的电池安装部61处，电池装置具有成为框架的电池托架10及固定于该电池托架的一个电池；电池装置1从其左侧部进入电池安装部位61内，在电池安装部的前侧及后侧进入方向的左右侧设有导向壁20、21，在电池托架10相对于电池进入方向的左右侧面分别安装有三个导向辊15～17及两根门闩11；此导向辊15～17相当于对该电池装置的进入方向左右侧位置进行导向的侧方向导向部件；另外，在电池托架10的左右侧，通过支架73分别安装有用于防止处于安装状态的电池装置出现松动的接触部件71；两个接触部件以具有适当弹性的聚氨酯橡胶为材料制作而成，以分别向侧面突出的状态安装于左右侧；在两个接触部件71的上部，分别形成有相对于电池装置的安装方向向锐角方向倾斜的接触面71a。在两导向壁20、21上安装有用于防止处于安装状态的电池装置松动的承接部件72，此承接部件形成松动防止装置70；两承接部件72与上述接触部件71的相对应的位置相互对向地安装；两承接部件72以向外凸出的形式安装于导向壁20、21的内面；此两承接部件72分别以带有适度弹性的聚氨酯橡胶为材料制作而成；在两承接部件72的下部，分别形成有相对于电池装置的安装方向向锐角方向倾斜的倾斜面72a，接触部件71与承接部件72构成防止松动装置。操作时，伴随着电池装置的上升，两个接触部件71逐渐接触承接部件72，各根门闩11进入对应的主锁定装置30，此时，两个接触部件71的接触面71a分别被压向与之相对的承接部件72的承接面72a，当接触部件71接触到承接部件72时，二者发生弹性变形；如此，在电池装置被完全安装于电池安装部61的状态下，电池装置侧的两个接触部件71的接触面71a分别被压紧于电池安装部位61侧的承接部件72的承接面72a，由此电池装置的松动得以防止或者抑制。由于接触面以及承接面的滑动接触作用，电池装置被引导至规定的位置（电池装置的定位功能）。

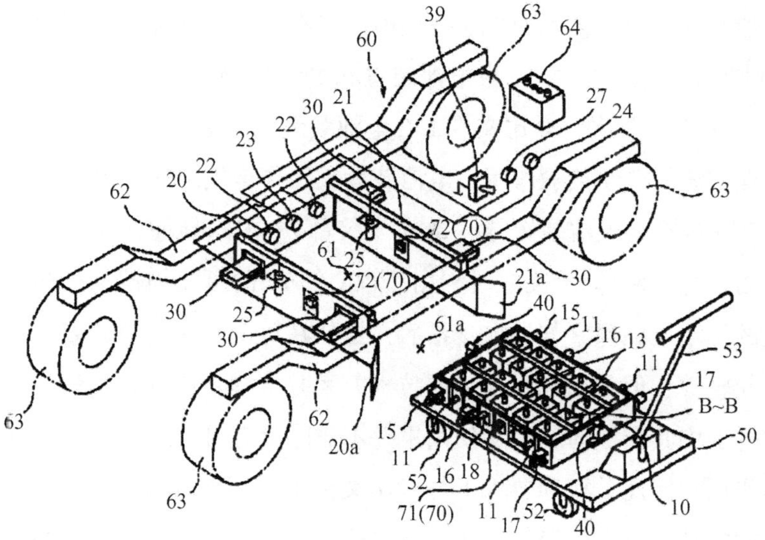

图3-4-2　案例3-4-1对比文件1的结构示意

（3）焦点问题

观点一：对比文件1公开了权利要求1的全部技术特征，因此权利要求1相对于对比文件1不具备新颖性。

观点二：权利要求 1 中的弹性导向件具有可压缩性、导向性，能够实现弹性导向件被电池箱和电池箱安装仓夹紧压缩和导向定位的效果。对比文件 1 中是通过松动防止装置 70 使得在电池装置安装状态时实现防止松动和抑制，并未公开松动防止装置能在电池装置安装的过程中提供持续的预紧力和实现导向作用；通过安装在电池托架的三个导向辊与两个导向壁的滑动配合实现电池装置的左右方向及电池上升过程中的导向作用。因此，对比文件 1 没有公开权利要求 1 的弹性导向件及导向面。

（4）案例评析

根据对比文件 1 公开内容可知，对比文件 1 也公开了一种电动汽车。对比文件 1 中的车辆 60、电池安装部 61 分别对应于权利要求 1 的车体、电池箱安装仓，电池装置 1、接触部件 71、接触面 71a 分别对应于权利要求 1 的电池箱、弹性导向件、导向面。

首先，对比文件 1 中已经记载接触部件 71 设置在电池装置的相对两侧壁上并向侧面突出，在电池装置向电池安装部 61 安装的过程中，接触部件 71 逐渐接触在电池安装部 61 侧的承接部件 72，当接触部件 71 接触到承接部件 72 时，二者发生弹性变形，也即接触面 71a 被逐渐压紧在承接面 72a 上，因此在电池装置 1 的安装过程中，接触部件 71 被电池装置和电池安装部 61 夹紧压缩，接触部件 71 具有可压缩性；其次，对比文件 1 在电池装置的安装过程中，由于接触面 71a 以及承接面 72a 的滑动接触作用，电池装置被引导至规定的位置，即接触部件 71 的接触面 71a 也有将电池装置导入电池安装部 61 内的导向作用；故而，通过在电池装置向电池安装部 61 装配时利用接触部件 71 的可压缩性和接触面，实现了装配过程的不断压缩预紧与导向；最后，虽然在对比文件 1 中还使用了其他导向部件如导向辊等，但是权利要求 1 的技术方案并未排除还具有其他导向装置，同时对比文件 1 中其余导向装置的使用也并不排除具有可压缩性的接触部件同时也起到导向作用。因此，权利要求 1 与对比文件 1 属于相同技术领域，权利要求 1 所要求保护的技术方案已经被对比文件 1 所公开，二者可解决相同的技术问题并具有相同的技术效果，权利要求 1 相对于对比文件 1 不具备新颖性。

3.4.4.2 单独对比原则——案例 3－4－2

（1）案例要点

判断一项权利要求的技术方案是否具备新颖性时，应当将该权利要求的技术方案与现有技术的技术方案单独对比，不得将一项权利要求与几项现有技术的组合进行对比。

（2）案例简介

涉案实用新型涉及新能源汽车技术领域，尤其是涉及一种电动汽车的动力系统。

涉案实用新型专利的权利要求1如下：

> 1. 一种电动汽车动力系统，其特征在于，包括驱动电机和与所述驱动电机的输出轴同轴传动的行星齿轮减速器；驱动电机包括电机轴、套设于所述电机轴上的转子、套设于所述转子外围的定子、套设于所述定子上的机壳、第一端盖、第一轴承及导电环；所述行星齿轮减速器包括在所述驱动电机正转时的低速档和高速档，并设置对所述行星齿轮减速器的低速档行星轮齿圈进行锁止的低速档制动器，和对所述行星齿轮减速器的高速档行星轮齿圈进行锁止的高速档制动器。
>
> 现有技术中一本关于电动汽车的教科书，其第一章描述了电动汽车的各种驱动电机的结构，其中一种驱动电机的结构与权利要求1中的驱动电机的结构相同；其第三章描述了常用几种的行星齿轮减速器的结构，其中一种行星齿轮减速器的结构与权利要求1中的行星齿轮减速器的结构相同。

（3）焦点问题

观点一：该教科书公开了权利要求1的全部技术特征，因此，权利要求1相对于对比文件1不具备新颖性。

观点二：该教科书在不同章节对相关部件进行了描述，其不属于一个技术方案，因此该教科书不能影响权利要求1的新颖性。

（4）案例评析

对比文件为教科书，尽管在该教科书中可以找到权利要求1限定的所有技术特征，但各技术特征记载在该教科书的不同章节中，每个章节介绍了多种结构，这些章节的各个结构的组合并非一个完整的技术方案，而是多个技术方案的组合，将权利要求1与这样的技术方案的组合进行比对，不符合新颖性的单独对比原则。因此，权利要求1相对于该教科书具备新颖性。

3.5 创造性

3.5.1 法律解读

《专利法》第二十二条第三款规定："创造性，是指与现有技术相比，该发明具有突出的实质性特点和显著的进步，该实用新型具有实质性特点和进步。"

《专利审查指南2010》第四部分第六章第4节中规定：

"在实用新型专利创造性的审查中，应当考虑其技术方案中的所有技术特征，包括材料特征和方法特征。

"实用新型专利创造性审查的有关内容，包括创造性的概念、创造性的审查原则、审查基准以及不同类型发明的创造性判断等内容，参照本指南第二部分第四章的规定。

"但是，根据专利法第二十二条第三款的规定，发明的创造性，是指与现有技术相比，该发明具有突出的实质性特点和显著的进步；实用新型的创造性，是指与现有技术相比，该实用新型具有实质性特点和进步。因此，实用新型专利创造性的标准应当低于发明专利创造性的标准。

"两者在创造性判断标准上的不同，主要体现在现有技术中是否存在'技术启示'。在判断现有技术中是否存在技术启示时，发明专利与实用新型专利存在区别，这种区别体现在下述两个方面。

"（1）现有技术的领域

"对于发明专利而言，不仅要考虑该发明专利所属的技术领域，还要考虑其相近或者相关的技术领域，以及该发明所要解决的技术问题能够促使所属技术领域的技术人员到其中去寻找技术手段的其他技术领域。

"对于实用新型专利而言，一般着重于考虑该实用新型专利所属的技术领域。但是现有技术中给出明确的启示，例如现有技术中有明确的记载，促使本领域的技术人员到相近或者相关的技术领域寻找有关技术手段的，可以考虑其相近或者相关的技术领域。

"（2）现有技术的数量

"对于发明专利而言，可以引用一项、两项或者多项现有技术评价其创造性。

"对于实用新型专利而言，一般情况下可以引用一项或者两项现有技术评价其创造性，对于由现有技术通过‘简单的叠加’而成的实用新型专利，可以根据情况引用多项现有技术评价其创造性。”

《专利审查指南2010》第二部分第二章第2.2.2节中规定：“发明或者实用新型的技术领域应当是要求保护的发明或者实用新型技术方案所属或者直接应用的具体技术领域，而不是上位的或者相邻的技术领域，也不是发明或者实用新型本身。该具体的技术领域往往与发明或者实用新型在国际专利分类表中可能分入的最低位置有关。”

《专利审查指南2010》第二部分第七章第5.3节中规定：“所属技术领域是根据权利要求书中限定的内容来确定的，特别是根据明确指出的那些特定的功能和用途以及相应的具体实施例来确定的。审查员确定的表示发明信息的分类号，就是申请的主题所属的技术领域。功能类似或应用类似的技术领域是根据申请文件中揭示出的申请的主题所必须具备的本质功能或者用途来确定，而不是只根据申请的主题的名称，或者申请文件中明确指出的特定功能或者特定应用来确定。”

3.5.2 领域特点

新能源汽车各个技术所涉及的学科广泛，很多属于交叉学科，其相关的专利申请所属技术领域经常涉及材料领域、机械领域、电学领域、通信领域等领域中的多个分支，从而在实用新型专利的创造性判断中对达到本领域技术人员的能力提出了很高的要求。

实用新型专利创造性的标准低于发明专利创造性的标准，但这个标准是相对模糊的，《专利审查指南2010》中也仅给出技术领域和现有技术的数量的使用两方面内容。当现有技术中给出明确启示时，可以考虑其相近或者相关的技术领域，而在新能源汽车技术中，由于其涉及领域的广泛性，相近或者相关的技术领域的判断更为复杂。

3.5.3 常见问题

实用新型专利创造性的标准应当低于发明专利创造性的标准。

在实用新型专利创造性的判断中，应当考虑其技术方案中的所有技术特征，包括用途特征、材料特征和方法特征。如果该用途特征、材料特征或方法特征隐含/导致了该产品在形状、构造或者其结合上发生改变，则这些特征对权利要求的保护范围具有限定作用，在创造性的判断中予以考虑；否则这些特征对权利要求的保护范围不具有限定作用，不应予以考虑。

在选择最接近的现有技术时，应当首先考虑该实用新型专利所属技术领域的现有技术。

尽管对材料或方法本身的改进不属于实用新型专利权保护的客体，但对于实用新型专利申请权利要求中出现的已知材料或已知方法等特征，当其隐含/导致了权利要求所保护的产品在形状、构造或者其结合上发生改变，在认定区别特征时需要考虑。

在判断现有技术中是否存在“技术启示”时，发明专利与实用新型专利的区别主要体现在现有技术的领域和现有技术的数量两个方面。现有技术的领域包括所属技术领域、相近或相关的技术领域以及其他技术领域。在实用新型专利创造性判断时，着重考虑的是所属技术领域；在有“明确的启示”的情况下，可以考虑相近或相关的技术领域中的现有技术。

3.5.4 案例解析

3.5.4.1 材料特征对创造性的影响——案例 3-5-1

（1）案例要点

在实用新型专利创造性的审查中，应当考虑其技术方案中的所有技术特征，包括材料特征和方法特征。如果材料特征或方法特征构成了该权利要求与现有技术的区别特征，由于实用新型不保护材料和方法的改进，那么实用新型的权利要求不会因材料特征或方法特征本身而具备创造性。

（2）案例简介

涉案实用新型涉及一种起重机的混合动力 RTG 电气系统（参见图 3-5-1）。现有的混合动力 RTG 电气控制系统，由整流装置把交流电源转变为直流电源，通过直流母线为各机构的变频器提供直流电源，当集装箱和吊具下降时，变频器将势能转变为电能，能量回馈到直流母线，回馈能量的积聚将使直流母线电压升高，其采用的制动单元将电能释放到能耗电阻的方式，把直流母线电压控制在安全的范围内，这样造成能源浪费。涉案实用新型巧妙地利用变频系统的公共直流母线作为能量的混合点，在电气系统上进行能量交换，降低了混能成本，能够达到良好的节能效果。

涉案实用新型专利的权利要求 1 如下：

1. 一种混合动力 RTG 电气系统，具有发电机（1）和连接发电机（1）

的整流装置（2），整流装置（2）把交流电源转变为直流电源，通过直流母线将直流电源提供给变频装置（3），其特征在于，直流母线上设置有能量交换装置，能量交换装置包括可编程控制器（41）、设置在直流母线上的升压控制器（42）、连接在升压控制器（42）与变频装置（3）之间直流母线上的充放电控制器（43）和连接在充放电控制器（43）上的蓄电池系统（44），可编程控制器（41）通过现场总线与升压控制器（42）、充放电控制器（43）和蓄电池系统（44）进行数据交换，所述的蓄电池为 NiHM 电池。

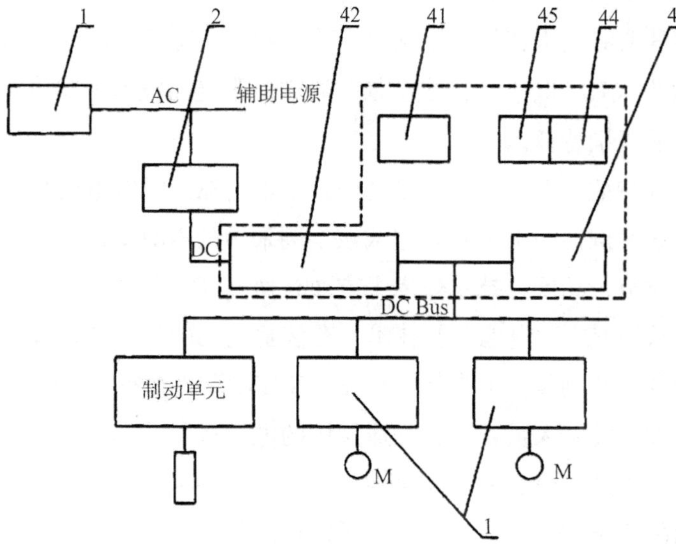

图 3－5－1　案例 3－5－1 混合动力 RTG 电气系统的电路连接示意

现有技术中，对比文件 1 公开了一种混合电源装置，其公开了权利要求 1 中的大部分技术特征。对比文件 1 没有公开制成蓄电池的材料，即未公开蓄电池是 NiHM 电池。

对比文件 2 公开了一种改进型的双极性镍氢电池组。

（3）焦点问题

观点一：权利要求 1 中的蓄电池材料特征不具有限定作用，不予考虑。

权利要求 1 对蓄电池的材料进行了限定，由于实用新型专利不保护材料和方法，因此在评述权利要求创造性时，不应考虑蓄电池的材料特征，即该特征不能成为权利要求 1 与对比文件 1 的区别特征。

观点二：权利要求 1 不具备创造性。

对比文件 2 已经公开了蓄电池为镍氢电池组。本领域技术人员有动机将对比文件 1 中的蓄电池选为对比文件 2 的镍氢电池组，这是不需要付出创造性劳动的。

观点三：权利要求 1 具备创造性。

该案例的 NiHM 蓄电池是新技术，其可以快速充放电。对比文件 1 中的蓄电池是泛指意义的蓄电池，其使用电容作为储能元件完成快充快放。而对比文件 2 没有公开这种可以快充快放的电池新技术。因而，权利要求 1 具备新颖性。

（4）案例评析

《专利审查指南 2010》中规定，在实用新型专利创造性的审查中，应当考虑其技术方案中的所有技术特征，包括材料特征和方法特征。因而蓄电池的材料特征即“蓄电池为 NiHM 电池”构成了权利要求 1 限定的技术方案与对比文件 1 公开的技术内容的区别特征。

对于该区别特征，对比文件 2 已经公开了蓄电池为镍氢电池组。

同时，在该案例说明书中并未记载该案例采用的 NiHM 蓄电池与现有技术的镍氢电池的在材料、功能、技术效果等方面有何不同、能够产生何种预料不到的技术效果。如果 NiHM 蓄电池是新技术，即该蓄电池的材料非已知的材料，那么其不属于实用新型专利保护的客体。可见，NiHM 蓄电池是由已知材料制成。

因而，本领域技术人员基于实际应用中的电容量以及充放次数多等方面的考虑，选择容量大以及寿命长的镍氢电池作为对比文件 1 中的蓄电池是本领域技术人员可以作出的简单的常规设计选择，无须付出创造性的劳动，且这种简单的常规设计选择也未带来预料不到的技术效果。因此，权利要求 1 不具有实质性特点和进步，不具备创造性。

3.5.4.2 技术领域对技术启示判断的影响——案例 3－5－2

（1）案例要点

实用新型专利的创造性判断过程中，一般着重于考虑该实用新型专利所属的或直接应用的技术领域；当现有技术中给出明确的启示，例如现有技术中有明确的记载，则本领域技术人员可以考虑到相近或者相关的技术领域寻找有关技术手段。

实用新型专利的所属技术领域一般是指实用新型专利申请的权利要求所保护的技术方案所属的功能领域或者直接应用的具体技术领域。判断时，应当综合考虑包括主题名称等权利要求的全部内容、说明书关于技术领域和背景技术的记载，以及该技术方案所实现的功能和用途等，特别是要考虑明确指出的那些特定的功能和用途以及相应的具体实施例。

需要注意的是，国际分类号只是确定技术领域的参考因素而非决定性因素，所属分类号不同的现有技术仍有可能属于相同的技术领域，在具体判断时，仍应着眼于技术方案的技术功能和特定的用途来综合判断。

在实践操作中，可如下判断所属技术领域：

如果某产品是具有某种特定使用功能的产品，则该产品技术领域是指该产品直接应用于其中的具体技术领域；

如果某产品是具有通用使用功能的产品，则该产品技术领域是指该产品所属的功能领域。

相近的技术领域一般是指与涉案实用新型的使用功能相近的领域。相关技术领域一般是指实用新型产品组件的功能所属的技术领域或产品使用功能能够被直接应用的具体技术领域。判断时应根据专利文件中揭示出的主题所必须具备的本质功能或考用途来确定，而不是只根据权利要求的主题名称，或者专利文件中明确指出的特定功能或者特定应用来确定。

在实践操作中，可如下判断相近或相关的技术领域：

如果某产品是具有某种特定使用功能的产品，则该产品相近的技术领域是指与该产品的使用功能相近的技术领域；

如果某产品是具有通用使用功能的产品，则该产品相近的技术领域是指与该通用使用功能相近的技术领域；

如果某产品是具有某种特定使用功能的产品，该产品相关的技术领域是指构成该产品的组成部件的功能所属的技术领域；

如果某产品是具有通用使用功能的产品，该产品相关的技术领域是指该通用使用功能能够被直接应用于其中的具体的技术领域。[1]

（2）案例简介

涉案实用新型涉及一种车辆的电动击窗器（参见图 3－5－2）。现有车辆配备的逃生锤击窗需要一定的施展空间和力度要求，破窗效率低。该案例提出一种用于车内的，能够瞬间击碎玻璃的电动击窗器。该案例给出的国际分类号是 B60R 21/02（乘员安全保护装置）。

[1] 朱晓琳．实用新型专利权评价报告实务手册［M］．2 版．北京：知识产权出版社，2023：155－156.

涉案实用新型专利的权利要求 1 如下：

1. 一种电动击窗器，其特征在于，包括具有一开口（1）的壳体（2），该壳体内设有一骨架（3），该骨架设有一通孔（4），在该通孔的外周围环绕有可导电的线圈（5），在该通孔的内部设有可动金属件（6），该可动金属件与壳体之间设有弹性复位装置（7）；所述可动金属件的一端设有尖锐的击窗头（8），所述击窗头指向所述壳体（2）的开口（1）。

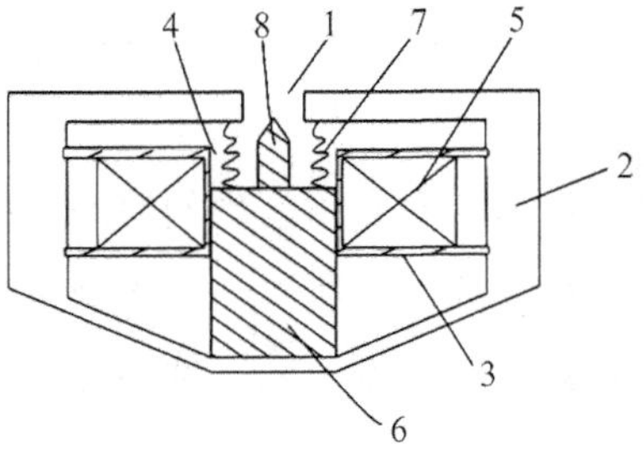

图 3-5-2 案例 3-5-2 实用新型电动击窗器示意

现有技术中对比文件 1 公开了一种电磁式玻璃击破装置（参见图 3-5-3），国际分类号是 B60R 21/02（乘员安全保护装置）。该装置包括一个能够安装在车辆玻璃窗的窗框上的罩壳 2、一个装在罩壳内的支架 4 以及装在支架 4 中的一个电磁线圈 5 和一个击破轴 9；该罩壳设有能够贴向车辆玻璃窗的玻璃的开口；该击破轴 9 以沿着轴线垂直于车辆玻璃窗窗面的方式安装于支架中，支架中设有能够让击破轴移向车辆玻璃窗窗面的滑槽 41；该击破轴 9 包括尖锐的前端 91 和带有沿轴向设置的磁极的后部 92；击破轴 9 的前部装有一弹簧 10，该弹簧 10 张顶在支架前侧板与击破轴的后部之间；电磁线圈 5 装在击破轴 9 后端的支架 4 上，电磁线圈 5 内装有一与击破轴同轴线的铁芯 6；击破轴 9 的后端与铁芯的前端面相靠近。电磁线圈 5 通电并产生磁场而使铁芯 6 和击破轴 9 后部 92 之间因为相同的磁极而相斥，从而使击破轴 9 整体克服弹簧 10 的阻力沿支架的滑槽 41 向车窗玻璃 1 的方向运动并击破玻璃；电磁线圈 5 断电时，铁芯 6 和击破轴 9 后部 92 之间的斥力消失，在弹簧 10 的回复力作用下，击破轴 9 回复到原来的状态。由此可见，对比文件 1 中击破轴的运动是电磁线圈通电产生磁极之间的斥力导致的。

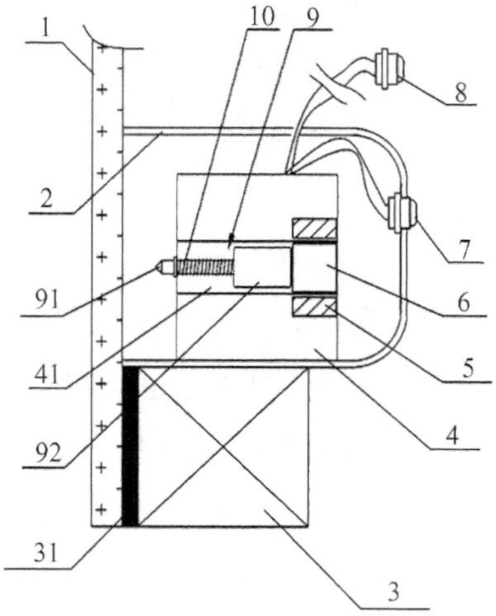

图3-5-3　案例3-5-2对比文件1电磁式玻璃击破装置示意

对比文件2公开了一种常开电磁阀（参见图3-5-4），国际分类号是F16K 31/06（阀）。该电磁阀包括阀体1、阀盖31，阀盖中设有隔离套2，阀盖与隔离套之间设有电磁圈3，隔离套的圆柱形内腔26中设有活动铁芯21和推杆22，活动铁芯设在内腔26底部，推杆22为非导磁材料。阀体1和隔离套2之间设有阀芯，阀芯为硅胶粒25，与活动铁芯21联动，活动铁芯21和硅胶粒25之间还设有一个复位弹簧23。在电磁线圈通电后，活动铁芯带动推杆下行；复位部件通过推杆与活动铁芯和阀芯联动，使得复位部件在复位时也能受到隔离套内腔导

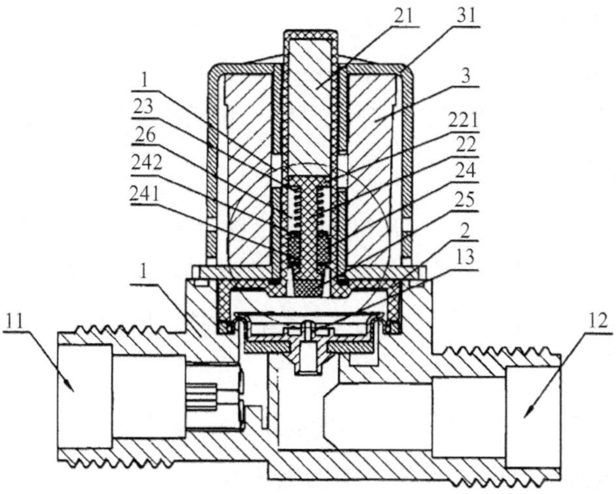

图3-5-4　案例3-5-2对比文件2常开电磁阀示意

向，不会使得阀芯的复位产生偏移，另外，取消了原来的静铁芯设置，使得活动铁芯能更好地运行，降低了阀门对电磁线圈的工作要求。由此可见，其公开了以下：电磁线圈通电，使铁芯克服弹簧力下行；电磁线圈断电，铁芯借助复位弹簧回位。

（3）焦点问题

观点一：权利要求 1 不具备创造性。

对比文件 1 中已经公开了电磁驱动方式，虽然该案例和对比文件 2 中装置的应用领域不同，但电磁驱动在电磁阀中应用较为广泛，本领域技术人员容易想到到该技术领域去寻找技术手段。因此，对比文件 2 给出了将其应用到对比文件 1 中的技术启示，权利要求 1 不具备创造性。

观点二：权利要求 1 具备创造性。

对比文件 2 与该案例在技术领域和解决的技术问题上完全不同。对比文件 2 公开装置的国际分类号是 F 类，该案中装置的国际分类号是 B 类；对比文件 2 的常开电磁阀要解决的技术问题是克服电磁阀使用时间长带来的密封性问题，可见，对比文件 2 与该案例属不同的技术领域。对比文件 2 不存在将上述区别特征应用到对比文件 1 当中来解决需要人工手动操作击窗器这一技术问题的技术启示。因此，权利要求 1 具备创造性。

（4）案例评析

国际分类号只是确定技术领域的参考因素而非决定性因素，所属分类号不同的现有技术仍有可能属于相同的技术领域，在具体判断时，仍应着眼于技术方案的技术功能和特定的用途来综合判断。因而，该案例所属的技术领域需要根据具体情况由本领域技术人员进行客观分析判断，包括直接应用于其中的具体技术领域和所属的功能领域。

对比文件 1 与该案例的所属技术领域相同，因此选取对比文件 1 作为最接近的现有技术。因此，该案例与对比文件 1 的击破轴均采用的是电磁驱动，区别主要在于具体驱动方式不同，即该案例实际解决的技术问题是提供另一种电磁驱动方式。

虽然该案例与对比文件 1 给出的国际分类号都是 B60R 21/02（乘员安全保护装置），但该电磁式玻璃击破装置中的电磁阀的功能应属于电磁驱动领域。显然，电磁驱动领域是该案例与对比文件 1 的相近或相关技术领域。对比文件 2 虽然给出的国际分类号是 F16K 31/06（阀），但其功能分类也是电磁驱动领域。显然，该案例与对比文件1和对比文件2之间技术关联度高，该案例所属技术领域的技术人员基于关联性容易考虑该电磁驱动领域。并且，对于电磁驱动来讲，其在阀这个技术领域应用较为普遍，是本领域技术人员熟知的，即当本领域技术人员面临寻找另一种电磁驱动方式时，阀这个技术领域与该案例实际所要解决的技术问题合理相关。

如上所述，对比文件2中公开了一种电磁线圈通电直接驱动活动铁芯运动的方式，给出了将其应用到对比文件1的技术启示。在对比文件1已经公开采用电磁驱动击破轴的情况下，本领域技术人员在对比文件2的启示下容易想到仅仅采用电磁线圈和铁芯来实现相关运动，这不需要付出创造性的劳动。因此，本领域技术人员结合对比文件1和对比文件2能够评述该权利要求的创造性。

3.5.4.3 现有技术的简单叠加——案例3-5-3

（1）案例要点

权利要求的技术方案与作为最接近的现有技术的对比文件相比存在区别特征，这些区别特征散落公开在多篇其他对比文件中或属于公知常识，如果这些区别特征之间以及其与最接近的现有技术公开的特征彼此之间的叠加在本领域很常见，这种叠加也并没有带来预料不到的技术效果，则该权利要求相对于该等对比文件及本领域公知常识的结合不具备创造性。

（2）案例简介

涉案实用新型涉及电动汽车的动力电池领域，尤其涉及一种动力电池组件（参见图3-5-5、图3-5-6和图3-5-7）。该动力电池组件可以提高动力电池的安装拆卸效率，有效减少安装过程中与快换支架的碰撞，提高动力电池的安全性。

涉案实用新型专利的权利要求1如下：

1. 一种动力电池组件，其特征在于，包括：

动力电池（100），所述动力电池的前侧设置有插接结构（10），所述插接结构内设置有多个插接高压接线端子（11）和多个插接低压接线端子（12），所述动力电池的侧壁上设置有安装凸起（20）；

快换支架，所述快换支架的侧壁上设有与所述安装凸起配合的安装锁块，所述快换支架的前侧设置有对插结构（30），所述对插结构内设有与所述插接高压接线端子接触配合的对插高压接线端子（31）和与所述插接低压接线端子接触配合的对插低压接线端子（32）；

所述对插结构上设有用于安装所述对插高压接线端子的第一容纳槽（33），所述对插高压接线端子在所述第一容纳槽内位置可调；

所述第一容纳槽内设有第一弹性件（34），所述第一弹性件止抵在所述第一容纳槽的底壁和所述对插高压接线端子之间；

所述对插结构上设有用于安装所述对插低压接线端子的第二容纳槽（35），所述对插低压接线端子在所述第二容纳槽内位置可调；

所述第二容纳槽内设有第二弹性件（36），所述第二弹性件止抵在所述第二容纳槽和所述对插低压接线端子之间；

所述插接结构上设置有定位销（13），所述对插结构上设置有与所述定位销配合的定位孔（37）；

缓冲垫（40），所述缓冲垫设置在所述动力电池的左侧壁和右侧壁上，所述缓冲垫为多个且分别在所述动力电池的左侧壁和所述右侧壁间隔开设置。

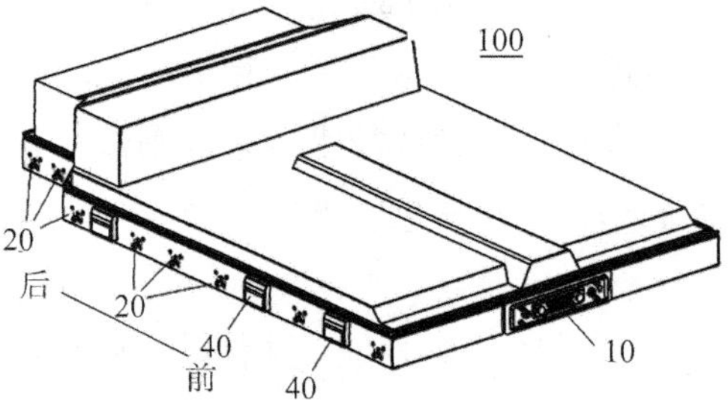

图3-5-5　案例3-5-3动力电池的结构示意

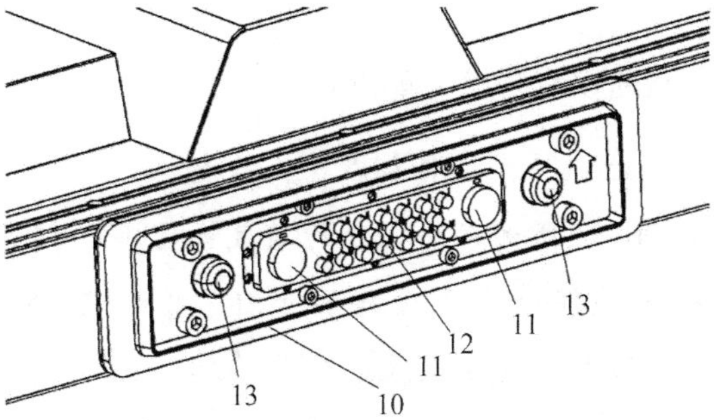

图3-5-6　案例3-5-3动力电池的插接结构的结构示意

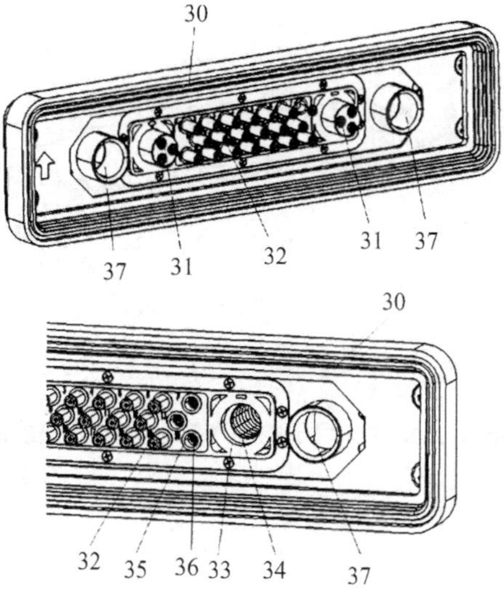

图3－5－7　案例3－5－3动力电池组件的对插结构的结构示意

对比文件1公开了一种用于电动汽车动力电池快换的装置（参见图3－5－8和图3－5－9），其所解决的技术问题是有效地使电池在短时间内能够快速装卸，并且准确定位固定可靠。其中，包括电池箱2，电池箱2的短边侧面设有电池箱接口板9，电池箱接口板9主要是电池箱2的输出与输入的接口，电池箱2呈矩形体，沿电池箱2的两长边侧面横向均匀分布设有支撑体6，支撑体用于承载电池箱2的重量，电池箱上侧设有上框架部分1，上框架部分固定于车体的下底盘，由下框架部分3固定电池箱，在推送装置5向上的推动下使得电池箱嵌入上框架部分内，之后通过上框架部分中的挡条锁板13来完成对电池箱的固定，电池箱2由支撑体6穿过支撑体开口14嵌入上框架部分内，并且通过移动挡条锁板13使得原位置的支撑体开口14发生错位封住支撑体开口，利用侧板挡条12承载支撑体6，使得电池箱固定在上框架部分内，上框架基板10的短边下侧设有一上框架接口板15，上框架接口板15正对于电池箱接口板9，当弹力定位销下端的指示灯完全亮起后表明电池箱完全嵌入上框架部分内，并且上框架接口板15也与电池箱接口板9接合。

对比文件2公开了一种电动汽车的电池快换装置，包括电池包和集成有高低压插针的接插机构，下插接件中设置有多个插接高压接线端子和多个插接低压接线端子，上接插件上设置与所述插接高压接线端子接触配合的高压接线端子和与所述插接低压接线端子接触配合的低压接线端子。

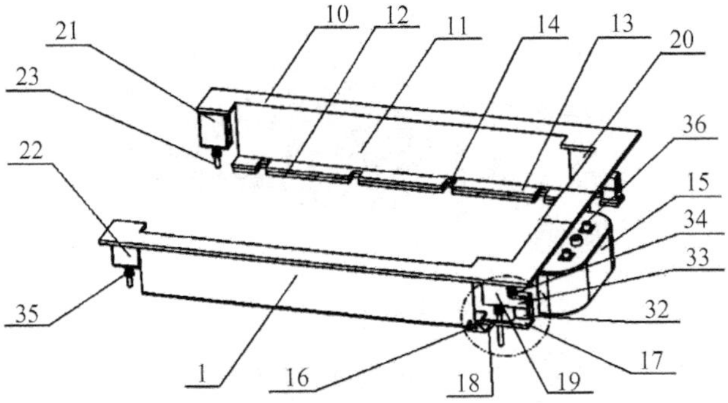

图 3-5-8　案例 3-5-3 对比文件 1 用于电动汽车动力电池快换的装置的上框架部分示意

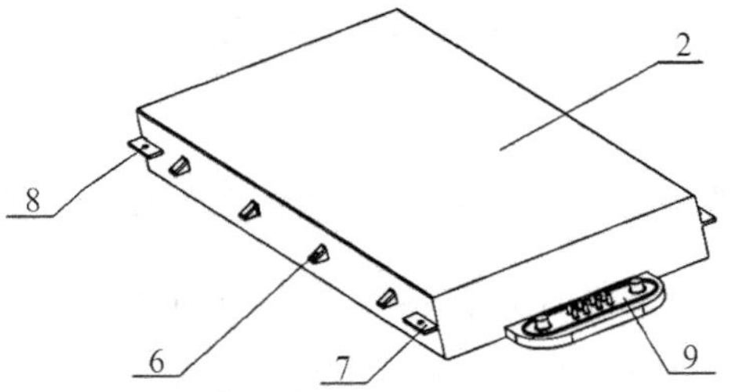

图 3-5-9　案例 3-5-3 对比文件 1 用于电动汽车动力电池快换的装置的电池箱示意

对比文件 3 公开了一种用于电动汽车电池包更换的阻尼触头结构（参见图 3-5-10 和图 3-5-11），包括设置于轿车底盘的触头主体 1 和与电池包总成相连的接电器插头 2，触头连接柱 3 活动套设于该触头主体 1 内，触头连接柱的右端设置有触头 31，位于壳体 11 内触头连接柱 3 的右端处设置有触头挡片 32，弹簧 4 套设于触头连接柱 3 外，该弹簧的一端抵靠触头挡片 32，该弹簧的另一端抵靠盖 12，壳体 11 右侧与接电器插头 2 相对应的表面固定设置有定位螺钉 6，接电器插头 2 左侧与壳体 11 相对应的表面设置有定位孔 7。

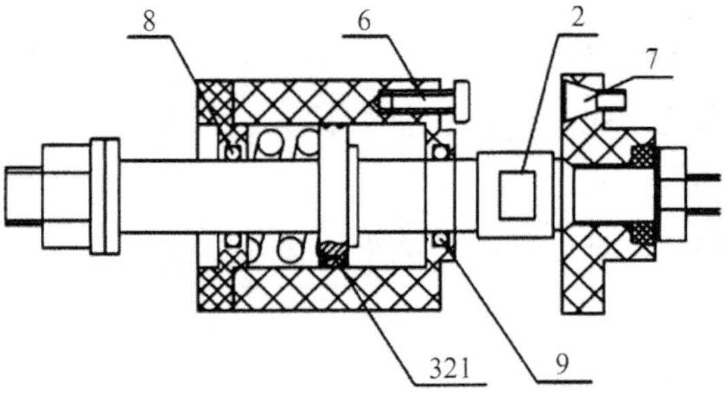

图 3-5-10　案例 3-5-3 对比文件 3 阻尼触头结构的使用示意

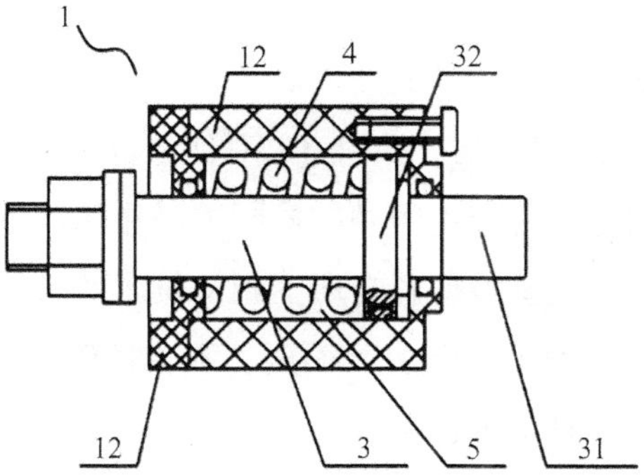

图 3－5－11　案例 3－5－3 对比文件 3 触头主体的示意

对比文件 4 公开了一种电动汽车的电池包锁止系统（参见图 3－5－12），其中电池包 10 的两边各设置有一个边梁 11，在电池包的每个边梁上还设置有多个限位块 112，限位块通过螺钉或其他机构与边梁 11 相连接，用处是避免电池包与纵梁直接碰撞，限位块 112 为间隔设置。

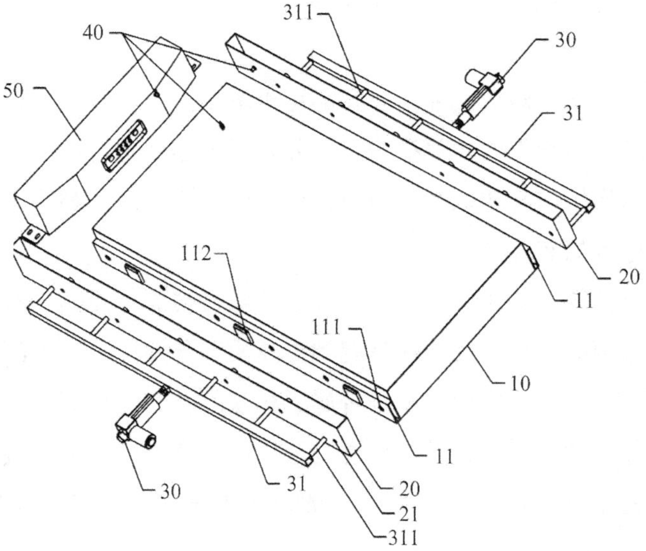

图 3－5－12　案例 3－5－3 对比文件 4 电池包锁止系统的分解

权利要求 1 与对比文件 1 相比，区别主要在于以下几个方面：①插接装置的具体端子类型；②对插结构上的容纳槽和弹性件及其相关结构的设置；③插接装置的定位结构；④缓冲垫的相关设置。基于这些区别可以确定，权利要求 1 实际要解决的技术问题为：保障插接装置的稳定性、安全性和提高动力电池的装卸效率。

(3) 焦点问题

观点一：权利要求 1 不具备创造性。

对比文件 1、对比文件 2、对比文件 3、对比文件 4 所公开的技术特征之间具有独立性，各特征之间并没有产生额外的协同关联作用或者相互依存关系，技术方案所达到的技术效果是这些特征各自所达到的技术效果的汇总。因此，权利要求 1 是通过现有技术的“简单的叠加”而成，不具备创造性。

观点二：权利要求 1 具备创造性。

对比文件 1、对比文件 2、对比文件 3、对比文件 4 均是关于电动汽车电池包的结构或快换装置的结构，本领域技术人员没有动机将用于不同电池包的结构拼凑来得到该案例权利要求 1 的技术方案。权利要求 1 具备创造性。

(4) 案例评析

对于区别特征①，对比文件 2 公开了电动汽车的电池快换装置，其使用端子对端子的连接方式相互对接多个高压接线端子和低压接线端子，且这些特征在对比文件 2 中的作用与其在该案例中的作用相同，都是提供了一种插接结构。

对于区别特征②，对比文件 3 公开的用于电动汽车电池包更换的阻尼触头结构具有两套容纳槽与弹簧的相关结构，其公开了上述区别特征②，且这些特征在对比文件 3 中的作用与其在该案例中的作用相同，均是便于触头之间的紧贴防震动，提高动力电池的装卸效率。

对于区别特征③，对比文件 3 还公开了接电器插头与壳体相对应的表面设置有定位孔和定位销的结构，其同样是起到提高两部分插接结构的配合稳定性。至于定位销与定位孔的具体位置以及是否属于相互配合的两个部分，本领域技术人员根据对比文件 3 的教导，容易想到通过这样的配合方式以实现接电器插头和触头主体的配合稳定性。而且，这种简单的位置调整也没有取得预料不到的技术效果。

对于区别特征④，对比文件 4 公开了一种电动汽车的电池包锁止系统，其在电池包的边梁上间隔设置的多个限位块（相当于缓冲垫），用处是避免电池包与纵梁直接碰撞。本领域技术人员在对比文件 4 的基础上为了缓解动力电池安装过程中和快换支架之间的碰撞，容易想到在动力电池的侧壁上设置缓冲垫以缓冲动力电池的侧壁与快换支架的碰撞。

综上，权利要求 1 的技术方案仅仅是对比文件 1、对比文件 2、对比文件 3、对比文件 4 及本领域常规技术手段的简单叠加，各个特征独立完成其各自功能，各特征之间并没有产生额外的协同关联作用或者相互依存关系，在对比文件 1 的基础上结合对比文件 2、对比文件 3、对比文件 4 及本领域常规技术手段得到权利要求 1 的技术方案是显而易见的，权利要求 1 不具有实质性特点和进步，不具备创造性。

3.5.4.4　现有技术的简单叠加——案例 3-5-4

（1）案例要点

当使用多项现有技术结合来评价实用新型的创造性时，须考虑实用新型是否属于这些现有技术的简单叠加，如果其权利要求的技术特征并未全部被这些现有技术公开，且各技术特征之间相互关联，而这些现有技术各自公开的技术特征在结合时存在适配性问题，则通常认为该实用新型相对于这些现有技术是非显而易见的。

若一项权利要求中的多个技术特征共同配合以解决同一技术问题，且各个技术特征之间存在协同作用关系，它们组合后的技术效果并非各自技术效果的简单加和，而是取得了新的技术效果，则不能认为该权利要求的技术方案属于现有技术的简单叠加或拼凑。在现有技术整体上并未就实际解决的技术问题给出技术启示时，该权利要求保护的技术方案并非显而易见。

（2）案例简介

涉案实用新型涉及电动汽车领域，提供一种方便电动汽车的电池在安装时或更换时更容易对位的电池托盘（参见图 3-5-13）。现有电动汽车的电池安装方式一般分为固定式和可换式，可换式的电池一般采用活动安装的方式，电池可以随时取下，以进行更换或充电，在更换或充电完毕后再安装到车体上。在自动更换电池的方案中，要完全靠机械设备实现电池的自动更换过程，因此，待安装电池与电动汽车的电池安装座的对位非常重要，既要在整体上对准，还要在安装时使电池有一定的移动量。涉案实用新型的电池托盘采用锥形杆的限位结构，使托盘放置电池后避免产生较大位移，同时又使电池在小范围内留有移动余地，方便电池与电动汽车上的电池安装座进行对接。

涉案实用新型专利的权利要求 1 如下：

1. 电池托盘，其特征在于，包括：

托盘（109），具有框架结构；

导向板（22），安装在所述托盘的上表面的周边，具有开口向上的槽

(221)，用于引导电池侧壁的固定块卡入以固定电池；

所述托盘的下表面安装有定位杆，用于所述托盘的定位安装；

所述定位杆为向下延伸的锥形杆（20），所述锥形杆设有多个，且分布在所述托盘的下表面的周边；

所述托盘的下表面垂直安装有卡板（21），所述卡板用于卡入电池移动平台的凹槽以固定所述托盘；

所述托盘的下表面安装有L形托板（25），所述托板用于放置在电池移动平台的支撑板上以支撑所述托盘。

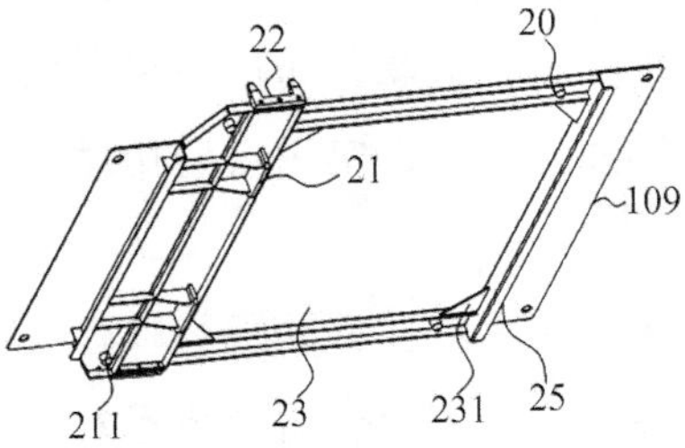

（a）电池托盘

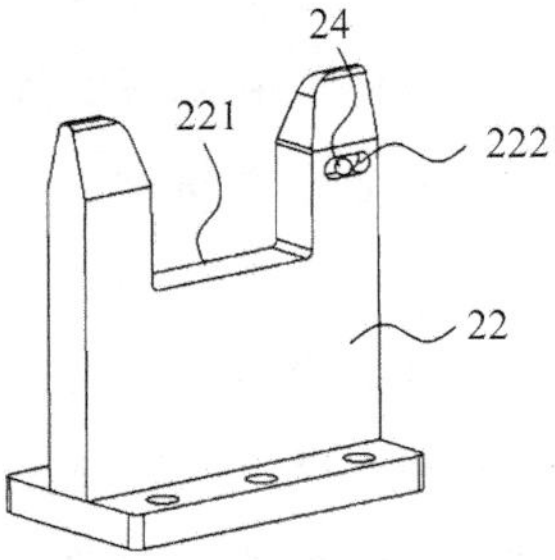

（b）导向板

图3－5－13　案例3－5－4电池托盘和导向板的结构示意

对比文件1公开了一种乘用车的电池快换装置（参见图3－5－14），包括用于为乘用车提供电力的驱动电池4，在驱动电池的相对两端分别设置有卡合结构41；电池板1与驱动电池活动固定，该电池板1包括承接驱动电池的第一托板11，和设置在第一托板相对两端用于和驱动电池的卡合结构41插接的电池定位块12；与固定装置活动固定的车体板2，该车体板包括为电池板提供定位的第二托板21、设置在第二托板相对两端用于和锁座5插接的车体定位块22。在工作时，先将电池板1通过电池定位块12与驱动电池固定在一起，再将电池板1置于车体板2安装车体定位块22的一面上，将叠加了电池板1和车体板2的驱动电池 4 放置在快换机构的托盘上，快换机构以车体板 2 作为驱动电池 4 更换时的对准装置，同时能够以车体板 2 作为施力点推动驱动电池 4 进入锁止位置，防止了直接推动驱动电池而导致乘用车移动的现象。同时，电池板 1 和车体板 2 能够形成相对移动的效果，降低了驱动电池更换时的难度。为了提高安装后的稳定性，可以在电池板和车体板上设置相互配合的滑动定位结构，以避免二者安装到位后移动，例如在第二托板 21 上表面设置凸块 23，和在第一托板 11 上设置与凸块 23 相对应的通孔 13 以供凸块插入，从而形成水平方向上的限位。上述凸块与通孔的配合结构可以设置多个，并相应在各自托板上均匀分布。

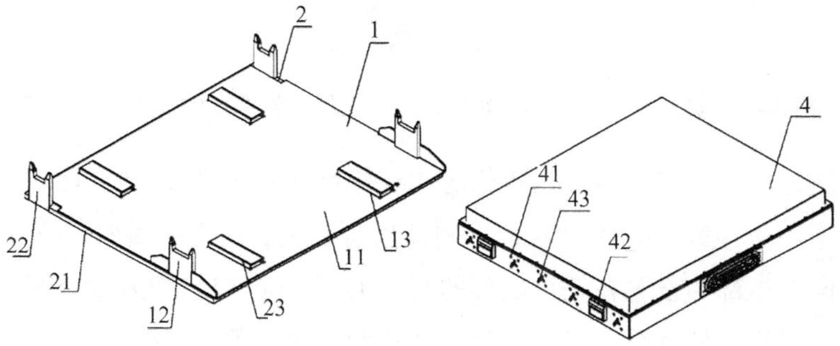

图 3-5-14　案例 3-5-4 对比文件 1 电池板、车体板和驱动电池的结构示意

对比文件 1 公开了框架结构，可以作为最接近的现有技术，但未公开下表面设置与快换机构相配合的相关结构。

权利要求 1 与对比文件 1 相比，区别至少包括：所述定位杆为向下延伸的锥形杆，所述锥形杆设有多个，且分布在所述托盘的下表面的周边；所述托盘的下表面垂直安装有卡板，所述卡板用于卡入电池移动平台的凹槽以固定所述托盘；所述托盘的下表面垂直安装有 L 形托板，所述托板用于放置在电池移动平台的支撑板上以支撑所述托盘。

对比文件 2 公开了一种光伏组件周转托盘（参见图 3-5-15），该托盘是由金属材料制成的框架结构，且位于框架结构的四角分别设置一个支撑台面 1 来支撑光伏组件，以及在四角的背面分别设置有一个支腿 2，为了便于拖车更加准确、便利地与托盘配合，托盘的底部还设置有用于拖车插入的定位装置，定位装置为设置在托盘底部的定位凹槽或定位凸起。

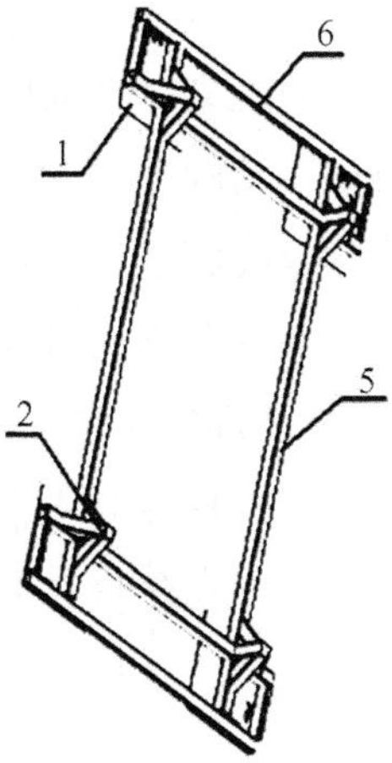

图 3－5－15　案例 3－5－4 对比文件 2 光伏组件托盘的立体结构示意

对比文件 3 公开了一种凹凸定位的包装托盘（参见图 3－5－16），托盘 1 上设置有若干用于存放产品的穴位 11、与输送盘底板 2 配合的横向定位部和竖向定位部，横向定位部为设置在托盘底部的凸起 12，凸起 12 与底板 2 上的凹槽 21 相对置。即，对比文件 3 公开了一种与凹槽相配合的长条形定位凸起结构。

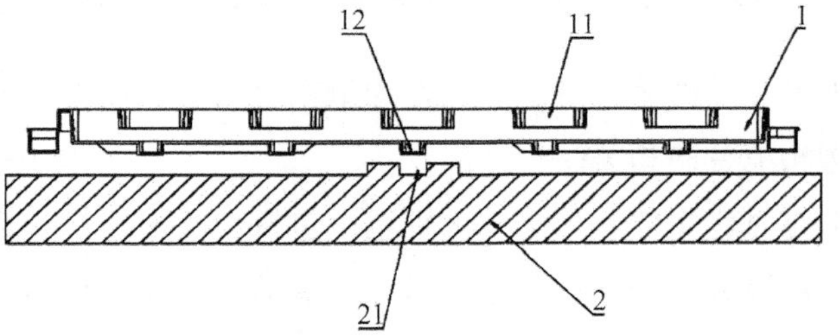

图 3－5－16　案例 3－5－4 对比文件 3 凹凸定位的包装托盘的结构

对比文件 4 公开了一种电池转移装置（参见图 3－5－17），用于从材料搬运车辆装卸电池。其中，电池转移装置 18 包括移动单元 30 和电池架 32。移动单元 30 用于在电池转移操作期间暂时地支撑和运输电池。电池架 32 包括顶壁 70、支撑结构 72 以及后挡 73，支撑结构 72 包括从顶壁向下延伸的多个脚，但是可包括能够将电池架 32 和电池在结构上支撑于一表面（例如，地板、其他电池、搁架等）上的任何合适类型的结构。

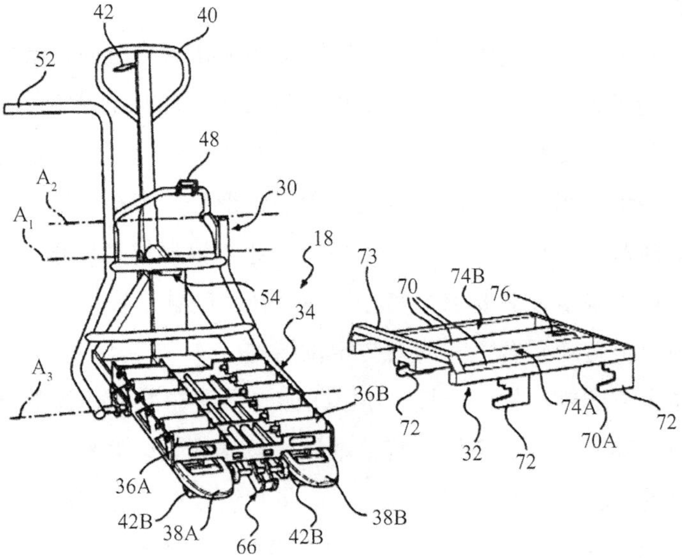

图 3－5－17　案例 3－5－4 对比文件 4 电池转移装置的示意

（3）焦点问题

观点一：权利要求 1 不具备创造性。

权利要求 1 虽然组合了许多特征，但是各个技术特征均为实现其各自相应技术效果的惯用手段，均以其常规方式进行工作，采用的技术原理也为大众所熟知，能够独立实现其各自功能，属于现有技术及惯用手段的简单叠加。在上述对比文件均已公开了锥形杆、卡板、L 形托板等相关结构或给出了相应技术启示的情况下，本领域技术人员容易获得权利要求 1 的技术方案。因此，权利要求 1 不具备创造性。

观点二：权利要求 1 具备创造性。

卡板、锥形杆及 L 形托板相互之间存在协同作用，共同构成电池托盘与电池移动平台之间的安装定位结构，卡板与电池移动平台上的凹槽配合实现了电池移动平台上沿垂直于卡板平面方向相对固定托盘的作用，锥形杆用于托盘放置电池后避免电池产生较大位移，同时又可以使电池在小范围内留有移动余地。“卡板”与“锥形杆”的结合既保证了托盘和电池移动平台支架的连接，又能够实现电池的小范围移动余量，二者相辅相成，具有协同的作用，任意去除其中之一，另外一个就无法起到对应的技术效果。L 形托板用于支撑托盘，避免托盘的压力全部集中在卡板上，同时由于仅用于支撑而不会限制锥形杆提供托盘的移动余地。因此，权利要求 1 具备创造性。

（4）案例评析

根据该案例说明书的记载，可以确定该案例在托盘下表面设置锥形杆、卡板及L形托板是为了解决该案例说明书所称“待安装电池与电动汽车的电池安装座的对位非常重要，既要在整体上对准，还要在安装时使电池有一定的活动量”这一技术问题，即该实用新形托盘下表面设置的锥形杆、卡板、L形托板共同形成了一种方便电池对位的特定安装定位结构。因此，根据权利要求1与对比文件1的区别特征，可以确定权利要求1实际解决的技术问题是提供一种方便电池对位的电池托盘与电池移动平台之间的安装定位结构。

然而，该案例的锥形杆、卡板、L形托板均设置在电池托盘的下表面以用于电池托盘与电池移动平台的定位安装，本领域技术人员公知锥形杆、卡板、L形托板均有各自的形状特点及作用方式，然而将其组合在一起共同执行相同组件的安装定位时，上述结构之间必然会产生相互影响，而形成配合关系和协同作用。该案例在托盘下表面设置锥形杆、卡板和L形托板的目的是“提供一种方便电池对位的电池托盘与电池移动平台之间的安装定位结构”，在将待安装电池与电动汽车的电池安装座进行对位的过程中，锥形杆、卡板、L形托板除了实现自身的定位或支撑的基本功能外，还要实现使电池托盘与电池移动平台之间整体上对准又存在一定活动余量以方便电池对位的技术效果。也就是说，上述技术手段的组合并非常规机械结构的随意选取，而是针对某一具体应用场合、利用各自特点相互配合以解决该应用场合下特定的技术问题，同时实现了各自技术效果简单加和以外的新的技术效果，因此上述技术手段的组合并非现有技术的简单叠加而是构成了一种特定设计，在没有明确的技术启示指引的情况下，本领域技术人员不能显而易见地获得该特定设计。对比文件1～4仅涉及某一技术手段的单独应用，不能从整体上给出将锥形杆、卡板、L形托板三者相互配合、共同构成方便电池对位的电池托盘与电池移动平台安装定位结构的技术启示，同时也没有充分的证据表明采用锥形杆、卡板及L形托板共同构成方便电池对位的托盘安装结构是本领域的公知常识。因此，权利要求1具有实质性特点和进步，具备创造性。

第4章　发明专利解析

根据《专利法》第三十五条的规定，国务院专利行政部门对发明专利申请进行实质审查。对发明专利申请进行实质审查的目的在于确定发明专利申请是否应当被授予专利权，特别是确定其是否符合专利法有关新颖性、创造性和实用性的规定。本章将对新能源汽车技术的主要技术点在发明专利申请中会涉及的主要法条进行解读，分析需要注意的常见问题，并选取典型案例进行解析。

4.1　创造性

4.1.1　法律解读

4.1.1.1　创造性的基本概念

根据《专利法》第二十二条第三款的规定，发明和实用新型的创造性定义如下："创造性，是指与现有技术相比，该发明具有突出的实质性特点和显著的进步，该实用新型具有实质性特点和进步。"

从创造性的定义可以看出，一项发明如果想满足创造性的要求，必须与现有技术相比存在某种程度的不同。这种不同的程度可称为"创造性高度"。上述定义同时也是创造性判断的审查基准。为准确把握该基准，《专利审查指南2010》第二部分第四章第2节中进一步规定：

"发明有突出的实质性特点，是指对所属技术领域的技术人员来说，发明相对于现有技术是非显而易见的。如果发明是所属技术领域的技术人员在现有技术的基础上仅仅通过合乎逻辑的分析、推理或者有限的试验可以得到的，则该发明是显而易见的，也就不具备突出的实质性特点。

"发明有显著的进步，是指发明与现有技术相比能够产生有益的技术效果。例如，发明克服了现有技术中存在的缺点和不足，或者为解决某一技术问题提供了一种不同构思的技术方案，或者代表某种新的技术发展趋势。”

根据上述基准，从逻辑上讲，一项发明要满足创造性的要求需要同时满足“突出的实质性特点”和“显著的进步”这两个条件。但是在实际的创造性判断中，一项发明通常很容易满足“显著的进步”这一标准，因此判断的重点通常集中在“突出的实质性特点”上。

4.1.1.2 创造性的判断方法

判断发明是否具有突出的实质性特点，就是要判断对本领域的技术人员来说，要求保护的发明相对于现有技术是否显而易见。

如果要求保护的发明相对于现有技术是显而易见的，则不具有突出的实质性特点；反之，如果对比的结果表明要求保护的发明相对于现有技术是非显而易见的，则发明具有突出的实质性特点。

根据《专利审查指南2010》的规定，我国在授权确权程序中通常采用所谓“三步法”进行创造性判断，其目的在于以本领域技术人员为主体对发明创造的实际过程进行重构，从而使创造性判断的思维过程和判断逻辑尽可能接近客观真实。“三步法”通常可按照以下三个步骤进行：①确定最接近的现有技术；②确定发明的区别特征和发明实际解决的技术问题；③判断要求保护的发明对本领域的技术人员来说是否显而易见。

4.1.1.3 创造性判断中的其他因素

发明是否具备创造性，通常应当根据前述的审查基准进行审查。应当强调的是，当申请属于以下情形时，审查员应当予以考虑，不应轻易作出发明不具备创造性的结论：①发明解决了人们一直渴望解决但始终未能获得成功的技术难题；②发明克服了技术偏见；③发明取得了预料不到的技术效果；④发明在商业上获得成功。

《专利审查指南2010》第二部分第四章第6.3节中进一步指出，在创造性的判断过程中，考虑发明的技术效果有利于正确评价发明的创造性。按照该章第5.3节中所述，如果发明与现有技术相比具有预料不到的技术效果，则不必再怀疑其技术方案是否具有突出的实质性特点，可以确定发明具备创造性。但是，应当注意的是，如果通过该章第3.2节中所述的方法，可以判断出发明的技术方案对本领域的技术人员来说是非显而易见的，且能够产生有益的技术效果，则发明具有突出的实质性特点和显著的进步，具备创造性，此种情况不应强调发明是否具有预料不到的技术效果。

《专利审查指南2010》中的上述规定，仅就突出的实质性特点与预料不到的技术效果之间的关系作了较为原则的规定，并未详细描述二者之间的逻辑关系。因此，在实践中，对于预料不到的技术效果与突出的实质性特点，也就是非显而易见性之间的关系的认识存在一定分歧。有观点认为，当本领域技术人员难以预测技术方案中组分及其含量的变化所带来的效果时，不能机械地适用“三步法”，应当根据技术方案是否取得预料不到的技术效果作为判断是否具备创造性的方法，[1] 即预料不到的技术效果可以作为一项独立的创造性判断方式在某种情形下代替“三步法”作为创造性的判断方法。而另一观点则认为，单独的是否产生预料不到的技术效果并不构成创造性判断的完整方法，但是可以作为重要因素嵌入非显而易见性的判断后，对于显而易见性判断的判断结论是否客观进行检验，其本质属于“三步法”在特殊情形的具体应用。[2]

上述分歧观点实质上体现了在创造性判断中，对适用“三步法”进行非显而易见性判断与预料不到的技术效果之间的逻辑关系的理解存在分歧。因为从《专利审查指南2010》的表述来看，并没有排除采用其他方法判断非显而易见性的可能性。

实际上，预料不到的技术效果是在否定非显而易见性后进行检验的步骤，是创造性的辅助判断因素之一。这与审查实践中的实际情形也是一致的。利用“三步法”否定非显而易见时，通常并不会同时考虑预料不到的技术效果等辅助判断因素，除非发明属于《专利审查指南2010》第二部分第四章第4节规定的几种不同类型发明。创造性判断中的辅助因素实际上是申请人认为发明具备创造性的抗辩理由，其并不单独构成代替“三步法”判断非显而易见性的独立方法。从另一个角度说，审查员利用“三步法”否定创造性是从应然层面对创造性高度的一种推定，而申请人利用预料不到的技术效果等辅助因素进行抗辩则是从实然层面试图推翻这种推定的过程。当申请人针对否定创造性的意见提出预料不到的技术效果等抗辩理由时，审查员需要综合考虑上述因素进行合理判断。这与《专利审查指南2010》中将出版物的印刷日视为公开日期的逻辑本质上是一致的，其实际上也是一种推定，所以《专利审查指南2010》中进一步规定有其他证据证明其公开日的除外。

---

[1] 北京市第一中级人民法院（2013）一中知行初字第180号行政判决。

[2] 国家知识产权局专利复审委员会．化学领域专利难点热点问题研究［M］．北京：知识产权出版社，2018：94.

4.1.1.4 创造性判断中法律思维的运用

法律思维是指依循法律逻辑，以价值取向的思考、合理的论证，解释适用法律。法律思维需要遵循法律的规定和原则，以事实为依据，以逻辑为工具，以法律精神为指导，来解决法律问题。如何在创造性判断中准确运用法律思维思考问题、处理问题，需要注意以下几个方面。

（1）价值判断的思维方式

任何完整的法律规范都是以实现特定的价值观为目的，并评价特定的法益和行为方式，在规范的事实构成与法律效果的联系中总是存在着立法者的价值判断性。[1] 专利制度是知识产权制度的重要组成部分，一方面，其作用体现在维护专利权人的合法权益、鼓励发明创造、推动发明创造的应用、促进科学技术进步；另一方面，专利制度是建设创新型国家、促进经济社会发展的重要制度保障。进一步提升专利申请质量，充分发挥专利制度激励和保护创新的作用，支撑创新驱动发展，是我国目前面临的紧迫任务。如何提高专利申请质量有诸多层面的考量，其中创造性无疑是专利质量的一个重要调节器。但是创造性法条背后的价值判断在法条内容以及审查规范中体现得并不十分清晰，准确把握价值判断的特点是价值判断客观化的必然要求。

首先，价值判断的内涵是不断变化的。这是因为任何价值判断都应当符合社会发展的需要，而现代社会的发展日新月异，新技术新问题新需求层出不穷，不断变化。从建设创新型国家、促进经济社会发展的高度把握创造性判断的高度，是创造性判断的根本价值取向。其次，价值判断是有位阶的。知识产权强国建设必须坚持以人民为中心的发展思想。既要通过严格保护激发全社会的创新活力，同时也要通过权利平衡促进人民群众更好的生活，关注法律效果和社会效果，不可偏废。因此，准确把握不同技术领域中的创造性高度，实际上体现了创造性逻辑判断背后的价值取向。笔者之所以认为创造性高度在不同领域中有所不同，原因在于：各个领域的技术发展阶段差异巨大，例如传统机械领域已经历几百年的发展，而人工智能、大数据等新兴领域则在近几十年方兴未艾。如果把创造性高度比作一把标尺，那么在各个领域中这把标尺的刻度是不同的。这种领域创造性高度的差异性也是创造性逻辑判断背后的应有之义。

---

[1] 魏德士．法理学［M］．丁晓春，吴越，译．北京：法律出版社，2005：52.

（2）主客观二分的思维方式

通过主客观二分的思维方式进行法律问题的分析判断是一种在各部门法中常见的思维方式，这种思维方式在创造性判断中同样有着鲜明的体现。最典型的就是创造性判断中技术领域、技术方案、技术问题、技术效果等要素的分析。其中，技术方案通常是客观的，技术问题、技术效果显然更多体现的是一种主观价值判断。虽然一般认为技术领域是客观的，但是事实上，其同样有一定的主观性。创造性判断的本质在于以本领域技术人员为主体对发明创造的实际过程进行重构，最理想的状态当然是评述创造性的逻辑与发明人实际研发的过程完全契合，技术手段的技术效果明确记载于证据中，达到主客观形式上的完全一致。美国专利商标局在创造性判断中使用的“教导－启示－动机”（TSM）检验规则就体现了这一精神。但是在实际的创造性判断中，达到主客观完全一致的情形十分困难，其根源就在于对技术问题、技术效果的认知通常是一种主观认识。对于同样的技术手段，不同主体的价值判断往往是不同的，在证据中寻找到对于技术问题、技术效果形式上完全一致的描述十分困难。如果固守主客观形式上完全一致这一标准，必然会导致创造性判断失去应对复杂现实的灵活性。

认识到创造性判断中主观和客观要素的存在，对于准确把握发明创造性高度具有非常重要的意义。在创造性判断中尽可能追求主客观一致是创造性法条的内在要求。具体而言，《专利审查指南2010》中规定，重新确定的技术问题可能要依据每项发明的具体情况而定。作为一个原则，发明的任何技术效果都可以作为重新确定技术问题的基础，只要本领域的技术人员从该申请说明书中所记载的内容能够得知该技术效果即可。实践中有观点认为这表明实际解决的技术问题的认定完全不受申请文件中记载的技术问题的限制。但是存在这样一种情况，如果创造性判断中采用的最接近的现有技术是本申请的背景技术，而申请人所提出的技术问题也是准确适当的技术问题，为了契合“三步法”的内在精神，按照重构发明创造实际过程的思考逻辑，通常应当以申请人提出的问题作为实际解决的技术问题，而不应重新提出一个新的技术问题。在这种情况下，申请文件中记载的技术问题就对实际解决的技术问题的认定构成了限制。

（3）从证据出发的思维方式

证据意识首先体现在对于事实的确认。在创造性判断中，事实认定本质上是一种法律思维指引下的法律判断。创造性判断中的事实并不是客观的技术事实，而是依赖于证据支持的法律事实。法律事实与客观的技术事实完全契合是创造性判断追求的最终目标，但是在实际情况中，二者往往并不完全一致，在很多案件中存在处于不确定状态的事实。如果事实处于不确定状态，而应当通过价值判断将其转化为法律事实。具体而言，可以通过不同的证明标准来确定法律事实。对于较为重要的待证事实，需要确立较为严格的证明方式和复杂的证明程序，并设置较高的证明标准。相反，对于那些相对不重要的待证对象，则确立较为宽松的证明方式和较为简易的证明程序，并设置较低的证明标准。例如，《专利审查指南2010》中规定，审查员在审查意见通知书中引用的本领域的公知常识应当是确凿的，如果申请人对审查员引用的公知常识提出异议，审查员应当能够提供相应的证据予以证明或说明理由；在审查意见通知书中审查员将权利要求中对技术问题的解决作出贡献的技术特征认定为公知常识时，通常应当提供证据予以证明。上述规定实质上就体现了对于重要事实需要严格证明的精神。

证据意识还体现在对于申请文件、现有技术、申请人陈述的理解和确认。虽然技术方案通常是客观的，但是创造性判断中的技术方案并不是完全独立于人主观认识的纯客观对象，是否具备创造性的判断会受到申请文件、现有技术、申请人陈述等证据内容的限制，必须结合上述证据记载的内容从整体上理解发明的方案。这就要求审查员要时刻从证据出发，在充分考虑并回应申请人意见的基础上，作出合理的判断。这也是程序正义的应有之义。

（4）法律思维贯穿创造性判断的全过程

创造性判断通常包括理解发明、检索现有技术、认定事实、适用法律得出审查结论等环节。实践中有观点认为法律思维主要体现在法律适用这一环节。这种认识其实是不全面的。创造性判断的全过程本质上是一种法律适用的过程，技术方案是其判断的对象，但不能改变其法律思维的本质。因此，在理解发明、检索现有技术、认定事实的各个环节都应当在法律思维的指引下进行。例如，在理解发明环节，准确把握发明构思、权利要求的解释都是一种事实基础上的法律判断，而不仅仅是一种技术理解。在检索环节，对于现有技术的筛选同样是在法律思维的指引下与本申请进行比较。认定事实则是在证据支持下确定法律事实的过程，事实不确定状态下的证明标准的适用则是利益衡量、价值判断的法律思维过程。

在创造性判断充分贯彻证据意识，通过“三步法”重构发明创造的实际过程，契合创造性判断的内在逻辑和价值要求，能够充分保证创新主体的合法权益。通过证据意识、价值判断还能够准确高效地抓住发明实质，解决争议问题，从而提升审查效率。

法律思维是一种系统性、规范性的思维方式。在创造性判断中应遵循专利法的规定和原则，以证据为根据认定案件事实，以逻辑分析为思维工具，从中国式现代化指引下的知识产权强国建设的战略高度理解专利制度的价值取向。虽然各个领域的技术发展复杂多变，但是上述判断的原则和思维方法基本相同。只有在各领域复杂的案件中准确把握上述原则和思维方法，才能使创新主体的发明创造得到合理的保护，才能促进经济社会发展，更好地服务于创新型国家的建设。

4.1.2 领域特点

动力电池技术、驱动电机技术和电控技术，这三者是新能源技术的核心。其中最为核心的是动力电池技术，提高其能量密度和循环寿命是当前新能源汽车领域研究的重中之重。动力电池是新能源汽车的核心总成，关系到新能源汽车的安全性、动力性、经济性、续驶里程、使用寿命与充电方便性等，是普及推广新能源汽车的关键要素。[1]

2022年中国新能源汽车产销量位居全球首位，新能源汽车技术发展逐步由政策驱动转化为市场驱动，动力电池技术进步、基础设施建设完善等因素也促使中国新能源汽车产业迅猛发展，新能源汽车领域知识产权保护也同步发展。新能源汽车技术领域的专利技术构成当中，动力电池系统、驱动电机系统和充电系统占比之和高达71.89%，尤其是动力电池领域，专利公开量占比从2021年的44.30%提高至2022年的49.23%，可见2022年我国新能源汽车相关技术创新主要集中在动力电池领域。[2]

电池领域属于电化学学科，该学科本身就是电学与化学的交叉学科。而电池领域的专利申请更是涉及面广，不单涉及电池以及相关部件的结构、以分子式表示的各种材料，还涉及与电池制备相关的机械领域、与充放电相关的电力领域以及与电池管理相关的自动化控制领域。参数、性能类权利要求、方法类权利要求

---

[1] 节能与新能源汽车技术路线图战略咨询委员会，中国汽车工程学会．节能与新能源汽车技术路线图［M］．北京：机械工业出版社，2016：42.

[2] 参见中汽信息科技有限公司等《2022中国汽车专利数据统计分析》。

在创造性判断中占了很大比重，非显而易见性判断逻辑更为复杂严谨，对于申请文件的撰写以及申请人的答辩水平也有着更高的要求。

4.1.3 常见问题

4.1.3.1 最接近的现有技术的适格性

创造性判断中，最接近的现有技术是一个重要的概念，它是判断发明是否具有突出的实质性特点的基础，是技术改进和法律判断的技术起点和逻辑起点。

《专利审查指南 2010》第二部分第四章第 3.2.1.1 节中具体规定：最接近的现有技术是指现有技术中与要求保护的发明最密切相关的一个技术方案，它既可以是“与要求保护的发明技术领域相同，所要解决的技术问题、技术效果或者用途最接近和/或公开了发明的技术特征最多的现有技术”，也可以是“与要求保护的发明技术领域不同，但能够实现发明的功能，并且公开发明的技术特征最多的现有技术”。可见，确定最接近的现有技术可以从技术手段、技术效果、技术领域等多个方面进行考虑。

从上述规定可以看出，作为技术改进的起点，一项合格的最接近的现有技术至少是与本申请领域相同、相近或者功能、用途相同的技术方案。这样规定的根本原因在于，在创造性判断中通常采用“三步法”进行评述，其目的在于尽量还原发明创造的过程，从而保证创造性判断的客观性。作为技术改进起点的最接近的现有技术是本领域技术人员改进的对象，领域相同相近、用途或功能相同，是本领域技术人员能够发现技术问题的客观基础。只有符合这些基本条件，本领域技术人员在面对上述现有技术时，理论上才有可能发现并提出相关的技术问题。但是实际上是否能够发现并提出相关的技术问题并不是必然的，还有一个主观上是否能够发现并提出的问题。这也正是实践中技术问题的提出能够使一项发明具备创造性的理论依据。换句话说，如果作为改进起点的“最接近的现有技术”不符合上述条件，那么本领域技术人员并不能提出相关的技术问题，那么相关申请必然是非显而易见的。

对此，欧洲专利局指出，尽管可以自由选择反对发明缺乏创造性所基于的出发点，但是所选择的现有技术应符合某些标准才能被视为最接近的现有技术。如果一个文件未能提及至少与可从专利说明书中推导出来的技术问题相关的技术问题，那么无论该文件与有关专利的主题拥有多少个共同技术特征，该文件通常情况下不符合成为判断创造性所用的“最接近的现有技术”的条件。[1] 由此可见，实际上可以将我国《专利审查指南2010》中的上述规定看作最接近的现有技术的适格性要求。

此外，最接近的现有技术一旦确定后，其作为技术改进的起点，必然会对本领域技术人员的改进方向和思路有所限制。关于这一点，正如欧洲专利局在其判例中指出的，尽管本领域技术人员在选择最接近的现有技术时是相对自由的，但是本领域技术人员在作出选择后必然会受其选择的约束；最接近的现有技术的选取不仅确定了作为技术改进的主题，而且限定了进一步改进的框架，也就是在该具体的技术框架内作进一步的改进。[2]

最接近的现有技术一旦确定后，虽然在创造性判断中本领域技术人员对最接近的现有技术的改进必然会受到最接近的现有技术的限制，但是这种限制并不是绝对的。实践中的争议主要在于如何理解最接近的现有技术对于技术改进限制的程度。

4.1.3.2　实际解决技术问题的准确性

创造性判断“三步法”中的第二步为：确定发明的区别特征和发明实际解决的技术问题。在审查中应当客观分析并确定发明实际解决的技术问题。为此，首先应当分析要求保护的发明与最接近的现有技术相比有哪些区别特征，然后根据该区别特征在要求保护的发明中所能达到的技术效果确定发明实际解决的技术问题。可见，准确认定区别特征是客观确定发明实际解决的技术问题的重要前提。《专利审查指南2010》进一步规定，对于功能上彼此相互支持、存在相互作用关系的技术特征，应整体上考虑所述技术特征和它们之间的关系在要求保护的发明中所达到的技术效果。

上述过程涉及对于区别特征、技术效果以及实际解决技术问题的认定，往往是创造性判断中的主要争议点。上述重要事实认定的准确性直接影响创造性评判结论的正确性。对于区别特征的认定，要避免割裂具有协同关系的特征。对于技术效果和技术问题的认定，应当结合相关证据，站位本领域技术人员准确认定直接的技术效果和技术问题，避免过于上位或者过于具体。

通常而言，如果技术方案中的多个特征之间紧密联系、相互依存，通过协同

---

[1][2] 欧洲专利局上诉委员会．欧洲专利局上诉委员会判例法：第6版［M］．北京同达信恒知识产权代理有限公司，组织翻译．北京：知识产权出版社，2016：155－157．

作用共同解决同一技术问题，产生关联技术效果，则在将发明与最接近的现有技术进行对比时，应当将其作为一个整体进行考虑。准确划分技术特征的关键在于对技术方案中各部分内容之间关系的认定。通过准确把握发明构思，分析技术方案各部分内容与发明为解决技术问题采用的发明构思以及产生的技术效果之间的关系，有助于对技术方案各部分内容之间的关系作出准确认定。[1]

4.1.3.3 技术启示的明确性

在判断现有技术是否存在技术启示的过程中，要确定的是现有技术整体上是否存在某种技术启示，即现有技术中是否给出将上述区别特征应用到该最接近的现有技术以解决其存在的技术问题的启示，这种启示会使本领域的技术人员在面对所述技术问题时，有动机改进该最接近的现有技术并获得要求保护的发明。

对于技术启示的明确性，最理想的状态当然是评述创造性的逻辑与发明人实际研发的过程完全契合，通过技术手段实现的技术效果明确记载于证据中，达到主客观形式上的完全一致。但是现实中，对技术问题、技术效果的认知通常是一种主观认识，对于同样的技术手段，不同主体的价值判断往往是不同的，在证据中寻找到对于技术问题、技术效果形式上完全一致的描述十分困难。

《专利审查指南 2010》第二部分第四章“创造性”部分，共有 2 处涉及整体原则。首先，在创造性的审查原则部分规定：在评价发明是否具备创造性时，审查员不仅要考虑发明的技术方案本身，而且还要考虑发明所属技术领域、所解决的技术问题和所产生的技术效果，将发明作为一个整体看待。其次，在判断方法部分，解释判断要求保护的发明对本领域的技术人员来说是否显而易见这一步骤时又指出：判断过程中，要确定的是现有技术整体上是否存在某种技术启示。从以上规定可以看出，整体原则规范的不仅是对于发明本身的理解，同样规范了对于现有技术的理解。具体而言，在创造性判断中，发明的区别特征和发明实际解决的技术问题的认定，现有技术是否存在技术启示的判断等各个环节都要考虑整体原则。对专利创造性的判断应当以全面、正确地理解本发明和现有技术的技术方案为前提，忽略技术领域、技术问题和技术效果，机械割裂本发明的技术方案或者现有技术公开的技术方案，都是违背整体原则的。

在这种情况下，准确把握整体原则，合理考虑技术领域的影响，是判断技术启示明确性的主要考虑因素。技术领域对技术启示的判断存在影响，应当作为考

---

[1] 最高人民法院（2020）最高法知行终 155 号行政判决书。

虑因素之一。在考虑结合性时，应当考虑所属领域技术人员是否“会”自然而然地、符合逻辑地结合，即当所属领域技术人员面对所要解决的技术问题时，是否有动机去该领域寻求解决方法。

但是如何认定相同领域或相近领域呢？是应用领域还是功能领域？正如前文所述，对于技术领域相同或相近的认定实际上有一定主观性。对此，美国专利审查操作指南中指出：“如果满足以下条件之一，一份参考文献就是请求保护的发明的类似技术：（1）该文献来自与所请求保护的发明相同的所属领域（即使它解决了一个不同的问题）；或者（2）该参考文献与发明人所面临的问题合理相关（即使它与所请求保护的发明不在同一所属领域）。”

为了使文献“合理地与问题相关”，它必须“合乎逻辑地在发明人考虑其技术问题时能够引起发明者的注意”。在确定文献是否合理相关时，审查员应该考虑在说明书中明确或隐含反映的发明人所面临的问题。在评估申请人的争辩意见时，审查员应该参考说明书的教导和本领域普通技术人员合理地从说明书中得出的推论，以此作为理解要解决的问题时的引导。现有技术参考文献如果与请求保护的发明不属于同一领域，那么它必须与要解决的问题合理相关，才能有资格成为类似技术，并应用于显而易见性的拒绝意见中。[1] 由此可见，合理相关通常已经达到了领域相近或者说相关的最低要求。当然，上述认定应当是在参考说明书的教导的基础上作出的。

4.1.4 案例解析

4.1.4.1 最接近的现有技术的限制——案例4-1-1

（1）案例要点

如果最接近的现有技术与本申请的发明构思并不相同，导致本领域技术人员以其作为起点尝试重构发明时，需要完全改变最接近的现有技术的技术框架，那么在没有任何证据明确表明现有技术存在改进动机的情况下，本领域技术人员很难从最接近的现有技术出发对其进行改进从而得到本申请。

（2）案例简介

涉案申请涉及一种利用变速发电机为蓄能设备充电的电力管理系统。电力管

---

[1] 美国专利审查操作指南：可专利性［M］. 国家知识产权局国际合作司，国家知识产权局专利局审查业务管理部，组织翻译. 北京：知识产权出版社，2021：245.

理系统用于选择性地向多种耗能负载提供电力。一些电力管理系统包括多种不同的能源。现有电力管理系统的缺点在于，当发电机用于给负载供电时，它们通常不能给电池充电。因此，需要提供一种包括变速发电机的电力管理系统，当发电机用来给负载供电时，电力管理系统应该能够为电池充电。

涉案申请基于这些问题提供一种包括变速发电机的电力管理系统，当发电机用来给负载供电时，电力管理系统能够为电池充电。涉案申请用发电机控制器监控蓄能设备的电量水平，基于蓄能设备的电量水平控制变速发电机，进而控制电力管理系统。

涉案申请的权利要求 1 如下：

> 1. 一种电力管理系统，包括：
>
> 变速发电机，将电压输出提供至总线，其中所述总线适于连接至负载和蓄能设备；以及发电机控制器，控制变速发电机的速度，其中发电机控制器监控蓄能设备的电量水平，其中发电机控制器远程地显示关于电力管理系统的操作的信息，其中所述发电机控制器经由网络提供关于电力管理系统的操作的信息；其中，所述发电机控制器通过将电压、电流和温度中的至少一个与存储在所述发电机控制器中的数据进行比较来监控所述蓄能设备的电量水平，其中，所述存储在所述发电机控制器中的数据包括可调节的设定点，所述设定点能够被更改以改变所述电力管理系统的操作。

对比文件 1 公开了一种发电机系统及方法。其针对如下问题进行设计：在发电机系统的很多应用中，稳态负载要求一般相对于发电机功率容量低，对发电机的选择常常由实际上可能短暂的峰值功率要求所驱使，在大部分使用时间内，这种发电机被认为尺寸过大。该发电机系统包括用于在峰值使用期间给发电机补充功率的电能存储设备，这便于减小发电机的尺寸。具体地，移动发电机系统 28 包括两个主电源，来自发电机组 30 的交流功率和来自存储设备 70 的直流功率；其中发电机组 30 包括专用引擎 32 和三相 AC 发电机 34，引擎 32 的旋转运行速度和相应地发电机 34 的旋转速度响应于系统 28 的电力加载的变化在选定的运行范围内变化，在该范围内，发电机组旋转速度增加，以满足与系统 28 上增加的电力负载相伴随的较大的功率要求；处理器 100 可调节发电机组 30 的旋转速度，根据一个或多个条件（如瞬态）产生不同的发电机组速度变化率；存储设备 70 经由母线、开关等连接至电负载 84，当母线 80 上的功率要求可以由具有剩余容量的发电机组 30 进行提供时并具有剩余容量时，则可以利用 PI 控制电路 52 调节变换器 60 来使用该剩余容量为来给设备 70；在功率峰值的瞬态时，发电机组 30 以其最大可用加速度来提高速度，以处理瞬态，来自设备 70 的所需升压功率和发电机组 30 的最大加速度用于快速地满足瞬态负载要求。

（3）焦点问题

观点一：权利要求 1 不具备创造性。

涉案申请与对比文件 1 中的电力管理系统都能够在给负载供电时对电池充电；对比文件 1 中，当存储设备 70 电量不足、客车负载无功率需求时，容易想到启动变速发电机对存储设备 70 充电，在存储设备 70 充满电后停止发电机，涉案申请只是在对比文件 1 的基础上增加了将蓄能设备的电量水平作为启动、停止发电机的条件，并不与对比文件 1 背离。考虑电压、温度等因素并与设定值进行比较判断电池电量水平属于公知常识，根据实际情况对设定值进行调整是本领域技术人员容易想到的。

观点二：权利要求 1 具备创造性。

涉案申请中的发电机是完全基于蓄能设备的电量水平进行操作，蓄能设备的电量水平处于控制的高优先级，即当蓄能设备的电量水平较低时，优先对蓄能设备进行充电，以防止电池受损。对比文件 1 中发电机组和存储设备对负载供电，通过对负载功率的判断确定工作模式：当负载功率超出阈值时，存储设备进入升压操作模式对负载供电以补充发电机功率的不足；在发电机组满足负载功率需求还有剩余的情况下，对存储设备进行充电即进入充电操作模式，通过这种方式降低发电机的尺寸。尽管涉案申请和对比文件 1 中的电力管理系统都能够给电池类设备充电，但涉案申请是以蓄能设备的电量水平作为操作导向，对比文件 1 中仅是在发电机功率剩余时对存储设备充电。本领域技术人员没有动机对比文件 1 进行改进。

（4）案例评析

尽管涉案申请和对比文件 1 中的电力管理系统都能够给电池类设备充电，但涉案申请是以蓄能设备的电量水平作为操作导向，对比文件 1 中仅是在发电机功率剩余时对存储设备充电。在对比文件 1 中基于负载功率作为操作导向的情况下，峰值功率是短暂存在的，大部分时间内存储设备不需要执行升压操作。在这种控制逻辑下，对比文件 1 中既未公开基于存储设备的电量水平对电力管理系统、发电机进行控制的技术特征，也没有给出根据存储设备电量水平进行操控的技术启示。可见，涉案申请与对比文件 1 的发明构思并不相同，相应地控制逻辑也不相同。本领域技术人员以对比文件 1 作为起点尝试重构发明时，需要完全改变对比文件 1 中现有的控制逻辑，本领域技术人员没有动机对比文件 1 进行改进。在没有任何证据的情况下，本领域技术人员很难从对比文件 1 出发对其进行改进从而得到涉案申请。

4.1.4.2 最接近的现有技术的限制——案例 4－1－2

（1）案例要点

尽管本领域技术人员在选择最接近的现有技术时是相对自由的，但是本领域技术人员在作出选择后必然会受其选择的约束。最接近的现有技术的选取不仅确定了作为技术改进的主题，而且限定了进一步改进的框架，即在该具体的技术框架内作进一步的改进。如果进一步改进针对的技术问题与最接近的现有技术的技术主题相悖，则本领域技术人员没有动机对其进行改进。

（2）案例简介

涉案申请涉及一种电动汽车充电方法。由于电动汽车的充电设施的数量较少且较难搜索到，而且充电设施新旧标准不统一，车主在充电前无法确认相应充电设施是否可以为自己驾驶的车辆充电，因此如何改善电动汽车的充电问题是亟待解决的问题。

基于此，涉案申请提供一种电动汽车充电方法，在该电动汽车充电方法中，电动汽车只要在与充电设施连接并确认能够通过充电设施正常充电后，即获取充电设施对应的充电信息，并将充电信息上传至服务器，从而通过服务器将该充电信息与各车主拥有的终端共享。因此，只要在某个充电地点出现过一次对电动汽车成功充电的事件，位于该充电地点的充电设施对应的充电信息就会被服务器记录并共享给所有车主。每辆电动汽车都成为信息收集的一个节点，使得其他车主能够实时获取位于附近区域的充电设施的相关信息，可以提高电动汽车充电的可靠性和效率，从而改善了电动汽车的充电问题。

涉案申请的权利要求 1 如下：

> 一种电动汽车充电方法，由电动汽车执行，包括：
>
> 在与充电设施连接并确认能够通过所述充电设施正常充电后，获取与所述充电设施对应的充电信息；
>
> 将所述充电信息上传至服务器；其中，所述服务器能够使得各车主拥有的终端共享所述充电信息，所述充电信息至少包括电动汽车的车辆型号。

对比文件 1 涉及一种充电桩共享方法、装置及共享平台，其发明目的在于提供一种充电桩共享方法、装置及共享平台，以缓解个人充电桩的资源浪费的技术问题。对比文件 1 的充电桩共享方法在接收到第一用户终端发送的充电预约请求时，根据充电桩共享数据库中的各个充电桩的共享时段确定目标充电桩，以将共享时段与充电时段进行匹配，进而将目标充电桩的充电桩信息发送至第一用户终端。该方法能够将个人充电桩共享给需要充电的用户，使个人充电桩可以服务多辆电动车，避免了个人充电桩的闲置和资源的浪费，也有助于提高用户的体验度。

（3）焦点问题

观点一：权利要求 1 不具备创造性。

对比文件 1 已经公开了将充电桩共享给其他用户，以提高充电设施利用率，改善电动汽车充电问题的核心构思。对比文件 1 中对充电信息的获取和上传是由第二用户终端执行，设置充电信息的获取和上传的执行主体是电动汽车是本领域技术人员在对比文件 1 基础上作出的常规技术选择。

观点二：权利要求 1 具备创造性。

对比文件 1 的主要发明构思在于提供一种主要针对个人充电桩的共享的改进方法，以避免个人充电桩的闲置和资源的浪费。对比文件 1 和涉案申请二者之间并无相似之处，本领域技术人员从对比文件 1 出发，难以容易地想到在电动汽车连接充电成功后，利用电动汽车将包括车辆型号在内的充电信息上传至服务器以提升匹配程度。

（4）案例评析

涉案申请的主要发明构思在于电动汽车只要在与充电设施连接并确认能够通过充电设施正常充电后，即获取充电设施对应的充电信息，并将充电信息上传至服务器，该发明通过服务器将该充电信息与各车主拥有的终端共享。该发明使每辆电动汽车都成为信息收集的一个节点，其他车主能够实时获取位于附近区域的充电设施的相关信息，可以提高电动汽车充电的可靠性和效率。而对比文件 1 的主要发明构思在于提供一种主要针对个人充电桩的共享的改进方法，以避免个人充电桩的闲置和资源的浪费，且其中个人充电桩的所属用户上传的共享信息包含的是反映充电桩所有者信息的有第二用户终端的终端标识和反映充电桩本身特性的充电桩的属性信息。除均提出了充电设施可以被更多用户共享外，对比文件 1 和涉案申请二者之间并无相似之处，发明构思并不相同。对比文件 1 主要涉及充电桩共享相关的技术内容，本领域技术人员从对比文件 1 出发，寻求进一步提升充电可靠性和充电效率的技术手段，通常是寻求对充电桩自身的技术改进，难以容易地想到在电动汽车连接充电成功后利用电动汽车将包括车辆型号在内的充电信息上传至服务器以提升匹配程度。

4.1.4.3 最接近的现有技术的限制——案例4-1-3

(1) 案例要点

最接近的现有技术一旦确定后，虽然本领域技术人员对最接近的现有技术的改进会受到最接近的现有技术的限制，但是这种限制并不是绝对的，最接近的现有技术声称的发明目的并不必然会限制本领域技术人员出于不同的技术需求对其进行改进。

(2) 案例简介

涉案申请涉及一种车载式移动充电设备及发电移动充电车。电动汽车充电的充电桩尚未普及，移动充电车的出现很好地弥补了电动汽车充电市场的需求。目前的移动充电车，例如采用柴油的移动充电车，其发电系统在工作时会散发大量的热量；但发电系统安装在车辆的货厢内，其散热空间受限，散热能力低，存在发电系统的机体散热不足的问题。

涉案申请针对上述问题提供一种新的车载式移动充电设备及发电移动充电车，以提高移动充电设备的散热能力。其通过供料室、发电室和充电室，使供料系统、发电系统和充电系统各自设置于独立的腔室内，以提高车载式移动充电设备的安全性能。货厢内固定设置有散热冷却系统，散热冷却系统包括散热装置和与所述散热装置连通的散热管路。散热装置通过散热管路与高温部件连通；通过散热装置以降低高温部件的温度，将高温部件的热量有效排出。

涉案申请的权利要求1如下：

1. 一种车载式移动充电设备，其特征在于，包括货厢、供料系统、发电系统和充电系统；所述供料系统用于存储可燃介质并输送给所述发电系统，所述发电系统利用所述可燃介质发电并供电给所述充电系统；所述充电系统用于供电给待充电物；

所述货厢依次设置有供料室、发电室和充电室；所述供料系统固定设置在所述供料室内，所述发电系统固定设置在所述发电室内，所述充电系统固定设置在所述充电室内；

所述发电室和所述充电室的顶部分别设置有散热风扇，所述发电室和所述充电室的底部分别设置有通风孔；

所述货厢内固定设置有散热冷却系统；所述散热冷却系统包括散热装置和与所述散热装置连通的散热管路；

所述散热装置通过所述散热管路与高温部件连通；

所述高温部件包括所述发电系统的气缸、增压器、排气管或者中冷器中的一个或者多个。

对比文件 1 公开了一种车载式移动充电设备，包括车厢 2、燃油箱 3、发电系统和充电系统；燃油箱 3 用于存储可燃介质并输送给发电系统，发电系统利用所述可燃介质发电并供电给充电系统；充电系统用于供电给待充电物；车厢 2 依次设置有供料室、发电室和充电室；燃油箱 3 固定设置在供料室内，发电系统固定设置在发电室内，充电系统固定设置在充电室内，车厢 2 内部还设置有散热水箱 4、通风百叶。对比文件 1 还公开了大功率发电车的难题之一是如何将大功率发电机组、散热水箱、排烟消声器、日用燃油箱、控制柜、输出电缆卷盘等装置集成安装于有限的车厢空间内，其要解决车厢尺寸受汽车标准限值而与大容量变压器的外形尺寸与防护距离要求矛盾的技术问题。

对比文件 2 公开了一种发动机的散热冷却系统，包括散热装置和散热管路，散热装置与高温部件连接，散热装置包括散热器及散热管路，其中该散热冷却系统包括对增压器、中冷器进行冷却的第一散热冷却子系统和对缸体、缸盖（气缸）进行冷却的第二散热冷却子系统。

（3）焦点问题

观点一：权利要求 1 不具备创造性。

虽然设置额外的散热回路会导致发动机尺寸一定程度的增加。但是，当本领域技术人员存在对高温部件分别冷却，改善发动机燃烧性能的需求时，就有动机对对比文件 1 中的发动机散热回路进行改进，以设置对不同的冷却部件进行冷却的多条冷却回路。

观点二：权利要求 1 具备创造性。

对比文件 1 的发明构思显然是希望获得整体结构相对简单和紧凑的发电系统，如此来确保容纳发电系统的车厢的尺寸合乎汽车标准限值。在这种情况下，本领域技术人员显然难以违背对比文件 1 的教导，随意地在对比文件 1 的车厢内增加各种散热回路以及相关的散热部件。

（4）案例评析

首先，对比文件 1 指出其减小车厢占用空间的发明目的是基于大功率发电设备尺寸较大从而导致车厢空间增大的客观事实，而设置额外的散热回路虽然会导致发动机尺寸一定程度的增加，但相较于采用大功率的发电设备而言，其尺寸的变化非常有限。也就是说，对于散热回路的改进与对比文件 1 所要解决的技术问题并不矛盾或者相悖。当本领域技术人员存在对高温部件分别冷却，改善发动机燃烧性能的需求时，就有动机对对比文件 1 中的发动机散热回路进行改进，以设置对不同的冷却部件进行冷却的多条冷却回路。

4.1.4.4 最接近的现有技术的限制——案例 4－1－4

（1）案例要点

尽管本领域技术人员在选择最接近的现有技术时是相对自由的，但是本领域技术人员在作出选择后必然会受其选择的约束，最接近的现有技术的选取不仅确定了作为技术改进的主题，而且限定了进一步改进的框架，也就是在该具体的技术框架内作进一步的改进。如果进一步改进会使最接近的现有技术的基本功能丧失，则本领域技术人员没有动机对其进行改进。

（2）案例简介

涉案申请涉及一种用于电动车辆或混合动力车辆的机动车电池模块。这些机动车具有至少一个电池模块作为唯一或附加的驱动装置，该至少一个电池模块提供电驱动能量。通常，电池模块包括多个电池单元，尤其是棱柱或棱柱形的电池单元。在制造电池模块时，各电池单元通常面状地相互黏接并且随后以行程控制和力监控的方式通过压板压紧，使得这些电池单元直接相互贴靠并且构成一个压紧的电池组。已知的电池模块中不能补偿在运行期间基于电池单元呼吸产生的力以及由制造引起的构件公差。

涉案申请的任务在于，提供一种机动车电池模块，其提供力补偿或行程补偿并且仍能实现各电池单元的压紧。涉案发明的基本思想在于，避免电池单元在整个侧面上的全面的贴靠和压紧，从而普遍可实现行程补偿或力补偿。由于间隔元件并非全面地贴靠在邻接的电池单元的侧面上，因此仅侧面的一部分支撑在间隔元件上。通过该一部分，用于压紧所需的力通过压板传递到各个电池单元上，从而可构成压紧在一起的电池组。相反，所述侧面未受支撑的部分可用于平衡和补偿力和公差。由此实现一种间隔元件，该间隔元件将各邻接的电池单元机械地间隔开并且同时具有用于邻接的电池单元的非机械的行程补偿或力补偿。

涉案申请的权利要求 1 如下：

1. 用于电动车辆或混合动力车辆的机动车电池模块（10），包括侧向并置的构成电池组（20）的至少两个电池单元（12、14）以及两个位于电池组（20）的相对置的两侧上的压板（16、18）和至少一个间隔元件（22a、22b、22c），所述压板这样设置，使得所述至少两个电池单元（12、14）设置在两个压板（16、18）之间，所述间隔元件具有第一贴靠面（30a、30b、30c），并且所述间隔元件具有主体（24a、24b、24c）和两个仅仅存在于主体（24a、24b、24c）的相对置的边缘上的第一突出部（28a、28b、28c），这些边缘与邻接的电池单元（12、14）的相对置的端侧相配，并且在这两个第一突出部（28a、28b、28c）上分别构造有相应的第一贴靠面（30a、30b、30c），经由所述第一贴靠面，所述至少一个间隔元件（22a、22b、22c）贴靠在邻接的电池单元（12、14）的侧面（12a、14a、14b）上，所述两个第一突出部（28a、28b、28c）上的第一贴靠面（30a、30b、30c）小于邻接的电池单元（12、14）的与间隔元件（22a、22b、22c）邻接的侧面（12a、14a、14b），使得侧面（12a、14a、14b）的一部分未受支撑，其中，在相应的间隔元件（22a、22b、22c）的主体（24）和所述两个第一突出部（28a、28b、28c）以及与这些间隔元件邻接的电池单元（12、14）之间形成第一空腔（32a、32b、32c），从而相应邻接的电池单元（12、14）能在机动车电池模块（10）运行期间延伸到第一空腔（32a、32b、32c）中，并且通过所述侧面的受支撑的部分，用于压紧所需的力通过压板传递到各个电池单元上，从而可构成压紧在一起的电池组，而所述侧面的未受支撑的部分能用于平衡和补偿力和公差。

对比文件1公开了一种电池模块，其所要解决的技术问题是在寒冷的气候中可靠地加热电池组并实现电池组的优异性能，同时尽可能地保持电池组的现有结构。因为，所以可以在寒冷天气等的情况下可靠地加热电池模块并防止在低温下的性能下降。生热单元设置在保持隔离件自身中，保持隔离件具有对电池模块的保持功能，冷却路径形成功能和对电池模块的加热功能，并具体公开了以下内容：包括侧向并置的、构成电池组的两个以上的电池单元110以及两个位于电池组110的相对置的两侧上的端板180和两个以上的保持间隔元件130，所述端板180这样设置，使得所述至少两个电池单元110设置在两个端板180之间，所述保持间隔元件130包括主体131和凸起141，其中在保持间隔元件130的主体131的上下对置的边缘上设置有凸起141，位置边缘上的凸起141与邻接的电池单元110的相对置的端侧相配，所述保持间隔元件130具有第一贴靠面，第一贴靠面构造在所述至少一个间隔元件上的至少一个突出部 141 上，经由该第一贴靠面所述至少一个保持间隔元件 130 贴靠在邻接的电池单元 110 的侧面上，所述第一贴靠面小于邻接的电池单元 110 的与保持间隔元件 130 邻接的侧面，使得侧面的一部分未受支撑，其中在保持间隔元件 130 的主体、凸起 141 和相应邻接的电池单元 110 之间形成空腔，通过电池侧面的受支撑的部分，用于压紧所需的力通过端板 180 传递到各个电池单元 110 上，从而构成压紧在一起的电池组。

权利要求 1 与对比文件 1 公开的内容相比，其区别在于：两个仅仅存在于主体的相对置的边缘上的第一突出部以及所述侧面的未受支撑的部分能用于平衡和补偿力和公差。基于上述区别特征可以确定，权利要求 1 实际解决的技术问题是如何提供一种能够在电池组使用期间平衡和补偿力和公差的结构。

（3）焦点问题

观点一：权利要求 1 不具备创造性。

权利要求 1 与对比文件 1 的区别仅在于：两个仅仅存在于主体的相对置的边缘上的第一突出部以及所述侧面的未受支撑的部分能用于平衡和补偿力和公差。电池呼吸作用会引起电池之间存在力的作用是本领域技术人员的公知常识，而为了解决这种现象带来的弊端，将相邻电池隔开以减小其互相作用的力也是容易想到的，在此技术启示下，本领域技术人员在对比文件 1 的基础上容易想到设置两个仅仅存在于主体的相对置的边缘上的第一突出部以及所述侧面的未受支撑的部分用于平衡和补偿力和公差，从而解决电池呼吸作用所引起的弊端。

观点二：权利要求 1 具备创造性。

对比文件 1 所要解决的技术问题是提供一种可靠地加热电池组并且尽量维持电池组的已有结构，因此对比文件 1 采用间隔体与其上的多个突出部形成梳子状的结构，从而形成供冷却剂流动的冷却路径。而涉案申请中只设定了两个仅仅存在于主体的相对置边缘上的第一突出部并且在其间形成第一空腔允许机动车电池模块运行期间延伸到第一空腔中。基于对比文件 1 所要解决的技术问题及其采用的技术手段，本领域技术人员根本没有动机省略中间的多个突出部。

（4）案例评析

对比文件 1 所要解决的技术问题是尽量利用电池的现有结构实现在寒冷天气中对电池的加热，其所采用的技术手段是在现有的用于电池冷却的主体中嵌入加热装置。其中在主体上具有多个凸起以形成供冷却液流过的通道，而只有设置多个凸起形成多条通道才能使冷却液能够在整个电池单元的侧面上有效地流动，从而与电池单元进行充分的热量交换，实现冷却的功能。在此技术启示下，本领域技术人员难以想到将多个凸起简化为只剩下位于主体相对侧边缘的两个凸起，因为这种简化将无法形成供冷却液流过的通道，无法实现对电池单元进行冷却的功能。

4.1.4.5　最接近的现有技术的限制——案例4-1-5

（1）案例要点

本领域技术人员应该知晓本发明申请日之前发明所属技术领域所有的普通技术知识，能够获知该领域中本发明申请日之前所有的现有技术，最接近的现有技术的发明人显然不能等同于本领域技术人员，因此最接近的现有技术的发明人不会谋求的技术方案不能等同于本领域技术人员没有动机谋求。对本领域技术人员来说，面对最接近的现有技术中公开的技术方案，并不会局限于最接近的现有技术申请声称的技术问题，其会基于本发明申请日之前本领域技术人员所应具备的公知常识水平作出综合判断。

（2）案例简介

涉案申请涉及一种用于支持增压装置的设备。按照该发明所建议的技术方案，一种在内燃机的排气系和进气系之间优选用蒸汽运行的附加回路，增压装置的压缩机部分与现有增压装置优选为废气涡轮增压器的压缩机部分优选并连或串连地布置在该附加回路中。这种技术方案既能应用于单级增压也能应用于两级增压。在利用包括低压级和高压级的增压装置的增压中，通过附加回路加载的附加的压缩机部分优选与业已存在的内燃机的高压级并连，因为通常布置在高压部分上的废气门的排气背压会下降。由此可以通过减少内燃机的推出功而使效率得到改善。

涉案申请的权利要求1如下：

1. 用于利用内燃机（10）的废热的设备（48），其包括单级或多级的、尤其构造成废气涡轮增压器的增压装置（18；20、28），其中为单级或多级设计的增压装置（18；20、28）配设另外的附加的增压装置（54），该附加的增压装置包括通过附加回路（48）尤其蒸汽回路加载的膨胀机（56），其特征在于，所述膨胀机（56）驱动压缩机部分（58），所述压缩机部分与单级或多级设计的增压装置（18；20、28）的至少一个压缩机部分（24，30）并连，其中为内燃机（10）在排气侧（14）上配设废气再循环装置（70），其中在废气再循环的流动下游为分支部位配设第一热交换器（52），该第一热交换器将来自内燃机（10）的废气的热量排出以及引入到附加的增压装置（54）之前的附加回路（48）的工作介质尤其蒸汽中，其中，尤其对于两级的增压装置（18；20、28）而言，所述附加的增压装置（54）的压缩机部分（58）与高压级（20）的高压压缩机部分（22）并连。

对比文件1也公开了一种用于利用内燃机的废热的设备，并具体公开了以下内容：设备包括单级的、构造成废气涡轮增压器的增压装置6，为单级设计的增压装置6配设另外的附加的增压装置，附加的增压装置包括通过附加蒸汽回路加载的膨胀机17，膨胀机17带动发电机18发电，发电机供电给电驱动装置16，电驱动装置带动压缩机部分15压缩进气，压缩机部分15与单级设计的增压装置的压缩机部分10串连，其实质上也是利用附加回路对进气进行增压。对比文件1中还公开了在废气增压机5的下游配设热交换器7，热交换器7将来自内燃机1的废气的热量排出以及引入到附加的增压装置之前的附加回路的蒸汽工作介质中。

权利要求1与对比文件1相比，区别特征至少在于：膨胀机驱动压缩机部分，压缩机部分与单级设计的增压装置的至少一个压缩机部分并连；为内燃机在排气侧上配设废气再循环装置；其中在废气再循环的流动下游为分支部位配设第一热交换器，该第一热交换器将来自内燃机的废气的热量排出以及引入到附加的增压装置之前的附加回路的工作介质尤其蒸汽中。基于上述区别特征，权利要求1实际所要解决的技术问题是采用其他连接方式来对增压装置的增压进行补充、降低有害物质的排放以及提高内燃机效率。

（3）焦点问题

观点一：权利要求1不具备创造性。

对比文件1已经公开了由蒸汽回路加载的膨胀机带动发电机发电，发电机供电给电驱动装置，电驱动装置带动压缩机部分，且该压缩机部分与废气涡轮增压器组合；对比文件1只是没有公开利用膨胀机直接驱动压缩机。但是膨胀机膨胀时产生旋转动力，它可以带动发电机发电，自然也能够直接带动压缩机工作，这是本领域的公知常识。在此基础上本领域技术人员容易想到可以根据需要使膨胀机直接驱动压缩机部分，这是显而易见的。尽管对比文件1没有公开压缩机部分与单级或多级设计的增压装置的至少一个压缩机部分并连的技术方案，但是对比文件1已经公开了压缩机部分与单级设计的增压装置的压缩机部分串连。在此基础上，本领域技术人员依据本领域的技术常识容易想到可以根据需要将压缩机部分与单级设计的增压装置的至少一个压缩机部分并连。虽然对比文件 1 主观上没有谋求有害物质排放的降低，但是本领域技术人员基于其掌握的所有普通技术知识，能够确定其公开的结构在一定程度上还是达到了与涉案申请相同的技术效果而并不仅仅是柴油机更为强化的冷却。

观点二：权利要求 1 具备创造性。

本领域技术人员从对比文件 1 出发完全不会获得将其所公开的串联结构以某种方式来用并联结构代替的动机，否则必然要将所有组成当前固有结构或者说布局的组件相应地彻底重新构建或者说设计。对比文件 1 中的辅助鼓风机通过由发电机和马达组成的组合结构来驱动。仅从这一点就已经能够看出，对比文件 1 根本没有谋求有害物质排放的降低，而是致力于柴油机的更为强化的冷却。

本领域技术人员在对比文件 1 的固有技术布局上难以有动机对其作出改进，从对比文件 1 中不能看出任何要对有害物排放予以减少的动机。对比文件 1 的柴油发动机根本没有在有害物质排放方面有过任何的优化方案，而是仅仅着眼于发动机功率方面的优化。这充分说明了本领域技术人员根本不会从对比文件 1 出发来谋求涉案申请的技术方案。

（4）案例评析

本领域技术人员应该知晓本发明申请日之前发明所属技术领域所有的普通技术知识，能够获知该领域中本申请优先权日之前所有的现有技术。对比文件 1 的发明人显然不能等同于本领域技术人员，因此对比文件 1 的发明人不会谋求的技术方案不能等同于本领域技术人员没有动机谋求。对本领域技术人员来说，面对对比文件 1 中公开的技术方案，并不会局限于对比文件 1 申请时所提出的解决的技术问题，其会基于涉案申请优先权日之前本领域技术人员所应具备的公知常识水平，对对比文件 1 中的相关特征所起到的作用作出综合判断。由于涡轮增压技术已经是本领域中非常常见的技术手段，本领域技术人员能够确定对比文件 1 中的结构也属于涡轮增压，并且其所采用的蒸汽回路实质上也是一种涡轮增压的附加回路，并与废气涡轮增压串联。这与涉案申请的发明构思相同，本领域技术人员有动机根据需要依据公知常识对其结构进行改进。此外，对比文件 1 虽然主观上没有谋求有害物质排放的降低，但是其回收了废气热量，增大了进气压力，促进充分燃烧，本领域技术人员能够确定其公开的结构客观上还是达到了与涉案申请相同的技术效果而并不仅仅是柴油机更为强化的冷却。

4.1.4.6 区别特征的协同关系——案例 4－1－6

（1）案例要点

对于功能上彼此相互支持、存在相互作用关系的技术特征，应整体上考虑所述技术特征和它们之间的关系在要求保护的发明中所达到的技术效果。如果技术方案中的多个特征之间紧密联系、相互依存，通过协同作用共同解决同一技术问题，产生关联技术效果，则在将发明与最接近的现有技术进行对比时，应当将其作为一个整体进行考虑。

（2）案例简介

涉案申请涉及一种电动出租车充电提醒方法（参见图 4－1－1）、电子设备及存储介质。电动汽车越来越多地用作网约车或者巡游出租车，但是电动汽车面临着充电时间长的问题，无法像燃油车一样能够短时间加满燃油继续行使，因此以电动汽车作为出租车的司机在一个较长的充电时间内将无法接单，会降低出租车的资源利用率。

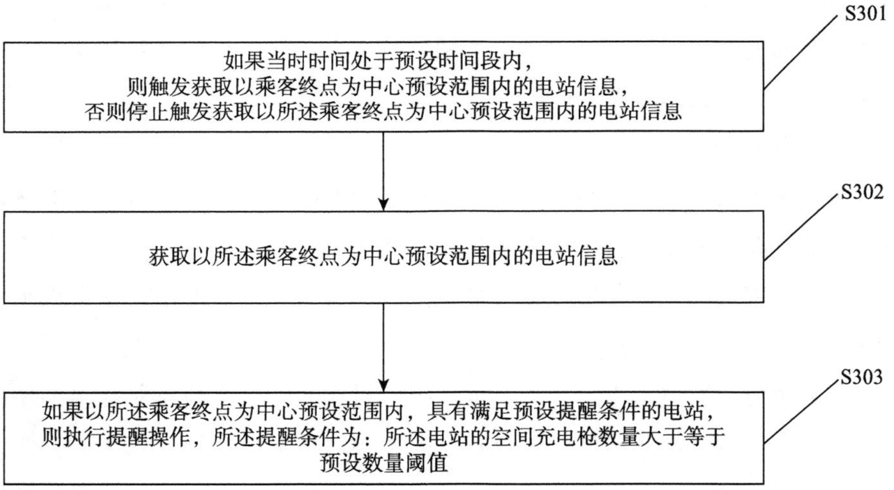

图 4－1－1　案例 4－1－6 涉案申请附图

涉案申请在跑单结束前为司机在乘客终点的地理位置附件寻找电站，使得能够充分利用跑单之间的零散空闲时间，自动提示司机去充电，使电动出租车的电量能够保持在一个比较高的水平，而不是在电量很少的情况下才去充电。这使得司机能够尽量多的接单，从而提高电动出租车的使用效率。

涉案申请的权利要求 1 如下：

1. 一种电动出租车充电提醒方法，其特征在于，包括：

如果当前时间处于预设时间段内，则触发获取以所述乘客终点为中心预设范围内的电站信息，否则停止触发获取以所述乘客终点为中心预设范围内的电站信息；获取以乘客终点为中心预设范围内的电站信息；如果以所述乘客终点为中心预设范围内，具有满足预设提醒条件的电站，则执行提醒操作；所述提醒操作，具体包括：在当前位置与乘客终点小于预设距离阈值时，进行第一提醒；且/或在到达乘客终点时，进行第二提醒。

对比文件 1 公开了一种电动出租车调度方法，电动出租车的充电规则中由于电动出租车的运行特性，需要尽可能增加运营时间，如果电动出租车出现 SOC 低至设定运行警示下限时，在完成本次载客任务时，即选择最近的充电站进行充电；如果电动出租车在某次载客过程结束时，发现目前剩余电量无法完成下一次载客任务时 SOC 状态进行报警，就近选择充电站进行充电。

对比文件 2 公开了一种智能导航方法，包括获取用户的目的地意图路线进行导航时，需考虑用户驾驶车辆的剩余电量是否需要充电，为其规划最优的路线；如果用户在接下来的行程中有多条路线能够对接充电站的固定充电设备，那么首选距离用户将前往的目的地较近并且用户驾驶的车辆的剩余电量能够到达的导航路线；根据用户出发时间还可以预估用户到达固定充电设备的时间，进而进一步地锁定更为具体的时间段。在输出界面上，当目的地处充电站有可用的固定充电设备时，可作特殊标识，例如标识为绿色；而当目的地处无可用固定充电设备时作另一特殊标识，例如标识为红色，并在有可用时由红色转为绿色，最大限度地保证用户到达时有可用的固定充电设备。

（3）焦点问题

观点一：权利要求 1 不具备创造性。

权利要求 1 与对比文件 1 的区别特征为：①如果以所述乘客终点为中心预设范围内具有满足预设提醒条件的电站，则执行提醒操作；②如果当前时间处于预设时间段内，则触发获取以所述乘客终点为中心预设范围内的电站信息，否则停止触发获取以所述乘客终点为中心预设范围内的电站信息。

基于区别特征①可以确定涉案申请实际所解决的技术问题是提醒司机充电以免忘记。对比文件 2 公开了在以目的地为中心的预设范围内，如果具有满足预设提醒条件的电站则执行提醒操作，即该区别特征已被对比文件 2 所公开，且其在对比文件 2 中所起的作用与其在涉案权利要求中所起的作用相同，都是用于提醒司机充电以免忘记。

对于区别特征②，对于本领域技术人员而言，由于电动出租车为运营车辆，通常有相应的工作时间段即预设时间段，当出租车司机下班后可以对电动出租车进行一个长久的充电，所以利用离散时间对出租车进行充电一般是处于工作时间段的预设时间段内；因此将获取以乘客终点为中心预设范围内的电站信息的当前时间与预设时间段进行判断，当前时间处于预设时间段内即电动出租车为工作时间段内时则触发获取以乘客终点为中心预设范围内的电站信息，否则停止触发获取以乘客终点为中心预设范围内的电站信息以保证出租车的使用效率是本领域的常规选择手段，且该常规选择手段所带来的技术效果对本领域技术人员来说也是完全预料得到的。因此，权利要求 1 不具备创造性。

观点二：权利要求 1 具备创造性。

权利要求 1 与对比文件 1 的区别特征为：①如果当前时间处于预设时间段内，则触发获取以所述乘客终点为中心预设范围内的电站信息，否则停止触发获取以所述乘客终点为中心预设范围内的电站信息；②获取以乘客终点为中心预设范围内的电站信息；③如果以乘客终点为中心预设范围内，具有满足预设提醒条件的电站，则执行提醒操作；④提醒操作包括：在当前位置与乘客终点小于预设距离阈值时，进行第一提醒；且/或在到达乘客终点时，进行第二提醒。

该权利要求实际解决的技术问题是：如何充分利用跑单之间的零散空闲时间，自动提示司机去充电，使电动出租车的电量能够保持在一个比较高的水平，而不是在电量很少的情况下才去充电，使得司机能够尽量多地接单，从而提高电动出租车的使用效率。

对比文件 1 虽然公开了电动出租车在载客过程结束时，发现目前剩余电量无法完成下一次载客任务时 SOC 状态进行报警，就近选择充电站进行充电，但在就近选择充电站进行充电时，其是以检测 SOC 低至设定运行警示下限为先决条件的；而涉案申请则不以车辆电池电量的多少为判断条件，只是在以乘客终点为中心预设范围内，具有满足预设提醒条件的电站时，执行提醒操作。

对比文件 2 公开了一种智能导航方法，其电动车充电提醒方法包括获取用户的目的地意图路线进行导航时，需考虑用户驾驶车辆的剩余电量是否需要充电，为其规划最优的路线，即对比文件 2 中的技术方案也是根据车辆电量的多少来提醒充电的。因此，权利要求 1 具备创造性。

（4）案例评析

涉案申请的发明构思在于考虑司机的工作时间，如果当前时间处于预设时间段内，则触发获取以所述乘客终点为中心预设范围内的电站信息，否则停止触发获取以所述乘客终点为中心预设范围内的电站信息。对司机跑单结束的情况进行响应，这样就能够充分利用跑单之间的零散空闲时间，自动提示司机去充电，使电动出租车的电量能够保持在一个比较高的水平，而不是在电量很少的情况下才去充电，这使得司机能够尽量多地接单，从而提高电动出租车的使用效率。由此可见，权利要求1中的预定时间触发乘客终点为中心预设范围内的电站信息、具有满足预设提醒条件的电站时执行提醒操作等特征共同解决了上述技术问题。因此，应当将上述特征作为一个整体考虑。

4.1.4.7 区别特征的协同关系——案例4-1-7

（1）案例要点

对于功能上彼此相互支持、存在相互作用关系的技术特征，应整体上考虑所述技术特征和它们之间的关系在要求保护的发明中所达到的技术效果。准确划分技术特征的关键在于对技术方案中各部分内容之间关系的认定。通过准确把握发明构思，分析技术方案各部分内容与发明为解决技术问题采用的发明构思以及产生的技术效果之间的关系，有助于对技术方案各部分内容之间的关系作出准确认定。

（2）案例简介

涉案申请涉及电动机械技术领域，尤其涉及一种动力电池及电动汽车。现有电动车由于动力电池体积有限，动力电池存储能量较少，致使电动车续航里程较短。为了更方便使用，采用可快换的动力电池。为了确保在车辆正常行驶时电池的可靠安装、非换电时间电极连接的可靠性以及在换电过程中车辆与换电设备的准确定位，涉案发明的实施例提供了一种动力电池。

具体而言，动力电池6设在车身的下方；动力电池6包含主体15、14个锁柱14和内电极13；14个锁柱一边7个分布在主体15的两侧；内电极13设置在主体15的一端。车身的下方还包含前悬架1、后悬架10、左纵梁3、右纵梁8和前横梁4；前悬架1设在车身的第一端；后悬架10设在车身的第二端；前横梁4设在前悬架1与动力电池6之间；左纵梁3设在车身的第一侧；右纵梁8设在车身的第二侧。车身的下方还包含外电极盒5；外电极盒5固定在前横梁4上；外电极盒5连接内电极13。车身的下方还包含左过渡板2和右过渡板7；左过渡板

2 设在左纵梁 3 的第一侧；右过渡板 7 设在右纵梁 8 的第一侧；左过渡板和右过渡板上分别设有 7 个导向块 12；导向块 12 连接锁柱 14。

涉案申请通过设置内电极，使得动力电池可以快速更换，避免长时间充电给用户带来时间上的不便；随着该发明的逐渐普及将实质性地减少电动车续航里程短给用户带来的里程焦虑，同时设置锁柱使得动力电池与车身的连接更加稳定；设置前悬架、后悬架、左纵梁、右纵梁和前横梁使得车身更加稳固，动力电池安全性更高；通过内电极与外电极盒的稳定连接确保车辆运行过程中动力电池能量的稳定输出，从而确保整车的正常运行；通过锁柱与导向块的稳定连接确保车辆运行过程中动力电池与车身稳定连接。

涉案申请的权利要求 1 如下：

> 一种电动汽车，包括动力电池，所述动力电池包含主体、数个锁柱和内电极；所述数个锁柱均布在所述主体的两侧；所述内电极设置在所述主体的一端，所述电动汽车还包含车身，其特征在于，所述动力电池设在所述车身的下方；所述车身的下方还包含前悬架、后悬架、左纵梁、右纵梁和前横梁；所述前悬架设在所述车身的第一端；所述后悬架设在所述车身的第二端；所述前横梁设在所述前悬架与所述动力电池之间；所述左纵梁设在所述车身的第一侧；所述右纵梁设在所述车身的第二侧；所述车身的下方还包含外电极盒；所述外电极盒固定在所述前横梁上；所述外电极盒连接所述内电极；所述车身的下方还包含左过渡板和右过渡板；所述左过渡板设在所述左纵梁的第一侧；所述右过渡板设在所述右纵梁的第一侧；所述左过渡板和右过渡板上分别设有数个导向块；所述导向块连接所述锁柱。

对比文件 1 作为最接近的现有技术，具体公开了一种 A0 级纯电动轿车动力电池布置方案，包括动力电池 8、前悬架 2、后悬架 6、左右纵梁和前安装横梁 3，动力电池 8 及其安装结构以及前悬架 2、后悬架 6、左右纵梁和前安装横梁 3 布置在车身地板下方，前悬架 2 设在车身的前端；后悬架 6 设在所述车身的后端，前安装横梁 3 设在前悬架 2 与动力电池 8 之间，左纵梁设在车身的左侧，右纵梁设在车身的右侧。

对比文件 2 公开了采用支杆 2 以多点支撑的方式将安装有电池的箱体锁止在车体底盘上。对比文件 3 公开了电池包 10 包括接线柱，接线柱设置在主体的一端，接线盒 50 连接接线柱。对比文件 4 公开了车身的下方还包含左支架本体和右支架本体，左支架本体设在左纵梁的第一侧，左支架本体设在所述右纵梁的第一侧。

（3）焦点问题

观点一：权利要求 1 不具备创造性。

权利要求 1 与对比文件 1 相比，区别特征为：①动力电池包含内电极，所述内电极设置在所述主体的一端，所述车身的下方还包含外电极盒，所述外电极盒固定在所述前横梁上，所述外电极盒连接所述内电极；②所述车身的下方还包含左过渡板和右过渡板，所述左过渡板设在所述左纵梁的第一侧，所述右过渡板设在所述右纵梁的第一侧；③所述左过渡板和右过渡板上分别设有数个导向块，所述导向块连接所述锁柱。区别特征①已被对比文件 3 公开，区别特征②已被对比文件 4 公开，区别特征③已被对比文件 4 和公知常识的结合公开，因此权利要求 1 不具备创造性；

观点二：权利要求 1 具备创造性。

权利要求 1 与对比文件 1 的区别在于：①动力电池包括内电极，所述内电极设置在所述主体的一端，所述车身的下方还包含外电极盒，所述外电极盒固定在所述前横梁上，所述外电极盒连接所述内电极；②所述车身的下方还包含左过渡板和右过渡板，所述左过渡板设在所述左纵梁的第一侧，所述右过渡板设在所述右纵梁的第一侧；③所述左过渡板和右过渡板上分别设有数个导向块，动力电池包括数个锁柱，所述数个锁柱均布在所述主体的两侧，所述导向块连接所述锁柱。

虽然对比文件 2 ～对比文件 4 分别公开了部分区别特征，但是上述区别特征作为一个整体共同解决了现有的电动车由于动力电池体积有限致使电动车续航里程较短的技术问题，上述区别特征整体上并未被现有技术公开。因此，权利要求 1 具备创造性。

（4）案例评析

为了确保在车辆正常行驶时电池的可靠安装、非换电时间电极连接的可靠性以及在换电过程中车辆与换电设备的准确定位，涉案发明提供了一种动力电池，其主要发明构思在于通过设置内电极，使得动力电池可以快速更换，同时设置锁柱使得动力电池与车身的连接更加稳定；通过内电极与外电极盒的稳定连接确保车辆运行过程中动力电池能量的稳定输出，从而确保整车的正常运行；通过锁柱与导向块的稳定连接确保车辆运行过程中动力电池与车身稳定连接。由此可见，权利要求 1 与对比文件 1 的区别特征属于一个整体的技术构思且各个部件之间相互配合作用，其共同解决了现有的电动车由于动力电池体积有限致使电动车续航里程较短的技术问题。因此，应将上述区别特征作为一个整体予以考虑，而不是将这些特征割裂并分别看这些手段本身是否被不同现有技术分别公开或是否是常见的手段。

4.1.4.8 区别特征的协同关系——案例 4-1-8

（1）案例要点

如果说明书中对多个区别特征与发明点之间特定配合关系没有记载，本领域技术人员根据本领域的技术知识也无法判断多个区别特征之间具有协同的技术效果，那么本领域技术人员无法确定多个区别特征之间协同作用的存在。

（2）案例简介

涉案申请涉及一种电连接片及电池模组。在电池模组的成组过程中，需要使用电连接片将电池模组中的电芯串并联，为了同时保证电连接片与正极极耳和负极极耳的焊接强度，通常使用铜铝复合带来制作电连接片。但是，铜铝复合带的成本高，且制成的电连接片的形状受制于复合带外形规格，同时，复合带不宜弯折，增加了设计难度和工艺难度。

涉案申请的目的在于提供一种电连接片及电池模组，其能降低电连接片以及电池模组的设计难度和工艺难度，并提高电池模组中各电芯连接的可靠性。由于电连接片的第一导电片体和第二导电片体的材料不同，因此电连接片可以同时与不同的材料固定连接，且能够保证连接的强度，并降低了这种同时连接不同材料的电连接片的设计难度和工艺难度。

涉案申请的权利要求 1 如下：

> 1. 一种电池模组，包括：
> 多个电芯（2），各电芯（2）具有正极极耳（21）和负极极耳（22）；
> 其特征在于，电池模组还包括：
> 电连接片（1），以将所述多个电芯（2）串并联；
> 所述的电连接片（1）包括：
> 第一导电片体（11）；以及
> 第二导电片体（12），与第一导电片体（11）材料不同；
> 其中，第一导电片体（11）和第二导电片体（12）中的一个在边缘部弯折以搭接在第一导电片体（11）和第二导电片体（12）中的另一个的边缘部上并固定在一起，

各电连接片（1）的第一导电片体（11）与对应的电芯（2）的正极极耳（21）固定电连接，且第一导电片体（11）的材料与正极极耳（21）的材料相同；

各电连接片（1）的第二导电片体（12）与对应的电芯（2）的负极极耳（22）固定电连接，且第二导电片体（12）的材料与负极极耳（22）的材料相同；

其中，一个电连接片（1）将所述一个电连接片（1）的第一导电片体（11）所连接的电芯（2）与所述一个电连接片（1）的第二导电片体（12）所连接的电芯（2）串联在一起，

第一导电片体（11）具有第一开口（111）；

对应电芯（2）的正极极耳（21）从第一导电片体（11）的第一开口（111）穿过、弯折并固定在第一导电片体（11）的上表面。

对比文件1涉及一种电池模块，并具体公开：该电池模块1包括电池单元11和集流片2，电池单元11设置正极极耳及负极极耳，正极极耳及负极极耳分别位于电池单元11的相对两端，电池单元11的正极极耳为铝箔极耳，负极极耳为铜箔极耳，集流片2为组合式集流片，集流片2由铝片22和铜片21组合而成，铝片22和铜片21之间铆接固定，铝片22和铜片21上分别设置焊接槽23。在组装电池模块1的过程中，首先将电池单元11并联连接，把需要并联的电池单元11的铝箔极耳焊接在铝片22的焊接槽23上，将铜箔极耳焊接在铜片21的焊接槽23上，然后再将需要串联的电池单元11的铜箔极耳焊接在上一个电池模块1的正极集流片的铜片21的焊接槽23上，铝箔极耳焊接在上一个电池模块1的正极集流片的铝片22的焊接槽23上。

对比文件2公开了一种用于容易并稳定地将连接构件与端子连接的电池模块，并具体公开该模块包括用于将所述多个可再充电电池中的一个可再充电电池的包括第一材料的第一端子连接到所述多个可再充电电池中的另一个可再充电电池的包括第二材料的第二端子的连接构件。其中所述连接构件包括：连接到所述第一端子并包括所述第一材料的第一部分、连接到所述第二端子并包括所述第二材料的第二部分，以及连接所述第一部分和所述第二部分的焊接部分。第一材料可包括铝。所述第二材料可包括铜，所述第一材料和所述第二材料可不同。所述第一部分和所述第二部分可为板形，其中所述第一焊接突出部为形成在与所述第一连接条的平面平行的平面中的弯曲部分，其中所述弯曲部分与所述第二部分的

一部分重叠以形成重叠区域，并且其中所述重叠区域包括所述焊接部分。所述第一连接条和所述第二部分共面，并且其中所述连接构件在所述重叠区域处比在所述第一连接条处或所述第二部分处厚。

（3）焦点问题

观点一：权利要求 1 不具备创造性。

权利要求 1 与对比文件 1 相比，区别特征在于：①第一导电片体 11 和第二导电片体 12 中的一个在边缘部弯折以搭接在第一导电片体 11 和第二导电片体 12 中的另一个的边缘部上并固定在一起；②对应电芯 2 的正极极耳 21 从第一导电片体 11 的第一开口 111 穿过、弯折并固定在第一导电片体 11 的上表面。

对比文件 2 中第一连接体、第二连接体分别与正、负极端子材料相同，彼此通过弯折搭接的方式固定在一起，公开了区别特征①。并且通过这种弯折后固定的方式，两连接条共面，连接构件整体较为平整，便于组装到电池模块，即降低了组装的难度，解决的技术问题和效果与区别特征①在涉案申请权利要求 1 中相同。虽然对比文件 1 未明确公开极耳伸入焊接槽内并弯折固定在集流片上，但是根据机械连接和电连接基本原理，极耳穿过导电片体之上的开口再弯折固定在导电片体上表面是一种常见的连接方式，本领域技术人员在对比文件 1 的基础上为了提升极耳与集流片的连接稳定性，结合扁平状极耳、焊接槽容纳极耳的结构特点，即可自然想到采用极耳伸入焊接槽并弯折固定在集流片上的技术手段。因此，权利要求 1 不具备创造性。

观点二：权利要求 1 具备创造性。

涉案申请的第一发明点为电连接片由不同材料的第一导电片体、第二导电片体构成，分别和与其材料相同的极耳连接，第二发明点为区别特征②，第三发明点为区别特征①，第一发明点解决不同材料焊接的问题，第二发明点提高极耳和电连接片的焊接面积，第三发明点解决第一导电片体和第二导电片体（铜铝片体）重叠焊接导致的其他焊接问题，三者为组合特征，叠加起到更好效果，因此不能使用多篇对比文件评价创造性。

（4）案例评析

涉案申请说明书背景技术部分指出要解决的技术问题是铜铝复合带的成本高，且制成的电连接片的形状受制于复合带外形规格，增加了设计难度，且复合带不宜弯折的问题。针对这一问题，提出了电连接片的第一导电片体和第二导电片体采用不同材料，可以同时与不同的材料固定连接，且能够保证连接的强度，并降低了这种同时连接不同材料的电连接片的设计难度和工艺难度。这是该申请技术方案的关键，前述区别特征①和②是在此基础上进一步完善功能。区别特征①使得连接片平整，区别特征②令极耳连接更加稳固，二者均为根据基本机械原理可得，说明书中对区别特征①和②之间，以及两区别特征与发明点之间特定配合关系没有记载，本领域技术人员根据本领域基本技术知识也无法判断三者共存的效果相较于三者分别作用结果的简单叠加具有协同的技术效果。即本领域技术人员无法确定专利权人所述配合协同作用的存在。

4.1.4.9 区别特征的协同关系——案例4-1-9

（1）案例要点

在确定权利要求与最接近的现有技术之间的区别特征时，应当整体考虑权利要求的技术方案，分析各个技术特征之间是否有关联。如果多个特征紧密联系，共同解决某一技术问题，产生协同技术效果，则应当将其作为一组技术特征整体考虑。当该组技术特征为结构特征，且构成区别特征，而最接近的现有技术中记载有类似的结构，应考虑该区别特征中各个结构的整体作用效果，以及现有技术中近似结构与之存在的差异，判断这种差异是否属于需要付出创造性劳动方可作出的改进。

（2）案例简介

涉案申请型涉及一种蓄电池，尤其涉及一种用于水平铅酸电池的隔离件。传统铅酸电池的极板采用垂直的方式放置，使用过程中会出现电解液层化现象，即电解液浓度差的极化现象。这是电池容量下降及寿命缩短的主要原因之一。为了解决以上问题，人们开发出了一种水平铅酸电池：极板为准双极结构，即在板栅的一边涂覆正极活性物为正极板，另一边涂覆负极活性物为负极板；双极板间用隔膜隔开，按照一定的位置水平交错叠放，然后安装压力框架固定，形成电池模块装入电池槽中。然而，这种水平铅酸电池虽然解决了电解液层化现象，且内阻小、轻量化，但是却存在另一个与生俱来的致命缺陷：不同单元格之间极易发生窜液或窜气，导致电池自放电增大、铅丝腐蚀加剧、成组一致性差，极大地影响电池的使用寿命。要想抑制水平铅酸电池单元格之间的窜液或窜气，就必须解决单元格之间的密封问题，而在单元格之间设置隔离件是可行性较高的方案。

已知在单元格之间设置隔离件的技术方案，由于双极板之间的铅丝细而密集，再加上现有组装过程要求，既要无损通过又要实现密封非常困难，而通过缺口设计再灌装填充剂的方案在操作上非常难控制，填充剂会通过孔洞或缺口向各个方向流动，无法控制其仅在竖直方向形成理想的隔绝屏障，即使过量填充也无法实现。因此，隔离件虽然只是一个配件，却是水平铅酸电池实现工业化生产和应用的关键因素之一，亟须开发组装方便、无损铅丝、具有耐腐蚀性、易于完全密封实现气体和液体隔离的适用于水平铅酸电池的隔离件。

涉案申请提供一种水平铅酸电池的隔离件，能够供铅丝无损通过，组装方便，易于实现水平铅酸电池单元格之间的密封，解决水平铅酸电池单元格之间的窜液或窜气问题。涉案发明可以组合成隔离水平铅酸电池单元格的隔离墙，提供基本密封的物理屏障，而极板的铅丝可以从相邻弹性条形结构的结合处无损通过，在一定的组装压力下，铅丝周围也不会出现很大空隙，由多个弹性组成的隔离墙就成为水平铅酸电池单元格之间的密封的第一道防线，同时可以预留通道进行完全的密封；在条形结构的上端和下端设置凹槽，在组装过程中注入液态封装胶，利用其流动性和黏接性填充预留的和潜在的空隙，固化后实现密封和黏接；利用由若干隔离件形成的隔离墙加密封胶，能使水平铅酸电池极板之间密集的铅丝无损无间隙通过，且铅丝周围的小缝隙也被很好地密封，能实现水平铅酸电池单元格之间的密封，理想地解决了水平铅酸电池单元格之间的窜液或窜气问题，减小了水平铅酸电池的自放电，降低了铅丝的腐蚀，提高了电池芯成组一致性，极大地提高电池的使用性能和循环寿命。该发明组装方便，可操作性高，加工成本低，具有良好的抗震抗压性能和抗腐蚀性能，有利于水平铅酸电池实现商业化生产和应用。

涉案申请的权利要求 1 如下：

> 1. 一种水平铅酸电池的隔离件，其特征在于，所述隔离件为一体成型，所述隔离件为弹性条形结构，所述条形结构的高度与水平铅酸电池极板之间的间距相当，所述条形结构沿高度方向的两端均设置有用于容置封装胶的凹槽。

对比文件 1 公开了一种多单元格的水平电池，并具体公开该电池包括电池芯、压力框架 6、压力盖板 7 和若干分隔件 4，分隔件 4 包括内接合面 41 和外接合面 42，分隔件 4 的内接合面 41 具有凹槽，外接合面 42 为平面，每两个分隔件 4 配成一对，其内接合面 41 贴合设置，且中间夹住有双极性极板 1 的正负活性物质间隔区段、正端子极板 2 的端线区段或负端子极板 3 的端线区段，其外接合面 42 用于与其他对的分隔件的外接合面 42 贴合设置。在一实施例中，每一对分隔件 4 的内接合面 41 贴合设置形成的凹槽空间中注有胶。每对分隔件 4 的外接合面42被刷上胶。分隔件4由橡胶制成。其中双极性极板1上涂有正活性物质和负活性物质，中间为正负活性物质间隔区段；正端子极板2涂有正活性物质，一边为端线，称为端线区段；负端子极板3涂有负活性物质，一边为端线，称为端线区段。在双极性极板1的正负活性物质间隔处加一对分隔件4，其中一对分隔件的内接合面41相配合夹住双极性极板1的正负活性物质间隔区段，两个内接合面41中的凹槽被注入定量的环氧树脂胶。

（3）焦点问题

观点一：权利要求1不具备创造性。

对比文件1两个分隔件的“外接合面”对接的情况下，两个外接合面对接而形成的“两个分隔件的整体”，可相当于一个隔离件。该“两个分隔件的整体”的沿高度方向的两端分别夹住极板的间隔区段，所以，“两个分隔件的整体”的高度必然与相邻两个极板的间距相当。权利要求1与对比文件1唯一的区别特征在于：隔离件为一体成型。

观点二：权利要求1具备创造性。

对比文件1中电池芯单元格之间的密封组件由多个分隔件按照预定方式逐一组合形成。从结构上看，对比文件1密封组件的最小结构单元为分隔件；从功能上看，每两个分隔件配成一对，其内接合面贴合设置，水平放置一个分隔件，使其内接合面朝上，然后把双极性极板的正负活性物质间隔处的地带放置于分隔件的内接合面上，再把另一个分隔件以内接合面朝下的方式放置于该双极性极板的正负活性物质间隔区段上进行黏接，从而使得一对分隔件内接合面贴合设置。可见，对比文件1中分别位于双极性极板的正负极活性物质间隔区段的两侧的一对分离件为其最小功能单元。无论从结构上还是功能上，对比文件1之一个或一对分隔件均无法与涉案申请权利要求1中隔离件完全等同。

（4）案例评析

如观点二所述，无论从结构上还是功能上，对比文件1之一个或“一对”分隔件均无法与涉案申请权利要求1中隔离件完全等同。且对比文件1中从内接合面贴合设置的两分隔件为一对的配对方式与其组装方式密切相关，本领域技术人员难以脱离对比文件1的技术构思，将这种配对方式改为外接合面贴合设置的两分隔件为一对。因此，权利要求1与对比文件1的区别特征为：所述隔离件为一体成型，高度与水平铅酸电池极板之间的间距相当。基于该区别特征，权利要求1请求保护的技术方案实际解决的技术问题为降低加工和组装难度。同时，权利要求 1 限定隔离件为一体成型，以及所述条形结构的高度与水平铅酸电池极板之间的间距相当，放置一个独立隔离件于水平铅酸电池极板之间即可同时抵靠相邻两极板。本领域技术人员在对比文件 1 基础上难以将外接合面贴合设置的两分隔件视为一对，进而也难以进行将外接合面贴合设置的两分隔件设置为一体的改进。

4.1.4.10　区别特征的协同关系——案例 4－1－10

（1）案例要点

通过准确把握发明构思，分析技术方案各部分内容与发明为解决技术问题采用的发明构思以及产生的技术效果之间的关系，有助于对技术方案各部分内容之间的关系作出准确认定。方法类权利要求的各步骤之间并不必然存在关联，同样需要按照上述思路进行综合判断。

（2）案例简介

涉案申请提供一种电动汽车智能充电导航方法。随着电动汽车的发展，充电问题一直困扰着开发商和用户，尤其是纯电动汽车的临时充电。电动汽车的充电相对于燃油汽车的加油具有诸多不便。首先，有些充电设施不能在地图上显示，导致驾驶员不知道附近哪里有充电设施；其次，即便驾驶员知道哪里有充电设施，也无法确认电动汽车能否坚持到充电设施位置处；最后，即便电动汽车能够坚持到充电设施位置处，也无法保证充电设施处有空余充电位或足够的储满电能的待换电池。

为了解决现有电动汽车无法确保在电量耗尽之前坚持到充电设施位置处和及时充电的问题，涉案发明提供了一种电动汽车智能充电导航方法。在涉案发明的电动汽车智能充电导航方法中，充电导航系统接收电动汽车发送的充电请求和当前状态；根据所述当前状态获取电动汽车剩余行驶里程范围内的所有充电设施的信息；根据每个所述充电设施的信息计算电动汽车到达每个所述充电设施完成充电所需的时间；将上述计算结果发送给驾驶员，驾驶员进一步根据自身需求和各个充电设施的价格来选择最优的充电设施，最终导航系统根据驾驶员的选择开始导航。通过该智能充电导航方法，该发明能够保证电动汽车在剩余电量耗尽之前行驶至充电设施处，同时能够为用户提供兼顾等待时间（最短）和充电价格（最优惠）的充电选项，并因此每次都能根据当下需求及时充电，既节省了时间，又降低了成本。

涉案申请的权利要求 1 如下：

1. 一种电动汽车智能充电导航方法，其特征在于，所述方法包括以下步骤：

充电导航系统接收电动汽车发送的充电请求和当前状态；

根据所述当前状态获取电动汽车剩余行驶里程范围内的所有充电设施的信息，该步骤具体包括以下子步骤：

子步骤11：根据所述当前电量计算电动汽车的剩余行驶里程；

子步骤12：根据所述当前位置和所述剩余行驶里程获取所述剩余行驶里程范围内的所有充电设施的信息，所述充电设施的信息包括每个所述充电设施距离所述当前位置的距离和每个所述充电设施的预约时间表；根据每个所述充电设施的信息计算电动汽车到达每个所述充电设施并完成充电所需的时间，该步骤具体包括以下子步骤：

子步骤21：根据所述距离和道路繁忙系数计算前往每个所述充电设施的路程时间；

子步骤22：根据每个充电设施的预约时间表计算用户到达后的等待时间；

子步骤23：根据所述当前电量计算每个所述充电设施的充电时间；

子步骤24：对所述路程时间、所述等待时间和所述充电时间求和并将结果作为电动汽车到达每个所述充电设施并完成充电所需的时间；

将上述计算结果发送给驾驶员，以便导航系统根据驾驶员在计算结果中的选择开始导航。

对比文件1公开了一种电动汽车智能排队方法，并具体公开了以下技术特征："智能充电网络服务器接收电动汽车驾驶员的智能终端发送的充电请求和当前状态；根据当前状态获取电动汽车续航里程范围的所有智能充电桩的信息，该步骤具体包括如下子步骤：根据剩余电量计算电动汽车的续航里程；根据当前位置和所述续航里程查找在电动汽车续航里程内的智能充电桩的信息，所述智能充电桩的信息包括地理位置和预计排队时间；根据每个智能充电桩的信息计算电动汽车到达每个智能充电桩并完成充电所需时间，该步骤具体包括如下子步骤：计算电动汽车到每个智能充电桩的预计到达时间；根据剩余电量和最大充电电流计算在每个智能充电桩完成充电的预计时间；根据每个智能充电桩预计排队时间加上完成充电的预计时间减去预计到达时间的数值进行排序，形成充电桩列表供电动汽车驾驶员进行选择。"

权利要求 1 相对于对比文件 1，区别特征至少为：根据每个充电设施的预约时间表计算用户到达后的等待时间，发送给驾驶员的供选择的计算结果为电动汽车到达每个充电设施并完成充电所需的时间，其是对路程时间、等待时间和充电时间的求和。

（3）焦点问题

观点一：权利要求 1 不具备创造性。

涉案申请与对比文件 1 主要区别在于时间计算方式不同。涉案申请为对路程时间、等待时间和充电时间求和计算，而对比文件 1 为对预计排队时间和充电时间求和，再减去路程时间进行计算。对比文件 1 中的“预计排队时间”为从当前时刻开始，到可以开始充电的时刻为止；涉案申请中的“等待时间”为从用户到达充电设施的时刻开始，到可以开始充电的时刻为止。因此，对比文件 1 中的“预计排队时间和充电时间求和，再减去路程时间”，其结果实质上与涉案申请中“等待时间和充电时间求和”的结果相同，其实质上是考量在充电设施处滞留的时间长短。根据本领域技术人员掌握的常规技术知识，在路程时间相同的情况下，针对在充电设施处滞留时间长短进行充电设施选取，是本领域技术人员常规的做法。最后，在对预计排队时间和充电时间求和，再减去路程时间进行计算的基础上，根据实际需要，对路程时间、等待时间和充电时间求和计算，是本领域技术人员在现有技术的基础上仅仅通过合乎逻辑的分析、推理或有限的试验就能够得到的，并不需要付出创造性的劳动，并且所带来的技术效果是可以预料到的。因此，权利要求 1 不具备创造性。

观点二：权利要求 1 具备创造性。

权利要求 1 与对比文件 1 相比，区别特征在于导航参考机制，具体地为权利要求 1 限定的整个方法包括的所有步骤。基于上述区别特征，权利要求 1 相对于对比文件 1 实际解决的技术问题是如何构造一种全面、灵活的导航参考机制。权利要求 1 和对比文件 1 分别基于各自场景中的视角来通过相应的时长告知方式获得各自期望的技术效果。将权利要求 1 的场景引入时，根据充电导航系统提供的充电设施的时间和价格列表，驾驶员能够结合自身需求来确定电动汽车到达其所选的充电设施并完成充电所需时间；将对比文件 1 的场景引入时，根据每个智能充电桩预计排队时间加上完成充电的预计时间减去预计到达时间的数值进行排序，形成充电桩列表供电动汽车驾驶员进行选择。在时长告知应当与其所处场景有机结合的场景下，对比文件 1 没有公开上述区别特征，也没有给出将上述区别特征应用于对比文件1以解决权利要求1技术问题的技术启示。因此，权利要求1具备创造性。

（4）案例评析

权利要求1涉及一种电动汽车智能充电导航方法，其应用场景为在需要充电时，获得剩余里程内的所有充电设施，计算从当前位置到各充电设施的路程时间、等待时间和充电时间之和，发送给驾驶员，导航系统根据驾驶员在计算结果中的选择进行导航。对比文件1的主题虽然为一种提高充电效率的电动汽车智能排队方法，其在向车主依据"预计排队时间加上完成充电的预计时间减去汽车到每个智能充电桩的预计到达时间"提供了排队预选列表的基础上，还以实时告知排队进展的方式直至"排队结束、开始充电"。然而，对比文件1在提供上述排队机制的过程中，已经公开了在需要充电时，智能终端获得续航里程内的所有智能充电桩，计算从当前位置开始预计排队时间加上完成充电的预计时间减去汽车到每个智能充电桩的预计到达时间，依据计算得到的不同时间形成对应的充电桩列表供驾驶员选择作为导航目的地的步骤。由此可见，对比文件1实际上也公开了一种电动汽车智能导航充电方法，就寻找导航目的地充电桩的应用场景而言，其与涉案申请几乎相同：都是在需要充电时，计算发现续航里程内的所有充电桩，根据从当前位置到达各充电桩并完成充电的某段时间形成列表，供驾驶员根据需求选择后，以对应的充电桩作为导航目的地。本领域技术人员有动机以对比文件1作为最接近的现有技术，根据其实际需求，对导航目的地选择的依据因素作出调整。权利要求1与对比文件1最主要的区别在于驾驶员选择导航目的地的时间依据。然而，对比文件1公开的"预计排队时间加上完成充电的预计时间减去汽车到每个智能充电桩的预计到达时间"，反映了车辆在智能充电桩处的滞留时间；而涉案申请中"对路程时间、等待时间和充电时间的求和"，反映了车辆的路程时间与车辆在充电设施处的滞留时间之和。在对比文件1的基础上，本领域技术人员根据不同的实际需求，在对各充电桩进行衡量选择时有动机进一步考虑路程时间。

4.1.4.11　实际解决的技术问题——案例4-1-11

（1）案例要点

本申请的技术方案声称的技术问题，与基于权利要求与对比文件1的区别特征而重新确定的实际解决的技术问题不存在必然的联系，二者可能相同，也可能不同。

（2）案例简介

涉案申请涉及一种固体氧化物燃料电池（SOFC）阳极的制备方法。固体氧化物燃料电池是一种可以直接把燃料的化学能高效地转换为电能的发电装置。单体固体氧化物燃料电池的主要组成部分包括电解质、阴极、阳极等。阳极支撑型固体氧化物燃料电池中，阳极除了作为支撑体，还是燃料电化学氧化反应的催化剂，并提供反应界面。目前，利用浸渍法制备的固体氧化物燃料电池阳极，稳定性一直是最大的制约因素。这是由于浸渍时，向阳极中浸渍的催化剂成分主要吸附在阳极支撑体的表层，经常堵住表面的孔洞，使得浸渍液不能继续深入到支撑体内部。

涉案申请的目的在于提供一种电导率高、稳定性好的固体氧化物燃料电池阳极的制备方法。涉案发明通过分散剂辅助浸渍法制备的固体氧化物燃料电池阳极，仍能保持常规浸渍法所具有的避免高温烧结、不改变热膨胀系数、大孔隙率等优势，并且在提高稳定性的同时，还能提高阳极的电导率和催化性能。

涉案申请的权利要求 1 如下：

1. 一种固体氧化物燃料电池阳极的制备方法，其特征在于，具体步骤如下：

（1）采用多孔骨架材料和造孔剂制备多孔骨架，多孔骨架的成型温度为 1200～1400℃；（2）配制质量浓度为 3%～5% 的硝酸银溶液，质量浓度为 10%～20% 的氢氧化钠溶液，质量浓度为 2%～4% 的氨水，质量浓度为 5%～10% 的葡萄糖溶液；（3）向 3～5mL 硝酸银溶液中滴加 3～7 滴氢氧化钠溶液，摇匀，再滴加质量浓度为 2%～4% 的氨水至沉淀完全溶解，再依次加入催化剂、分散剂、黏结剂和溶剂，混合均匀后得到浸渍液；（4）向浸渍液中加入 4～8mL 的葡萄糖溶液，再将制备好的多孔骨架浸入 80～120℃的浸渍液中，或将浸渍液注入多孔骨架中，此过程中多孔骨架的温度不低于浸渍液的温度；（5）将浸渍好的多孔骨架放置于 -20～20℃的环境下进行冷却处理；（6）将浸渍液引入多孔骨架后，将多孔骨架在 400～600℃的温度下进行焙烧分解处理；（7）重复浸渍和焙烧过程 10～14 次，直到多孔骨架浸渍增重达 30%～50%；（8）空气气氛下，将浸渍阳极在 700～900℃温度下烧结 1.5～2.5h，进行进一步分解和老化；（9）然后放在陶瓷管或石英管中，一端通入还原性气体，另一端开口或者密封，然后将陶瓷管或石英管放到加热炉中，在 800～1000℃的温度下进行恒温加热10～

20h，即得到固体氧化物燃料电池阳极。

对比文件1公开了一种针状分布的固体氧化物燃料电池阳极制备方法。权利要求1请求保护的技术方案与对比文件1公开的技术内容相比，区别特征是：①配制质量浓度为3%～5%的硝酸银溶液、质量浓度为10%～20%的氢氧化钠溶液、质量浓度为2%～4%的氨水、质量浓度为5%～10%的葡萄糖溶液，向3～5mL硝酸银溶液中滴加3～7滴氢氧化钠溶液，摇匀，再滴加质量浓度为2%～4%的氨水至沉淀完全溶解，再依次加入催化剂、分散剂、黏结剂和溶剂，混合均匀后得到浸渍液，向浸渍液中加入4～8mL的葡萄糖溶液；②重复浸渍和焙烧过程的次数是10～14次，多孔骨架浸渍增重为30%～50%；放在陶瓷管或石英管中，一端通入还原性气体，另一端开口或者密封，然后将陶瓷管或石英管放到加热炉中，恒温加热10～20h。

对比文件2公开了一种抗积碳固体氧化物燃料电池阳极的制备方法，该制备方法包括：①配制浸渍液，即配制质量浓度为1%～5%的硝酸银溶液、质量浓度为10%～20%的氢氧化钠溶液、质量浓度为2%～5%的氨水、质量浓度为5%～10%的葡萄糖溶液；②向2～5mL硝酸银溶液中滴加2～5滴氢氧化钠溶液，摇匀，再滴加质量浓度为2%～5%的氨水至沉淀完全溶解；③将以Ni-YSZ为阳极的电池的Ni-YSZ阳极向上放入步骤②所得的溶液中，再加入4～10mL质量浓度为5%～10%的葡萄糖溶液，迅速摇匀后置于40～60℃反应1～10min，然后在60～100℃烘干30～60min，再置于管式炉内700～750℃烧结30～60min，即得抗积碳固体氧化物燃料电池阳极。

（3）焦点问题

观点一：权利要求1不具备创造性。

对比文件1已经解决了涉案申请的技术问题，并获得了涉案申请的大部分技术效果。权利要求1与对比文件1的区别特征之一在于浸渍液及其配制方法不同（浸渍液的浓度、各组分添加顺序等）。因此，基于上述区别特征，涉案申请实际要解决的技术问题已经不再是催化剂在支撑体中分布极为不均匀，而是如何提高产电能力和抗积碳能力。而对比文件2公开了上述浸渍液及其配制方法的大部分技术特征，并且解决提高产电能力和抗积碳能力的技术问题，并获得提高产电能力和抗积碳能力的技术效果。因此，本领域技术人员有动机将对比文件2结合到对比文件1中。

观点二：权利要求 1 具备创造性。

涉案申请实际解决的技术问题是如何使固体氧化物燃料电池阳极保持常规浸渍法所具有的避免高温烧结、不改变热膨胀系数、大孔隙率等优势，且在提高稳定性的同时，还能提高阳极的电导率和催化性能。而对比文件 2 所要解决的技术问题是提高现有固体氧化物燃料电池的抗积碳能力，因此，二者发明构思不同，所解决的技术问题和达到的技术效果均不同，对比文件 2 没有给出将其结合到对比文件 1 的技术启示。

（4）案例评析

涉案申请的技术方案声称的技术问题，与基于权利要求与对比文件 1 的区别特征而重新确定的实际解决的技术问题不存在必然的联系，二者可能相同，也可能不同。基于权利要求 1 与对比文件 1 的区别特征，涉案申请实际要解决的技术问题是，如何提高固体氧化物燃料电池阳极的产电能力和抗积碳能力。对比文件 1 采用了在浸渍液中添加分散剂的技术手段，从而可以解决涉案申请提出的技术问题，并获得了“保持常规浸渍法所具有的避免高温烧结、不改变热膨胀系数、大孔隙率等优势”和提高催化能力的技术效果。因此，对比文件 1 已经解决了涉案申请声称的技术问题。权利要求 1 与对比文件 1 的区别特征之一在于浸渍液及其配制方法不同。因此，基于上述区别特征，涉案申请实际要解决的技术问题已经不再是催化剂在支撑体中分布极为不均匀，而是如何提高产电能力和抗积碳能力。而对比文件 2 公开了上述浸渍液及其配制方法的大部分技术特征，并且解决提高产电能力和抗积碳能力的技术问题，并获得提高产电能力和抗积碳能力的技术效果。因此，本领域技术人员有动机将对比文件 2 结合到对比文件 1 中。

4.1.4.12 实际解决的技术问题——案例 4－1－12

（1）案例要点

本领域技术人员无法依据本申请的说明书得到的技术效果，不能作为确定本申请实际解决的技术问题的依据。

（2）案例简介

涉案申请涉及一种用于车用燃料电池阳极燃料流量控制供给系统。燃料电池是一种将燃料和氧化剂的化学能直接转化为电能的装置。氢燃料电池一般包括电池堆、燃料氢气供应、空气供应、冷却散热、自动控制及电能输出等部分。目前使用的燃料电池阳极燃料是通过二级减压器将供氢系统的高压氢气减压到低压条件下直接进入电堆。这种结构的燃料电池存在的问题主要有：流量不能精确控制，对减压器稳压要求高，减压器不能实现控制流量，响应速度慢。

针对上述现有技术的不足，涉案申请的目的是提供一种燃料电池阳极燃料流量精确控制供给系统。该燃料流量控制供给系统在气体通道的管路中设置电磁阀，整车控制器根据路况及驾驶情况计算出需要氢气的供给量，并将相应的信号发送给氢气流量控制器，氢气流量控制器经相应算法发出占空比信号控制电磁阀的开启、关闭来实现管道的通断，达到控制气体通道内气体流量的目的，使燃料电池电堆的气体供给量与实际需求量相匹配，从而可有效降低氢气的使用量，可防止氢气被大量浪费，达到节约能源、降低车辆运行成本的目的。

涉案申请的权利要求1如下：

> 1. 一种车用燃料电池阳极燃料流量精确控制供给系统，包括氢气瓶、燃料电池电堆，所述氢气瓶与所述燃料电池电堆通过气体通道连接，其特征在于，所述气体通道由多个管道组成，各所述管道内均设有可控制管道通断的电磁阀，各所述电磁阀与一氢气流量控制器连接，所述氢气流量控制器与整车控制器连接，并且所述氢气流量控制器根据发送自所述整车控制器的燃料电池电堆需要氢气的供给量发出占空比信号控制所述电磁阀的开启和关闭。

对比文件1公开了一种车用燃料电池系统及其控制方法，并具体公开了以下技术特征：包括氢罐21、具备层积多个单体电池堆叠构造的燃料电池2，氢罐21与燃料电池2通过氢供给流路22连接，氢供给流路22由一个管道组成，管道内设有可控制管道通断的电磁驱动式开闭阀——喷射器26，喷射器26与可控制氢气流量的控制部6连接，控制部6输出脉冲控制信号来控制喷射器26的开启和关闭，高精度地控制氢气的流量及压力。权利要求1所要求保护的技术方案与对比文件1的区别之一在于：所述气体通道由多个管道组成。

（3）焦点问题

观点一：权利要求1不具备创造性。

根据不同的气体需求量将部分通道开启或关闭，从而快速地改变气体的流量为本领域技术人员可以选择的常规技术手段；而且对比文件1中公开的电磁驱动开闭阀可以两级或者多级地切换喷射孔的开口面积，从而实现多级或者多层次的高精度的氢气的流量控制，这和涉案申请的技术效果实质是相同的。

观点二：权利要求1具备创造性。

权利要求1限定了气体通道具有多个管道，而不同于对比文件1中的仅一个管道。另外，对比文件1中公开的电磁驱动开闭阀可以两级或者多级地切换喷射孔的开口面积，从而实现多级或者多层次的氢气流量控制。相比于涉案申请中要求的多管道的方案，其对电磁驱动开闭阀的结构要求及精度要求高得多，并且一旦该电磁驱动开闭阀发生故障，其能量供给调节将不能有效工作。相比之下，涉案申请中采用了多个管道中分别设计电磁阀的方式，使得阳极燃料流量调节的可靠性得到大幅提高，即使有其中一个或几个管道中的电磁阀发生故障，在进行维修之前，仍然可以利用其他的电磁阀进行比较有效的工作。由此可见，对比文件1也没有提供能够提高其可靠性相关的技术方案的技术启示。

（4）案例评析

对比文件1中控制部控制喷射器的开启和关闭，可以高精度地控制氢气的流量及压力；对比文件1公开了“气体通道由至少一个通道组成”中包含一个通道的方案；在此基础上设置多个管道和多个电磁阀，分别对不同管道的电磁阀进行控制，实现不同管道氢气流量的组合以实现精确控制对本领域技术人员是显而易见的。观点二认为涉案申请采用多通道控制方案，在工作过程中当检测到某一通道发生故障时，可通过整车控制器根据故障检测使用其他通道进行动态调节。该技术效果并未记载在涉案申请的说明书中，而且根据涉案申请说明书背景技术的记载，也并非涉案申请要解决的现有技术问题。涉案申请要解决的技术问题和发明目的都是针对流量的控制。上述效果并不能作为确定涉案申请实际解决的技术问题的依据。

4.1.4.13 多个技术问题的考量——案例4-1-13

（1）案例要点

如果一项发明的区别特征实际上同时解决了多个技术问题，在寻找技术启示时，当其中一项技术问题的提出使得发明不具备创造性时，其他技术问题对应的技术效果也并非预料不到的技术效果，那么该发明不具备创造性。

（2）案例简介

涉案申请涉及铅蓄电池及其制造方法。普通的铅蓄电池是通过将正极板和负极板隔着间隔件层叠或卷绕地收容于电池槽中，向该电池槽中注入以稀硫酸水溶液作为主成分的电解液而制造的。在铅蓄电池中，当反复进行充放电时，从正极板中脱落的微细的正极活性物质（游离活性物质）就会因在充电时产生的气体而在电解液中浮游，附着于负极集电体的耳部或缘部，附着不断加剧，堆积成海绵状的铅（被称作“苔藓”）。当该苔藓持续堆积时，就有可能到达正极板而引起短路，由此就会有铅蓄电池耗尽寿命的问题。使用在表面形成有规定的组成的层（称作表面层）的负极集电体，可以防止在耳部和缘部堆积苔藓。但是，在用于循环用途的铅蓄电池中，电解液的比重会产生越是靠近极板的下部就变得越高的成层化现象，从而会有硫酸铅被蓄积的情况。作为抑制这种电解液的成层化现象的方法，已知有向电解液中添加二氧化硅微粒和硫酸铝的做法。但是，如果只是使用添加了二氧化硅微粒和硫酸铝的电解液，则从正极中脱落的游离活性物质就会增加，因此无法防止苔藓向负极集电体上的堆积，使得铅蓄电池过早地耗尽寿命。

涉案申请是基于如上所述的情况完成的，其目的在于提供一种充分地提高了循环使用寿命的铅蓄电池。涉案申请的发明人为了解决上述问题进行了深入研究，结果发现，通过使用在表面形成有规定的组成的层的负极集电体，并且使用含有选自钠离子、钾离子、镁离子、铝离子、磷酸以及硼酸中的一种以上的电解液，就可以抑制硫酸铅蓄积于极板下部，获得明显的循环使用寿命提高的效果。

涉案申请的权利要求1如下：

> 1. 一种铅蓄电池，其具备正极板、负极板和电解液，其特征在于，
>
> 所述负极板具备负极集电体，所述负极集电体具有：形成格子状的格子部、与所述格子部的边缘连接设置的缘部、从所述缘部中突出形成的用于集电的耳部，
>
> 在所述缘部及所述耳部中的至少一方的表面，形成表面层，所述表面层是含有Pb和Sn并以10质量%以上的比例含有Sn的层、含有Pb和Sb并以10质量%以上的比例含有Sb的层、含有Pb和Sn和Sb并以合计10质量%以上的比例含有Sn及Sb的层、或者由Sn构成的层，并且，在所述电解液中，含有0.29mol/L以下的铝离子。

对比文件1公开了一种铅蓄电池，并具体公开了以下技术特征：铅蓄电池具备正极板、负极板和电解液，负极板具备负极集电体；附图1公开了负极集电体具有：形成格子状的栅部3、与所述格子部的边缘连接设置的上缘部2、从所述缘部中突出形成的用于集电的耳部1；所述上缘部及耳部具有表面层，所述表面层是Pb与Sn的合金且Sn在合金整体中所占的质量百分比在10%以上的层，或者是Pb与Sb的合金且Sb在合金整体中所占的质量百分比在10%以上的层，或者是Pb、Sn和Sb的合金且Sn及Sb合计在合金整体中所占的质量百分比在10%以上的层，或者是Sn，或者是Sb。

权利要求 1 与对比文件 1 的区别特征在于：在电解液中，含有 0.29mol/L 以下的铝离子。基于该区别特征可以确定涉案申请所要解决的技术问题是：抑制电解液的成层化现象，提高铅蓄电池的循环使用寿命。

对比文件 2 公开了一种铅蓄电池，并具体公开了以下技术特征：电池负极格板具有缘部和提手部，负极格板由 Pb – Ca 系合金掺杂 Sn 构成，电解液中含有 2 ～ 50 g/L 的铝。

（3）焦点问题

观点一：权利要求 1 不具备创造性。

对比文件 2 的背景技术部分公开了电解液在电极板下部的比重大导致了成层化现象，电解液中的铝离子阻止了硫酸铅的晶体生长。可见电解液中含有一定浓度的铝离子的特征在对比文件 2 中所起的作用与其在涉案申请中所起的作用相同，都是抑制电解液的成层化现象，提高铅蓄电池的循环使用寿命。在对比文件 2 公开的上述内容的基础上，本领域技术人员通过有限的常规试验能得到电解液中含有 0.29 mol/L 以下的铝离子的技术方案。

观点二：权利要求 1 具备创造性。

涉案申请是基于特定浓度的铝离子与“表面层”的组合，同时解决“在负极表面苔藓的堆积”和“硫酸成层化”的技术问题，这两个技术问题是在 JIS D 5301 中规定的轻负载寿命试验的条件下测试的，同时解决上面这两个技术问题是难以想到的。对比文件 2 没有给出将区别特征“电解液中含有 0.29mol/L 以下的铝离子”结合到对比文件 1 中的技术启示。

（4）案例评析

对比文件 2 公开了负极组成可以是 Pb – Sn – Ca，与涉案申请中限定的负极组成类似，还公开了在电解液中包含 2 ～ 50 g/L 的铝，即铝离子的浓度为 0.074 ～ 1.852 mol/L，电解液中的铝阻止了硫酸铅的晶体生长，抑制了电解液中的层化现象，从而提高了铅蓄电池的寿命。并且，对比文件 1 中的负极组成也是 Pb – Sn – Ca，与涉案申请的负极组成相同。可见，对比文件 2 给出了将电解液中含有 2 ～ 50 g/L 的铝结合到对比文件 1 中的技术启示，虽然涉案申请权利要求 1 中的表面层的材料与对比文件 2 不完全相同，但电解液中的铝离子的浓度存在交叉，根据负极格子板的材料差异，本领域技术人员完全可以通过有限的试验得到权利要求 1 的技术方案，无须付出创造性的劳动。虽然对比文件 2 没有给出解决在负极表面苔藓沉积的问题的启示，但对比文件 2 给出了解决电解液中硫酸铅的成层化问题的技术启示。这使得本领域技术人员为了提高铅蓄电池的寿命，有动机将对比文件2中的电解液的铝离子的浓度范围结合到对比文件1中以提高电池的使用寿命。

4.1.4.14 多个技术问题的考量——案例4-1-14

（1）案例要点

如果一项发明的区别特征实际上同时解决了多个技术问题，在寻找技术启示时，当其中一项技术问题的提出使得发明不具备创造性，但是其他技术问题对应的技术效果属于预料不到的技术效果时，那么该发明具备创造性。

（2）案例简介

涉案申请涉及锂离子电池领域，具体地，涉及一种聚合物复合膜及其制备方法。锂离子电池主要由正/负极材料、电解质、隔膜及电池外壳包装材料组成。隔膜是锂离子电池的重要组成部分，用于分隔正、负极，防止电池内部短路；其起着允许电解质离子自由通过，完成电化学充放电过程的作用。隔膜的性能决定了电池的界面结构、内阻等，直接影响电池的倍率性能、循环性能以及安全性能（耐高温性能）等特性。性能优异的隔膜对提高电池的综合性能具有重要的作用，被业界称为电池的“第三电极”。

现有的复合隔膜包括具有孔的多孔基板以及有机/无机复合层。然而，有机/无机复合层与多孔基层间的黏性和复合膜的透气性能之间存在较大矛盾。这是因为这种有机/无机复合层通过涂覆的方式形成，依靠无机颗粒的间隙形成空隙，如果想要提高该有机/无机复合层的孔隙率（透气性能），就需要降低聚合物黏结剂的用量，而由于前述聚合物黏结剂的玻璃化转变温度较高，使其黏性并不好，一旦聚合物黏结剂的用量降低，就会导致涂层与基层之间的黏结性能降低，进而使得这种复合膜的高温热稳定性变差。

涉案申请的目的是提供一种聚合物复合膜及其制备方法以及包括该聚合物复合膜的锂离子电池，以改善聚合物复合膜的高温稳定性。应用涉案发明的聚合物复合膜及其制备方法以及包括该聚合物复合膜的锂离子电池，通过采用特定的耐热高分子材料形成具有纤维网络结构的耐热层，有利于在满足聚合物复合膜孔隙率要求的同时，提高耐热高分子材料的用量（相对增加黏度），进而提高聚合物复合膜的高温（>180℃）稳定性，有利于促进锂离子的迁移和提高电池的安全性能。而且在该发明中用于形成耐热层的高分子材料在电解液中不会分解和软化，能维持良好的高分子形态，能够充当多孔基膜（聚合物基膜或者陶瓷隔膜）

的骨架，进而增加聚合物复合膜在高温下的机械性能。

涉案申请的权利要求 1 如下：

1. 一种聚合物复合膜，其特征在于，所述聚合物复合膜包括多孔基膜以及通过静电纺丝在所述多孔基膜的至少一侧表面上形成具有纤维网络结构的耐热层；

其中，所述多孔基膜为聚合物基膜，所述聚合物基膜为聚烯烃隔膜；

其中，所述耐热层包括耐热高分子材料，所述耐热高分子材料为聚间苯二甲酰间苯二胺，或者聚间苯二甲酰间苯二胺与其他耐热材料的混合物，所述其他耐热材料为选自聚对苯二甲酰对苯二胺、聚对苯甲酰胺、聚对苯撑苯并二噁唑、聚苯撑苯并双噻唑、聚苯并噁唑、聚苯并咪唑、聚醚醚酮和聚苯唑中的一种或者几种；聚间苯二甲酰间苯二胺与所述其他耐热材料的重量比为 1：(0.1～10)；

其中，以所述耐热层以其总重量为基准，含有 80% 重量以上的所述耐热高分子材料；所述耐热层的厚度为 0.5～3μm；以及所述耐热层的孔隙率为 75%～93%，面密度为 0.2～15g/m^2。

对比文件 1 公开了一种聚合物复合膜，并具体公开了以下技术特征：具有复合结构的纳米纤维锂离子电池隔膜材料，包括位于中间层材料和位于中间层两侧的第一外层材料和第二外层材料，所述第一外层材料和第二外层材料为静电纺丝喷涂层，所述中间层材料与所述第一外层材料和第二外层材料通过热压结合；中间层为由选自包括聚丙烯（PP）、聚乙烯（PE）等中的一种或多种材料形成的无纺布或纳米纤维薄膜；第一外层材料和第二外层材料可以选择包括聚偏氟乙烯（PVDF）、聚偏氟乙烯-六氟丙烯（PVDF-HFP）、聚醚砜（PES）、聚丙烯腈（PAN）和纤维素等聚合物中的一种或两种的混合物；优选地，可以选自聚偏氟乙烯、聚偏氟乙烯-六氟丙烯、聚醚砜、聚丙烯腈和纤维素中的一种或多种与无机纳米颗粒形成的复合物等材料；聚合物与纳米陶瓷等形成的复合纳米纤维膜的材料组成为：聚合物材料占质量百分比含量的 60%～90%。具有三层复合结构的纳米纤维锂离子电池膜材料的结构为由多层纳米纤维交织而成的立体孔隙结构。

权利要求 1 与对比文件 1 的区别特征是：①耐热高分子材料为聚间苯二甲酰间苯二胺，或者聚间苯二甲酰间苯二胺与其他耐热材料的混合物，所述其他耐热材料为选自聚对苯二甲酰对苯二胺、聚对苯甲酰胺、聚对苯撑苯并二噁唑、聚苯撑苯并双噻唑、聚苯并噁唑、聚苯并咪唑、聚醚醚酮和聚苯唑中的一种或者几种；聚间苯二甲酰间苯二胺与所述其他耐热材料的重量比为 1：(0.1 ～ 10)；耐热层的孔隙率为 75%～93%；②耐热层的厚度为 0.5 ～ 3μm，面密度为 0.2 ～ 15g/m^2。

（3）焦点问题

观点一：权利要求 1 不具备创造性。

涉案申请限定的聚对苯二甲酰对苯二胺等耐热物质与对比文件 1 公开的耐热物质都是改善隔膜耐热性常用的耐热高分子，对比文件 2 中明确公开了耐热层中的耐热高分子可使用芳纶。选择使用这些耐热高分子代替对比文件 1 中的耐热高分子对本领域技术人员而言是不需要付出创造性的劳动的。涉案申请的实施例和对比例不能证明其限定的耐热聚合物和其限定的参数必须协同作用才能获得耐高温等性能上的改进。而耐热层作为功能改性层，其孔隙率、面密度和厚度的大小以及耐热高分子的含量对隔膜性能的影响都是本领域技术人员已经认知的，本领域技术人员根据实际需要通过有限的试验将这些参数控制在涉案申请限定的范围内并不需要付出创造性的劳动。

观点二：权利要求 1 具备创造性。

对于区别特征①，涉案申请背景技术部分记载：有机/无机复合层通过涂覆的方式形成，依靠无机颗粒的间隙形成空隙，如果想要提高该有机/无机复合层的孔隙率，就需要降低聚合物黏结剂的用量，而由于前述聚合物黏结剂的玻璃化转变温度较高，使其黏性并不好，一旦聚合物黏结剂的用量降低，就会导致涂层与基层之间的黏结性能降低，进而使得这种复合膜的高温热稳定性变差。涉案申请的技术方案，通过采用特定的耐热高分子材料形成具有纤维网络结构的耐热层，有利于在满足聚合物复合膜孔隙率要求的同时，提高耐热高分子材料的用量，进而提高聚合物复合膜的高温（>180℃）稳定性，有利于促进锂离子的迁移和提高电池的安全性能。而且在涉案申请中用于形成耐热层的高分子材料在电解液中不会分解和软化，能维持良好的高分子形态，能够充当多孔基膜的骨架，进而增加聚合物复合膜在高温下的机械性能。由此可见，涉案申请是基于特定类型的耐热高分子材料形成的耐热层的发明，这类高分子材料具有高的耐热性，但黏结性差，采用传统的涂覆方法黏结性和孔隙率难以同时提高，难以同时保证高的离子迁移速率和安全性。涉案申请采用特定的耐热高分子材料、静电纺丝方法、耐热层中耐热高分子材料的含量、耐热层的孔隙率，同时解决了促进锂离子的迁移和提高电池的安全性能的技术问题。而对比文件 1 所使用的第一外层材料和第二外层材料为聚偏氟乙烯、聚偏氟乙烯－六氟丙烯、聚醚砜、聚丙烯腈和纤维素等聚合物中的一种或两种的混合物，这些高分子材料普遍黏结性较好，并不存在同时提高孔隙率和黏结性的矛盾问题。基于对比文件1，本领域技术人员无法预料将耐热高分子材料替代为聚间苯二甲酰间苯二胺或聚间苯二甲酰间苯二胺与其他耐热材料的混合物的材料后将可能带来的黏结性不足的问题，也无法预料通过采用静电纺丝的方法，可同时提高高分子材料的用量和孔隙率，能够解决聚间苯二甲酰间苯二胺等高分子材料作为耐热层时黏结性和孔隙率难以同时提高的问题，得到含有质量百分比达80%以上的耐热高分子材料和孔隙率为75%～93%的耐热层。由此，也不会进一步探讨聚间苯二甲酰间苯二胺与其他耐热材料的质量比。

（4）案例评析

通过涉案申请说明书的记载可以理解，涉案申请是针对特定类型的耐热高分子材料形成的耐热层而进行的改进。这类高分子材料具有高的耐热性，但黏结性差，采用传统的涂覆方法，黏结性和孔隙率难以同时提高，难以同时保证高的离子迁移速率和安全性。涉案申请要解决的问题是基于特定类型的耐热高分子材料，同时促进锂离子的迁移和提高电池的安全性能。因此，在涉案申请的技术方案中，耐热高分子材料的组成、静电纺丝方法、耐热层中耐热高分子材料的含量以及耐热层的孔隙率是相关联的特征，共同解决了涉案申请的技术问题。而对比文件1并没有公开涉案申请的高分子材料。对比文件1所使用的材料普遍黏结性较好，并不存在同时提高孔隙率和黏结性的矛盾问题。对比文件1与涉案申请发明的基础和解决的技术问题均不同。基于对比文件1，本领域技术人员无法预料将耐热高分子材料替代为聚间苯二甲酰间苯二胺等材料后将可能带来的黏结性不足的问题，也无法预料通过采用静电纺丝的方法，可同时提高高分子材料的用量和孔隙率，能够解决聚间苯二甲酰间苯二胺等高分子材料作为耐热层时黏结性和孔隙率难以同时提高的问题。

对比文件2虽然公开了静电纺丝方法、芳纶材料、高分子材料的用量，但芳纶涂层在对比文件2中的作用与其在涉案申请和对比文件1中的作用均不同。对比文件2并没有揭示芳纶在作为耐热层材料时，可能面对的黏结性和孔隙率难以同时提高的问题，也没有给出采用静电纺丝方法可以解决这一问题的技术启示。因此，本领域技术人员没有动机用对比文件2公开的芳纶替代对比文件1的高分子材料，以解决同时促进锂离子的迁移和提高电池的安全性能的技术问题。即使本领域技术人员基于常识容易判断对比文件 2 公开的“芳纶”材料可以提高电池耐热性，而将该材料结合应用于对比文件 1 中以替代对比文件 1 的聚合物，本领域技术人员也无法预料其能够解决上述技术问题并产生相应的技术效果，得到含有质量百分比 80% 以上的耐热高分子材料和孔隙率为 75%～93% 的耐热层。由此，也不会进一步探讨聚间苯二甲酰间苯二胺与其他耐热材料的质量比。虽然聚间苯二甲酰间苯二胺等是本领域常用的耐热高分子材料，但没有证据表明聚间苯二甲酰间苯二胺等作为耐热层时面对的难以同时提高孔隙率和黏结性的技术问题是本领域公知的，也没有证据表明采用静电纺丝方法可以解决这一技术问题是公知常识。

4.1.4.15　领域对技术启示的影响——案例 4-1-15

（1）案例要点

技术领域对技术启示的判断存在影响，应当作为考虑因素之一。在考虑结合性时，应当考虑所属领域技术人员是否“会”自然而然地、符合逻辑地结合，即当所属领域技术人员面对所要解决的技术问题时，是否有动机去该领域寻求解决方法。

（2）案例简介

涉案申请属于车辆制造技术领域，具体而言，涉及一种货车。电动货车，通常是在传统非承载式底盘的基础上将动力电池布置以下两处：将动力电池安装在车架之上，且位于驾驶室与货厢之间；将动力电池侧挂在纵梁的外侧。采用第一种布置方式会减少货车的货厢空间，降低货车的载货量，增加整车成本；另外动力电池直接暴露在外，为了防止动力电池体进水，必然需要安装遮挡装置。采用第二种布置方式，由于动力电池占用空间较大，在轴距有限定的情况下，前后轮之间可布置动力电池的数量不多，整车电量会减小；如果将后悬部分也布置电池，那么会增加货车的改装难度，同时也会对动力电池的安装结构的设计带来一定的困难，影响实用性和续驶里程。

涉案申请旨在至少在一定程度上解决相关技术中的技术问题之一。为此，涉案发明的一个目的在于提出一种续航里程长的货车。该发明实施例的货车 100，将动力电池 8 布置在驾驶室 1 后方、车架 4 的下方，动力电池 8 在货厢 2 和驾驶室 1 的遮挡下，可以屏蔽绝大部分的雨水侵袭，且动力电池 8 的布置空间大，货车 100 的续航里程长，载货量大；高度集成的高压电控总成 10 布置在可翻转式的座椅下方，利于布线及维修，且货车 100 的各个部件的布置清晰，结构合理。

涉案申请的权利要求1如下：

1. 一种货车，其特征在于，包括：

车架；

驾驶室，所述驾驶室安装在所述车架的前端；

货厢，所述货厢安装在所述车架上且位于所述驾驶室的后方；

动力电池，所述动力电池与所述车架相连，且位于所述驾驶室的后方及所述货厢的下方；

高压电控总成和电池管理器，所述高压电控总成布置在所述驾驶室的座椅下方，且与所述动力电池相连，所述电池管理器布置在所述高压电控总成的左侧，且位于所述座椅的下方，所述座椅构造为可翻转式；

所述动力电池的至少部分位于所述车架的纵梁的外侧，所述动力电池上设有朝上敞开的凹槽，所述纵梁贯穿所述凹槽；

所述纵梁包括从前向后依次相连的第一段和第二段，所述第二段的高度比所述第一段的高度高，所述驾驶室安装在所述第一段上，所述动力电池安装在所述第二段上。

对比文件1公开了一种用于车辆的车架以及具有该车架的车辆的底盘，并具体公开了一种货车，包括：车架100；驾驶室2000，驾驶室安装在车架100的前端；箱体3000，箱体3000安装在车架100上且位于驾驶室2000的后方；动力电池400，动力电池与车架100相连，且位于驾驶室2000的后方及箱体3000的下方；电机控制器600等布置在驾驶室2000座椅的下方，且与动力电池400相连；动力电池400的至少部分位于车架100的纵梁外侧。

权利要求1所要求保护的技术方案与对比文件1的区别之一在于动力电池上设有朝上敞开的凹槽，纵梁贯穿所述凹槽。基于上述区别特征可以确定其实际解决的技术问题是：有效利用动力电池安装上的高度空间。

对比文件2公开了一种电动汽车动力电池总成的布置结构，其中公开了前动力电池总成4、中动力电池总成5、后动力电池总成6的上表面形状随着地板11的高度和纵梁12变化，地板高的地方动力电池总成变厚，地板低的地方动力电池总成变薄；动力电池通过侧面8上的支架10安装在底盘下面，而且保证离地间隙。

（3）焦点问题

观点一：权利要求1不具备创造性。

在对比文件2公开的“前动力电池总成4、中动力电池总成5、后动力电池总成 6 的上表面形状随着地板 11 的高度和纵梁 12 变化，地板高的地方动力电池总成变厚，地板低的地方动力电池总成变薄；动力电池通过侧面 8 上的支架 10 安装在底盘下面，而且保证离地间隙”的技术启示下，本领域技术人员容易想到设置凹槽。

观点二：权利要求 1 具备创造性。

对比文件 2 解决了动力电池与地板、纵梁之间的高度配合问题，解决了电池容量和体积需求与布置空间的矛盾。但是，从对比文件 2 中可见，由于车辆地板、纵梁在纵向方向上离地高度不同，为了适应这种车辆结构，对比文件 2 中主要采取的技术手段是将动力电池分为前动力电池总成、中动力电池总成、后动力电池总成三个部分以适应地板、纵梁的高度变化。对比文件 2 并没有给出在动力电池的上表面跨过纵梁的位置设置凹槽，从而有效利用动力电池安装上的高度空间的技术启示。

（4）案例评析

涉案申请中的技术方案适用于货车领域。在货车领域中，大多数的动力电池为悬挂在车辆的底部，且动力电池为一个整体立方结构，并未形成与车辆底部的纵梁的形状配合。尤其从对比文件 1 的技术方案中可见，常见的货车的动力电池确为悬置在车辆的底部，如此使得动力电池的高度及其续航里程和货厢的高度形成两个矛盾的干涉条件。基于此，涉案申请打破常规的货车的结构设计，对动力电池的结构形状进行了改进和调整，以将动力电池上设有朝上敞开的凹槽且纵梁贯穿凹槽，使得纵梁和动力电池可在一定程度上共用竖向的空间，进而解决现有技术中货车的“动力电池的高度及其续航里程和货厢的高度相互矛盾”的设计难题。对比文件 2 中公开的轿车与涉案申请中的货车属于不同的技术领域，在结构上来说轿车本身不存在独立货厢的设计。涉案申请的上述技术问题正是由于货车具有独立货厢而产生的。对比文件 2 虽然公开了动力电池和地板的配合形式，但是对比文件 2 中的轿车并不存在“动力电池的高度及其续航里程和货厢的高度相互矛盾”的技术问题，相应的技术特征的设置的设计构思也并非与涉案申请中的相同。故而本领域的技术人员很难跨领域且在无相应技术问题存在的前提下将对比文件 2 中的结构设计应用于货车领域中以解决货车领域所长期存在的技术问题，由此，对比文件 2 中无法给出在涉案申请中设计上述区别特征的技术启示。

4.1.4.16 领域对技术启示的影响——案例 4－1－16

（1）案例要点

创造性审查时，不仅要考虑发明所属的技术领域，还要考虑其相近或者相关的技术领域，以及该发明所要解决的技术问题能够促使本领域技术人员到其中去寻找技术手段的其他技术领域。

（2）案例简介

涉案申请涉及一种汽车网关系统及其控制方法。最新推出的油电混合动力车和纯电动车的控制系统中存在大量的电子设备。各种电子设备的增加在给用户带来舒适和方便的同时也由此产生了各种问题，其中最典型的就是各个电子设备之间的信号传输问题。

在现有的汽车网关系统中，各个电子设备的控制模块通过 CAN 网络、CAN 总线以及网关控制器而相互连接，从而实现各个控制模块之间的报文传输。在此种网关系统中，多个控制模块共享一个 CAN 高速网或者 CAN 低速网，很容易引起 CAN 网络堵塞、丢包等问题。

涉案申请的目的是克服现有的汽车网关系统容易产生信号堵塞的缺点，提供了一种能够有效地防止信号堵塞的汽车网关系统。涉案发明提供的汽车网关系统包括多个控制模块、CAN 网络、CAN 总线、网关控制器，各个控制模块通过 CAN 网络与 CAN 总线相连，所述网关控制器与所述 CAN 总线相连，用于协调各个控制模块之间的报文传输。其中，所述网关控制器定时发送许可报文给各个控制模块，该许可报文表示允许控制模块向 CAN 网络发送自己的 CAN 报文；所述控制模块根据是否在预定时间周期内接收到所述许可报文，决定是否向 CAN 网络发送自己的 CAN 报文。

涉案申请的权利要求 1 如下：

1. 一种汽车网关系统，该系统包括多个控制模块（10）、CAN 网络（20）、CAN 总线（30）、网关控制器（40），各个控制模块（10）通过 CAN 网络（20）中的 CAN 高速网或 CAN 低速网与 CAN 总线（30）相连，所述网关控制器（40）与所述 CAN 总线（30）相连，用于协调各个控制模块（10）之间的报文传输，其特征在于，所述网关控制器（40）定时发送许可报文给各个控制模块（10），该许可报文表示允许控制模块（10）向 CAN 网络（20）发送自己的 CAN 报文；所述控制模块（10）根据在预定时间周期内接收到所述许可报文，决定向 CAN 网络（20）发送自己的 CAN 报文，并且如果所述控制模块（10）在所述预定时间周期内没有接收到所述许可报文，则不向所述CAN网络（20）发送自己的CAN报文。

对比文件1公开了一种汽车智能网关系统，并具体公开了以下技术特征：智能网关10通过CAN总线接口1和CAN总线11连接发动机、变速箱等车载系统；智能网关还可包括第二个CAN接口6，即低速CAN，低速CAN可应用在电控门窗、车内照明和仪表等车身系统中；相对地，上述连接发送机等动力系统的CAN总线11可称为高速CAN，通过智能网关实现了高低速CAN网络的隔离汇接；智能网关除了接收、发送CAN数据包以外，还实现CAN总线错误检测、数据超载和节点管理等功能，智能网关起到异构系统互联和通信协议转换的关键作用。

权利要求1相对于对比文件1的区别在于：网关控制器定时发送许可报文给各个控制模块，该许可报文表示允许控制模块向CAN网络发送自己的CAN报文；控制模块根据在预定时间周期内接收到许可报文，决定向CAN网络发送自己的CAN报文；如果控制模块在预定时间周期内没有接收到许可报文，则不向CAN网络发送自己的CAN报文。基于上述区别特征，权利要求1请求保护的技术方案相对于对比文件1实际要解决的技术问题是：如何检测网络状况并保证CAN网络报文的正常发送。

对比文件2公开了以下技术特征：在以太网OAM连续性检测机制中，通过源端定时发送连续性检测报文，宿端定时检测是否接收到来自源端的连续性检测报文，来判断网络路径是否存在故障。

（3）焦点问题

观点一：权利要求1不具备创造性。

对比文件2公开了在以太网OAM连续性检测机制中，通过源端定时发送连续性检测报文，宿端定时检测是否接收到来自源端的连续性检测报文，来判断网络路径是否存在故障。上述特征在对比文件2中所起的作用与上述区别特征在涉案申请中为解决其技术问题所起的作用相同，都是用于由一方定时发送特定报文，根据另一方能否接收该特定报文来检测网络状况。

观点一：权利要求1具备创造性。

对比文件2公开的技术特征解决的技术问题和权利要求1与对比文件1相比实际解决的技术问题不同，因此本领域技术人员在面对在CAN网络中可靠有效地发送CAN报文的问题时，不能想到将对比文件2中的技术特征结合到对比文件1中。

（4）案例评析

对比文件2公开了在以太网OAM连续性检测机制中，通过源端定时发送连续性检测报文，宿端定时检测是否接收到来自源端的连续性检测报文，来判断网络路径是否存在故障。上述技术特征在对比文件2中所起的作用与上述区别特征在涉案申请中为解决其技术问题所起的作用相同，都是用于由一方定时发送特定报文，根据另一方能否接收该特定报文来检测网络状况。对比文件2的以太网与对比文件1的CAN网络属于相近的技术领域，对比文件1中公开了智能网关可实现CAN总线（即CAN网络）错误检测，本领域技术人员在面对性质相同的如何检测CAN网络状况的技术问题时能够从相近的技术领域如对比文件2中得到技术启示，将对比文件2公开的以太网检测故障的方法应用到对比文件1中的CAN网络错误检测过程中。而在所属领域中根据网络状况来发送数据，即网络状况良好时进行数据发送，网络存在故障时停止数据发送，是本领域技术人员为了保证数据的正常发送而通常会采用的技术手段。

4.1.4.17 领域对技术启示的影响——案例4－1－17

（1）案例要点

跨领域结合时需考虑区别特征在两个不同领域的技术方案中所解决的技术问题是否相同，还应考虑是否存在跨领域结合的动机，包括不同领域之间的差异和相关性、技术问题与技术领域的紧密程度、结合后进一步改进的难易程度等，即本领域技术人员面对所要解决的技术问题时，是否有动机去该领域寻求解决方法。

（2）案例简介

涉案申请涉及一种铅酸蓄电池。铅酸蓄电池技术经过多年发展，其比能量、循环寿命、高低温适应性等问题已有所突破，短纤维作为蓄电池极板中重要的组成部分，在电池中发挥着举足轻重的作用。在制备极板的铅膏中加入一般长度为1～4mm的短纤维，短纤维作为活性物质黏结的骨架，在极板中构成三维网状结构，增强了极板的机械强度。加入短纤维后，在涂板过程中铅膏容易成型，同时也在一定程度上防止了固化干燥过程中极板的开裂和减少了装配过程中极板的脱粉。有机纤维和无机纤维均可以用于制备极板的铅膏中加入的短纤维。但添加短纤维制备的极板，仍存在极板强度低、浮粉对人体伤害较大、生产过程中废损率高的问题。

在制备蓄电池极板的铅膏中加入有机短纤维，增强了极板的机械强度。这是因为短纤维的比表面积与提高活性物质之间的黏结力有关，和较大直径纤维相比，较小直径纤维有更大的可得亲水表面积，在极板的制备过程中，能够吸收更多的水，从而提高活性物质之间的黏结力，增强极板的机械强度和降低极板的脱粉。与纤维的种类没有太大关系。纤维的长度能够影响表面积。当长度降低时影响增加，因为每克纤维中更大数量的短纤维末端外露。但当短纤维的长度和直径比过大时，这种增加可以忽略不计。当同样重量添加量的短纤维过细，条数过多时，有一些短纤维开始扎堆，难以分散均匀，使得活性物质黏结时受到影响，给出的电池容量反而下降。并且，短纤维条数过多时，纤维体积变得很大，会占用活性物质体积，反而会超过板栅边框的体积限制造成极板强度下降，从而降低蓄电池的寿命。

为解决上述技术问题，涉案申请提供了一种铅酸蓄电池，其极板添加了短纤维，可以大幅提高极板强度，效果为原来的3倍；有效减少浮粉，可降低20%左右；降低生产过程中废损，可降低25%左右。由此可提高铅酸蓄电池使用寿命，提高铅酸蓄电池的初容量。

涉案申请的权利要求1如下：

> 1. 一种铅酸蓄电池，包括极板、电解液、隔板和电池槽，所述极板包括栅格和铅膏，铅膏中含有有机短纤维，其特征在于，所述的有机短纤维单纤细度为0.15～0.8D。

对比文件1公开了一种用于铅酸蓄电池的负极板（参见说明书第12～29段），包括如下重量的原料：乙炔黑2.5～2.9kg，腐殖酸2～2.8kg，硫酸钡9～12kg，木素1.5～2.5kg，硬脂酸钡1.0～1.5kg，纯水110～120kg，铅粉1000kg，短纤维850～900g，硫酸75～90kg，其中短纤维的长度是2～4mm；按照负板板栅浇铸—球磨法制铅粉—负板和膏—负板涂片—负板固化干燥—负板化成—负板分片的步骤制作负极板（即公开了极板包括栅格和铅膏）；短纤维添加于负极板中，提高活性物质之间的黏结力，增强极板强度，其中所使用的短纤维长度整齐标准，分散性、工艺性能好，适应于手工涂板、机械涂板、干加、湿加均可，分散均匀彻底、无结团、无挂钢丝现象，有效提高工作效率，杜绝了因纤维分散性不好造成的极板报废及次品产生；单纤细度细，拉力强度大，同样重量添加量纤维条数多，在极板中的网状分布结构好而且均匀，真正起到增强极板强度，防止极板开裂、掉块、脱粉的作用，耐温性好，适应和膏加酸瞬间温度高及烘干过程中的高温要求，不软化变形，耐酸性好，耐化学及电化学腐蚀，抗老化。

权利要求1与对比文件1的区别特征是：①铅酸蓄电池包括电解液、隔板和电池槽；②短纤维为有机短纤维；③短纤维的单纤细度为0.15～0.8D。基于上述区别特征，涉案申请实际解决的技术问题是：提供铅酸蓄电池的具体构造，进一步增强极板强度，减少掉块、脱粉。

对比文件2公开了一种铅蓄电池隔板，主要由微细玻璃纤维所构成，还包括无机粉体、天然纸浆和细度为1.5D以下且纤维长度为1mm以上的热熔性有机纤维；其中有机纤维的含量为3%～15%，细度优选0.5～1.5D。

（3）焦点问题

观点一：权利要求1不具备创造性。

涉案申请实际解决的技术问题是：限定铅酸蓄电池具体构造；优化选择适合的短纤维及其单纤细度范围，以更好地达到增强极板强度、防止掉块和脱粉的效果。对比文件1已经公开了用于铅酸蓄电池的负极板，而铅酸蓄电池包括电解液、隔板和电池槽是本领域技术人员熟知的技术手段，属于公知常识。本领域技术人员知晓，在铅膏中通常还添加短纤维以起到加固黏结作用，从而增加极板强度，防止极板上的活性物质脱落，延长蓄电池的使用寿命，在铅酸蓄电池极板中添加的纤维主要是聚酯纤维、聚丙烯纤维等（即有机纤维）。根据对比文件1，本领域技术人员能够得到明确的教导，即采用单纤细度细的短纤维及其相应的作用。基于此，本领域技术人员有动机进一步选择合适范围的单纤细度。对比文件2公开了一种铅酸蓄电池隔板，其中添加了热熔性有机纤维，例如聚酯纤维、聚丙烯纤维，有机纤维的纤度最好是0.5～1.5D：如果超过1.5D，则无法增多纤维条数；如果低于0.5D，不容易处理，在制造时不容易均匀分散。可见，对比文件2给出了在铅酸蓄电池中应用0.5～1.5D单纤细度的有机纤维的教导，并且对于细度范围选择的考量因素进行了分析。本领域技术人员基于对比文件2给出的技术启示，有动机在兼顾便于加工、便于均匀分散和增多纤维条数的情况下，将上述细度范围应用于对比文件1以更好地达到增强极板强度、防止掉块和脱粉的效果。

观点二：权利要求1具备创造性。

对比文件2提供的是一种铅酸蓄电池隔板，与涉案申请权利要求1相比较，技术领域不同，解决的技术问题、采用的技术手段、实现的技术效果均不相同，本领域技术人员难以从中得到启示，将其公开的细度应用于对比文件1。对比文件2针对的是铅酸蓄电池的隔板，其利用细长有机纤维作为骨架，提高隔板抗折损和弯曲的强度。而权利要求1的技术方案涉及的是铅酸蓄电池极板中的铅膏，其中加入特定细度的短纤维，利用短纤维较大的比表面积，获得更大的亲水表面积，在极板的制备过程中，能够吸收更多的水，从而提高活性物质之间的黏结力，增强极板的机械强度和降低极板的脱粉。由此可见，对比文件2和权利要求1涉及的短纤维应用的领域以及所要解决的技术问题均不相同，本领域技术人员难以从对比文件2中得到启示将其公开的隔板中有机纤维的细度应用于对比文件1的极板铅膏中的短纤维。

（4）案例评析

该案例的主要争议焦点在于对比文件2是否给出了关于区别特征“短纤维的单纤细度为0.15～0.8D”的技术启示。对比文件2公开了一种铅酸蓄电池隔板，主要由微细玻璃纤维所构成，还包括无机粉体、天然纸浆和细度为1.5D以下且纤维长度为1mm以上的热熔性有机纤维；其中有机纤维的含量为3%～15%，细度优选0.5～1.5D。虽然对比文件2和权利要求1的技术方案都涉及铅酸蓄电池以及短纤维的细度，但是对比文件2针对的是铅酸蓄电池的隔板，其利用细长有机纤维作为骨架，提高隔板抗折损和弯曲的强度，而权利要求1的技术方案涉及的是铅酸蓄电池极板中的铅膏，其中加入特定细度的短纤维，利用短纤维较大的比表面积，获得更大的亲水表面积，在极板的制备过程中，能够吸收更多的水，从而提高活性物质之间的黏结力，增强极板的机械强度和降低极板的脱粉。由此可见，对比文件2和权利要求1涉及的短纤维应用的领域以及所要解决的技术问题均不相同，本领域技术人员难以从对比文件2中得到技术启示将其公开的隔板中有机纤维的细度应用于对比文件1的极板铅膏中的短纤维。

4.1.4.18 预料不到的技术效果——案例4-1-18

（1）案例要点

如果发明与现有技术相比具有预料不到的技术效果，则不必再怀疑其技术方案是否具有突出的实质性特点，可以确定发明具备创造性。

（2）案例简介

涉案申请涉及集电体、电池以及它们的制造方法。近年来，在伴随技术的进步而能量密度提高的电池中，发热量大，所以重视误用对策。涉案申请的发明人认识到在未处理的铜制的基体上覆盖了包含热可塑性树脂和导电材料的导电层的集电体中，正温度系数电阻功能相比于在铝制的基体上覆盖了包含热可塑性树脂和导电材料的导电层的集电体低。

涉案申请是鉴于上述实情而完成的，其目的在于提供一种即使在使用了铜制的基体的情况下，包含热可塑性树脂以及导电材料且覆盖该铜基体的导电层也能够发挥与使用了铝制的基体的情况同等的正温度系数电阻功能的集电体。

根据涉案申请，通过使用具有从表面起的厚度 1.0μm 以内的氧元素的平均含有量是 10.5at% 以上的氧化铜层的铜基体，能够提供包含热可塑性树脂以及导电材料且覆盖该氧化铜基体的氧化铜层的导电层发挥与使用了铝制的基体的情况同等的正温度系数电阻功能的集电体。

涉案申请的权利要求 1 如下：

> 1. 一种集电体，具有：
>
> 铜基体，具有从表面起的厚度 1.0μm 以内的氧元素的平均含有量为 10.5at% 以上的氧化铜层；以及
>
> 正温度系数电阻层，包含热可塑性树脂以及导电材料，且覆盖该铜基体的氧化铜层，
>
> 所述氧化铜层防止热可塑性树脂中的高分子链被切断。

对比文件 1 公开了一种泡沫铜氧化物/铜锂离子电池负极，其包括集流体泡沫铜，以及在泡沫铜表面生长的铜氧化物层，该 CuO 是活性物质。由对比文件 1 公开的内容可知，对比文件 1 中的集电体只包括铜，铜表面的活性物质 CuO 并不属于集电体，其也未公开在集电体上覆盖正温度系数电阻层。权利要求 1 与对比文件 1 的区别特征在于：集电体还具有从表面起的厚度 1.0μm 以内的氧元素的平均含有量为 10.5at% 以上的氧化铜层；以及正温度系数电阻层，包含热可塑性树脂以及导电材料，且覆盖该氧化铜层，所述氧化铜层防止热可塑性树脂中的高分子链被切断。

对比文件 2 公开了一种导电基板，其上不可避免地具有绝缘氧化物层，在该绝缘氧化物层上设置具有不同导电材料含量的两层树脂层，由此减少导电基板与树脂层之间的界面电阻，利用正温度系数文件（PTC）实现停止充放电的关闭功能（以下简称“PTC 功能”）。导电基板的材料可以是铜。

（3）焦点问题

观点一：权利要求 1 不具备创造性。

温度过高时对电池进行保护的问题是本领域中普遍存在的问题，本领域技术人员有动机在对比文件 1 中设置带 PTC 功能的树脂层。对比文件 1、对比文件 2

已经存在铜氧化物层，由此必然能防止树脂层中的高分子链被切断。对于氧化层的厚度及氧元素含量，本领域技术人员公知的是其主要影响导电性，本领域中通常都会对其进行控制。涉案申请中对氧化层厚度及其氧含量的控制也主要是基于导电性的问题，并未取得预料不到的技术效果。而且作为对比文件2中的氧化物层，必然具有一定的厚度和氧含量，在上述内容基础上得到权利要求1所限定的预定厚度内的氧含量是无须付出创造性劳动的。

观点二：权利要求1具备创造性。

涉案申请实际要解决的问题并不是如何实现温度过高时对电池的保护。上述区别特征作为一个整体考虑，涉案申请通过该结构，使覆盖了PTC层的铜集电体仍然能很好地发挥PTC功能。权利要求1相对于对比文件1实际解决的技术问题是：如何在铜集电体上实现正温度系数电阻体的功能。虽然对比文件2中的集电体包括绝缘氧化物层和PTC层，但其中的绝缘氧化物层是由于金属集流体容易被氧化而不可避免存在的，导致了界面电阻的增大，设置含有两层树脂层的PTC层的作用是减少界面电阻。也就是说，对比文件2并未给出将绝缘氧化物层和PTC层应用于铜集电体上以在铜集电体上实现正温度系数电阻体的功能的技术启示。此外，其也并未意识到绝缘氧化物层的厚度和氧含量对集电体PTC功能的影响。仅从对比文件2公开的内容，本领域技术人员没有动机对绝缘氧化物层的厚度和氧含量进行改进，将其限定在一定范围内来防止热可塑性树脂中的高分子链被切断，以实现正温度系数电阻体的功能。

（4）案例评析

首先，对比文件1中的集电体只包括铜，铜表面的活性物质CuO并不属于集电体；本领域技术人员不会想到将包括集电体和活性物质的整个电极覆盖PTC层来构成一个集电体。其次，对于区别特征中“氧化铜层”和“正温度系数电阻层”应当整体考虑，它们之间具有协同作用，不可分割；涉案申请通过该结构，使覆盖了PTC层的铜集电体仍然能很好地发挥PTC功能。可见，涉案申请相对于对比文件1实际解决的技术问题并不是“实现温度过高时对电池的保护”，而是“在铜集电体上实现PTC的功能”，现有技术并没有公开任何技术手段来解决该技术问题。虽然对比文件2中的集电体包括绝缘氧化物层和PTC层，但其并未意识到绝缘氧化物层的厚度和氧含量对集电体PTC功能的影响。涉案申请比较例2和比较例4中，氧化铜层中氧含量为0.4%、4.3%时（低于权利要求1中的数值范围），覆盖了PTC层的铜集电体完全无法发挥其PTC功能；只有在实施例1

中，氧化铜层中氧含量为10.5%时，覆盖了PTC层的铜集电体的PTC功能才能得到很好地实现。可见，涉案申请中对氧化物层的厚度和氧含量的控制取得了预料不到的技术效果。

4.1.4.19 预料不到的技术效果——案例4-1-19

（1）案例要点

在进行选择发明创造性的判断时，选择所带来的预料不到的技术效果是考虑的主要因素。如果选择使得发明取得了预料不到的技术效果，则该发明具有突出的实质性特点和显著的进步，具备创造性。

（2）案例简介

涉案申请涉及一种锂离子电池均衡模块。

现有的充电方式一般采用对锂离子电池组整体充电。这种充电方式结构简单，但缺点同样较为明显。此充电方式不能保证所有单体电池均完全充满电，这就造成了锂离子电池组单体电池容量上的差异，从而导致整个电池组的性能大打折扣。对于不带均衡功能的锂离子电池组进行充电时，锂离子电池组的充放电效率非常低，而且电池组串联越多，容量越大，充放电次数越多，电池组的整体效率越低。由于过充和过放的管理，锂离子电池组的整体寿命越低，因此锂离子电池的不一致性是成组困难的原因。

涉案申请通过以水性蓄电池作为能量载体与锂离子电池并联，无须关联SOC估算系统，即可达到充放电过程中各基本电池单元之间电压均衡的目的；在充放电末期，锂离子电池中电流分担电流逐渐减小，通过水性蓄电池副反应（析氧和氧复合反应）消耗掉多余电量，从而使各锂离子电池都能够达到要求的充电电压，提高系统的安全性能。在充放电过程中进行各个基本电池单元之间的电压均衡，不断地均衡各个基本电池单元之间的充放电量，不仅提高有效容量，而且增加锂离子电池的使用寿命，降低成本。

涉案申请的权利要求1如下：

> 1. 一种锂离子电池均衡模块，其特征在于，包括至少两个基本电池单元；
>
> 各个所述基本电池单元串联使用；
>
> 所述基本电池单元包括至少两个串联的锂离子电池和与所述锂离子电池并联的均衡蓄电池，所述均衡蓄电池与所述锂离子电池的容量比为1：5～1：20；

充电时，对各个所述基本电池单元同时进行充电，在接近预设最高电压值时，通过所述均衡蓄电池充电末期电压恒定特性，消耗掉多余电量，抑制所述锂离子电池在充电末期电压快速上升，均衡各个所述基本电池单元之间的电压；

放电时，对所述锂离子电池和所述均衡蓄电池同时进行放电，在接近预设最低电压值时，利用所述均衡蓄电池对所述锂离子电池进行分流，抑制所述锂离子电池在放电末期电压快速下降，均衡各个所述基本电池单元之间的电压。

对比文件 1 公开了一种由铅酸蓄电池单体与锂离子电池单体并联组成的复合电源。该复合电源是由铅酸蓄电池单体与锂离子电池单体先并联，必要时再串联组成的复合电源系统，包括铅酸蓄电池单体 A 和锂离子电池单体 B，将具有相近充放电电压的单体 A 和单体 B 并联，根据外接负载大小确定单体 A、单体 B 的容量，单体 A 与单体 B 的容量比为 0.05：10～10：0.05，必要时再进行适当的串联；当复合电源接收能量即外部给复合电源充电时，单体 A 与单体 B 可一起接收瞬时大电流充电；由于单体 A 与单体 B 之间并联，当组成复合电源系统时，即使各复合电源中的锂离子电池存在不均衡，但由于与之并联的铅酸蓄电池在原理上和实际上都可通过适当的过充电实现均衡，因此可免去锂离子电池与锂离子电池之间的复杂的均衡管理，同时保证了锂离子电池均衡功能的实现。当多个这样的复合电源串联时，可免去在多个锂电单纯串联时必须的均衡电路。当复合电源外接负载小电流输出时，可由单体 A 与单体 B 一起供电；当外接负载大电流输出时，可由单体 B 与单体 A 一起瞬时输出大电流；当复合电源的电压降到一定范围时，可由单体 A 与 B 一起对外接负载供电。

权利要求 1 与对比文件 1 的区别特征为：基本电池单元包括至少两个串联的锂离子电池，所述均衡蓄电池与所述锂离子电池的容量比为 1：5～1：20。

（3）焦点问题

观点一：权利要求 1 不具备创造性。

首先，涉案申请与对比文件 1 中的容量比对应的实质上都是并联连接的两种不同类型电池整体之间的容量比，区别仅在于不同类型电池的选取数量和应用方式的不同，因此对比文件 1 中的容量比可以相当于涉案申请中的容量比；其次，涉案申请是从对比文件 1 公开的 0.05：10～10：0.05 的大范围内具体选择了 1：5～1：20 以实现串联锂离子电池之间的电压均衡，该选择是在可能的有限范围内选择的具体范围，是本领域技术人员通过合乎逻辑的分析、推理或有限的试验并根据实际情况或需要有能力进行的具体选择，该选择可以通过常规手段得到，且并未产生预料不到的技术效果。

观点二：权利要求 1 具备创造性。

涉案申请中并联的是锂离子电池组和均衡蓄电池组，而对比文件 1 中并联的是锂离子电池单体和铅酸蓄电池单体；因此不可将涉案申请中均衡蓄电池与锂离子电池的容量比与对比文件 1 中锂离子电池单体和铅酸蓄电池单体的容量比简单等同，且涉案申请中的该容量比也并非基于对比文件 1 中的容量比进行的常规选择；涉案申请针对锂离子电池的有效容量及使用寿命进行优化，而对比文件 1 用于在外接负载瞬间大电流输出时保护蓄电池；涉案申请通过设计锂离子电池与均衡蓄电池的容量比从而无须添加均衡电路即可实现电压均衡，而对比文件 1 在采用锂离子电池组和均衡蓄电池组并联的情况下仍需要配置均衡电路才能实现电压均衡。

（4）案例评析

对比文件 1 公开的上述方案虽然是多个电池分别构成的锂离子电池组和铅酸蓄电池组相并联的电路结构，但其需要额外配备控制某种电池组可充放的电气部件才可实现电压均衡。而涉案申请中采用的是至少两个串联的锂离子电池和均衡蓄电池相并联的电路结构，通过设计均衡蓄电池与锂离子电池的容量比为 1∶5～1∶20，使两种电池的容量完全匹配，而无须考虑两种电池的充放电电压不是同比增减的问题。技术特征“至少两个串联的锂离子电池”和“所述均衡蓄电池与所述锂离子电池的容量比为 1∶5～1∶20”是相互关联、彼此配合的，对于电池组并联的电路结构，由于两种电池的充放电电压非同比增减，因此需要设计合适的容量比以实现二者电池容量的完全匹配，从而才能省略额外的电气部件并实现电压均衡。因此应将上述区别特征作为一个整体看待，而不能将其彼此割裂开来、分别考虑。对于“1∶5～1∶20”这一具体的容量比选择，虽然对比文件 1 中公开了“该单体 A 和单体 B 的容量比为 0.05∶10～10∶0.05”这一较宽范围，但是涉案申请通过在该较宽范围内具体选择 1∶5～1∶20，使涉案申请相对于对比文件 1 实现了“在至少两个串联的锂离子电池和均衡蓄电池相并联的电路结构，通过具体选择容量比为 1∶5～1∶20，使两种电池的容量完全匹配，而无须考虑两种电池的充放电电压不是同比增减的问题，因此无须额外配置上述方案中用于控制的电气部件，还能实现电压均衡”的预料不到的技术效果，该选择并非本领域技术人员在对比文件1的基础上经过直接推导、有限的试验或常规手段即可得到的。

4.1.4.20　预料不到的技术效果——案例4-1-20

（1）案例要点

如果发明是在可能的、有限的范围内选择具体的尺寸、温度范围或者其他参数，而这些选择可以由本领域技术人员通过常规手段得到并且没有产生预料不到的技术效果，则该发明不具备创造性。

（2）案例简介

涉案申请涉及一种高效燃料电池导流双极板。燃料电池导流双极板一般由两块板组合而成。这样的组合双极板有以下技术缺陷：密封难度较大，增加燃料电池工程的设计与制造的难度，必须保证每块板的机械强度，也就是说必须保证每块板的厚度，这样严重地增加了整块双极板的厚度减薄的难度，使燃料电池堆的重量与体积比功率严重地受到限制。为了克服上述缺陷可以将这两块极板进行胶黏。但是高导电率的导电胶往往黏结效果不佳，而低导电率的导电胶在两块组合的对应面上涂上后，会严重影响双极板的导电功能，导致燃料电池堆内阻很大。

涉案申请目的在于针对上述现有技术存在的不足提供一种黏结效果好、双极板导电性能好的高效燃料电池导流双极板。涉案发明由导空气流板与导氢气流板组合而成，二者之间通过胶黏剂黏结而成，其中所述胶黏剂由胶体与石墨组成，所述胶体与石墨之间的质量百分比为7%～14%：86%～93%，所述石墨为光谱纯石墨粉末或粉末石墨。涉案申请具有黏结效果好、双极板导电性能好的优点。

涉案申请的权利要求1如下：

> 1. 高效燃料电池导流双极板，由导空气流板与导氢气流板组合而成，两者之间通过胶黏剂黏结而成，其特征在于，所述胶黏剂由胶体与石墨组成，所述胶体与石墨之间的质量百分比为7%～14%：86%～93%，所述石墨为光谱纯石墨粉末或粉末石墨。

对比文件1公开了一种高效燃料电池导流双极板，并具体公开了如下内容：该双极板由导空气流板与导氢气流板组合而成，在导空气流板反面的导冷却流体槽或光面四周设有浅宽型密封槽，导氢气流板反面的导冷却流体槽或光面四周设有与导空气流板反面对应的浅宽型密封槽，浅宽型密封槽内设有胶黏剂，导空气流板与导氢气流板压合后，胶黏剂恰好充满密封槽，胶黏剂可以选自环氧胶。两块板之间为零间隙贴合，不影响双极板的良好导电率。

权利要求 1 与对比文件 1 的区别特征为：胶黏剂由胶体与石墨组成，所述胶体与石墨之间的质量百分比为 7%～14%：86%～93%，所述石墨为光谱纯石墨粉末或粉末石墨。基于该区别特征，权利要求 1 所要解决的技术问题为如何进一步提高双极板的黏结效果以及导电性。

对比文件 2 公开了一种石墨导电胶，其组成为：环氧树脂、胺类固化剂、石墨粉、稀释剂，该石墨导电胶具有优良的导电性和黏结性。

（3）焦点问题

观点一：权利要求 1 不具备创造性。

对比文件 2 提供了一种具有优良导电性和黏结性的胶黏剂。而双极板采用导电胶进行黏结以提高性能是本领域的公知常识。在此基础上，为了进一步改善对比文件 1 中双极板的性能，使双极板的导电性能更可靠，本领域技术人员有动机将对比文件 2 公开的石墨导电胶应用于对比文件 1 中，并考虑到各组分所起的作用，进一步选择合适的胶体和石墨的质量百分比，来达到所需要的导电性，这是通过有限的试验可以获得的。此外，本领域技术人员可根据实际对胶黏剂性能的需求，省略稀释剂，相应地其作用消失，这为常规技术手段。在对比文件 2 公开采用石墨的基础上，为了避免杂质影响导电胶性能，本领域技术人员进一步选择光谱纯石墨，这为常规技术手段。

观点二：权利要求 1 具备创造性。

对比文件 2 公开的石墨导电胶，其石墨粉只占整个胶体质量的 28%～32%，主要成分为胶，其石墨远低于涉案申请石墨粉占整个胶体的质量的比值，用于黏结时，容易出现导电体之间的导电性能不良的问题，造成胶体发热，因此，本领域技术人员即使将对比文件 2 引入对比文件 1 也无法得到涉案申请所要求保护的技术方案。即使依据性能调节胶体与石墨之间的比例属于本领域的公知常识，但是涉案申请中石墨所占比例如此之高是本领域技术人员所无法预想的。驳回决定和复审通知书均没有给出证据证明依据性能调节胶体与石墨之间的比例属于本领域的公知常识。

（4）案例评析

在导电胶中，石墨是常用的导电填充物，环氧胶作为基体起黏结作用。当需要进一步增强导电胶的导电效果时，增加石墨的含量是本领域技术人员容易想到的，其具体含量可以通过有限的试验获得。石墨比例越高，导电性越好；胶体比例越高，黏结性越好。本领域技术人员可以根据需要进行选择，而不需要将每一个质量百分比都记录在公知常识证据中。涉案申请的石墨比例并非本领域技术人员无法预想，而只是大多数情况下为了保证黏结性也要兼顾胶体比例。当特别需要保证导电性时，较高石墨比例的效果也是可以预期，并未带来预料不到的技术效果。

4.2　实用性

4.2.1　法律解读

《专利法》第二十二条第四款规定："实用性，是指该发明或者实用新型能够制造或者使用，并且能够产生积极效果。"《专利法》第二十二条第一款规定："授予专利权的发明和实用新型，应当具备新颖性、创造性和实用性。" 作为"三性" 之一，具备实用性是授予发明和实用新型专利权的必要条件之一。但是，根据《专利审查指南 2010》的规定，实用性与新颖性和创造性的判断有较大不同。首先，从判断时机上看，发明或者实用新型专利申请是否具备实用性，应当在新颖性和创造性审查之前首先进行判断。其次，从判断的方式看，新颖性和创造性的判断是相对的判断，需要本领域技术人员基于申请日之前的现有技术进行比较（新颖性判断还包括与"在先申请在后公开" 的抵触申请进行比较）；而实用性的判断是绝对的判断，是对申请文件技术方案自身的判断。再次，从具体的判断原则上看，审查发明或者实用新型专利申请的实用性时，应当遵循下列原则：①以申请日提交的说明书（包括附图）和权利要求书所公开的整体技术内容为依据，而不仅仅局限于权利要求所记载的内容；②实用性与所申请的发明或者实用新型是怎样创造出来的或者是否已经实施无关。

判断发明或者实用新型的主题是否具备实用性，需要着重考虑两个因素："在产业上能够制造或者使用" 和 "能够产生积极效果"。

根据《专利审查指南 2010》第二部分第五章第 2 节的规定，所谓产业，它包括工业、农业、林业、水产业、畜牧业、交通运输业以及文化体育、生活用品和医疗器械等行业。在产业上能够制造或者使用的技术方案，是指符合自然规律、具有技术特征的任何可实施的技术方案。这些方案并不一定意味着使用机器设备，或者制造一种物品，还可以包括例如驱雾的方法，或者将能量由一种形式转换成另一种形式的方法。能够制造或使用，关键在于技术方案在产业中被制造或者使用的可能性。只要所属领域技术人员根据说明书和权利要求书的记载，结合其具有的技术知识可以判断出发明或者实用新型能够制造或者使用即可，不需要考虑是否已经实施或者实施的难度大小。但是，如果按照说明书给出的信息，相应的产品能够被制造，但技术方案违背自然规律，则即使相应的产品可以被制造，也应当认为其不具备实用性。另外，因不能制造或者使用而不具备实用性是由技术方案本身固有的缺陷引起的，与说明书公开的程度无关。

能够产生积极效果，是指发明或者实用新型专利申请在提出申请之日，其产生的经济、技术和社会的效果是所属技术领域的技术人员可以预料到的。这些效果应当是积极的和有益的。实用性意义上的“能够产生积极效果”，并不要求发明或者实用新型完美无缺；只要存在的缺点或者不足之处没有严重到使相关技术方案无法实现、明显无益或者脱离社会需要，就不能以此为由否定其实用性。

4.2.2 领域特点

日益严重的环境和经济问题促使城市交通向着清洁、高效和可持续的方向发展，同时也促使新能源交通技术在工业和商用非道路车辆中推广和应用。[1] 新能源汽车自诞生伊始，就承担着节省化石燃料、高效利用能量、高效转化能量的使命。围绕着上述使命，出现了形形色色的发明或者实用新型申请。然而，发明或者实用新型申请的主题必须能够在产业上制造或者使用，并且能够产生积极的效果，也就是满足实用性要求。一方面，如果新能源汽车领域的发明或实用新型违背了自然规律，特别是该领域密切关注的与能量相关的能量守恒定律，则相应的技术方案因不能制造或者使用而不具备实用性。另一方面，如果发明或者实用新型虽然能够制造或者使用，但其明显无益、脱离社会需要，不但没有节省能源、提高能量利用效率，反而严重浪费了能源或者资源而无积极效果，同样也不具备实用性。

另外，实用性的评判应针对权利要求所要求保护的技术方案，但是在判断新能源汽车相关的技术方案能否制造、使用时，又不能仅关注权利要求，而应当以申请日提交的说明书（包括附图）和权利要求书所公开的整体技术内容为依据。

---

[1] 侯赛因．纯电动及混合动力汽车设计基础：原书第2版［M］．林程，译．北京：机械工业出版社，2012：1.

只有以所公开的全部内容为依据，才能发现其不具备实用性的关键症结。[1]

4.2.3　常见问题

新能源汽车领域，发明或实用新型不具备实用性的几种常见问题情形如下。

4.2.3.1　无积极效果

根据《专利审查指南 2010》的规定，具备实用性的发明或者实用新型专利申请的技术方案应当能够产生预期的积极效果。明显无益、脱离社会需要、严重污染环境、严重浪费能源或者资源、损害人身健康的发明或者实用新型技术方案因无积极效果而不具备实用性。

4.2.3.2　违背自然规律

根据《专利审查指南 2010》的规定，具备实用性的发明或者实用新型专利申请应当符合自然规律。违背自然规律的发明或者实用新型专利申请是不能实施的，因此，不具备实用性。应当注意，那些违背能量守恒定律的发明或者实用新型专利申请的主题，例如永动机，虽然根据其撰写的权利要求的技术方案判断产品能够生产或制造，但是在判断技术方案能否制造、使用时，应当以申请日提交的说明书（包括附图）和权利要求书所公开的整体技术内容为依据，只有以所公开的全部内容为依据，才能发现其不具备实用性的关键症结；违背能量守恒的永动机必然是不具备实用性的。

4.2.3.3　无再现性

根据《专利审查指南 2010》的规定，再现性，是指所属技术领域的技术人员，根据公开的技术内容，能够重复实施专利申请中为解决技术问题所采用的技术方案。这种重复实施不得依赖任何随机的因素，并且实施结果应该是相同的。但是，应当注意，申请发明或者实用新型专利的产品的成品率低与不具有再现性是有本质区别的。前者是能够重复实施的，只是由于实施过程中未能确保某些技术条件（例如环境洁净度、温度等）而导致成品率低；后者则是在确保发明或者实用新型专利申请所需全部技术条件下，所属技术领域的技术人员仍不可能重复实现该技术方案所要求达到的结果。

---

[1] 国家知识产权局专利复审委员会. 以案说法：专利复审、无效典型案例指引［M］. 北京：知识产权出版社，2018：217.

4.2.4　案例解析

4.2.4.1　无积极效果——案例4－2－1

（1）案例要点

实用性，是指该发明或者实用新型能够制造或者使用，并且能够产生积极效果。具备实用性的发明或者实用新型专利申请的技术方案应当能够产生预期的积极效果。明显无益、脱离社会需要、严重污染环境、严重浪费能源或者资源、损害人身健康的发明或者实用新型技术方案因无积极效果而不具备实用性。

（2）案例简介

涉案申请涉及一种新能源电动车，其任务是提供一种自身具有发供配电装置系统的电动车。该电动车具有双套电源，即在公知的电动车上设置另一套发供配电系统（参见图4－2－1），这样能够解决公知电动车的电源不足的缺陷和其他不足，能够使电动车行驶的路程更远、行驶速度更快。该系统能够在运行中给电池充电，能够使充电频率减少，更加节约能源，从而摆脱了电动车频繁充电需求带来的耗时、耗电、续行里程短的限制和不便，突破电动车发展的瓶颈。说明书记载："本专利的任务是提供一种自身具有发供配电装置系统的电动车，该电动车具有双套电源，即在公知的电动车上设置另一套发供配电系统""其解决方案是：在电动车的惯性旋转轮上装置永磁能发电机，以行驶或者惯性旋转时动能推动永磁能发电机方法发电"，"图1是描述了新能源电动车发、供、配、用电系统总的工作方框图，它的1为发电装置惯性旋转轮上装设惯性永磁能发电机，以行驶时惯性旋转动能推动永磁能发电机发电，构成发电系统。连接发电系统，送电给在电动车上附设安装发电机电源的整流滤波2、高压开关3、电压变换4、恒流恒压充电放电控制装置5，与电池7一起构成的供电系统。连接供电系统，供电给B、C、D配电运行方式控制装置6与控制器8构成的配电系统，B、C、D配电运行方式控制装置6按照操作指令启动B、C、D程序开关图6"。说明书具体记载了B、C、D1配电运行方式："B配电运行方式，将发电机电源与电动车电池电源成并联方式运行，从而驱动电动车行驶，并且能够在运行中根据实际情况，供电系统中的充电器选择是否给电池充电。这样可以获得强劲电流及功率。图3：C配电运行方式，将发电机电源与电动车电池电源成串联方式运行，从而驱动电动车行驶，可以获得较高电压和速度。按照C配电运行方式，必须对控制器电路进行适应新电源的改造，把控制器三电源改造成四电源，把控制器控制电源电压与功率驱动电源电压区分开来分路运行，以便在 C 运行方式时串联合成的高压电源只通过 MOS 功率开关，避免因为电压变化发生控制紊乱。图 4：D1 配电运行方式，由电动车发电机电源成独立方式配电运行，从而驱动电动车行驶，可以更加节约能源。”

涉案申请的权利要求 1 如下：

1. 一种自身具有双套电源的新能源电动车，其特征是，在电动车电源外设置供电装置、配电装置构成供电系统、配电系统，即附设安装整流、滤波，电压变换、充电、放电的供电控制装置，及安装可以选择并联运行方式、串联运行方式、独立运行方式的配电运行方式控制装置，并且电压变换装置根据不同电压，按需要将此变化的电压设定为指令，操作配电运行方式控制装置的对应程序，并且把控制器工作电源电压与功率驱动开关电源电压区分开来分路运行。

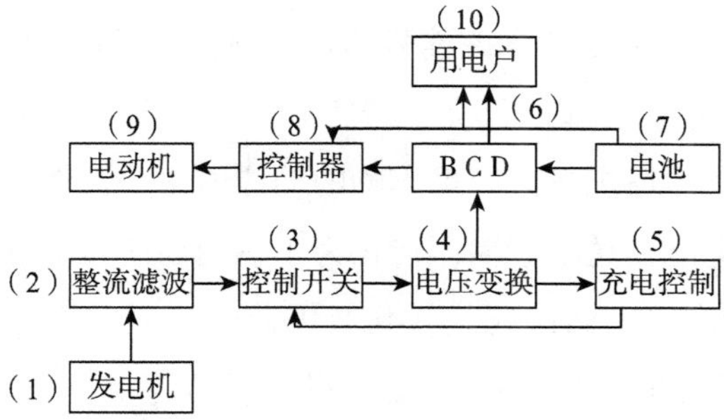

图 4－2－1　案例 4－2－1 涉案发明附图

(3) 焦点问题

观点一：涉案申请具备实用性。

对于涉案申请的惯性动能永磁能发电机，只要车在动就一直发电，车启动，才有惯性，惯性动能永磁能发电机开始发电。关于涉案申请的发电机独立运行方式，先是电池带动汽车移动，惯性能使发电机发电，然后电池断电不输出，惯性动能永磁能发电机带动汽车独立运行。还有一种，或者是公知的发电机，不需要电池供电的发电机，背景技术为公知的发电机，其不需要电池先启动，而是使用燃油、氢能、太阳能发电机。

观点二：涉案申请不具备实用性。

根据涉案申请说明书记载的技术内容可知，涉案申请具有两套电源，其一为电池，另一为惯性永磁能发电机，通过该两电源实现四种配电运行方式。其中的B配电运行方式将所述发电机电源与电池电源并联，根据运行实际情况供电系统的充电器选择是否给电池充电；C配电运行方式将所述发电机电源和电池电源串联运行；D1配电运行方式为所述发电机电源独立运行方式，也即惯性永磁能发电机独立运行方式，其通过车轮的惯性旋转动能推动惯性旋转轮上的永磁能发电机发电，实现相应的独立运行。由涉案申请记载的上述发电机电源独立运行方式的技术内容可知，其记载的运行方式通过车轮的惯性实现所述发电机的发电供能。由于涉案申请具有两个动力源，即电池和惯性永磁能发电机。若想惯性永磁能发电机能够输出动力，必须存在惯性能，也即此时需要电池驱动车辆运动，惯性永磁能发电机因为车辆的运动而发电，再输出动力给车辆。上述对于发电机独立运行方式的第一种解释，也说明了其发电机的运行方式需要电池启动汽车，车轮惯性转动就可以通过该惯性永磁能发电机实现汽车的持续移动。然而，在上述工作模式中，首先，由于惯性永磁能发电机的动力输出必须以车辆的速度为前提，实际上并不存在一个惯性永磁能发电机“独立运行”方式，也即上述所谓“独立运行”的方案不能实施。其次，若完全不考虑车辆如何取得初始速度，在电池断电不输出动力的情况下，如果车辆的动能转化为惯性永磁能发电机发出的电能，再将发出的电能输送给车辆，转化为车辆的动能，那么由于存在“车辆动能1—电能—车辆动能2”两次能量转化，因此，车辆动能2必然小于车辆动能1，也即上述基于假设的惯性永磁能发电机“独立运行”方式，不能取得积极效果。

关于发电机独立运行方式的第二种解释，认为涉案申请的新能源电动车还可以包括现有技术的发电机。上述主张并不能从涉案申请说明书和权利该要求书记载的范围中得出，即从中并不能得出该发电机是现有技术中公知的具有其他动力来源的发电机，上述技术内容之前涉案申请说明书记载的都是涉案申请具有永磁能发电机的技术方案，涉案申请具体实施方式的技术方案也均是涉案申请采用惯性永磁能发动机的技术方案，即从前后文来看，涉案申请说明书记载的“发电机”指的也是惯性永磁能发电机。

（4）案例评析

实用性，是指发明或者实用新型能够制造或者使用，并且能够产生积极效果。具备实用性的发明或者实用新型专利申请的技术方案应当能够产生预期的积极效果。明显无益、脱离社会需要、严重污染环境、严重浪费能源或者资源、损害人身健康的发明或者实用新型技术方案因无积极效果而不具备实用性。

判断技术方案能否制造、使用时，应当以申请日提交的说明书（包括附图）和权利要求书所公开的整体技术内容为依据。只有以所公开的全部内容为依据，才能发现其不具备实用性的关键症结。

关于上述观点一，首先，其针对实用性的辨析脱离了说明书实际记载的内容；其次，依据说明书记载的工作模式，由于存在“车辆动能1—电能—车辆动能2”两次能量转化，因此车辆动能2必然小于车辆动能1，也即上述基于假设的惯性永磁能发电机“独立运行”方式，不能取得积极效果。因而涉案申请不具备实用性。

4.2.4.2　无积极效果——案例4-2-2

（1）案例要点

实用性，是指发明或者实用新型能够制造或者使用，并且能够产生积极效果。具备实用性的发明或者实用新型专利申请的技术方案应当能够产生预期的积极效果。对于权利要求请求保护的技术方案，虽然能够制造或使用，但是从申请公开的整体技术内容为依据出发，发现该技术方案明显无益、严重浪费能源或者资源，则仍然不具备实用性。

（2）案例简介

涉案申请涉及一种三回路电动车。根据说明书的记载：现有电动车辆由于电瓶使用时长较短而不能行驶较长路程。涉案申请要解决的技术问题是提供一种三回路电动车，通过在轮体两侧连接发电机，通过无刷控制器和交直流转换器给电瓶充电，提高电动车辆行驶时间，避免突然没电无法行驶的问题。说明书中还进一步描述了工作过程：“电瓶1通过启动主动轮3的无刷控制器使主动轮3转动，主动轮3转动带动发电机5发电，将电能传递给无刷控制器6，两个无刷控制器6将电能传递给交直流转换器7，主动轮3转动带动从动轮4转动，从动轮4转动的动能通过发电机5，发电机5通过无刷控制器6将电能传递给交直流转换器7，交直流转换器7将电能传递给电瓶1，形成轮体充电循环系统。”

涉案申请的权利要求1如下：

> 1. 一种三回路电动车，包括主动轮、从动轮和电瓶，其特征在于，所述的主动轮为有刷驱动机时，主动轮两侧均设有发电机，两发电机电能输出端均设有无刷控制器，两无刷控制器的输出端与主动轮的有刷控制器电能输出端连接，从动轮上设有两个发电机，两个发电机和从动轮上均连接有无刷

控制器，三个无刷控制器串联后与交直流转换器连接，交直流转换器电能输出端与电瓶连接，所述的交直流转换器的额定电压大于电瓶的额定电压，所述的主动轮的转子与其两侧相连的发电机的转子为一体成型结构，三个定子在同一个轴心，导线由轴心孔两端引出。

（3）焦点问题

观点一：涉案申请具备实用性。

涉案申请通过在主动轮、从动轮两侧都加设电机，产生电能，电能连接电瓶，给电瓶充电。其原理近似于水轮机发电，利用水位高低差对水轮做功。主动轮两侧的发电机也是被驱动发电，而不是供电发电，电能虽然有些损耗，但远小于发电机所产生的电能。发电产生的电能充入电瓶，继续驱动电动车，从而能够提高续航里程。

观点二：涉案申请不具备实用性。

根据涉案申请说明书的相关描述，该电动车在其工作过程中并无外来能量输入，该车辆的所有能量供给都来自电瓶自身，电瓶的能量除一部分用于驱动车辆行驶外，其余部分供给发电机，这部分能量再转化为机械能，机械能再转化为电能回收充入电瓶。这一系列电瓶到电机再到电瓶的能量传递过程，必然消耗能量，增设的发电机相当于增加的负载，因为无其他外来能量输入，根据能量守恒定律，最终并不会给电瓶增加更多的电能，相反会消耗更多，因此该种设计不会提高车辆的行驶时间和行驶里程。涉案申请技术方案明显无益，浪费能量，不能产生积极效果，不符合《专利法》第二十二条第四款关于实用性的规定。

（4）案例评析

实用性，是指发明或者实用新型能够制造或者使用，并且能够产生积极效果。具备实用性的发明或者实用新型专利申请的技术方案应当能够产生预期的积极效果。考察实用性，应当着眼于申请公开的整体技术内容，判断其是否明显无益、脱离社会需要等，从而判断其有无积极效果。

关于涉案申请，虽然就独立权利要求1而言，其请求保护的三回路电动车的技术方案在结构上能够实现，能够制造或使用；但是判断在新能源汽车相关的技术方案能否制造、使用时，又不能仅关注权利要求，而应当以申请日提交的说明书（包括附图）和权利要求书所公开的整体技术内容为依据。通过阅读涉案申请说明书全文可知，涉案申请请求保护的电动车在行驶时，唯一能量来源是其自身的电瓶，并无其他外来能量输入，因而不管如何加设发电机，如何设置其电压电流，最终再给电瓶充电，所充电能也是源自原来电瓶自身的电能，没有额外增加新的电能；相反，由于增设的这些发电机，反而增加了负载，消耗了更多的电瓶电能，因而无论如何不能提高续航里程。观点一认为涉案申请的工作原理类似于水轮机发电，事实上水轮机有源源不断的上游水流才能发电，这是有能量输入的（水流落差产生的势能转化为电能），因而二者并不相似；观点一还认为“主动轮两侧的发电机也是被驱动发电，而不是供电发电”，但首先是电瓶电能驱动了主动轮，主动轮再驱动发电机发电，所产生的电能还是源于电瓶原有的能量，并非凭空而来的。观点一仅关注车载发电机能够发电，却忽视了由于能量守恒定律，所发电能依然来自原有电瓶能量，并且由于增加的负载消耗了更多电能，不但不能使行驶里程和行驶时间增加，反而使之缩短。这种设置明显无益，涉案申请不具备实用性。

4.2.4.3 不违背自然规律——案例4-2-3

（1）案例要点

如果发明或实用新型违背了自然规律，则相应的技术方案因不能制造或者使用而不具备实用性。涉及能量转换或能量补充的技术方案，尽管在能量转换过程中有能量损耗，但只要能量的转换过程符合自然规律，技术方案能够在产业上制造或者使用，并且能够产生积极效果，则该发明专利申请具备实用性。

（2）案例简介

涉案申请涉及一种电动车在行驶时需要发电充电的方法，在电动车上配备一台特殊的汽油发电机，由汽油发动机带动发电机发电，该发电机加长的转子轴上装上惯性轮，由螺母夹紧惯性轮两边，减轻发电机磁场的阻力，在电动机没有电的情况下，用少量的汽油发电机发电，来供给没有电的电动车行驶。该方法的实质是对电动车的能量的一种补充方法，在没有电并且不便于充电的情况下，利用汽油发电机将汽油的动能转化为电能，供电动车正常行驶，避免缺电不能正常行驶，并且进一步地对汽油发电机的结构进行改进以达到申请人所希望的利用少量的汽油使得汽车能够正常行驶的技术效果。

涉案申请驳回针对的权利要求如下：

1. 一种电动车在行驶中需要发电充电的方法，汽油发电机发电是供给电动车在上坡时间长、慢速时和电量不够时，电动汽车不能行驶，所以装有1台汽油发电机发电，能够保证电动汽车正常行驶的需要。

（3）焦点问题

观点一：涉案申请不具备实用性。

涉案申请的方法通过包括汽油机、发电机、加长轴、惯性轮等的汽油发电机，利用很少量的汽油带动发电机发电来供给没有电的电动车行驶，把汽油发电机发出的电供到电动车的蓄电池，这样电动车就可以正常行驶。首先，根据能量守恒定律可知，包括汽油发电机的电动车在车辆没有电通过汽油发电机发电驱动车辆正常行驶的情况下，发电机产生的电功率必然要大于或等于电动车正常行驶过程中消耗的电功率，而汽油机驱动发电机发电时汽油机的输出功率又必然略大于发电机产生的电功率，因此，汽油机的输出功率必然要大于电动车行驶过程中消耗的电功率，因而涉案申请中利用少量的汽油带动发电机发电来供给没有电的电动车正常行驶明显违背了有关“能量守恒”的自然法则，致使上述权利要求所要求保护的方案不可能实现，不具备实用性。其次，涉案申请的技术方案是使用功率明显小于现有混合动力汽车中内燃机功率的汽油机来实现现有混合动力汽车中内燃机的功能和效果，且在发电机转子轴上安装惯性轮会使得发电机转子轴重量增加，不会减少汽油用量。因而本涉案申请的技术方案不能实现，不具备实用性。

观点二：涉案申请具备实用性。

涉案申请的电动车在没有电的情况下，利用少量的汽油带动发电机发电来供给电动车进行行驶是可以实现的，是符合能量守恒定律，能够在产业上制造和使用并产生积极效果的。首先，涉案申请中的“正常行驶”是能够行驶，即在没电的情况下能够行驶，并不是无限制地一直行驶下去，也没有限制再补充汽油或者电能；其次，通过整个申请文件来看，申请人所声称的利用少量汽油使得电动车正常行驶，是由于其改进了发电机的结构，在发电机转子轴上增设飞轮装置的确能够产生一定的储能并改善运转稳定性，而相对不具备该结构的常规发电机来讲，其一定程度上也的确能够产生降低用于发电的燃油消耗的积极的技术效果，即此处少量的汽油应理解为相对常规汽油发电机的耗油量而言，而非对其功率大小的限定。因此，涉案申请是能够制造并使用的，且能避免缺电不能行驶，产生了相应的积极效果，也即符合《专利法》第二十二条第四款的规定。

（4）案例评析

就该案例而言，首先，观点一混淆了“正常行驶”与“无限行驶”以及“能量守恒”与“能量损失”的概念；通过说明书的记载可知，涉案申请所谓的

“正常行驶”并不是指用少量的汽油就可以使车辆无限制地行驶下去，仅仅是指对电动车的能量的一种补充方法，在没有电并且不便于充电的情况下，利用汽油发电机将汽油的化学能转化为电能，供电动车能够继续正常行驶，避免缺电抛锚；现有技术中广泛应用的“增程式”电动车正是基于此种理念设计的。在汽油发电过程中产生的能量损失或功率损失，是能量转化过程中的必然现象，损失的能量并没有凭空消失，其只是转化为热能或其他能量耗损，并没有违反能量守恒定律。其次，涉案申请所谓的“减少汽油用量”是相对改进的发电机的结构而言，涉案申请在发电机转子轴上增设飞轮装置客观上能够产生一定的储能并改善运转稳定性，而相对不具备该结构的常规发电机来讲，其一定程度上也的确能够产生降低用于发电的燃油消耗的积极的技术效果，即此处少量的汽油应理解为相对常规汽油发电机的耗油量而言，而非对其功率大小的限定。综上，观点一由于未全面理解涉案申请的技术内容，从而对说明书中的技术手段或技术术语理解产生偏差，从而导致对实用性的判断出现错误。

4.2.4.4 违背自然规律——案例4-2-4

（1）案例要点

如果发明或实用新型违背了自然规律，则相应的技术方案因不能制造或者使用而不具备实用性。根据能量守恒定律，能量只能从一种形式转化成另一种形式，能量不能消失也不能创造，系统增加或减少的能量一定等于外界减少或增加的能量，从整体上看，能量之和依然不变。在应用于新能源车辆的各种能量转化过程中，能量的损耗是客观存在的，认为电动车辆在行驶过程中不存在各种能量损耗，电动车在整个行驶过程中耗能为零，排放为零，基于此种认识所作出的各种发明必然违反能量守恒定律，从而不具备实用性。

（2）案例简介

涉案申请涉及一种自充双电瓶电动车。根据说明书的记载，其为了解决建设充电站产生的诸多问题，提供两个初始充好电的电瓶以驱动车辆的行驶，其中一个电瓶放电带动电动车行驶，电动车的车轮装有发电机通过数控充电开关向第一电瓶充电，当第一电瓶充满电时，通过数控放电开关向行走动力电动机放电，驱使电动车辆行驶，同时电动车的车轮装有发电机通过数控充电开关向第二电瓶充电，当第二电瓶充满电，且电动车辆在行驶中消耗第一电瓶的电量时，由第二电瓶补充。第一电瓶和第二电瓶轮流交替，为行驶动力电动机放电，驱使电动车辆行驶，从而在电动车辆行驶过程中不需要充电站。

涉案申请的权利要求1如下：

一种自充双电瓶电动车，主要是由车轮带发电机（1），逆变升压充电器（2），充电数控开关（3），第一电瓶（4），第二电瓶（5），数控放电开关（6），速度动力调节器（7）和车轮带电动机（8）组成，其特征是，车轮带发电机（1）连接逆变升压充电器（2）输入端，逆变升压充电器（2）输出端连接充电数控开关（3）中的开关a，开关a并联第一电瓶（4）正极与节点A连接，开关b并联第二电瓶（5）正极与节点B连接，开关c与第一电瓶（4）和第二电瓶（5）负极的节点C连接，节点A、节点B和节点C分别与数控放电开关（6）的开关a′、开关b′和开关c′接点连接，数控放电开关（6）的开关a′、开关b′和开关c′又分别与速度动力调节器（7）输入端的a″接点、b″接点和c″接点连接，速度动力调节器（7）输出端的a‴接点、b‴接点和c‴与车轮带电动机（8）连接。

（3）焦点问题

观点一：涉案申请具备实用性。

涉案申请具备实用性的理由：①电动车辆在行驶过程中并不存在风阻、摩擦阻力等机械能消耗，耗能为零，排放为零；②车轮发电机1发电通过逆变升压充电器2充电，通过充电数控开关3切换给第二组电瓶5，约70分钟电充满，等待程序工作，数控开关自动切换到第二组电5，通过放电数控开关6切换放电，供给速度动力调节器7，再供给后车轮电动机8，车轮发电机1发电通过逆变升压充电器2充电，通过充电数控开关3切换给第一组电瓶4，约70分钟电充满，继续循环而不用担心电瓶没电，电瓶可采用技术先进的电瓶，电瓶10年内不会老化没电，电动车将持续运行。

观点二：涉案申请不具备实用性。

根据能量守恒定律，能量只能从一种形式转化成另一种形式，能量不能消失也不能创造，系统增加或减少的能量一定等于外界减少或增加的能量，从整体上看，能量之和依然不变。从而，无论进行何种形式的能量转换，由电动车辆系统输出的能量不可能大于外界传递给该电动车辆系统的能量。

对该案例而言，涉案申请提供两个初始充好电的电瓶作为驱动车辆行驶的原动力，其中一个电瓶放电带动电动车行驶，电动车的车轮装有发电机通过数控充电开关向第一电瓶充电，当第一电瓶充满电时，通过数控放电开关向行驶动力电动机放电，驱使电动车辆行走，同时电动车的车轮装有发电机通过数控充电开关向第二电瓶充电，当第二电瓶充满电，且电动车辆在行驶中消耗第一电瓶的电量时，由第二电瓶补充。第一电瓶和第二电瓶轮流交替，为行驶动力电动机放电，驱使电动车辆行驶。基于上述工作原理，电动车辆的外部驱动能量来自两个初始充好电的电瓶，而在电动车行驶过程中，轮胎与地面的摩擦力、空气阻力、各种零部件的运转摩擦阻力等都是不可避免的能量损耗，为克服上述各种阻力做功，部分电量会因摩擦生热而被永久地消耗掉，该部分能量也不能被回收利用。此外，当一个电瓶通过车轮发电机发电给另一个电瓶充电，在充电过程中，部分能量会转化为电瓶充电伴随的热能而被永久地释放到空气中，该部分能量也不能被回收利用。据此，电动车辆在运行过程中会产生各种能量损耗，如热损耗、摩擦损耗等，当电动车辆仅仅利用两个初始充好电的电瓶提供能量且没有其他能量输入时，电动车辆在工作一段时间后必然会因为各种能量损耗而最终停止运转，从而不可能持续运转。综上，涉案申请要求保护的自充双电瓶电动车由于违背自然规律而不能解决技术问题，涉案申请权利要求1所要求保护的技术方案是不能实施的，不具备实用性。

（4）案例评析

如果发明或实用新型违背了自然规律，则相应的技术方案因不能制造或者使用而不具备实用性。能量守恒定律是基本的自然规律，能够在产业上制造或使用的任何宏观系统、任何工作过程都不能违背该自然规律。

就该案例而言，电动车的外部驱动能量仅来自两个初始充好电的电瓶，而在电动车行驶过程中，为克服地面摩擦力、空气阻力以及各种机械运转阻力做功，部分电量会转化为电动车的动能，部分电量则因车轮与地面的摩擦生热而被永久地消耗掉，该部分能量不能被回收利用。此外，当一个电瓶通过车轮发电机发电给另一个电瓶充电，在充电过程中，部分能量会转化为电瓶充电伴随的热能而被永久地释放在空气中，该部分能量也不能被回收利用。据此，电动车辆在运行过程中会产生各种能量损耗，两个初始充好电的电瓶的能量最终会消耗殆尽。此外，电动车辆利用两个初始充好电的电瓶提供的电能，驱动车轮转动，车轮转动带动车轮发电机将机械能转化为电能，储存在电瓶中，实质上车轮发电机产生的能量由初始充好电的电瓶提供，车轮发电机产生的能量并非独立的外界能量。再者，无论电瓶采用何种高效能电瓶，如果电动车辆仅仅利用两个初始充好电的电瓶提供能量且没有其他能量输入，电动车辆在工作一段时间后必然会因为各种能量损耗而最终停止运转，不可能持续运转。观点一将电动车的运行理想化为无任何损耗的百分之百能量转化的系统，从而违背了自然规律，得出了错误的结论。

4.2.4.5 违背自然规律——案例 4－2－5

（1）案例要点

能量守恒定律是发明或者实用新型必然遵守的的基本自然规律，在对技术方案进行能量分析时，必须严守这一准则。对于系统内部的作用力，其没有改变系统所受的整体外力，因而在系统运行过程中也不能增加系统的整体能量，认为系统内力的作用增加了系统的整体能量，必然违背能量守恒定律，从而不具备实用性。

（2）案例简介

涉案申请涉及一种节能汽车。其在壳体内设置外层流体通道和内层流体通道，外层流体通道和内层流体通道分别通过各自的大通气口和小通气口与壳体相通，内、外流体通道之间因进气量不同、流速不同而在汽车壳体外部的周围产生压力差，其压力方向与汽车周围的压力方向相反，而把部分流体压力阻挡在外。说明书第 0020 段的记载："本发明最关键的构思在于：在汽车壳体内部设有内外两层流体通道，外层流体通道内设有扰流装置使其流速大于内层流体通道内的流速而产生压力差，从而形成围绕汽车车体周围一圈的压力差转移圈，把流体阻力向外转移。"说明书第 0032 段、第 0033 段的记载："本发明与现在汽车及所有运动装置的根本技术区别在于：流体对汽车产生的压力方向相反。……本发明与上述正相反，内层为慢速层，外层为快速层，与所有运动装置的快慢流体之间方向不同产生逆转，逆转后的结果非常惊人，慢速层内低流速产生的高压力，从内向外，朝流体压力相反方向的快速层转速压力差，从而形成围绕汽车周围外一圈的压力差转移区……快慢流体层之间流速相差越大，产生的压力差越大，减少流体阻力越多，从而向外方向所转移出的流体压力部分越多，转变为汽车动力来源就越多。"通过这种设计，达到增加额外动力、节省自身能量的目的。

涉案申请的权利要求 1 如下：

> 1. 一种节能汽车，包括壳体，其特征在于，在壳体内部依次设有外层流体通道和内层流体通道，外层流体通道和内层流体通道分别通过各自设在壳体上的大通气口和小通气口与外界相通，外层流体通道内设有凹凸于表面的扰流装置来延长流体通过的路径，使外层流体通道内的流速大于内层流体通道内的流速；大通气口的进气面积大于小通气口的进气面积，使

内、外层流体通道之间因进气量不同、流速不同而在汽车壳体外部的周围产生压力差，其压力方向与汽车周围的压力方向相反，而把部分流体压力阻挡在外。

（3）焦点问题

观点一：涉案申请具备实用性。

首先，涉案申请壳体的内外两层流体通道分别通过各自的多个通气口与外界相通，不属于封闭在系统内部的作用力，涉案申请内外两层流体通道产生的压力与外界流体压力所形成的循环系统的技术方案符合能量守恒定律；其次，涉案申请根据高压力向低压力转移的自然规律而形成的压力差转移圈产生从内向外的压力方向，与汽车外部流体产生的由外向内的压力方向相反，二者相互抵消来减少流体阻力，从而显著节约能源，符合空气动力学一般规律。

观点二：涉案申请不具备实用性。

首先，内、外层流体通道均通过各自的通气口而与外界相通，通气口大小仅影响该处的瞬间进气量，与进气流速无关。而在外层流体通道中设置扰流装置会阻挡流体，对流动的干扰会产生摩擦阻力和能量损失，使得申请人所声称的“流体从中经过的路径延长后，使流体流速更大于车速”不能成立，进而无法实现涉案申请所声称的“内层为慢速层、外层为快速层”的技术设定；并且，内、外流体通道之间所形成的压力差主要作用在内、外流体通道之间的壁面上，对通道壁面的作用力也仅是汽车内部的作用力，这种内部作用力不会产生外在的动力来源。即涉案申请所声称的“压力差越大，转变为汽车动力来源越多”不符合能量守恒定律。此外，涉案申请所声称的“低速流体层向高速流体层产生的低压力转移压力差，于是可以绕上部、下部、两侧部周围，形成汽车的压力差转移圈，把汽车行驶中作用在壳体上的流体压力通过转移圈向外部转移，使流体阻力减少并相应的转变为汽车的动力来源”不符合空气动力学一般认知，涉案申请也未给出流场分析、气动力学计算的理论依据，不足以支撑其结论。

其次，汽车的风阻系数由其流线型外形决定，而涉案申请增设流体通道、在汽车表面开设多个通气口以及在外流体通道内增设扰流装置破坏汽车车身原有的流线型，影响汽车周围的原有环境流场，使流动情况更为复杂，相应地会增加其流体阻力和动量损失，而进一步加大汽车的风阻。

综上，涉案申请的节能汽车技术方案不符合能量守恒定律，更不能实现其所声称的“不但减少了流体阻力，还从中获取很大的动力来源”的技术效果，从而不具备实用性。

(4) 案例评析

能量守恒定律是发明或者实用新型必然遵守的的基本自然规律，对于应用于发明或者实用新型中的各种复杂的技术手段，应当从系统整体的角度出发，仔细辨析其是否符合能量守恒定律。

就该案例而言，首先，系统的内力是指系统内的相互作用力，而并非仅有封闭空腔系统内部产生的相互作用力才属于内部作用力。涉案申请内层流体通道、外层流体通道属于汽车车身的内部结构，而内部结构之间的压力差所形成的作用力仍然属于系统内部的作用力，不改变系统整体所受的外力；其次，即便存在申请人所声称的“在内层流体通道内低流速产生的高气压通过多个不大的、均布在内壳 102 上的多个小通气口 6、向外层流体通道 3 与壳体 101 形成的高流速低压力转移压力差，形成围绕汽车周围的压力差转移圈”，其仍然属于汽车车身内部结构之间的气流流动，申请人所声称的“压力差转移圈能够减少汽车周围的流体阻力”缺乏理论依据和证据支持。观点一抛开系统整体受力情况，仅从局部分析得出内部作用力做功增加了系统能量的观点，违反了能量守恒定律这一基本自然规律，从而导致对实用性的判断出现错误。

4.3 公开不充分

4.3.1 法律解读

《专利法》第二十六条第三款中规定，说明书应当对发明或者实用新型作出清楚、完整的说明，以所属技术领域的技术人员能够实现为准。该法条从撰写的角度对践行专利制度“以公开换取保护”的基本立法宗旨提出了要求。具体而言，申请人要获得专利独占权，必须承担充分公开其专利技术的义务，对发明或实用新型作出清楚、完整的说明，达到所属技术领域的技术人员能够实现的程度；也就是说，说明书应当满足充分公开发明或者实用新型的要求。这一规定用以保证社会公众能够从专利申请文件中获得足够的、有用的实现发明创造的技术信息，以作为申请人获得一定期限内专利独占权所必须履行的对等义务。

根据《专利审查指南 2010》的规定，所属技术领域的技术人员能够实现，是指所属技术领域的技术人员按照说明书记载的内容，就能够实现该发明或者实用新型的技术方案，解决其技术问题，并产生预期的技术效果。判断说明书是否公开充分的核心在于所属技术领域的技术人员是否能够实现：从判断主体上，主体为“所属技术领域的技术人员”；从判断对象上，为“发明或者实用新型的技术方案”；从操作方式上，需要“按照说明书记载的内容”；从判断的标准上，需要“解决其技术问题，并产生预期的技术效果”。下面对上述各要素逐一辨析。

关于《专利法》第二十六条第三款中所规定的“所属技术领域的技术人员”，《专利审查指南2010》第二部分第四章第2.4节中关于发明是否具备《专利法》第二十二条第三款规定的创造性的判断中规定，所属技术领域的技术人员，也可称为本领域的技术人员，是指一种假设的“人”，假定他知晓申请日或者优先权日之前发明所属技术领域所有的普通技术知识，能够获知该领域中所有的现有技术，并且具有应用该日期之前常规实验手段的能力，但他不具有创造能力。如果所要解决的技术问题能够促使本领域的技术人员在其他技术领域寻找技术手段，他也应具有从该其他技术领域中获知该申请日或优先权日之前的相关现有技术、普通技术知识和常规实验手段的能力。设定这一概念的目的，在于统一审查标准，尽量避免审查员主观因素的影响。可见，在具体的判断过程中，一定要准确站位所属技术领域，从所属技术领域的技术人员的角度，判断说明书对于发明或者实用新型技术方案的说明是否清楚，对于实现该技术方案的必要信息记载是否完整。

关于“发明或者实用新型的技术方案”，尽管判断是否公开充分的直接对象是说明书，然而判断能够实现的对象却是权利要求书中要求保护的技术方案，脱离开要求保护的权利要求，则说明书充分公开的判断属于无的放矢。只有针对权利要求书中要求保护的技术方案，如果说明书中给出了技术手段，但对于所属领域的技术人员来说根据说明书记载的内容，该技术手段无法使权利要求的技术方案被具体实施，判断说明书公开不充分才是有意义的。

关于“按照说明书记载的内容”，并非指在进行说明书充分公开判断时说明书原原本本地记载了什么，就只知道什么。一定要站位所属技术领域，从所属技术领域的技术人员的角度判断说明书对于发明或者实用新型的技术方案的说明是否清楚，对于实现该技术方案的必要信息记载是否完整。因为说明书是否充分公开的判断主体——本领域技术人员，知晓申请日或者优先权日之前发明所属技术领域所有的普通技术知识，能够获知该领域中所有的现有技术，并且具有应用该日期之前常规实验手段的能力，还具有从其他技术领域中获知该申请日或优先权日之前的相关现有技术、普通技术知识和常规实验手段的能力。可见，准确站位所属技术领域的技术人员在进行说明书公开充分的判断时，绝非只能机械地按照说明书文字记载的内容，其知晓并且有能力获知本领域或其他领域跟本申请核心技术方案相关的所有现有技术、普通技术知识或能进行常规的实验和推导推理。然而，在具体判断过程中，真实存在的判断主体与虚拟的所属领域的技术人员的水平总是有差距的，则需要通过检索现有技术等手段，尽力掌握本领域的普通技术知识，从而无限接近所属技术领域的技术人员的水平。

关于“解决其技术问题，并产生预期的技术效果”，既可以直接判断根据说明书的记载是否解决了技术问题，也可以通过是否产生预期的技术效果来反推是否解决了技术问题。“解决其技术问题”的“其”指代的是说明书记载或声称要解决的技术问题（或预期的技术效果）。但是，在判断说明书是否符合《专利法》第二十六条第三款的规定时，又不能仅局限于考察所述技术方案能否解决说明书记载或声称要解决的技术问题（或预期的技术效果）。如果说明书中声称要解决的技术问题未得到解决（或未达到预期的技术效果），所属技术领域的技术人员根据说明书公开的内容、技术方案本身、相关现有技术以及所属技术领域的公知常识，能够确定所述技术方案至少能够解决一个技术问题（或达到至少一个技术效果），则不宜适用《专利法》第二十六条第三款否认其获得专利权的可能性。

4.3.2 领域特点

新能源汽车是一个综合性非常强的具有跨学科特点的机电一体化系统，除了传统的机械结构，其还涉及电机和电机驱动、以电化学为特点的储能系统、电气部件以及车载通信系统等；在进行说明书充分公开与否的判断过程中，在实际操作层面上对所属技术领域的技术人员的水平提出很高的要求。只有准确站位所属技术领域，切实从所属技术领域的技术人员的角度判断说明书对于发明或者实用新型的技术方案的说明是否清楚，对于实现该技术方案的必要信息记载是否完整，方能作出正确的判断。

4.3.3 常见问题

根据《专利审查指南2010》的规定，以下各种情况由于缺乏解决技术问题的技术手段而被认为无法实现。

（1）说明书中只给出任务和/或设想

说明书中只给出任务和/或设想，或者只表明一种愿望和/或结果，而未给出任何使所属技术领域的技术人员能够实施的技术手段。

（2）技术手段含糊不清

说明书中给出了技术手段，但对所属技术领域的技术人员来说，该手段是含糊不清的，根据说明书记载的内容无法具体实施。

（3）技术手段不能解决技术问题

说明书中给出了技术手段，但所属技术领域的技术人员采用该手段并不能解决发明或者实用新型所要解决的技术问题。

（4）其中一个技术手段不能实现

申请的主题为由多个技术手段构成的技术方案，对于其中一个技术手段，所属技术领域的技术人员按照说明书记载的内容并不能实现。

（5）说明书未给出实验证据

说明书中给出了具体的技术方案，但未给出实验证据，而该方案又必须依赖实验结果加以证实才能成立。例如，对于已知化合物的新用途发明，通常情况下，需要在说明书中给出实验证据来证实其所述的用途以及效果，否则将无法达到能够实现的要求。

4.3.4　案例解析

4.3.4.1　未给出任何能够实施的技术手段——案例 4－3－1

（1）案例要点

说明书应当清楚地记载发明或者实用新型的技术方案，详细地描述实现发明或者实用新型的具体实施方式，完整地公开对于理解和实现发明或者实用新型必不可少的技术内容，达到所属技术领域的技术人员能够实现该发明或者实用新型的程度。

若说明书中只给出任务和/或设想，或者只表明一种愿望和/或结果，而未给出任何使所属技术领域的技术人员能够实施的技术手段，则这种技术方案由于缺乏解决技术问题的技术手段而被认为无法实现。

（2）案例简介

涉案申请提出一种全自动外语文本信息遥控汽车系统（参见图 4－3－1），

其实现外语文本信息不仅仅遥控信息设备，还可以全方位全自动遥控汽车驾驶动作。根据说明书的记载，在现有技术中，外语文本控制汽车基本上是“说一说”，汽车设备“动一动”的状态，且控制的对象基本上是多媒体、通信、导航装置等与驾驶无关的部分。涉案申请的技术方案不仅要解决对外语文本信息的解读问题，同时还要解决根据所解读的信息控制汽车实现自动导航并自动遥控汽车驾驶的问题，而不仅仅是解读外语文本信息后获得其中的导航信息，其必须通过导航信息控制汽车自动驾驶。该汽车需要不仅能够处理导航相关的信息，同时也必须能够自动处理在真人现场手脚动作操纵汽车以应对实际路况中出现的各种问题。

涉案申请的权利要求 1 如下：

1. 一种全自动外语文本遥控驾驶的汽车系统，含由发动机、底盘、车身、电气设备四部分组成的汽车（14），其特征是，所述的汽车系统还包括一种全自动外语文本遥控汽车（14）驾驶的控制器装置模块（15）；所述的控制器装置模块（15）含输入外语文本遥控装置模块（13）、网络传输模块（12）、控制整个汽车驾驶的计算机系统模块（11）、储存在控制整个汽车驾驶的计算机系统模块中的外语与汉语翻译模块（10）、储存在控制整个汽车驾驶的计算机系统模块中的导航关键词判定程序模块（9）、网络传输模块（8）、卫星定位导航装置模块（7）、网络传输模块（6）、储存在控制整个汽车驾驶的计算机系统模块中的关键词与程序绑定模块（5）、储存在控制整个汽车驾驶的计算机系统模块中的程序逻辑排列连接模块（4）、网络传输模块（3）、控制汽车各种部件运行的嵌入式计算机系统模块（2）、各种汽车部件执行模块（1），以上模块按照计算机处理信息和工作的顺序依次互相连接；所述的控制器装置模块（15）其运行的方法和步骤的特征是：输入外语文本遥控装置模块（13）首先将输入该模块的外语文本通过网络传输模块（12）传输给控制整个汽车驾驶的计算机系统模块（11），该模块再将所述外语文本通过储存在控制整个汽车驾驶的计算机系统模块中的外语与汉语翻译模块（10）转换成分好词的由汉字或汉语语音码或汉语拼音形成的汉语文本，然后将所述汉语文本传输给储存在控制整个汽车驾驶的计算机系统模块中的导航关键词判定程序模块（9），储存在控制整个汽车驾驶的计算机系统模块中的导航关键词判定程序模块（9）根据是否是导航关键词作两种处理方式：一、如果是导航关键词，则通过网络传输模块（8）将所述汉语文本传输给卫星定位导航装置模块（7），卫星定位导航装置模块（7）根据目前自身位置和所述汉语文本给出的将要去的目的地位置输出汽车导航汉语关键词文本命令，并将所述汽车导航汉语关键词文本命令通过网络传输模块（6）传输给预先储存在控制整个汽车驾驶的计算机系统模块中的关键词与程序绑定模块（5）与对应的计算机程序进行绑定；二、如果是非导航关键词，则不经过导航关键词判定程序模块（9）判定直接传输给预先储存在控制整个汽车驾驶的计算机系统模块中的关键词与程序绑定模块（5）与对应的计算机程序进行绑定，所述两种情况下绑定后的计算机程序再传给储存在控制整个汽车驾驶的计算机系统模块中的程序逻辑排列连接模块（4），该模块将所述计算机程序按执行的先后逻辑顺序进行排列，排列后通过网络传输模块（3）传输给控制汽车各种部件运行的嵌入式计算机系统模块（2），并由该模块控制各种汽车部件执行模块（1）执行。

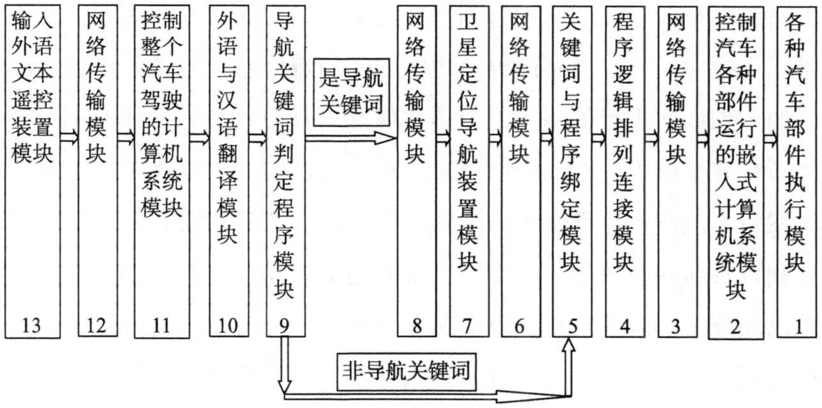

图4-3-1　案例4-3-1涉案申请附图

（3）焦点问题

观点一：说明书公开不充分。

依据涉案申请说明书的记载，现有技术中的文本信息遥控驾驶汽车的，是通过一些简单的命令，通过这些命令致动汽车上的与信息有关的设备，例如语音播放音乐、语音拨通电话等。通过文本信息不仅遥控这些信息设备，同时还能自动导航并自动遥控汽车驾驶，让汽车通过外语文本信息在计算机的控制下全方位全自动完成一系列遥控汽车驾驶动作的技术还没有出现。针对上述问题，涉案申请提出一种全自动外语文本遥控驾驶的汽车系统。

通过涉案申请公开的内容可知，该全自动外语文本遥控驾驶的汽车系统首先读取外语文本，然后将外语文本翻译成汉语文本，判定汉语文本是否是导航关键词。对于非导航关键词，则直接对相应的对象进行控制；对于导航关键词，则根据自身位置和目的地位置执行自动导航并自动驾驶。该系统实现语音文本不仅仅遥控信息设备，还可以全方位全自动地遥控汽车驾驶动作。

根据涉案申请的发明目的，其提供的是一种在通过外语文本遥控例如语音拨通电话、播放音乐等设备的同时还能够自动导航并自动遥控汽车驾驶的系统。也就是说，该系统不仅能够实现对外语文本的解读，而且需要能够根据外语文本的含义自动遥控驾驶汽车。虽然涉案申请说明书中公开了如何对外语文本进行解读，但对于根据外语文本的含义自动遥控驾驶汽车的部分，仅进行了如下描述：确定导航关键词后，在实现与对应的计算机程序进行绑定后，通过嵌入式计算机系统模块控制各种汽车部件执行模块执行。但根据涉案申请公开的内容，所属技术领域的技术人员仅能够获知在得到外文文本信息后如何进行解读，并将解读信息传输到相应模块中，以及不同模块之间如何传输信息，但其并未公开这些模块对接收到的数据如何进行处理，尤其是实现汽车自动驾驶的各种汽车部件执行模块是如何运算并根据不同路况控制汽车的相应部件的。也就是说，涉案申请公开的技术方案对于汽车的自动遥控汽车驾驶仅给出了任务和设想，即仅给出汽车遥控自动驾驶以及这些模块各自所需要实现的功能和任务，但未给出这些模块如何运行处理以及统一协调实现根据外文文本自动遥控驾驶汽车的可以实施的技术手段。因此根据涉案申请说明书记载的技术方案，本领域技术人员无法得知涉案发明如何自动导航并自动遥控汽车驾驶，全方位全自动遥控汽车驾驶动作。也就是说，说明书中给出的技术手段并不能解决所述的技术问题，致使所属技术领域的技术人员根据说明书中的记载，不能实现该发明。因此，说明书公开不充分。

观点二：说明书公开充分。

涉案申请采用的是“由软硬件组成的控制器装置模块 + 常规现有汽车”组成的技术方案，对汽车部分没有任何改造。将驾驶员的操作汽车驾驶的四肢动作的功能进行分解后，用机电执行机构的输出功能予以替代，这种技术方案总体设计思想是可行的。并且从获得的用于控制的计算机程序到嵌入式计算机系统模块控制各种汽车部件执行模块执行都是现有技术，利用数字马达和相应的执行机构即可模拟司机控制汽车的动作。

《专利法》第二十六条第三款规定的对说明书的要求是“清楚”“完整”“能够实现”，并不要求完美无缺地实现发明目的，涉案申请中的汽车即使闯了红灯或者撞了车或人或物，只要控制系统没有坏，车能开，仍然可以到达目的地，涉案申请记载的实现基本发明目的的技术方案是公开充分的。在涉案申请日之前的现有技术已经能够解决车辆中的各个模块如何接收数据并处理的问题，并且从获得计算机程序到完成汽车驾驶的各种机械动作输出，实现汽车驾驶的相应控制功能，也是现有技术。涉案申请不需要根据不同路况控制汽车的相应部件，因为路况是公路工程部门和养护部门的事情，与自动驾驶并无直接关系。因此，说明书充分公开，涉案申请的技术方案能够实现。

（4）案例评析

针对申请所要解决的技术问题，说明书应当清楚地记载发明或者实用新型的技术方案，详细地描述实现发明或者实用新型的具体实施方式，完整地公开对于理解和实现发明或者实用新型必不可少的技术内容，达到所属技术领域的技术人员能够实现该发明或者实用新型的程度。若说明书中只给出任务和/或设想，或者只表明一种愿望和/或结果，而未给出任何使所属技术领域的技术人员能够实施的技术手段，则这种技术方案由于缺乏解决技术问题的技术手段而被认为无法实现。

就该案例而言，按照说明书的记载，涉案申请要实现完全的自动驾驶。然而，首先，现有技术中并没有实现完全自动驾驶的汽车，虽然有一些现有技术公开了针对某些单一状况对汽车的控制，即其仅是通过对汽车驾驶中某种或者某些特定情形的响应，控制汽车部件进行机械动作输出，而并不是真正意义上的汽车自动驾驶。而涉案申请声称的汽车遥控自动驾驶，是需要车辆能够自动从出发地行驶到目的地的。路况，指的是汽车行驶的道路的状况，其不仅包括路面的情况，也包括道路上出现的各种情况，遥控自动驾驶汽车在行驶中，路况是动态的、实时变化的，遥控自动驾驶汽车至少需要控制节气门开度、方向盘转角、致动器等多个部件，以在道路上对不同的路况采取各种不同的应对措施，这是需要汽车能够根据不同路况进行综合评判从而对汽车各个操纵部件进行协同控制的。这种能够达到遥控自动驾驶汽车的协同控制技术并非现有技术。涉案申请提供的是一种在通过外语文本遥控例如语音拨通电话、播放音乐等设备的同时还能够自动导航并自动遥控汽车驾驶的系统。也就是说，该系统不仅能够实现对外语文本的解读，而且需要能够根据外语文本的含义自动遥控驾驶汽车。但根据涉案申请公开的内容，本领域技术人员无法确定各种汽车部件执行模块是如何响应涉案申请的技术方案并采取响应动作，以及根据不同路况协同控制汽车的相应部件，解决其上述声称的技术问题，从而实现汽车遥控自动驾驶的。

其次，设计思想仅是一种想法，而对于专利申请来说，需要在说明书中对实现这种想法所采用的技术方案进行清楚完整的说明，并且以所属技术领域的技术人员能够实现为准。按照观点二的分析，涉案申请对汽车部分没有改造，如此，则所属技术领域的技术人员更不能知道如何将涉案申请所述的系统应用到汽车部分上。涉案申请说明书并未清楚完整地说明汽车驾驶员的四肢动作如何分解、如何利用机电执行机构予以替代，驾驶员在进行车辆驾驶时，需要根据各种不同路况采用各种不同的响应。虽然采用数字马达控制机械部件是现有技术，但对于汽车驾驶来说，面对复杂的路况时，对车辆的操纵并不是单一响应，很多情况是需要各种执行部件综合响应。涉案申请说明书中并未记载这些技术细节，而这种控制技术并不是复审请求人声称的现有技术。

最后，车的开发并不是仅能够驾驶就可以，其同时需要满足国家的各种规定。对于自动驾驶汽车，安全性是一个重要的标准，是必须满足的，而并不是自动驾驶汽车即使闯了红灯或者撞人撞物，只要能开，能够达到目的地即可。

涉案申请针对一个现有技术并未解决的完全自动驾驶的技术问题，提出了一种任务或设想，但对于理解和实现发明或实用新型必不可少的如何实现自动驾驶，并未公开这些模块对接收到的数据如何进行处理，仅表述为相应的功能或者效果；尤其是实现汽车自动驾驶的各种汽车部件执行模块是如何运算并根据不同路况控制汽车的相应部件，所属技术领域的技术人员无法对应于具体的技术手段，则说明书对技术方案的说明未达到能够实现该发明的程度，所属技术领域的技术人员不能实施，说明书公开不充分。

4.3.4.2 给出的技术手段不能解决技术问题——案例 4－3－2

（1）案例要点

《专利法》第二十六条第三款中规定，说明书应当对发明或者实用新型作出清楚、完整的说明，以所属技术领域的技术人员能够实现为准。如果本领域技术人员采用本申请说明书记载的技术方案无法解决其技术问题，则该说明书公开不充分。说明书应当清楚地记载发明或者实用新型的技术方案，详细地描述实现发明或者实用新型的具体实施方式，完整地公开对于理解和实现发明或者实用新型必不可少的技术内容，达到所属技术领域的技术人员能够实现该发明或者实用新型的程度。如果说明书中给出了技术手段，但所属技术领域的技术人员采用该手段并不能解决发明或者实用新型所要解决的技术问题，则说明书中由于缺乏解决技术问题的技术手段而被认为无法实现。

（2）案例简介

涉案申请涉及一种新能源电池的保护箱。随着新能源电池的发展，其已在汽车行业逐步得到应用。然而，针对应用在汽车行业的新能源电池，很多种新能源电池在低温地区，尤其是高寒地区无法很好地适应，在低温环境下工作性能很差，充放电特性较常温差很多。为了能够让新能源电池在低温环境下应用，现在普遍采用加热的方式提高新能源电池的放电效率。但是现有的加热装置耗能较高，同时，现有的新能源电池大多是直接固定在车体上，不利于拆检维修，并且没有对新能源电池的保护装置，在遇到严重撞击或挤压时，很容易发生电池爆炸，造成安全事故。

涉案申请设计了一种具有特定结构的新能源电池的保护箱（参见图4－3－2），通过设置的保护装置可以在遇到碰撞或者挤压时，使气囊快速弹出，实现对新能源电池的保护，减少由于碰撞挤压导致新能源电池爆炸的危险；同时通过设置的控制装置与循环装置可以在新能源电池温度过高或者过低时，自动地进行控制风扇和加热块工作，解决了新能源电池在极端温度下工作性能差的问题，大大提高了新能源电池的使用寿命和效果。

涉案申请的权利要求1如下：

“1. 一种用于新能源电池的保护箱，包括箱体和设置于所述箱体中的安装腔，其特征在于，所述安装腔中设有保护装置和控温装置，所述箱体中设有活动腔，所述活动腔中设有活动装置，所述箱体中设有传动腔，所述传动腔中设有传动装置，所述箱体中设有第一循环水腔和第二循环水腔，所述第一循环水腔与所述第二循环水腔中设有循环装置，所述箱体中设有控制装置，所述控制装置包括设置于所述箱体中的控制腔和变化腔，所述变化腔后壁设有第一导热板，所述变化腔左右壁设有第一滑动槽，所述第一滑动槽中滑动设有活塞，所述变化腔中装有水银，所述变化腔下壁设有第二滑动槽，所述第二滑动槽中设有上下延伸的活动杆，所述活动杆与所述活塞固定连接，所述控制腔左壁固定设有电机，所述电机右端连接有花键轴，所述花键轴上设有花键连接的花键套，所述花键套连接有第一主动锥齿轮，所述花键套上转动设有控制杆，所述控制杆右端连接有第一磁铁，所述控制腔上壁固定设有固定支撑杆，所述固定支撑杆中设有滑槽，所述控制杆可在所述滑槽中左右方向滑动，所述控制杆通过第一弹簧与所述滑槽内壁连接，所述活动杆下端连接有连接杆，所述连接杆上固定设有金属块，所述连接杆左端设有第二磁铁，所述控制腔下壁固定设有第一导体和第二导体，所述第一导体和第二导体通过电联与电路连接；所述保护装置包括螺纹连接于所述安装腔上壁的端盖，所述端盖中设有保护棉，所述安装腔左右壁对称设有固定块，所述固定块中设有第三滑动槽，所述第三滑动槽中设有滑动块，所述滑动块通过第二弹簧与所述第三滑动槽内壁连接，所述滑动块中设有侧气囊，所述安装腔下壁固定设有支撑块，所述支撑块中设有下气囊；所述控温装置包括固定设置于所述安装腔左右壁的固定杆，所述固定杆连接有支撑杆，所述支撑杆上固定设有水管，所述水管连通所述第一循环水腔与所述第二循环水腔，所述水管将新能源电池围绕；所述活动装置包括滑动设置于所述活动腔中的活塞板，所述活塞板左右对称设有通孔，所述活塞板通过第三弹簧与所述活动腔底壁连接，所述活动腔中设有支架，所述支架为易断材质，所述支架支撑所述活塞板，所述活动腔中充满压缩气体；所述传动装置包括设置于所述传动腔前壁的第一风扇槽和第二风扇槽，所述传动腔后壁转动设有第一转动轴，所述第一转动轴上固定设有上同步皮带轮，所述第一转动轴前端设有第一风扇，所述传动腔后壁转动设有第二转动轴，所述第二转动轴上固定设有下同步皮带轮，所述下同步皮带轮与所述上同步皮带轮之间通过皮带传动连接，所述第二转动轴上固定设有控制从动锥齿轮，所述第二转动轴前端设有第二风扇，所述传动腔下壁转动设有上下延伸的从动轴，所述从动轴下端固定设有可与所述第一主动锥齿轮啮合的第一从动锥齿轮，所述从动轴上端固定设有与所述控制从动锥齿轮啮合的控制主动锥齿轮；所述循环装置包括固定设置于所述第一循环水腔后壁的第二导热板，所述第二循环水腔后壁固定设有第三导热板，所述第二循环水腔中设有加热块，所述加热块可通过电联与电路连接，所述第一循环水腔下壁设有水泵，所述水泵可将所述第二循环水腔中的水输送到所述第一循环水腔中，所述支架断裂，在所述第三弹簧的弹性作用下，使所述活塞板向下运动，所述活动腔中的压缩气体通过所述通孔将所述下气囊、所述侧气囊充满。

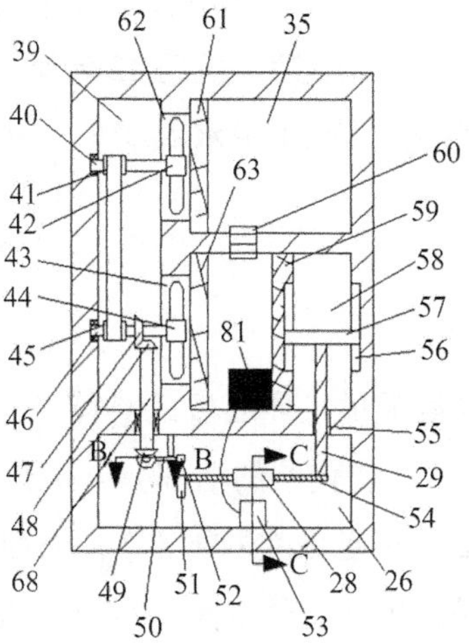

图 4-3-2　案例 4-3-2 涉案申请附图

说明书中记载了在外界温度过低或过高时的工作过程："一、当外界温度过低时，所述变化腔 58 中的水银由于受冷冷缩，使所述活塞 57 向下运动，所述活塞 57 带动所述活动杆 29、所述金属块 28 向下运动，从而使所述金属块 28 与所述第一导体 53 和第二导体 70 接触，接通电路，从而使所述加热块 81 工作，将所述第二循环水腔 32 中水加热，通过所述水泵 60 的作用，使第二循环水腔 32 中水进入到所述第一循环水腔 35 中，并进入到所述水管 14 中，从而保证所述新能源电池 36 低温环境下的工作性能；二、当所述新能源电池 36 工作温度过高时，所述水管 14、所述第二循环水腔 32 中水温度升高，通过第一导热板 59 使所述变化腔 58 中温度升高，所述变化腔 58 中水银受热膨胀，使所述活塞 57 向上运动，所述活塞 57 带动所述活动杆 29 向上运动，所述活动杆 29 带动所述第二磁铁 51 向上运动，使所述第一磁铁 52 带动所述控制杆 50、所述花键套 66、所述第一主动锥齿轮 69 向右运动，从而使所述第一主动锥齿轮 69 与所述第一从动锥齿轮 49 啮合，所述电机 64 带动所述花键轴 65 转动，所述花键轴 65 带动所述花键套 66、所述第一主动锥齿轮 69 转动，所述第一主动锥齿轮 69 带动所述第一从动锥齿轮 49 转动，所述第一从动锥齿轮 49 带动所述从动轴 68 转动，所述从动轴 68 带动所述控制主动锥齿轮 48 转动，所述控制主动锥齿轮 48 带动所述控制从动锥齿轮 47 转动，所述控制从动锥齿轮 47 带动所述第二转动轴 46 转动，所述第二转动轴 46 带动所述第二风扇 44 转动，从而使所述第二循环水腔 32 中水温降低，所述第二转动轴 46 带动所述下同步皮带轮 45 转动，所述下同步皮带轮 45 带动所述上同步皮带轮 41 转动，所述上同步皮带轮 41 带动所述第一转动轴 40，所述第一转动轴 40 带动所述第一风扇 42 转动，从而使所述第一循环水腔 35 中水温降低，进而实现所述水管 14 中水温降低，从而实现对所述新能源电池 36 的温度控制。”

（3）焦点问题

观点一：说明书公开充分。

关于采用水银作为工作媒质的控制装置的具体工作过程，涉案申请中的变化腔 58 被活塞 57 隔断为腔体 1（变化腔的上部）与腔体 2（变化腔的下部），其水银实质上注入的是在腔体 2（即变化腔的下部），而腔体 2 为透气的腔体，并不存在任何水银。由于水银是设置在腔体 2 中，因此能够实现涉案申请公开的技术方案，说明书公开是充分的。

观点二：说明书公开不充分。

涉案申请旨在解决新能源电池在极端温度（过低或者过高温度）下工作性能差的技术问题，其采用的技术方案为权利要求 1 中所限定的技术方案——“所述箱体中设有第一循环水腔和第二循环水腔，所述第一循环水腔与所述第二循环水腔中设有循环装置，所述箱体的中设有控制装置，所述控制装置包括设置于所述箱体中的控制腔和变化腔，所述变化腔后壁设有第一导热板，所述变化腔左右壁设有第一滑动槽，所述第一滑动槽中滑动设有活塞，所述变化腔中装有水银，所述变化腔下壁设有第二滑动槽，所述第二滑动槽中设有上下延伸的活动杆，所述活动杆与所述活塞固定连接；所述活动杆下端连接有连接杆，所述连接杆上固定设有金属块，所述连接杆左端设有第二磁铁，所述控制腔下壁固定设有第一导体和第二导体，所述第一导体和第二导体与通过电联与电路连接；所述循环装置包括固定设置于所述第一循环水腔后壁的第二导热板，所述第二循环水腔后壁固定设有第三导热板，所述第二循环水腔中设有加热块，所述加热块可通过电联与电路连接，所述第一循环水腔下壁设有水泵，所述水泵可将所述第二循环水腔中的水输送到所述第一循环水腔中”。上述技术方案的实现对应于说明书中具体实施方式的实现原理。但是，根据说明书的记载可知，所述变化腔 58 内装有水银，当外界温度过低时，所述变化腔 58 中的水银由于受冷冷缩，使所述活塞 57 向下运动，所述活塞 57 带动所述活动杆 29、所述金属块 28 向下运动，从而使所述金属块 28 与所述第一导体 53 和第二导体 70 接触，接通电路，从而使所述加热块 81 工作，最终通过一系列的连动关系实现对电池的升温保温作用；当所述新能源电池 36 工作温度过高时，所述变化腔 58 中水银受热膨胀，使所述活塞 57 向上运动，所述活塞 57 带动所述活动杆 29 向上运动，最终通过一系列的连动关系实现对电池的降温作用。而本领域技术人员知晓，当变化腔 58 中的水银受冷冷缩时，活塞 57 应该是向上运动，而并不是说明书记载的“水银受冷冷缩时，活塞 57 向下运动”，因此，当温度过低时，所述结构无法实现对电池的升温保温作用；同样地，当变化腔 58 中的水银受热膨胀时，活塞 57 应该是向下运动，而并不是说明书记载的“水银受热膨胀时，活塞 57 向上运动”，因此，当温度过高时，所述结构无法实现对电池的降温作用。由此可见，本领域技术人员采用涉案申请说明书记载的技术方案无法解决电池在过低或者过高温度下工作性能差的技术问题。涉案申请说明书公开不充分，不符合《专利法》第二十六条第三款的规定。

（4）案例评析

说明书应当清楚地记载发明或者实用新型的技术方案，详细地描述实现发明或者实用新型的具体实施方式，完整地公开对于理解和实现发明或者实用新型必不可少的技术内容，达到所属技术领域的技术人员能够实现该发明或者实用新型的程度。

就该案例而言，首先，说明书明确记载的是所述变化腔 58 内装有水银，且说明书附图 2 中附图标记变化腔 58 明确的指向为图中的上部，并非观点一所声称的实质上注入的是下部。其次，根据说明书的记载，所述变化腔 58 左右壁设有第一滑动槽 56，所述第一滑动槽 56 中滑动设有活塞 57，所述变化腔 58 中装有水银，所述变化腔 58 下壁设有第二滑动槽 55，所述第二滑动槽 55 中设有上下延伸的活动杆 29，所述活动杆 29 与所述活塞 57 固定连接。本领域普通技术人员可以知晓，活塞 57 做上下运动，活动杆 29 必然与第二滑动槽 55 之间具有活动间隙，否则是无法运动的，如果水银设置在下部中，那么随着活动杆 29 在第二滑动槽 55 中的上下运动，其中的水银必然随着活动杆 29 的运动流出下部腔体，同样无法解决电池在过低或者过高温度下工作性能差的技术问题。

观点一的分析，首先在针对控制装置的结构和工作过程描述时，背离了说明书中记载的具体事实，不能被接受；进一步，即使在上述错误认定的事实下，经分析，其仍然也不能解决涉案申请电池在过低或者过高温度下工作性能差的技术问题，从而导致对说明书是否充分公开的判断出现错误。

4.3.4.3 技术手段含糊不清——案例 4-3-3

（1）案例要点

《专利法》第二十六条第三款中规定，说明书应当对发明或者实用新型作出清楚、完整的说明，以所属技术领域的技术人员能够实现为准。如果本领域技术人员采用本申请说明书记载的技术方案无法实现解决其技术问题，则该说明书公开不充分。对于采用公式的技术方案，本领域技术人员尤其要考察公式的清楚性、完整性和合理性。若涉及关键技术特征或技术手段的公式含糊不清，根据说明书记载的内容无法具体实施，则说明书由于记载的技术手段含糊不清而无法实现。

（2）案例简介

涉案申请请求保护一种对混合动力系系统的动力输出转矩进行限制的方法和设备，其要解决的技术问题是通过建立一套控制方法优化动力系系统的扭矩输出。在涉案申请给出的具体实施方式中，图 4-3-3 所示的优化函数 440 是解决上述技术问题的关键所在，而在该优化函数 440 中确定二次转矩约束 530 又是该优化函数不可缺失的组成部分。

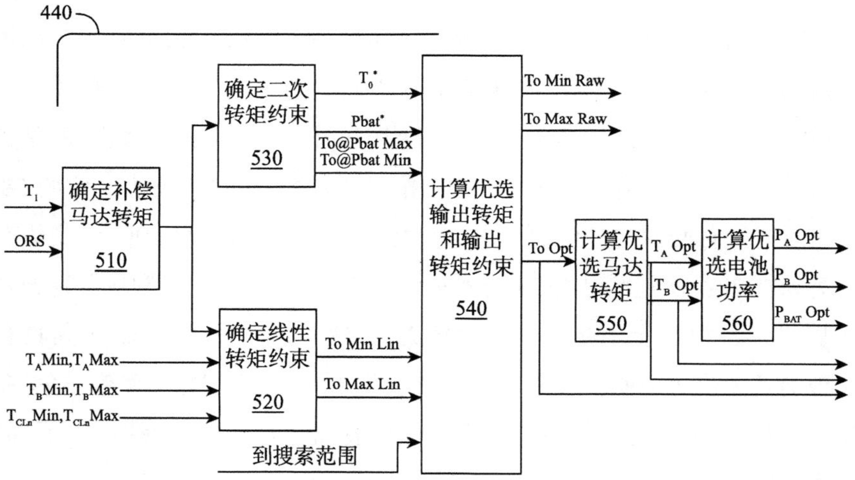

图 4-3-3 案例 4-3-3 涉案申请附图

说明书中给出了确定二次转矩约束 530 的公式［1］和［2］。

控制系统执行算法来确定对输出转矩的二次转矩约束（530）。二次（quadratic）转矩约束包括多个系统约束，所述多个系统约束利用一个约束的线性变化实现输出转矩的二次变化。约束输入包括示例性系统（530）的可用电池功率

（未示出）。能量存储装置 74 的可用电池功率在数学上可以作为变速器输出转矩 T_0 的函数表示成：

$$P_{BAT}\ (T_0)\ =\ (a_1{}^2+b_1{}^2)\ (T_0-T_0{}^*)^2+P_{BAT}{}^* \qquad [1]$$

其中 a_1 和 b_1 代表为特殊用途确定的标量值。从公式［1］中可以得出输出转矩，如下所示：

$$T_0\ (P_{BAT})\ =T_0{}^*\pm P_{BAT}-P_{BAT}{}^*a_1{}^2+b_1{}^2 \qquad [2]$$

但说明书中仅给出了“a_1 和 b_1 代表为特殊用途确定的标定量”这一含糊不清的解释，而未对 a_1、b_1 是什么样的特殊用途确定的标定量作出任何具体的说明，进一步也未给出“$a_1{}^2+b_1{}^2$”这一整体表达的含义。

涉案申请的权利要求 1 如下：

1. 一种运行动力系系统的方法，该动力系系统包括混合动力变速装置，该混合动力变速装置在多个运行范围状态之一下运行以在输入构件、转矩机器和输出构件之间传输功率，转矩机器连接到能量存储装置，该方法包括：确定输入构件的输入运行点的允许范围；确定转矩机器的马达转矩的范围；确定能量存储装置的可用功率范围；在输入运行点的允许范围内选取待选输入运行点；和在待选运行范围状态下，为处于转矩机器的马达转矩范围内以及能量存储装置的可用功率范围内的待选发动机运行点确定能传输至输出构件的最大可获得输出转矩和最小可获得输出转矩。

（3）焦点问题

观点一：说明书公开充分。

通过说明书中的二次转矩约束 530 的公式［1］可知，其中变量有两个：变速器输出转矩 T_0 为自变量，可用电池功率 P_{BAT} 为自变量 T_0 的函数 P_{BAT}（T_0），待定系数有四个：$a_1{}^2$、$b_1{}^2$、$T_0{}^*$（最佳输出转矩）、$P_{BAT}{}^*$（最佳电池功率），为了求解上述四个待定系数，本领域技术人员可以针对于一种特定类型的车辆，通过实验或测量得到至少四组（或更多组）数据值；然后，将这些数据值代入公式［1］，可以得到四个方程，其中包含待定的四个系数，由代入得到的四个方程，利用现有的数学运算或数学方法可以求解上述四个系数。退一步说，如果将 $a_1{}^2+b_1{}^2$ 视为一个整体的系数 A，那么，利用上述四个方程，至少可以求解出三个系数：A、$T_0{}^*$ 和 $P_{BAT}{}^*$，公式［1］可改写为公式［3］：$P_{BAT}=A\ (T_0-T_0{}^*)^2+P_{BAT}{}^*$，其中三个系数 A、$T_0{}^*$ 和 $P_{BAT}{}^*$ 都是已知的（可以通过上述过程确定出)。因此，针对某一特殊类型的车辆，本领域技术人员完全能够清楚地知道如何确定公式［3］中的各个系数，从而清楚地知道如何使用公式［3］，即知道如何正确使用涉案申请的公式［1］，以便根据涉案申请的教导实现涉案发明。

观点二：说明书公开不充分。

涉案申请要求保护一种运行动力系系统的方法。如说明书所述，其要解决的技术问题是通过建立一套控制方法优化动力系系统的扭矩输出。在涉案申请给出的具体实施方式中，图4-3-3所示的优化函数440是解决上述技术问题的关键所在，而在该优化函数440中确定二次转矩约束530又是该优化函数不可缺失的组成部分。但是对于说明书中给出的确定二次转矩约束530的公式［1］和［2］中的系数 a_1 和 b_1，

仅给出了“a_1 和 b_1 代表为特殊用途确定的标定量”这一含糊不清的解释，而未对 a_1 和 b_1 是什么样的特殊用途确定的标定量作出任何具体的说明，进一步也未给出 $a_1^2+b_1^2$ 这一整体表达的含义，也不清楚其具体表达的含义。对于本领域技术人员来说，既然系数 a_1 和 b_1 为特殊用途确定的标定量，那么它们必然都不具有本领域公知的含义，而说明书中也未对此进行解释，因此本领域技术人员不清楚该 a_1 和 b_1 应当如何取值，从而无法根据公式［1］和［2］计算得到输出扭矩，并顺利实现优化函数440的目的，也就无法解决涉案申请所要解决的技术问题。也就是说，涉案申请说明书中给出的技术手段是含糊不清的。因此，涉案申请的说明书未对发明作出清楚、完整的说明，致使所属技术领域的技术人员不能实现该发明，不符合《专利法》第二十六条第三款的规定。

（4）案例评析

说明书应当清楚地记载发明或者实用新型的技术方案，详细地描述实现发明或者实用新型的具体实施方式，完整地公开对于理解和实现发明或者实用新型必不可少的技术内容，达到所属技术领域的技术人员能够实现该发明或者实用新型的程度。如果说明书中给出了技术手段，但对所属技术领域的技术人员来说，该手段是含糊不清的，根据说明书记载的内容无法具体实施，则说明书由于记载的技术手段含糊不清而无法实现。

就该案例而言：首先，涉案申请中的公式［1］并非求解四个系数 a_1^2、b_1^2、T_O^* 以及 P_{BAT}^*，而是通过已知的四个系数求解公式［2］中的输出扭矩 $T_O(P_{BAT})$。也就是说，公式［1］不能简单地等同于公式“$P_{BAT}=A(T_O-T_O^*)^2+P_{BAT}^*$”，不能将 $a_1^2+b_1^2$ 用系数A代替，通过反推的方式得出 $a_1^2+b_1^2$。如果按

照反推确定其中四个系数的话，则公式［2］的输出扭矩 T_0（P_{BAT}）不需要优化得出，而是在确定该四个系数时已经通过实际的数据值进行了选取，即通过反推过程得出的四个系数，在实际确定输出扭矩时的数据值则与确定系数时选取的实验或测量得到的相应数据值相同。其次，关于涉案申请公式［1］中的系数 a_1、b_1，说明书中文字记载有“a_1和 b_1代表为特殊用途确定的标定量”，即根据涉案申请说明书的记载，公式［1］中的 a_1、b_1代表的是具体的标定量参数，而非数学公式虚拟的系数，且其在公式［1］中是以“$a_1^2+b_1^2$”的形式作为一个系数，而非简单地作为两个系数独立存在，由于涉案申请中对于 a_1、b_1具体是什么的特殊用途确定的标定量未作任何具体的说明，因此，本领域技术人员不清楚该 a_1和 b_1应当如何取值，从而无法根据公式［1］和［2］计算得到输出扭矩 T_0（P_{BAT}），也就无法顺利实现优化函数440的目的，进一步无法解决涉案申请所要解决的技术问题。观点一的分析颠倒了含有公式的技术方案的具体实施步骤。涉案申请针对公式中用来具体推导运算的关键参数的取值或定义没有限定清楚，从而导致公式无法具体推导运算，进而导致说明书记载的内容无法具体实施。

4.3.4.4 技术手段含糊不清——案例4-3-4

（1）案例要点

《专利法》第二十六条第三款中规定，说明书应当对发明或者实用新型作出清楚、完整的说明，以所属技术领域的技术人员能够实现为准。

对于权利要求或说明书中使用的技术术语，一般应当认为其含义与该术语在所属技术领域中通常具有的含义相同。如果权利要求或说明书中使用的技术术语是申请人的自造词，而又未对其含义解释清楚，从而影响了本领域技术人员对技术方案的理解而无法实施发明，则说明书公开不充分。

（2）案例简介

涉案申请请求保护一种电动车与电网互动的停车位装置。如说明书所述，其要解决的技术问题是：解决现有车库成本巨大、施工要求高、升降平移结构复杂的停车难问题，提供一种仅仅通过一个旋转机构就能实现停车、取车过程，其操作方便、结构简单。为此，涉案申请的技术方案采用旋转机构实现停车、取车，该旋转机构的主要运行模式为：车位板6设置在车位固定轴5上，且车位板6与车位固定轴5连接处设有水平调整轮毂电机，水平调整轮毂电机在转盘3转动过程中能够始终保持水平状态，其中一个转盘3圆心处设有驱动轮毂电机7，驱动轮毂电机 7 通过中心轴 4 驱动另一个转盘 3 同步转动，驱动轮毂电机 7 转动时的步进角与水平调整轮毂电机转动时的步进角相同，从而保证车位板 6 在转动过程中始终保持水平状态。

涉案申请的权利要求 1 如下：

1. 一种电动车与电网互动的停车位装置，其特征在于，在停车区内设有多个停车装置总成（1）；每个停车装置总成（1）包括停车架（2）、转盘（3）、中心轴（4）、环形阵列设置的车位固定轴（5）、设置在车位固定轴（5）上的车位板（6）；每个停车装置总成（1）独立设置，且相邻两个停车装置总成（1）之间的间隔距离不会影响车辆的停入；停车装置总成（1）包括两个转盘（3），两个转盘（3）圆心之间通过中心轴（4）连接，车位固定轴（5）的两端设置在两个转盘（3）边缘侧面；所述车位板（6）设置在车位固定轴（5）上，且车位板（6）与车位固定轴（5）连接处设有水平调整轮毂电机；所述车位板（6）的顶部设有充电座（9），所述充电座（9）与外界电网接通，所述充电座（9）用于给电动汽车充电；其中一个转盘（3）的圆心处设有驱动轮毂电机（7），驱动轮毂电机（7）通过中心轴（4）驱动另一个转盘（3）的同步转动，驱动轮毂电机（7）转动时的步进角与水平调整轮毂电机转动时的步进角相同，从而保证车位板（6）在转动过程中始终保持水平状态；所述车位板（6）的两侧设有可升降护网（10）；所述可升降护网（10）包括气缸（11）、剪式伸缩架（12）、网架（13）和网体（14）；所述气缸（11）的缸体设置在车位板（6）的四个顶角处，所述剪式伸缩架（12）最底部的中部铰接点（15）与气缸（11）的伸缩杆顶部铰接，所述剪式伸缩架（12）底部的架杆末端铰接有滑柱（16），所述滑柱（16）底部与车位板（6）板面滑动连接，所述网架（13）两侧设有短杆（17），所述短杆（17）低端与剪式伸缩架（12）最顶部的中部铰接点（18）处铰接，所述网体（14）设置在网架（13）上。

（3）焦点问题

观点一：说明书公开不充分。

说明书中所记载的为解决技术问题的关键技术手段“水平调整轮毂电机”和“驱动轮毂电机”并非本领域具有通用含义的技术术语。在本领域中，“轮毂”是轮胎内廓支撑轮胎的圆桶形的、中心装在轴上的金属或合金部件，“轮毂电机”是安装在轮毂上、具备独立驱动性能的将动力系统、传动系统、刹车系统集成到一起而设计出来的驱动电机。该驱动电机安装在轮毂上用于直接控制车轮的加速、减速和转弯，其本身具有一定的体积和重量。就涉案申请而言，本领域技术人员从其字面意思和说明书的上述相关记载来看，“水平调整轮毂电机”用于在转盘3转动过程中调整车位板6能够始终保持水平状态。也就是说该“轮毂电机”是一种调平电机，而传统意义上的“轮毂电机”并不具备该功能。退一步讲，如果是该“轮毂电机”具有能够通过调整车位板6转动角度来实现调平的功能，则需详细说明该电机是如何配合驱动轮毂电机7进行运作的。在驱动轮毂电机7驱动转盘3转动过程中要想使得车位板6能够始终保持水平状态，仅仅原申请文件中记载的“驱动轮毂电机7转动时的步进角与水平调整轮毂电机转动时的步进角相同”是不足以实现的，还需要驱动轮毂电机7与水平调整轮毂电机的转动方向相反。原申请文件中对这一点没有任何记载，更没有记载如何保证驱动轮毂电机7与水平调整轮毂电机能够在转动运行时的步进角相同且转动方向相反。就其安装位置而言，上述“水平调整轮毂电机”和“驱动轮毂电机”并非安装在上述传统意义的“轮毂”上，“水平调整轮毂电机”安装在车位板6与车位固定轴5连接处，而车位板6设置在车位固定轴5上；“驱动轮毂电机”安装在一个转盘3的圆心处，结合图4-3-4可知，车位板与车位固定轴之间、转盘3圆心处并没有相应的或类似轮毂的部件，再加上轮毂电机本身具有一定的体积和重量，因此上述“水平调整轮毂电机”和“驱动轮毂电机”并不能称为“轮毂电机”，也难以确定其具体的安装方式和运行方法。综上可知，本领域技术人员难以从涉案申请说明书的相关记载中明确“水平调整轮毂电机”和“驱动轮毂电机”的具体结构和安装形式、“驱动轮毂电机”是如何驱动转盘以及如何与

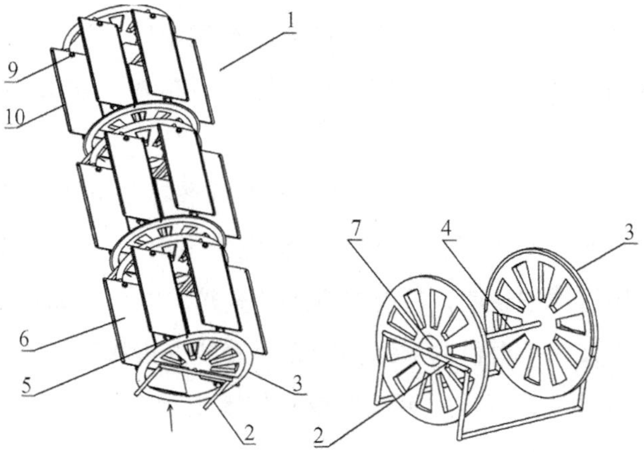

图4-3-4　案例4-3-4涉案申请附图

“水平调整轮毂电机”配合来保证车位板在转盘转动过程中始终保持水平状态的，而且现有技术中并不存在这样的技术手段。也就是说，说明书给出的技术手段是含糊不清的，本领域技术人员难以从说明书的上述内容中得到能够实施的技术手段，其根据说明书中的记载不能实现该发明。故涉案申请不符合《专利法》第二十六条第三款的规定。

观点二：说明书公开充分。

涉案申请中的“水平调整轮毂电机”和“驱动轮毂电机”中的“轮毂”在于限制圆形或环形安装方式的特征，并不特指通用含义的车胎内廓支撑轮胎的圆桶形的、中心装在轴上的金属或合金部件；该等电机名称为根据安装形式进行的自定义名称，可以进行调整。“水平调整轮毂电机”是设置在车位板6与车位固定轴5连接处的、确保车位板6保持水平状态的电机，其本质是一种调平电机；而“驱动轮毂电机”是在中心轴4上环绕设置的电机。而且“驱动轮毂电机7与水平调整轮毂电机的转动方向相反”为常规设置，无须记载在涉案申请中。

（4）案例评析

专利文件相较于其他学术文件而言，其不仅仅具备技术属性，还具备法律属性，这就对其撰写的严谨性提出了更高的要求。申请文件中不是不可以对某个部件进行自定义，如果该部件在现有技术中并不存在或者难以用已有的技术术语表达，是可以通过文字来定义的，但这种定义通常不允许使用具有通用含义的技术术语。比如涉案申请的“轮毂”，使用了该词，却声称并未使用该词的通用含义，这一点不能被认可。同时原始申请文件中并没有对上述技术特征进行任何说明的文字描述，不能认为上述技术特征为自定义名称。观点二认为“该等电机名称为根据安装形式进行的自定义名称，可以进行调整”，这种认识是错误的：在专利文件中技术特征的含义应为唯一确定的，不存在“可以进行调整”的可能性。

现有技术中并不存在观点二认为的“水平调整轮毂电机”本质是一种调平电机的说法。退一步讲，如果该“水平调整轮毂电机”是涉案申请特有的，故而进行自定义，则需详细说明该特有的水平调整轮毂电机是如何配合驱动轮毂电机进行运作的，以及两个电机内部结构特点、安装方式和运行方式。但观点二认为“两个电机的安装和运行方式可依据现有技术实现”，说明上述两个电机并非涉案申请特有而自定义的，前后矛盾。

涉案申请在说明书中针对特定功能设计了特定结构并采用自定义词进行描

述，但是针对该自定义词并未给出明确的定义或者说明，本领域技术人员根据说明书的记载，不清楚该自定义词所代表的特定结构的具体构造以及如何进行工作，从而致使说明书给出的实施手段含糊不清，根据说明书记载的内容无法具体实施，因而说明书公开不充分。

4.3.4.5　技术手段含糊不清——案例4-3-5

（1）案例要点

《专利法》第二十六条第三款中规定，说明书应当对发明或者实用新型作出清楚、完整的说明，以所属技术领域的技术人员能够实现为准。所属技术领域的技术人员能够实现，是指所属技术领域的技术人员按照说明书记载的内容，就能够实现该发明或者实用新型的技术方案，解决其技术问题，并且产生预期的技术效果。如果现有技术没有证据表明根据说明书记载的内容无法实现其技术方案，则不能认为说明书公开不充分。

在说明书中完整描述要求保护的技术方案，并不意味着说明书对于所述技术方案的文字描述要面面俱到。因为说明书公开充分与否的判断主体为本领域技术人员，其具有知晓申请日或者优先权日之前发明所属技术领域所有的普通技术知识，能够获知该领域中所有的现有技术，并且具有应用该日期之前常规实验手段的能力；还具有从其他技术领域中获知该申请日或优先权日之前的相关现有技术、普通技术知识和常规实验手段的能力。对于所属技术领域技术人员基于其上述能力能够知晓或掌握的内容，尽管在说明书中未作详细说明，其也不影响所属技术领域技术人员对技术方案的理解和实施，则其没有以文字的形式记载在说明书中，并不足以导致说明书公开不充分。

（2）案例简介

涉案申请旨在提供一种自动驾驶汽车判断乘客身份的系统。该系统能够准确地识别乘客及其安全等级，并确定乘客的控制权限和人工驾驶权限，既便于乘客更改行程，又便于降低乘客的乘坐风险。根据说明书的记载，该系统包括由非特定乘客携带的呈智能通信设备形式的智能终端10和安装有车载设备的自动驾驶汽车装置20，乘客利用所述智能终端10与所述车载设备的交互来预约自动驾驶汽车的使用权限，所述车载设备至少包括识别模块30、验证模块40和权限限制模块50，所述识别模块30包括自动驾驶车辆设置的人脸识别设备和生理特征识别设备；所述车载设备还包括设置有第一鉴权模块61的测试终端60，所述测试终端60在第一安全等级参数达到预设等级时启动，并且所述第一鉴权模块61根据乘客的身份信息来设定自然语言并采用所述自然语言以语音和/或视频互动的方式测试所述乘客的当前心理状态，并将乘客的当前心理状态参数作为第二安全等级参数发送至所述权限限制模块50；所述测试终端60还设置第二鉴权模块62，所述第二鉴权模块62基于测试终端60通过OBD接口与CAN总线的控制单元建立数据连接的方式主动采集自动驾驶汽车的运行数据，并且基于乘客的人工驾驶请求在所述测试终端60的触摸屏上显示用于测试驾驶能力的模拟道路视频，所述乘客根据至少包括触摸屏和重力传感器的所述测试终端60所提供的视频形式的操作请求来操作所述自动驾驶汽车的相应操控单元并由此产生能够由所述第二鉴权模块62采集的与驱动和/或操控相关的第三安全等级参数，所述第二鉴权模块62将所述第三安全等级参数发送至所述权限限制模块50以由所述权限限制模块50确定是否提供人工驾驶权限。乘客智能终端请求更改行程，权限限制模块从交通数据库获取行驶参数和表示路况安全的第四安全等级参数决定是否同意乘客的行程修改请求。

涉案申请的权利要求1如下：

1. 一种自动驾驶汽车判断乘客身份的系统，包括由非特定乘客携带的呈智能通信设备形式的智能终端（10）和安装有车载设备的自动驾驶汽车装置（20），其中，乘客利用所述智能终端（10）与所述车载设备的交互来预约自动驾驶汽车的使用权限，其特征在于，所述车载设备至少包括识别模块（30）、验证模块（40）和权限限制模块（50），其中，所述识别模块（30）包括自动驾驶车辆设置的人脸识别设备和生理特征识别设备，经所述智能终端（10）触发访问而启动的所述识别模块（30）以在指定区域检测所述智能终端（10）标识的方式确定乘客的地理位置，并且基于所述智能终端（10）发送的乘客的图像信息以及生理特征信息确定预约行程的乘客，所述验证模块（40）基于所述识别模块（30）的成功启动而根据乘客的个人信息向独立于第三方的历史记录数据库发送查询请求，以获得的历史数据作为第一安全等级参数来计算乘客的第一安全等级，所述权限限制模块（50）根据所述乘客的所述第一安全等级确定乘客的控制权限并开启车锁，并且基于乘客的有效控制参数来更新乘客的所述控制权限。

（3）焦点问题

观点一：说明书公开不充分。

涉案申请涉及一种自动驾驶汽车判断乘客身份的系统，其所要解决的技术问题是如何准确判断乘客身份。然而，说明书中并未记载识别模块 30、第一鉴权模块 61 和第二鉴权模块 62 的具体结构和组成部分，例如识别模块 30 如何通过图像信息以及生理特征信息确定预约行程的乘客，第一鉴权模块 61 如何测试乘客的当前心理状态，第二鉴权模块 62 如何测试乘客的驾驶能力，且上述各模块采用何种数据库、基于何种算法等均未记载在说明书中，同时本领域技术人员也不能明确何种交通数据库中会记载路面凹凸不平等信息，从而该系统无法对行程更改请求进行有效反馈。关于开启车锁的时机：说明书中先后限定了两次不同的开启车锁的时机，根据说明书的记载，本领域技术人员不清楚究竟是在识别乘客身份后打开车锁，还是在乘客的第一安全等级符合一定条件后才打开车锁。关于控制权限：①本领域技术人员不能明确如何通过乘客的有效控制参数来更新乘客的控制权限以及乘客的有效控制参数具体指什么；②关于如何确定人工驾驶权限，涉案申请先后限定了多种情况，本领域技术人员不清楚具体决定因素是什么，采用何种逻辑、在何种情况下，如何通过各种参数来作出何种决策。因此，对所属技术领域的技术人员来说，上述手段是含糊不清的，根据说明书记载的内容无法实现，附图中也缺少实施该设想的具体产品结构，使得说明书及附图所记载的内容不能构成一个清楚完整的技术方案，因而不符合《专利法》第二十六条第三款的规定。

观点二：说明书公开充分。

涉案申请旨在提供一种自动驾驶汽车判断乘客身份的系统。该系统能够准确地识别乘客及其安全等级，并确定乘客的控制权限和人工驾驶权限，既便于乘客更改行程，又便于降低乘客的乘坐风险。该系统包括由非特定乘客携带的呈智能通信设备形式的智能终端 10 和安装有车载设备的自动驾驶汽车装置 20，乘客利用所述智能终端 10 与所述车载设备的交互来预约自动驾驶汽车的使用权限，所述车载设备至少包括识别模块 30、验证模块 40 和权限限制模块 50，所述识别模块 30 包括自动驾驶车辆设置的人脸识别设备和生理特征识别设备；所述车载设备还包括设置有第一鉴权模块 61 的测试终端 60，所述测试终端 60 在第一安全等级参数达到预设等级时启动，并且所述第一鉴权模块 61 根据乘客的身份信息来设定自然语言并采用所述自然语言以语音和/或视频互动的方式测试所述乘客的当前心理状态，并将乘客的当前心理状态参数作为第二安全等级参数发送至所述权限限制模块 50；所述测试终端 60 还设置第二鉴权模块 62，所述第二鉴权模块 62 基于测试终端 60 通过 OBD 接口与 CAN 总线的控制单元建立数据连接的方式主动采集自动驾驶汽车的运行数据，并且基于乘客的人工驾驶请求在所述测试终端60的触摸屏上显示用于测试驾驶能力的模拟道路视频，所述乘客根据至少包括触摸屏和重力传感器的所述测试终端60所提供的视频形式的操作请求来操作所述自动驾驶汽车的相应操控单元并由此产生能够由所述第二鉴权模块62采集的与驱动和/或操控相关的第三安全等级参数，所述第二鉴权模块62将所述第三安全等级参数发送至所述权限限制模块50以由所述权限限制模块50确定是否提供人工驾驶权限。乘客智能终端请求更改行程，权限限制模块从交通数据库获取行驶参数和表示路况安全的第四安全等级参数决定是否同意乘客的行程修改请求。

其中，识别模块包括自动驾驶车辆设置的人脸识别设备和生理特征识别设备，而人脸识别设备和生理特征识别设备都是成熟的、可从市场直接购买的产品，如涉案申请说明书背景技术部分所述。在涉案申请的技术方案中，只需将这些可购得的模块按照公知的使用说明，利用已有的接口进行组装即可解决相应技术特征所针对的技术问题，并达到相应的技术效果，这些模块内部的具体结构不影响本领域技术人员实现涉案申请的技术方案。如涉案申请说明书所述，"经由智能终端10触发访问而启动的识别模块以在指定区域检测智能终端标识的方式确定乘客的地理位置，并且基于智能终端10发送的乘客的图像信息以及生理特征信息确定预约行程的乘客。"

关于第一鉴权模块，说明书记载"第一鉴权模块61根据乘客的身份信息来设定自然语言并采用自然语言以语音和/或视频互动的方式测试乘客的当前心理状态，并将乘客的当前心理状态参数作为第二安全等级参数发送至权限限制模块50"；而关于如何测试乘客的当前心理状态，说明书进行了举例描述；说明书背景技术中对测试乘客心理状态的现有技术进行了相关描述；对本领域技术人员而言，基于说明书公开的第一鉴权模块的功能，根据公知常识和本领域内的常规技术手段可以显而易见地设计第一鉴权模块的具体结构和组成。

关于第二鉴权模块，说明书记载了其测试乘客驾驶能力的功能及相应实现方式，即"测试终端60还设置第二鉴权模块62""测试终端60设置有模拟交通驾驶环境的模拟程序。测试终端基于自动驾驶汽车的车锁控制单元的开锁信息以语音、声音和/或震动的方式启动并引导乘客进行模拟驾驶测试。乘客根据模拟的驾驶环境在自动驾驶汽车内进行正常的驾驶操作。测试终端60读取乘客在模拟环境操作的自动驾驶汽车的各个控制单元数据，从而获得乘客的反应时间和驾驶操作数据，从而评估乘客的驾驶能力。若乘客的驾驶能力较差，反应较慢，则拒绝乘客的人工驾驶请求。若乘客的驾驶能力和反应时间符合驾驶标准，则权限限制模块 50 向乘客授予人工驾驶权限”“乘客根据至少包括触摸屏和重力传感器的测试终端所提供的视频形式的操作请求来操作自动驾驶汽车的相应操控单元并由此产生能够由第二鉴权模块 62 采集的与驱动和/或操控相关的第三安全等级参数。第二鉴权模块 62 将第三安全等级参数发送至权限限制模块以由权限限制模块确定是否提供人工驾驶权限”。对本领域技术人员而言，基于说明书公开的第二鉴权模块的功能，根据公知常识和本领域内的常规技术手段可以显而易见地设计第二鉴权模块的具体结构和组成。

关于交通数据库，现今各大城市均有实时路况信息更新数据库，这些路况信息包括道路拥堵情况、道路施工、雾和路面结冰等天气影响、交通事故、泥石流等自然灾害以及道路封闭等信息，因道路施工或自然灾害引起的路况差、凹凸不平也包括在内，该系统能够通过上述列举的交通数据库获取路况信息，并对行程更改请求进行有效反馈。

关于开启车锁时机，说明书进行了明确，即在获取第一安全等级参数后，权限限制模块 50 根据乘客的第一安全等级确定乘客的控制权限并开启车锁，并且基于乘客的有效控制参数来更新乘客的控制权限。

关于控制权限，①说明书关于有效控制参数的记载为：“权限限制模块 50 根据乘客的第一安全等级确定乘客的控制权限并开启车锁，并且基于乘客的有效控制参数来更新乘客的控制权限”“权限限制模块 50 将第一、第二和/或第三安全等级参数按照乘客在乘坐自动驾驶汽车期间的控制方式显示于测试终端的显示屏上，并且结合与控制命令对应的有效控制参数计算使用自动驾驶汽车的优惠参数，同时将优惠参数以数字方式在测试终端的触摸屏上展示给该乘客”，因此，可以得到有效控制参数是与乘客的操控车辆的控制命令对应的相关参数，例如转向、油门、远/近光、雨刷、档位等；即使某些控制权限已经被限制，但是还需要基于乘客在车辆行驶期间实施的控制命令对应的有效控制参数来更新控制权限，例如，乘客在自动驾驶车辆的过程中出现多次频繁地开启和关闭远/近光、控制刹车、调节档位等危险驾驶控制行为，乘客的控制权限必然会被更新限制。②对于人工驾驶权限的确定，根据说明书的记载可知，“第二鉴权模块 62 将第三安全等级参数发送至权限限制模块以由权限限制模块确定是否提供人工驾驶权限”，“优选的，权限限制模块基于第一安全等级参数、第二安全等级参数和第三安全等级参数计算乘客的驾驶风险级别并根据驾驶风险级别确定乘客的人工驾驶权限，人工驾驶权限至少包括全部权限、限制级权限和/或高危权限”，因此，基于以上两种方式都可以确定人工驾驶权限。

基于上述理由，涉案申请说明书公开了各个模块的功能和效果、相应的技术手段，以及协同控制各模块来实现涉案申请声称的功能和效果，本领域技术人员根据说明书记载的内容并结合本领域的公知常识可以实施涉案申请的技术方案，说明书公开的技术内容达到了本领域技术人员能够实现涉案申请的程度。因此，涉案申请说明书公开充分，符合《专利法》第二十六条第三款的规定。

（4）案例评析

所属技术领域的技术人员能够实现，是指所属技术领域的技术人员按照说明书记载的内容，就能够实现该发明或者实用新型的技术方案，解决其技术问题，并且产生预期的技术效果；如果现有技术没有证据表明根据说明书记载的内容无法实现其技术方案，则不能认为说明书公开不充分。

在说明书中完整描述要求保护的技术方案，并不意味着说明书对于所述技术方案的文字描述要面面俱到。因为说明书公开充分与否的判断主体为本领域技术人员，其具有知晓申请日或者优先权日之前发明所属技术领域所有的普通技术知识，能够获知该领域中所有的现有技术，并且具有应用该日期之前常规实验手段的能力；还具有从其他技术领域中获知该申请日或优先权日之前的相关现有技术、普通技术知识和常规实验手段的能力。对于所属技术领域的技术人员基于其上述能力能够知晓或掌握的内容，尽管在说明书中未作详细说明，其也不影响所属技术领域的技术人员对技术方案的理解和实施，则其没有以文字的形式记载在说明书中，并不足以导致说明书公开不充分。观点一的错误判断，正是忽视了说明书公开充分的判断必须站位本领域技术人员，忽视了本领域技术人员所应具有的能力。

4.3.4.6 缺乏实验证据——案例 4－3－6

（1）案例要点

《专利审查指南 2010》第二部分第二章第 2.1.3 节列举了由于缺乏解决技术问题的技术手段而被认为无法实现的五种情形，第（5）种为“说明书中给出了具体的技术方案，但未给出实验证据，而该方案又必须依赖实验结果加以证实才能成立”。可见并非所有的专利申请都必须在说明书中给出实验数据才能满足《专利法》第二十六条第三款的规定。在大部分情况下，所属技术领域的技术人员根据技术方案本身足以确定技术方案能够产生的技术效果，申请人无须再通过实验证据进行证明。只有在某些以实验为主的技术领域，当所属技术领域的技术人员依据现有技术的整体状况，结合所属技术领域的常识及其具备的常规技能，无法预期权利要求的技术方案能够具有声称的用途和/或使用效果时，提供表明所述技术方案效果的实验证据才是必不可少的环节。也就是说，发明必须依赖实验结果加以证实才能成立，是说明书中必须给出实验数据的前提。

如果说明书中给出了具体的技术方案，但未给出实验证据，由于现有技术中不存在相关或类似的技术方案，要求保护的技术方案效果的确认就成为发明能够成立的基础；所属技术领域的技术人员根据现有技术的整体状况无法确定所要求保护的技术方案能否产生声称的技术效果，则技术方案由于缺乏解决技术问题的技术手段而被认为无法实现，从而说明书公开不充分。

（2）案例简介

涉案申请说明书涉及一种零点电源电池组作为电动汽车电源的应用。申请人认为制约电动汽车发展的瓶颈是其电源续航能力不足，与传统的汽车相比，使用不太方便；而等微子是一种取之不尽、用之不竭的能源，是人类永远的清洁能源；申请人找到了将等微子转换为电能的技术方案，其中的核心在于一种零点电源即等微子能源，关于等微子能源的结构及其制作方法，在实施例中列出了该种全新能源的组成部分以及各部分的具体制作、化学处理步骤。在说明书中，声称提供的零点电源能够吸收等微子并且收集等微子在衰变中转换的电能，从而在一定时间内不断地为外界提供电能；并且涉案申请提供的电池组的能量密度较高，因此非常适合用作电动汽车电源。

涉案申请的权利要求 1 如下：

1. 零点电源电池组作为电动汽车电源的应用，所述电池组包含多个串联和/或并联的零点电源单体，每个零点电源单体包含正极和负极，所述正极和负极之间具有等微子聚集层，其特征在于，该等微子聚集层含有铝盐、电气石、烷基酚聚氧乙烯醚、多元醇、硅油和碱金属卤化物；相对于 100 重量份的铝盐，所述电气石的含量为 1 ～ 20 重量份，所述烷基酚聚氧乙烯醚的含量为 10 ～ 150 重量份，所述多元醇的含量为 50 ～ 500 重量份，所述硅油的含量为 1 ～ 100 重量份，所述碱金属卤化物的含量为 1 ～ 60 重量份；所述铝盐为硫酸铝和/或硫酸铝铵；所述烷基酚聚氧乙烯醚为壬基酚聚氧乙烯醚；所述多元醇为甘油和/或甘露醇；所述碱金属卤化物为氯化钠；所述正极含有银、银镍合金或镍铬合金，所述负极含有镁或镁合金。

（3）焦点问题

观点一：说明书公开不充分。

涉案申请说明书涉及一种零点电源电池组作为电动汽车电源的应用，其中的核心在于一种零点电源即等微子能源，关于等微子能源的结构及其制作方法，在其实施例中列出了该种全新能源的组成部分以及各部分的具体制作、化学处理步骤。在说明书中，声称提供的零点电源能够吸收等微子并且收集等微子在衰变中转换的电能，从而在一定时间内不断地为外界提供电能；并且涉案申请提供的电池组的能量密度较高，因此非常适合用作电动汽车电源。

然而，涉案申请说明书中未给出任何实验数据来证明该方案提出的“等微子聚集层”收集到了“等微子”，也不能证明确实具有将收集的所谓的等微子转化为电能的技术效果。虽然在说明书的具体实施方式的表一中列出了将实施例 1～6 和对比例 1 制得的用于收集等微子以及将收集的等微子转化为电能的零点电源单体进行测试的结果，结果也表明该零点电源单体具有一定的放电能力，但这既不能证明等微子的存在，也不能证明这些电源中的所谓等微子聚集层收集到了等微子，更无法证明等微子发生衰变并收集到了等微子在衰变中转换的电能。因此，利用该等微子的全新能源是否能够提供转化后的电能的作用是不可预期的，必须依赖实验结果加以证实才能成立。而涉案申请说明书中恰恰没有记载相关实验数据，所以涉案申请的方案中零点电源不能证明可以实现，采用该零点电源的应用方案本身也不能成立。另外，由涉案申请说明书实施例给出的实验数据分析，其能量密度平均值（功率密度）远远低于目前的例如锂离子电池、镍氢电池、镉镍电池等，以“mW/cm^3”的体积功率密度考察，所谓的零点电源仅仅是上述常用电池体积功率密度的数万分之一，这样的能量提供情况，根本不可能满足“本申请提供的电池组的能量密度较高，因此非常适合用作电动汽车电源”的情况。采用涉案申请说明书公开的技术方案，根本不能实现涉案申请的目的。基于上述原因，涉案申请说明书没有对发明作出清楚、完整的说明，说明书公开不充分，不符合《专利法》第二十六条第三款的规定。

观点二：说明书公开充分。

涉案申请说明书公开充分的理由如下：①根据说明书中的实施例的记载可知，这些实施例的目的并不是证明等微子的存在，而是达到证实包含正极和负极以及正极和负极之间的含有铝盐、电气石、烷基酚聚氧乙烯醚、多元醇、硅油和碱金属卤化物的层的电源确实能够实现在一定时间段内放电的目的，从而证明其在制成电源电池组后实现在一定时间段内的持续放电，即在一定时间段内为外界提供电能的有益效果的客观存在；②实施例1～6可以证明，在负载一定额定电压的灯泡时，该电源能够提供足够的电流和电压点亮灯泡，并使其在一定时间段内被持续点亮，灯泡可以持续发亮200天以上。实施例7～11在电池组性能测试中每个电池组分别与额定电压为3～30V的灯泡连接，灯泡可以持续发亮200天以上；③涉案申请所披露的技术方案能够实现包含正极和负极以及正极和负极之间的含有铝盐、电气石、烷基酚聚氧乙烯醚、多元醇、硅油和碱金属卤化物的层的电源及其电池组的在一定时间段内的长时间放电。因此，涉案申请的说明书公开充分，符合《专利法》第二十六条第三款的规定。

（4）案例评析

说明书中给出了具体的技术方案，但未给出实验证据，而该方案又必须依赖实验结果加以证实才能成立。此种情况由于缺乏解决技术问题的技术手段而被认为无法实现，从而说明书公开不充分。

就该案例而言，首先，基于说明书公开的内容，涉案申请提供的是一种零点电源电池组作为电动汽车电源的应用。因此，其中的零点电源必然涉及等微子与等微子聚集层的相关内容。然而，由说明书公开的内容并不能证明等微子的存在，更不能证明所谓的等微子聚集层能够吸收等微子和利用等微子转化电能。此外，即使按照说明书中声称的涉案申请所要解决的技术问题和所要达到的技术效果理解，由于涉案申请是作为电动汽车电源使用，因此，体积功率密度仅仅是现有锂离子电池、镍氢电池、镍镉电池等常规电池体积能量密度数万分之一的所谓零点电源，是不可能做到“显著提高该电源电池组的能量密度”的，也就是说，从涉案申请所要解决的技术问题和所要达到的技术效果考虑，采用说明书中公开的方案也是无法实现的。其次，原申请文件对“零点电源”和“等微子聚集层”进行了描述，该描述仅限于介绍了相关的组分和含量，然而，该零点电源与等微子是不可分割的，从说明书任何公开的内容都不能证明等微子的存在，更不能证明所谓的等微子聚集层能够捕获等微子并转换为电能。基于说明书中等微子聚集层的成分、零点电源的构造，本领域技术人员也不能明确等微子为何物、如何捕获等微子以及如何将其转换为电能。最后，对于实验数据而言，不论是否添加了电气石，该零点电源的体积功率密度都仅为常规电池体积功率密度的数万分之一，因此，能量密度从对比例1不添加电气石的0.5mW/cm^3提高到1.4mw/cm^3

以上，以及能够在一定时间内（200天）持续提供电流，对于一个正常使用的电池的性能要求而言并无实际意义，更何况作为电动汽车的电源，电源自身的体积、重量都会影响汽车整备体积、质量，如涉案申请说明书中所提供的这种如此低功率密度的零点电源，要实现电动汽车自身的运行，所需要的电池体积、质量是不可想象的。此外，上述实验数据的公开也同样不能证明等微子的存在以及所谓的等微子聚集层能够捕获等微子并转换为电能。

涉案申请说明书中虽然给出了实验数据，但所给实验数据仅证明零点电源单体具有一定的放电能力却既不能证明等微子的存在，也不能证明这些电源中的所谓等微子聚集层收集到了等微子，更无法证明等微子发生衰变并收集到了等微子在衰变中转换的电能，从而利用该等微子的全新能源是否能够提供转化后的电能的作用是不可预期的，涉案申请请求保护的技术方案由于缺乏解决技术问题的技术手段而无法实现，说明书公开不充分。

4.4　不支持和不清楚

4.4.1　法律解读

《专利法》第二十六条第四款规定：“权利要求书应当以说明书为依据，清楚、简要地限定要求专利保护的范围。”

根据《专利审查指南2010》第二部分第二章第3.2节的规定，权利要求应当以说明书为依据，是指权利要求应当得到说明书的支持。权利要求中的每一项权利要求所要求保护的技术方案应当是所属技术领域的技术人员能够从说明书充分公开的内容中得到或概括得出的技术方案，并且不得超出说明书公开的范围。权利要求通常由说明书记载的一个或者多个实施方式或实施例概括而成。权利要求的概括应当不超出说明书公开的范围。如果所属技术领域的技术人员可以合理预测说明书给出的实施方式的所有等同替代方式或明显变型方式都具备相同的性能或用途，则应当允许申请人将权利要求的保护范围概括至覆盖其所有的等同替代或明显变型的方式。对于用上位概念概括或用并列选择方式概括的权利要求，应当审查这种概括是否得到说明书的支持。如果权利要求的概括包含申请人推测的内容，而其效果又难于预先确定和评价，应当认为这种概括超出了说明书公开的范围。如果权利要求的概括使所属技术领域的技术人员有理由怀疑该上位概括或并列概括所包含的一种或多种下位概念或选择方式不能解决发明或者实用新型所要解决的技术问题，并达到相同的技术效果，则应当认为该权利要求没有得到说明书的支持。

权利要求书应当清楚，一是指每一项权利要求应当清楚，二是指构成权利要求书的所有权利要求作为一个整体也应当清楚。

首先，每项权利要求的类型应当清楚。权利要求的主题名称应当能够清楚地表明该权利要求的类型是产品权利要求还是方法权利要求。另外，权利要求的主题名称还应当与权利要求的技术内容相适应。

其次，每项权利要求所确定的保护范围应当清楚。权利要求的保护范围应当根据其所用词语的含义来理解。一般情况下，权利要求中的用词应当理解为相关技术领域通常具有的含义。在特定情况下，如果说明书中指明了某词具有特定的含义，并且使用了该词的权利要求的保护范围由于说明书中对该词的说明而被限定得足够清楚，这种情况也是允许的。

权利要求书应当简要，一是指每一项权利要求应当简要，二是指构成权利要求书的所有权利要求作为一个整体也应当简要。

4.4.2　领域特点

根据《专利审查指南 2010》的规定，判断权利要求是否得到说明书支持，需要判断“权利要求中的每一项权利要求所要求保护的技术方案应当是所属技术领域的技术人员能够从说明书充分公开的内容中得到或概括得出的技术方案，并且不得超出说明书公开的范围”。判断权利要求的保护范围是否清楚，“权利要求的保护范围应当根据其所用词语的含义来理解。一般情况下，权利要求中的用词应当理解为相关技术领域通常具有的含义”。可见，无论是不支持还是不清楚的判断仍然要站位本领域技术人员；特别是清楚与否的判断，应当由本领域技术人员从技术含义的角度进行分析判断。如前所述，新能源汽车是一个综合性非常强的具有跨学科特点的机电一体化系统，除了传统的机械结构，其还涉及电机和电机驱动、以电化学为特点的储能系统、电气部件以及车载通信系统等。因此，在该领域对不支持和不清楚的实践判断过程中，仍然对站位本领域技术人员的水平提出很高的要求。只有准确站位所属技术领域，切实从所属技术领域的技术人员的角度出发，方能作出正确的判断。

4.4.3 常见问题

新能源汽车领域，发明或实用新型不支持或不清楚的几种常见问题情形如下。

4.4.3.1 不支持

权利要求中的技术特征采用上位概念概括或并列选择概括的方式：对于该种方式，需要结合说明书公开的下位概念的具体实施方式，判断上位概括是否包含了申请人推测的内容，而其效果又难以确定；若是，则权利要求概括过宽，得不到说明书支持。

技术特征采用功能或效果限定的方式：对于某一功能限定的技术特征，如果所属技术领域的技术人员明了实现该功能的已知方式，并且该功能限定的技术特征所覆盖的除了说明书中记载的实施方式以外的其他实施方式也能解决发明的技术问题，并达到相同的技术效果，那么这种功能性限定是允许的；反之，则不允许。另外，如果权利要求中仅仅记载了发明要达到的目的或获得的效果，但没有记载为达到这种目的或获得所述效果而采用的任何技术手段，则该权利要求得不到说明书支持。

说明书中没有相应记载：对于权利要求的技术方案在说明书中没有记载或与说明书中记载的内容含义不一致的情形，权利要求得不到说明书支持。但是，对于权利要求中记载的特征与说明书中的特征只是文字表述不一致，实际含义相同的情形，则不属于权利要求得不到说明书支持的情形。

4.4.3.2 不清楚

权利要求的类型清楚：具体包括主题名称是否清楚地表明权利要求的类型，主题名称与技术内容是否相适应等。

权利要求的保护范围清楚：具体包括权利要求中的用词是否含义清楚、确定，标点符号使用是否合理，语句表述是否清楚，权利要求书整体是否清楚等。

4.4.4 案例解析

4.4.4.1 对技术特征的上位概括得不到说明书支持——案例 4-4-1

（1）案例要点

对于用上位概念概括方式概括的权利要求，如果权利要求的概括包含申请人推测的内容，本领域技术人员仅根据说明书所公开的内容，难以得到或概括得出权利要求中上述表述所概括的除本申请说明书具体实施方式中所公开的之外的其他技术方案，而其效果又难于预先确定和评价，应当认为这种概括超出了说明书公开的范围，权利要求未得到说明书支持。

（2）案例简介

涉案申请涉及一种被配置为向驱动轴输出动力的动力输出设备。在请求保护的独立权利要求1中，仅使用“第一元件”“第二元件”“第三元件”来表示动力分配集成机构中的部件，使用“输入元件”“输出元件”“可固定元件”来表示第一变速差动旋转机构和第二变速差动旋转机构中的部件，而没有具体说明第一元件、第二元件、第三元件以及输入元件、输出元件、可固定元件的具体含义；但是根据说明书的记载，在说明书具体实施方式中，仅公开了“第一元件”为太阳轮或行星轮架，“第二元件”为太阳轮或行星轮架，“第三元件”为齿圈，“输入元件”为太阳轮，“输出元件”为行星轮架，“可固定元件”为齿圈的技术方案。

涉案申请权利要求1如下：

1. 一种动力输出设备，其被配置以向驱动轴输出动力，所述动力输出设备包括：内燃机；第一电动机，其能够输入动力并输出动力；第二电动机，其能够输入动力并输出动力；动力分配集成机构，其具有与所述第一电动机的转轴连接的第一元件、与所述第二电动机的转轴连接的第二元件以及与所述内燃机的发动机轴连接的第三元件，并且所述动力分配集成机构被配置以允许所述三个元件相互进行差动旋转；以及变速传递组件，其包括：第一变速差动旋转机构，其具有与所述动力分配集成机构的所述第一元件连接的输入元件、与所述驱动轴连接的输出元件以及可固定元件，并且所述第一变速差动旋转机构被配置以允许所述第一变速差动旋转机构的三个元件相互进行差动旋转；第一固定装置，其被配置以不可旋转方式来固定所述第一变速差动旋转机构的所述可固定元件，并以可旋转方式来释放所述可固定元件；第一连接装置，其被配置以使所述第一变速差动旋转机构的所述输出元件与所述可固定元件连接和分离；第二变速差动旋转机构，其具有与所述动力分配集成机构的所述第二元件连接的输入元件、与所述驱动轴连接的输出元件以及可固定元件，并且所述第二变速差动旋转机构被配置以允许所述第二变速差动旋转机构的三个元件相互进行差动旋转；第二固定装置，其被配置以不可旋转方式来固定所述第二变速差动旋转机构的所述可固定元件，并以可旋转方式来释放所述可固定元件；以及第二连接装置，其被配置以使所述第二变速差动旋转机构的所述输出元件与所述可固定元件连接和分离。

（3）焦点问题

观点一：权利要求 1 能够得到说明书支持。

太阳轮、齿圈和行星轮架都仅是示例性的元件，本领域技术人员可以容易理解可以使用实现相同效果的其他机构来代替它们。在说明书中记载了以下内容："'动力分配集成机构'并不限于动力分配集成机构 40 或 10，而可以是任何等同机构，该机构具有与第一电动机的转轴连接的第一元件、与第二电动机的转轴连接的第二元件以及与内燃机的发动机轴连接的第三元件，并被构造为允许上述三个元件相互之间差动旋转"，因此本领域技术人员可以基于说明书的记载理解除了太阳轮、齿圈和行星轮架之外，"第一元件""第二元件""第三元件"可以是其他的组件，只要它们具有权利要求中限定的技术特征，同理，输入元件、输出元件等也类似。因此，权利要求能得到说明书的支持，符合《专利法》第二十六条第四款的规定。

观点二：权利要求 1 得不到说明书支持。

权利要求 1 中使用的"第一元件""第二元件""第三元件"，以及"输入元件""输出元件""可固定元件"都是概括限定，而说明书中则只给出"第一元件"为太阳轮或行星轮架、"第二元件"为太阳轮或行星轮架、"第三元件"为齿圈、"输入元件"为太阳轮、"输出元件"为行星轮架、"可固定元件"为齿圈的具体技术方案，本领域技术人员仅根据说明书所公开的内容，难以得到或概括得出权利要求 1 中上述表述所概括的除涉案申请说明书具体实施方式中所公开的之外的其他技术方案。因此，权利要求 1 不符合《专利法》第二十六条第四款的规定。

此外，尽管说明书中声称第一元件、第二元件、第三元件除涉案申请实施例中给出的机构外可以有其他机构来代替，但说明书中只是空泛地称有代替机构，并未具体给出有何种等同机构可以替代；对所属技术领域的技术人员来说，也并不清楚这些替代方式是什么或者怎样应用这些替代方式，则权利要求中的概括性限定也是不允许的。

（4）案例评析

对于用上位概念概括方式概括的权利要求，如果权利要求的概括包含申请人推测的内容，本领域技术人员仅根据说明书所公开的内容，难以得到或概括得出权利要求中上述表述所概括的除本申请说明书具体实施方式中所公开的之外的其他技术方案，而其效果又难于预先确定和评价，应当认为这种概括超出了说明书公开的范围，权利要求未得到说明书支持。

就该案例而言，针对动力输出设备中的具体动力传输原件，说明书中只给出"第一元件"为太阳轮或行星轮架、"第二元件"为太阳轮或行星轮架、"第三元件"为齿圈、"输入元件"为太阳轮、"输出元件"为行星轮架、"可固定元件"为齿圈的具体技术方案，所属技术领域的技术人员根据其所具备的知识水平和设计能力并不能合理地预料到除了涉案申请说明书记载的上述具体实施方式之外，还存在其他机构形式的"第一元件""第二元件""第三元件""输入元件""输出元件""可固定元件"也能实现涉案申请动力输出的效果；说明书中虽然空泛地称有代替机构，但并未具体给出有何种等同机构可以替代。因此，权利要求的概括超出了说明书公开的范围，得不到说明书的支持。

4.4.4.2　以并列选择方式概括的权利要求得不到说明书支持——案例 4-4-2

（1）案例要点

判断权利要求的概括是否恰当，一方面，应当立足于说明书所公开的全部内容，而不应仅仅局限于具体实施例；另一方面，还应当利用本领域技术人员的普通技术知识进行判断。对于以并列选择方式概括得到的权利要求，若本领域技术人员在申请文件给出信息的基础上，结合本领域的普通技术知识，可以预期其能解决发明或者实用新型所要解决的技术问题，并达到相同的技术效果，则能够从说明书充分公开的内容中得到或概括得出权利要求要求保护的技术方案，应当认为该权利要求能够得到说明书的支持。

（2）案例简介

涉案申请涉及一种用于汽车燃料电池的具有全氟磺酸基团的烃 PEM 膜。权利要求 1 请求保护的电化学电池膜组合物中的烃聚合物主链包括以下中的至少一种：聚异戊二烯、聚丁二烯、聚氯丁二烯或其共聚物，但涉案申请实施例中仅记载了以聚丁二烯制备的电化学电池膜组合物。

涉案申请的权利要求 1 如下：

电化学电池膜组合物，包含烃聚合物主链和共价结合到所述聚合物主链上的全氟化超酸侧基，其中该烃聚合物主链包括以下中的至少一种：聚异戊二烯、聚丁二烯、聚氯丁二烯或其共聚物，其中该超酸具有以下化学式：—Rf—SO_nX；其中 Rf 是全氟化的基团，n 是数值 2 或 3，X 是选自由以下构成的组的元素：氢、氟、氯、钠、钾、锂、镁及其组合。

（3）焦点问题

观点一：权利要求 1 得不到说明书支持。

理由如下：权利要求 1 请求保护的技术方案中的烃聚合物主链包括以下中的至少一种：聚异戊二烯、聚丁二烯、聚氯丁二烯或其共聚物，但涉案申请实施例中仅记载了以聚丁二烯制备的电化学电池膜组合物。不同的聚合物主链结构将影响到聚合物的微观结构例如主链和侧链的构型构象及空间分布、主链结构与支链结构之间的作用力，并且不同的主链结构具有不同的物理和化学性能；聚异戊二烯、聚氯丁二烯、聚丁二烯三者的主链重复单元结构不同，不同的主链结构具有不同的物理和化学性能，进而影响到膜组合物的机械性能、黏附性，甚至离子传导性。本领域技术人员难以仅通过涉案申请所制备的聚丁二烯结构的电池膜组合物，就能够合理预期到以并列选择方式概括的“聚异戊二烯、聚氯丁二烯或其共聚物”也能解决涉案申请的技术问题，并达到相同技术效果。因此，权利要求 1 未以说明书为依据，不符合《专利法》第二十六条第四款的规定。

观点二：权利要求 1 能够得到说明书支持。

根据涉案申请在背景技术部分的记载可知，氢燃料电池中所用的聚合物电解质膜主要在阳极和阴极之间提供必需的离子传导性连接的作用，电池膜需要在宽范围的温度和湿度条件下具有高的离子传导性以及稳定的机械性质，但目前存在的主要问题是这类聚合物电解质膜的成本普遍较高、商业可接受程度有待改善。可见，涉案申请要解决的技术问题是寻求一种在低水合水平和高操作温度下具有离子传导性和所需膜性质且成本降低的聚合物离子传导膜。为此，涉案申请提供了如权利要求 1 所述的聚合物离子传导膜，其中包括烃聚合物主链和全氟化超酸侧基的膜组合物，该全氟化超酸侧基共价结合在该聚合物主链上。

涉案申请说明书实施例中已公开了以聚丁二烯作为烃聚合物，接枝全氟化超酸侧基制备聚合物电解质膜的方法。对于权利要求 1 中烃聚合物为聚异戊二烯、聚氯丁二烯或其共聚物的情况，一方面，应当立足于说明书所公开的全部内容，而不应仅仅局限于具体实施例；另一方面，还应当利用本领域的普通技术知识进行判断：本领域技术人员是否能够合理预期到“聚异戊二烯、聚氯丁二烯或其共聚物”与“聚丁二烯”一样也能解决涉案申请的技术问题并达到相同的技术效果。

基于涉案申请要解决的技术问题，本领域技术人员在申请文件给出信息的基础上，结合本领域的普通技术知识，经过分析可以预期当烃聚合物为“聚异戊二烯、聚氯丁二烯或其共聚物”的情况下，相对于“聚丁二烯”的情况，无论在聚合物离子传导膜的离子传导性、膜性能、成本还是制备可行性方面均具有可预期的性能，能够解决涉案申请的技术问题，并达到相同的技术效果。因此，涉案申请权利要求1对烃聚合物主链的概括能够得到说明书的支持，符合《专利法》第二十六条第四款的规定。

（4）案例评析

判断权利要求的概括是否恰当，一方面，应当立足于说明书所公开的全部内容，而不应仅仅局限于具体实施例；另一方面，还应当利用本领域技术人员的普通技术知识进行判断。对于以并列选择方式概括得到的权利要求，若本领域技术人员在申请文件给出信息的基础上，结合本领域的普通技术知识，可以预期其能解决发明或者实用新型所要解决的技术问题，并达到相同的技术效果，则能够从说明书充分公开的内容中得到或概括得出权利要求要求保护的技术方案，应当认为该权利要求能够得到说明书的支持。

就该案例而言，在说明书仅公开了以聚丁二烯作为烃聚合物，接枝全氟化超酸侧基制备聚合物电解质膜的方法的前提下，权利要求1请求保护的聚合物电解质膜的烃聚合物主链包括以下中的至少一种：聚异戊二烯、聚丁二烯、聚氯丁二烯或其共聚物，这是典型的以并列选择方式概括的权利要求。如果权利要求的概括包含申请人推测的内容，而其效果又难于预先确定和评价，应当认为这种概括超出了说明书公开的范围。如果权利要求的概括使所属技术领域的技术人员有理由怀疑该并列概括所包含的一种或多种选择方式不能解决发明或者实用新型所要解决的技术问题，并达到相同的技术效果，则应当认为该权利要求没有得到说明书的支持。但是，基于涉案申请要解决的技术问题，本领域技术人员结合其所掌握的普通技术知识，经过缜密分析能够合理预期到当烃聚合物为说明书中未曾记入实施例的“聚异戊二烯、聚氯丁二烯或其共聚物”的情况下，相对于“聚丁二烯”的情况，无论在聚合物离子传导膜的离子传导性、膜性能、成本还是制备可行性方面均具有可预期的性能，能够解决涉案申请的技术问题，并达到相同的技术效果，从而权利要求1能够得到说明书支持。观点一仅从不同的主链结构具有不同的物理和化学性能，进而影响到膜组合物的机械性能、黏附性甚至离子传导性的角度出发认为涉案申请并列选择特征不能解决涉案申请的技术问题并达到预期效果，从而导致错误结论。

4.4.4.3 权利要求不清楚——案例 4－4－3

（1）案例要点

在判断权利要求所用技术术语是否会导致权利要求的保护范围不清楚时，不应当孤立地理解其含义，应当从本领域技术人员的角度出发，整体理解发明技术方案，并结合该技术术语所处的语句中的上下文综合判断。

（2）案例简介

涉案申请涉及一种风冷式电动汽车动力电池热管理系统，属于电动汽车领域。所述热管理系统包括锂离子电池模块，所述锂离子电池模块安装在电池箱体内部，通过设计合理的空气流道，使冷却风按照一定规律流动，使得电池包的散热效果更佳。涉案发明在电池模块内安装与单体电池一一对应的加热环，可直接对单体电池进行加热，加热效率更高；在每个电池模块上安装测温装置和送风装置，由电池管理系统控制，根据每个电池模块的实际温度调节送风装置的转速，保证整个电池的均一性以及最佳工作温度。

涉案申请的权利要求 1 如下：

> 1. 一种风冷式电动汽车动力电池热管理系统，其特征在于，包括电池箱，箱体相对的两侧分别设有第一进风口和第一出风口，所述第一出风口处设有往外界送风的抽风装置；锂离子电池模块，安装在电池箱内部，包括盒体，盒体内平行布置有若干个单体电池，单体电池两端分别由固定支架固定，固定支架上开设有通风孔，与相邻单体电池之间的空隙形成空气流道；所述盒体对应固定支架的一侧开设有第二进风口，所述第二进风口处设有送风装置；其第二进风口和通风孔分别与电池箱的第一进风口和第一出风口连通；所述锂离子电池模块为两组，每组的锂离子电池模块沿电池箱长度方向排布，两组之间具有第二进风口的一侧相对布置，形成连通第一进风口和第二进风口的进风通道；每组的锂离子电池模块相邻两者之间设有隔板，与电池箱的长向侧壁形成连通第一出风口的出风通道；加热装置，包括加热环，所述加热环设在固定支架上，与单体电池一一对应；所述固定支架上开设有固定单体电池的限位孔，所述限位孔内具有台阶结构，所述加热环固定在台阶结构上。

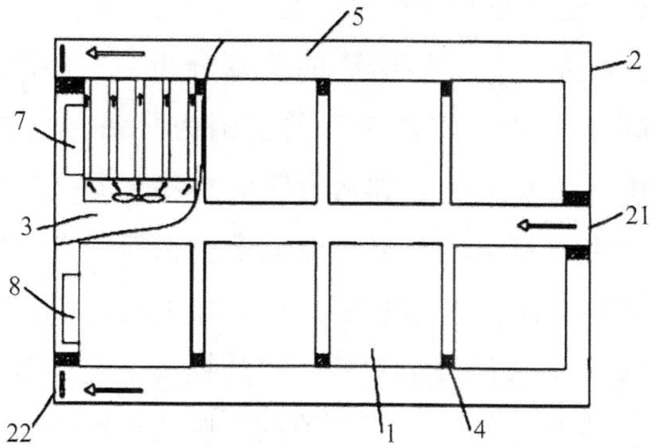

图4-4-1　案例4-4-3涉案申请附图

（3）焦点问题

观点一：权利要求1不清楚。

涉案申请权利要求1记载了“每组的锂离子电池模块相邻两者之间设有隔板，与电池箱的长度方向侧壁形成连通第一出风口的出风通道”，因锂离子电池模块内还设有若干个电池单体，所述“每组的锂离子电池模块相邻两者之间设有隔板”中的“相邻两者”，本领域技术人员不清楚“相邻两者”是指锂离子电池模块内相邻的电池单体还是指相邻的锂离子电池模块，如果是电池模块的若干个单体电池之间有隔板，这又与附图不一致，从而造成权利要求1保护范围不清楚，不符合《专利法》第二十六条第四款的规定。

观点二：权利要求1清楚。

权利要求1中所记载的“每组的锂离子电池模块相邻两者之间设有隔板”中，其主语为“每组的锂离子电池模块”，后面的“相邻两者”必然指的是每组模块中相邻的锂离子电池模块，本领域技术人员根据文字描述可以清楚地知晓“相邻两者”的含义，其指的是相邻的锂离子电池模块；由图4-4-1所示附图可以看出，锂离子电池模块分为两组，这两组是相对的，每一组里有多个电池模块（附图中是四个），每一组的锂离子电池模块相邻两者之间设置有隔板。因此，权利要求1中的限定与附图相符，权利要求1中的“相邻两者”指的是每组中的相邻的锂离子电池模块，权利要求1的保护范围是清楚的，符合《专利法》第二十六条第四款的规定。

（4）案例评析

在判断权利要求所用技术术语是否会导致权利要求的保护范围不清楚时，不应当孤立地理解其含义，应当从本领域技术人员的角度出发，整体理解发明技术方案，并结合该技术术语所处的语句中的上下文综合判断。

就该案例而言，首先，从汉语语法的角度分析，“每组的锂离子电池模块相邻两者之间设有隔板”，“相邻两者”的主语为“每组的锂离子电池模块”，单纯从文字角度分析可以断定“相邻两者”必然指的是每组模块中相邻的锂离子电池模块。其次，将“每组的锂离子电池模块相邻两者之间设有隔板”这句话置于说明书所描述的整体技术方案中，并结合相关附图，也能判断出权利要求1中的“相邻两者”指的是每组中的相邻的锂离子电池模块。观点一抛开技术术语“相邻两者”所在语句的上下文关系，脱离说明书及附图所示出的整体技术方案，孤立理解，从而得出权利要求因技术术语的使用而不清楚的错误结论。

4.4.4.4 权利要求不清楚——案例4-4-4

（1）案例要点

判断权利要求是否清楚，应当站位所属技术领域的技术人员，不仅关注各技术特征本身，还应考虑它们之间的关系，将权利要求作为一个整体考察其保护范围是否清楚。

（2）案例简介

涉案申请涉及一种基于物联网的充电车位综合管理系统，其包括安装在车位上的充电桩、感应式挡车器与终端设备，所述挡车器上设有控制系统，所述控制系统包括中央控制模块，所述中央控制模块上连接有智能感应模块、执行模块、报警模块与网络模块，所述充电桩、终端设备分别通过无线网络与Wi-Fi局域网双向通信联系，所述充电桩与终端设备之间无线通信连接；所述执行模块连接机电控制系统，所述网络模块与终端设备连接，该中央控制模块通过网络模块将信息传输至所述终端设。涉案申请的目的是提供一种能够便于综合管理、单独充电车位的应用以及安全性能高的充电车位综合管理系统。

涉案申请的权利要求1如下：

1. 一种基于物联网的充电车位综合管理系统，其特征在于，该基于物联网的充电车位综合管理系统包括充电桩、感应式挡车器以及终端设备，所述充电桩以及感应式挡车器安装在停车位上，所述感应式挡车器上设有控制系统，所述控制系统包括中央控制模块、智能感应模块、执行模块、报警模块以及网络模块，所述中央控制模块分别与所述智能感应模块、执行模块、报警模块与网络模块相连，所述充电桩、感应式挡车器、终端设备分别通过无线网络双向通信联系；所述执行模块连接机电控制系统，所述机电控制系统实现开启所述感应式挡车器的挡杆以及打开所述充电桩的充电接口；所述网络模块与终端设备连接，该中央控制模块通过网络模块将信息传输至所述终端设备；所述报警模块为声光报警器；所述中央控制模块还连接有车位编码模块，所述车位编码模块用于对所述感应式挡车器相对应的终端设备进行编码；所述中央控制模块还连接有雷达感应模块，所述雷达感应模块用于检测与所述感应式挡车器的车位编码模块相应的终端设备，并将检测到的信息通过所述网络模块推送至终端设备上；所述中央控制模块还连接有记忆模块，所述记忆模块连接云空间，用于将所有使用过本系统的用户的信息进行云计算，以便用户再次使用本系统时提供更便捷的服务；当车辆进入停车场需要停车时，打开终端设备进入系统客户端；如果用户有属于自己的车位，接入网络后，根据所述车位编码模块自动匹配，定位车位并引导用户驶向自己的车位，当用户的车辆距离车位10m范围内时，雷达感应器自动感应识别匹配用户，将数据反馈至中央控制器，中央控制器通过执行机构向机电控制器发出指令，感应式挡车器的挡杆自动开启；当用户离开充电车位10m以外时，雷达感应器匹配不到用户，将数据反馈至中央处理器，控制器通过执行机构向机电控制器发出指令，感应式挡车器自动关闭；或，如果用户没有属于自己的车位时，系统自动将空闲车位的编码发送至用户终端设备，用户根据自身情况选择车位，当在终端设备选定车位后，系统将自动锁定车位并将用户的终端设备编码传输至充电车位的中央控制器，并引导用户驶向匹配车位，当用户的车辆距离车位10m范围内时，雷达感应器自动感应识别匹配用户，将数据反馈至中央控制器，中央控制器通过执行机构向机电控制器发出指令，感应式挡车器的挡杆自动开启；当用户离开充电车位10m以外时，雷达感应器匹配不到用户，将数据反馈至中央处理器，控制器通过执行机构向机电控制器发出指令，车位横栏自动关闭；所述中央控制模块还连接有计价器模块，所述计价器模块通过获取所述中央控制模块接收到所述感应式挡车器开启的信号时，实现自动计时以及计价。

（3）焦点问题

观点一：权利要求1不清楚。

具体理由如下：权利要求1中记载的“机电控制系统实现开启所述感应式挡车器的档杆以及打开所述充电桩的充电接口”中“充电桩的充电接口”含义以

及如何打开不清楚；权利要求 1 中记载的智能感应模块不清楚；权利要求 1 中记载的锁定车位不清楚是什么系统；不清楚“云空间”是什么，是否属于车位管理系统的一部分。因此，权利要求 1 不清楚，不符合《专利法》第二十六条第四款的规定。

观点二：权利要求 1 清楚。

具体理由如下：第一，在本技术领域，“充电接口”是指电动车充电时，连接电动车和供电设备的组件，包括设置在供电设备端的供电接口和设置在车辆上的车辆接口，因此，本领域技术人员能够理解涉案申请中“充电桩的充电接口”是指设置在充电桩（即供电设备）上的供电接口，用于在电动车充电时为电动车供电，进而“打开充电桩的充电接口”是指使充电桩上的充电接口处于能够提供电能的状态，在本技术领域，可以通过使该接口上电等方式使其处于能够供电的状态；第二，权利要求 1 要求保护一种充电车位综合管理系统，其中限定了感应式挡车器的控制系统包括“智能感应模块”，对于智能停车管理系统来说，在现有技术中，可以根据智能停车管理系统所需要的具体功能设置相应的模块，例如智能感应模块等，并且智能感应模块是本领域的公知常识，因此，可以认为权利要求 1 中的智能感应模块是本领域技术人员所知晓的模块；第三，权利要求 1 记载了其充电车位综合管理系统的物理结构以及各个部分之间的连接、信号关系以及控制方式，它们作为一个整体构成涉案申请的车位综合管理系统，实现车位自动锁定及开锁等功能，由此可以确定“锁定车位”的系统是指整个车位综合管理系统，而“云空间”属于现有技术中常用的信息存储方式，是该整个车位综合管理系统的一部分。综上所述，本领域技术人员能够清楚上述各技术术语的含义，权利要求 1 符合《专利法》第二十六条第四款的规定。

（4）案例评析

《专利法》第二十六条第四款规定：“权利要求书应当以说明书为依据，清楚、简要地限定要求专利保护的范围。”第六十四条第一款规定：“发明或者实用新型专利权的保护范围以其权利要求的内容为准，说明书及附图可以用于解释权利要求的内容。”由上述规定可知，权利要求的保护范围取决于权利要求记载的文字内容。然而，由于文字水平、文化背景等差异，即使面对相同的文字，不同的人也有不同的理解，权利要求清楚与否，不同的人有可能得出截然相反的结论。因此，有必要统一标准，即以本领域技术人员这一虚拟的人的视角对权利要求清楚与否进行解读。

具体到该案例，在电动汽车的充电桩领域，充电桩的用于与电动汽车连接的“充电接口”、感应式挡车器的用于进行智能控制的“智能感应模块”，均属于本领域技术人员熟知的常规技术特征，即使说明书或权利要求书中不作单独解释，本领域技术人员也能清楚理解其含义。从权利要求所记载的整体技术方案理解，本领域技术人员能够毫无疑义地确定“锁定车位”的系统指的就是整个车位综合管理系统；也能确定属于现有技术中常用的信息存储方式的“云空间”，其隶属于整个车位综合管理系统的一部分……上述内容或者作为本领域常用的技术术语单独理解，或者放在权利要求的整体技术方案中理解，其对本领域技术人员的含义都是清楚的，进一步包括上述技术特征的整个权利要求的保护范围也是清楚的。

判断者的视角若达不到本领域技术人员的水平，则可以通过阅读现有技术文献或通过检索公知常识的方式，朝本领域技术人员的水平无限接近；否则就会出现权利要求清楚与否判断失误的情况。

4.5　修改超范围

4.5.1　法律解读

《专利法》第三十三条规定：“申请人可以对其专利申请文件进行修改，但是，对发明和实用新型专利申请文件的修改不得超出原说明书和权利要求书记载的范围，对外观设计专利申请文件的修改不得超出原图片或者照片表示的范围。”

《专利审查指南 2010》对修改的内容与范围作了详细限定，不论申请人对申请文件的修改属于主动修改还是针对通知书指出的缺陷进行的修改，都不得超出原说明书和权利要求书记载的范围。原说明书和权利要求书记载的范围包括原说明书和权利要求书文字记载的内容和根据原说明书和权利要求书文字记载的内容以及说明书附图能直接地、毫无疑义地确定的内容。申请人在申请日提交的原说明书和权利要求书记载的范围，是审查上述修改是否符合《专利法》第三十三条规定的依据。申请人提交的申请文件的外文文本和优先权文件的内容，不能作为判断申请文件的修改是否符合《专利法》第三十三条规定的依据。如果修改的内容与范围不符合《专利法》第三十三条的规定，则这样的修改不能被允许。

4.5.2 领域特点

新能源汽车领域的发明或实用新型固然具有跨学科、综合性强的特点，然而在修改超范围的判断上与其他领域相比并无明显特点，仅需牢牢把握原说明书和权利要求书记载的范围包括原说明书和权利要求书文字记载的内容和根据原说明书和权利要求书文字记载的内容以及说明书附图能直接地、毫无疑义地确定的内容，修改的内容不能超出上述范围即可。对于根据原说明书和权利要求书文字记载的内容，把握起来比较容易；对于根据原说明书和权利要求书文字记载的内容以及说明书附图能直接地、毫无疑义地确定的内容，何谓“直接地、毫无疑义地确定”仍然需要准确站位本领域技术人员，方能作出正确的判断。

4.5.3 常见问题

根据《专利法》第三十三条的规定，申请人可以对发明或实用新型专利申请文件进行修改，但是，对申请文件的修改不得超出原说明书和权利要求书记载的范围。专利申请文件修改的依据是申请日提交的权利要求书、说明书和说明书附图，但是并不包括说明书摘要。因为说明书摘要是对说明书记载内容的概述，仅是一种技术信息，不具有法律效力；其既可以在申请日提交，也可以在申请日后提交，不属于专利申请原始记载的内容。

还应当注意的是：对明显错误的更正，不能被认为超出了原说明书和权利要求书记载的范围。所谓明显错误，是指不正确的内容可以从原说明书、权利要求书的上下文中清楚地判断出来，没有作其他解释或者修改的可能。此外，对于附图中明显可见并有唯一解释的结构，允许补入说明书并写入权利要求书中。

4.5.4 案例解析

4.5.4.1 修改超范围——案例 4 – 5 – 1

（1）案例要点

如果申请的内容通过增加、改变和/或删除其中的一部分，致使所属技术领域的技术人员看到的信息与原申请记载的信息不同，而且又不能从原申请记载的信息中直接地、毫无疑义地确定，那么，这种修改就是不允许的。

（2）案例简介

涉案申请涉及汽车技术领域，特别是一种环绕安装在汽车上替代常规保险杠保护汽车减缓碰撞冲击的汽车防撞器。常见汽车上的保险杠在汽车发生撞击时通过变形和脱落缓解撞击力量，保护车内乘员的生命安全。这种保险杠结构单一，当撞击力量较大时其减震缓冲效果差，只能依靠汽车本体结构变形吸收巨大的撞击力量，不利于车内乘员的保护。涉案申请提供了一种结构简单、对车内乘员保护良好、减震缓冲效果佳的汽车防撞器，包括一个双层壳体，一层内置软垫物形成软垫层，另一层内设若干组平行弹簧形成弹簧层。当碰撞发生时汽车防撞器依靠弹簧层内弹簧的压缩变形和软垫层柔性减震吸收和缓解撞击能量，实现对汽车乘员的保护。

涉案申请原始权利要求1如下：

> 1. 汽车防撞器，包括一个双层壳体，一层内置软垫物形成软垫层（2），另一层内设若干组平行弹簧（3－1）形成弹簧层（3）；所述的弹簧层（3）内围绕弹簧（3－1）填充柔性颗粒物（3－2）；所述的壳体侧壁紧贴弹簧层（3）设有蜂窝板（4），其表面开有若干通孔（8）。

修改后的权利要求1如下：

> 1. 汽车防撞器：平行弹簧（3－1）若干，形成弹簧层（3）在其内侧设软垫层（2）其外侧设蜂窝板（4），其表面有若干通孔（8）并贴有胶皮（5），置于一个二层壳体内；软垫层（2）朝内面向车体置放，受到碰撞时软垫层支撑弹簧层（3）蜂窝板（4），使车体的受力处于均衡的软体弹性平面受压状态。

涉案申请修改所赖以依据的附图如图4－5－1所示。

（3）焦点问题

观点一：权利要求1的修改符合《专利法》第三十三条的规定。

主要依据是原说明书记载的汽车防撞器9，包括一个双层壳体，一层内置软垫物，形成软垫层2，另一层内设若干平行弹簧3－1形成弹簧层3；使用时，使弹簧层3向外；第22行记载的壳体侧壁紧贴弹簧层3设有蜂窝板4；第4页第1行记载的蜂窝板4外侧贴有胶皮5；及说明书附图。因此，权利要求1的修改不超范围，符合《专利法》第三十三条的规定。

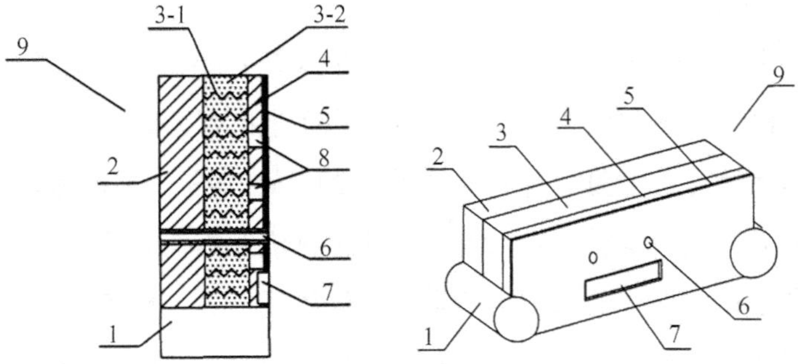

图 4-5-1　案例 4-5-1 涉案申请附图

观点二：权利要求 1 的修改不符合《专利法》第三十三条的规定。

修改后的独立权利要求 1 中记载了“平行弹簧（3-1）若干，形成弹簧（3）在其内侧设软垫层（2）其外侧设蜂窝板（4）”，即，弹簧层（3）外侧设蜂窝板（4）内侧设软垫层（2）。然而，根据原申请的记载“紧贴弹簧层设有蜂窝板”，权利要求 1 在删除特征“紧贴”后，使得“弹簧层外侧设蜂窝板”涵盖了蜂窝板除紧贴弹簧层设置之外的其他可能，这种删除致使所属技术领域的技术人员看到的信息与原申请记载的信息不同，而且又不能从原申请记载的信息中直接地、毫无疑义地确定。这种修改不被允许，不符合《专利法》第三十三条的规定。

修改后的独立权利要求 1 中还记载了“软垫层（2）朝内面向车体置放，受到碰撞时软垫层支撑弹簧层（3）蜂窝板（4），使车体的受力处于均衡的软体弹性平面受压状态”。然而，车体在软体弹性平面受压状态时，车体的受力状态是否均衡在原申请中未见任何记载；对本领域技术人员而言，就涉案申请要求保护的汽车防撞器，要使车体的受力处于“均衡”的弹性平面受压状态，需要满足特定的条件，其与防撞器在车体上的布置位置、撞击点相对防撞器的位置及撞击的方向等多种因素均有关系，例如，不能期望布置在汽车正前方的汽车防撞器构造为矩形时，来自矩形一侧处的垂直碰撞可以使车体的受力处于均衡状态。因此，特征“均衡”的增加致使所属技术领域的技术人员看到的信息与原申请记载的信息不同，而且又不能从原申请记载的信息中直接地、毫无疑义地确定，这种修改不被允许，不符合《专利法》第三十三条的规定。

（4）案例评析

根据《专利审查指南 2010》的规定，如果申请的内容通过增加、改变和/或删除其中的一部分，致使所属技术领域的技术人员看到的信息与原申请记载的信息不同，而且又不能从原申请记载的信息中直接地、毫无疑义地确定，那么，这种修改就是不允许的。

涉案申请所涉及的修改，在原始申请记载内容的基础上首先删除了技术特征“紧贴”，删除“紧贴”使得“弹簧层外侧设蜂窝板”涵盖了蜂窝板除紧贴弹簧层设置之外的其他可能，而根据原始申请的记载，壳体侧壁紧贴弹簧层3设有蜂窝板4，是唯一记载的实施方式。而后又增加了技术特征“均衡”，车体在软体弹性平面受压状态时，车体的受力状态是否均衡在原申请中未见任何记载；对本领域技术人员而言，就涉案申请要求保护的汽车防撞器，要使车体的受力处于“均衡”的弹性平面受压状态，需要满足特定的条件，其与防撞器在车体上的布置位置、撞击点相对防撞器的位置及撞击的方向等多种因素均有关系，仅依据原始申请的记载，显然不能得出“均衡”的结论。由此可见，涉案申请的上述修改，无论是删除还是增加，均致使所属技术领域的技术人员看到的信息与原申请记载的信息不同，而且又不能从原申请记载的信息中直接地、毫无疑义地确定，从而致使修改超范围，不符合《专利法》第三十三条的规定。

4.5.4.2　修改超范围——案例4-5-2

（1）案例要点

如果一项权利要求中增加的技术特征未记载在原始申请文件中，也不能由原始申请文件直接地、毫无疑义地确定，那么上述修改超出了原始申请文件的记载范围。

（2）案例简介

涉案申请涉及一种车载信息系统的入侵防护系统。该系统包括动力传动系统、电动助力转向系统、电子稳定控制系统、仪表盘、诊断系统、车身控制系统、传感器、提速器、多媒体系统和车载手机，动力传动系统、电动助力转向系统、电子稳定控制系统、车身控制系统和多媒体系统均通过网关与诊断系统连接，诊断系统与车载手机连接，仪表盘连接车身控制系统与动力传动系统，传感器和提速器与车身控制系统连接。与现有技术相比，涉案申请利用手机强大的计算能力和存储能力，把它设置成为入侵防范中心，安全规则的制定、病毒库的保存和安全态势感知的判断以及与云端的联系，全部由手机完成。

涉案申请原始权利要求1如下：

1. 一种车载信息系统的入侵防护系统，其特征在于，包括动力传动系统、电动助力转向系统、电子稳定控制系统、仪表盘、诊断系统、车身控制系统、传感器、提速器、多媒体系统和车载手机，所述动力传动系统、所述电动助力转向系统、所述电子稳定控制系统、所述车身控制系统和所述多媒体系统均通过网关与所述诊断系统连接，所述诊断系统与所述车载手机连接，所述仪表盘连接所述车身控制系统与所述动力传动系统，所述传感器和所述提速器与所述车身控制系统连接。

为克服权利要求不具备创造性的缺陷，申请人将权利要求 2 ～ 6 并入权利要求 1 中，并且在权利要求 1 中还增加了技术特征“所述的车载信息系统的入侵防护系统除了具备攻击检测与报警之外，还具有强制访问控制功能，能溯源追踪攻击者的攻击行为”和“所述车载信息系统的入侵防护系统，利用手机的计算能力和存储能力，把手机设置成为入侵防范中心，进行安全规则的制定、病毒库的保存和安全态势感知的判断，以及与云端的联系”。

修改后的权利要求 1 如下：

1. 一种车载信息系统的入侵防护系统，其特征在于，包括动力传动系统、电动助力转向系统、电子稳定控制系统、仪表盘、诊断系统、车身控制系统、传感器、提速器、多媒体系统和车载手机，所述动力传动系统、所述电动助力转向系统、所述电子稳定控制系统、所述车身控制系统和所述多媒体系统均通过网关与所述诊断系统连接，所述诊断系统与所述车载手机连接，所述仪表盘连接所述车身控制系统与所述动力传动系统，所述传感器和所述提速器与所述车身控制系统连接；所述诊断系统连接型号 ELM327 汽车诊断工具；所述的车载信息系统的入侵防护系统除了具备攻击检测与报警之外，还具有强制访问控制功能，能溯源追踪攻击者的攻击行为；所述动力传动系统由发动机管理系统、自动变速箱控制单元和自适应巡航控制系统组成；所述车身控制系统包括车身控制模块、车门、车顶和车座；所述多媒体系统包括 DVD/TV、导航、CD 播放器和电话；所述传感器包含车速传感器、温度传感器、轴转速传感器、压力传感器、转角传感器、转矩传感器、液压传感器、加速度传感器、车身高度传感器、侧倾角传感器和转角传感器，所述车载信息系统的入侵防护系统，利用手机的计算能力和存储能力，把手机设置成为入侵防范中心，进行安全规则的制定、病毒库的保存和安全态势感知的判断，以及与云端的联系。

（3）焦点问题

观点一：权利要求 1 的修改符合《专利法》第三十三条的规定。

权利要求 1 中增加的技术特征“所述的车载信息系统的入侵防护系统除了具备攻击检测与报警之外，还具有强制访问控制功能，能溯源追踪攻击者的攻击行为”修改不超范围；在说明书中把技术特点说明，在权利要求中就可以把技术所具备的能力写出。关于“能溯源追踪攻击者的攻击行为”，其中攻击汽车的行为有两类：一是通过网络攻击；二是通过接触到汽车进行修改汽车中的 ECU 源代码进行攻击。针对网络攻击，由于在通过与 ODB－Ⅱ相连的 EM327，连接到手机，再通过手机中的安全规则判断，当发现攻击行为就可以记录相应的 IP 地址并存储，可以分析攻击 IP 地址，并把它作为恶意 IP 添加到安全规则库中，或通过云平台发布该 IP，这是一种溯源追踪攻击行为的方式；针对能接触汽车的场景，一般是维修、洗车和租借等，由于采用强制控制访问技术，将会添加临时用户，当场景结束，车主启动汽车后，手机会通过 EM327 连接的 ODB－Ⅱ采集汽车各个子系统的数据，发现异常时报警，车主可以查看由入侵防护系统提交的信息，知道哪个子系统的 ECU 源代码被非法修改，通过临时用户信息知道是谁修改，并作为证据追踪到修改者。强制访问技术提供如下功能，即车主在设置临时用户时，可以对汽车各个子系统设置安全等级，如果没有经过车主认可权限的临时用户修改各个子系统的 ECU 源代码，很容易被分析出来，故溯源追踪攻击行为和攻击者是非常容易的。因此权利要求 1 的修改不超范围。

观点二：权利要求 1 的修改不符合《专利法》第三十三条的规定。

观点一陈述的关于两种攻击汽车的行为如何溯源追踪攻击者的方式在原始申请文件中均未记载，同时说明书并未进行相关技术特点说明。根据说明书的记载，涉案申请主要涉及一种车载信息系统的入侵防护系统，其主要的目的在于防范入侵，说明书第 0011 段记载了“网关提供受限访问的预配置好访问规则的防火墙；严格的用户访问控制，非授权用户禁止访问隐私数据；能通过诊断系统分析车载信息系统是否有入侵行为，并通过车载手机 App 相连报警；能通过手机与厂商或安全服务商的运维监控平台相连，实时更新安全的相关数据和规则”，说明书第 0013 段记载了“强制访问控制依据用户和数据文件的安全级别来决定用户是否有对该文件的访问权限，……系统通过比较用户和访问的文件的安全级别来决定用户是否可以访问该文件”，说明书第 0016 段记载了“新车销售时，车主获得系统管理员名称和初始密码，车主可以添加新用户，设置用户的临时密码、使用时间和权限，这样方便汽车维修、租借他人。管理员密码以 Hash 值保存在存储器中。这些都是在车载手机的 App 中操作，该 App 不连外网，只控制车载内网”。根据上述内容可知，涉案申请通过各种手段，例如防火墙、强制访问控制等来防范入侵，保证车载信息系统的安全，但是没有记载溯源追踪攻击者的攻击行为的相关内容，根据说明书记载的内容，无法直接地、毫无疑义地得到“能溯源追踪攻击者的攻击行为”这一技术特征。因此，权利要求 1 中增加的技术特征“能溯源追踪攻击者的攻击行为”既未记载在原始申请文件中，也不能由原始申请文件直接地、毫无疑义地确定。上述增加的技术特征修改超范围，不符合《专利法》第三十三条的规定。

（4）案例评析

根据《专利审查指南 2010》的规定，如果申请的内容通过增加、改变和/或删除其中的一部分，致使所属技术领域的技术人员看到的信息与原申请记载的信息不同，而且又不能从原申请记载的信息中直接地、毫无疑义地确定，那么，这种修改就是不允许的。

权利要求 1 中增加的技术特征“还具有强制访问控制功能，能溯源追踪攻击者的攻击行为”中的“能溯源追踪攻击者的攻击行为”既未记载在原说明书和权利要求书中，同时原说明书和权利要求书中也未记载任何与之相关的技术内容，因此不能根据原说明书和权利要求书记载的内容直接地、毫无疑义地确定。因此，权利要求 1 修改超范围，不符合《专利法》第三十三条的规定。